후재집

이 책은 2020년도 정부(교육부)의 재원으로 한국고전번역원의 지원을 받아
수행된 '권역별거점연구소협동번역사업'의 결과물임.

This work was supported by Institute for the Translation of Korean Classics - Grant funded by the Korean Government.

한국고전번역원 한국문집번역총서/단국대학교 동양학연구원

후재집 2

厚齋集

김간 지음
金幹

최예심 옮김
장유승
권진옥

일러두기

1. 이 책의 번역은 한국고전번역원에서 간행한 한국문집총간 155~156집 소재 《후재집(厚齋集)》을 대본으로 하였다. 번역 대본의 원문 텍스트와 원문 이미지는 한국고전종합DB(http://db.itkc.or.kr)에서 확인할 수 있다.
2. 내용이 간단한 역주는 간주(間註)로, 긴 역주는 각주(脚註)로 처리하였다.
3. 대본의 본문과 원주의 구분이 명확하지 않은 경우는 역자가 임의로 조정하였다.
4. 한자는 필요한 경우 이해를 돕기 위하여 넣었으며, 운문(韻文)은 원문을 병기하였다.
5. 맞춤법과 띄어쓰기는 한글 맞춤법과 표준어 규정을 따랐다.
6. 이 책에서 사용한 부호는 다음과 같다.

   ( ) : 번역문과 음이 같은 한자를 묶는다.

   〔 〕: 번역문과 뜻은 같으나 음이 다른 한자를 묶는다.

   " " : 대화 등의 인용문을 묶는다.

   ' ' : " " 안의 재인용 또는 강조 문구를 묶는다.

   「 」: ' ' 안의 재인용을 묶는다.

   『 』: 「 」 안의 재인용을 묶는다.

   《 》: 책명 및 각주의 전거(典據)를 묶는다.

   〈 〉: 책의 편명 및 운문·산문의 제목을 묶는다.

차례

후재집 제5권

서書

후재집 제6권

서書

후재집 제7권

서書

후재집 제8권

답문 경의 答問經義

소학 서제 小學 書題

후재집 제10권

답문 경의 答問經義

역복 易服

습 襲

반함 飯含

영좌혼백 靈座魂帛

친후입곡 親厚入哭

소렴 小斂

후재집

제5권

書서

우암 송 선생에게 올리다
上尤菴宋先生

임술년(1682, 숙종8)과 계해년(1683) 무렵 떠돌며 옮겨다니는 사이 본래의 초고는 전부 잃어버리고 이 편지 한 통만 정리되지 않은 초고 속에 남아 있었다.

여름 무렵에 안부 편지를 써서 회덕(懷德)으로 보냈는데 지금은 이미 보셨으리라 생각합니다. 요즘 날씨가 추워지는데 위리안치에 계신 선생[1]의 체후는 신의 도움으로 만복하리라 생각합니다. 저희들 노친의 숙환이 여름부터 재발하여 가을이 되자 점차 심해졌습니다. 근래는 조금 차도가 생겼으나 병세가 무상하여 몹시 기운이 없고 지치셨으니 애태우고 눈물 흘리는 마음을 어찌 말하겠습니까.

서책 공부는 거의 전폐하였습니다. 그간 문자와 구두 사이에 희미하게나마 알던 것도 곧 깨끗이 잊어버렸으니 근심스럽고 두려운 마음 간절합니다. 어찌하겠습니까.

그간 보내주신 답장은 이미 다 받아보았습니다. 한 글자 한 구절이 모두 진심으로 가르치려는 뜻이니, 감사하고 다행한 마음을 어찌 다 말하겠습니까. 다만 그 사이에 칭찬이 너무 지나치니, 어리석은 소자가 감당할 수 있는 것이 아닙니다. 아마도 선생께서 인도하고 격려하여 이 수준에 이르게 하려는 것이겠지요. 저희들은 타고난 자질이 용렬하고 비루하여 비슷한 점이 없으니, 오직 선생의 가르침을 실추할까 두렵

1 위리안치에 계신 선생 : 송시열이 1676년(숙종2) 장기(長鬐)에 위리안치된 상황을 말하는 것으로 보인다.

습니다. 삼가 바라건대, 앞으로 계속 가르침을 내려주시어 통렬히 경계하고 책망하여 덕에 들어가는 길을 헤매지 않게 해 주신다면 천만다행이겠습니다.

남계 박 선생에게 올리다 병진년(1676, 숙종2)

上南溪朴先生 丙辰

밤새도록 탑상에서 모시며 조용히 말씀을 듣고, 이틀 동안 수레를 따르며 채찍을 잡았으니, 기쁘고 다행스러운 마음을 어찌 다 말하겠습니까. 절하고 작별한 뒤 날이 갈수록 눈이 내리고 추위가 심해지는데, 선생의 행차는 이미 해전(海甸)[2]에 도착하였습니까? 구구한 마음으로 삼가 그리워합니다.

저는 근래 어버이의 병 때문에 근심하고 애태우며 날을 보내고 있습니다. 게다가 자잘한 일에 몰두하느라 빠져나올 방법이 없어 서책 공부에 집중하지 못하고 있습니다. 유유히 흘러가는 세월이 어찌 저를 기다리겠습니까. 때때로 생각하면 근심과 두려움이 산처럼 쌓입니다.

전에 말씀하신 선조[3]의 가장(家狀) 초고는 한 본을 베끼고, 말미에 또 여러 공의 지문(誌文)과 행장(行狀)에 나온 이야기를 덧붙여 기록하여 감히 이렇게 바칩니다. 삼가 바라건대, 살펴보고 받으시기 바랍니다.

그리고 삼가 생각건대, 저의 고조(김여광(金汝光))는 숨겨진 덕과

2 해전(海甸) : 본디 바닷가라는 뜻인데, 여기서는 정확히 어디인지 알 수 없다. 참고로 박세채는 이해 양근(楊根)에 있다가 지평(砥平)으로 옮기고, 이듬해 1월 원주(原州)로 옮겼다. 본서 제44권 〈문순공 남계선생 행장〉 참조.

3 선조 : 저자의 증조 김충백(金忠伯)을 말하는 듯하다. 《남계집(南溪集)》 외집(外集) 권15에 실려 있는 〈효자 부사과 증 호조참의 김공 행장(孝子副司果贈戶曹參議金公行狀)〉이 그의 행장이다.

아름다운 행실이 있으나 세상에 드러나지 않았습니다. 증조부와 조부, 그리고 부친 형제 때부터 늘 비석에 새겨 후손에게 보이고자 하였습니다. 그러나 누차 흉악한 화를 당하여 지금까지 이루지 못하였으니, 이는 실로 평소 마음 속으로 몹시 애통해 하던 것입니다. 이에 선생께서 한 말씀 해 주시는 은혜를 입어 숨겨진 분을 드러내고자 합니다. 아울러 우암(尤菴 송시열) 어른의 필적을 받아 비석에 쓰려고 합니다. 이와 같이 한다면 산 사람이나 죽은 사람이나 영광스럽고 감사한 마음이 모두 지극할 것이니, 구구한 저의 소원은 오직 이것뿐입니다.

얼마 전 이 뜻을 말씀드려 번거롭게 해 드렸는데, 비루하게 여기지 않고 허락하셨으니, 감격스럽고 다행한 마음이 실로 보통을 넘습니다. 다만 우암 어른은 나이가 이미 노쇠하였고, 또 이러한 때를 만났으니 장래의 인사를 알 수 없습니다. 만약 시일을 끌어 지금 때를 놓치고 도모하지 않는다면 훗날의 한이 참으로 끝이 없을 것입니다. 또 부친의 나이가 칠순을 넘었고 평소 질병이 많은데 아침저녁으로 마음을 쓰는 것은 오직 이 일 뿐이라 절박한 사정이 다른 사람의 갑절이나 됩니다. 다시 바라건대, 특별히 불쌍히 여겨 제때 지어주시어 저의 부자 형제가 평소 이루지 못한 소원을 이루게 해 주신다면, 선조의 탁월한 자취는 인몰되는 것을 면하고 뒤늦게 드러내려는 자손의 마음 역시 유감이 없을 것입니다. 지난날 묻혀 있던 것이 불행이 아니었고, 오늘날 이루어진 것이 도리어 큰 다행이라는 것을 비로소 알게 될 것입니다. 저는 감읍하며 간절히 바라는 마음을 견디지 못하겠습니다.

남계 선생에게 올리다 경신년(1680, 숙종6)

上南溪先生 庚申

근래 삼가 선생께서 논하신 말씀을 보았는데,

"주자 이후로 원나라에서는 유정수(劉靜脩 유인(劉因)), 진정우(陳定宇 진력(陳櫟)), 허백운(許白雲 허겸(許謙)), 명나라에서는 설문청(薛文清 설선(薛宣)), 호경재(胡敬齋 호거인(胡居仁)), 나정암(羅整庵 나흠순(羅欽順))만을 큰 선비라고 할 수 있다. 그러나 설문청의 출처와 나정암의 학식은 모두 후세의 논의를 면하지 못할 듯하다.……"

하셨습니다. 선생의 이 논의는 실로 눈금 저울로 잰 것 같은 말씀이니, 저처럼 식견이 몽매한 자가 어찌 감히 그 사이에 의심을 품겠습니까. 그러나 얕은 식견이 있어 감히 여쭙니다.

유정수는 예전에 원나라에 벼슬하여 관직이 우찬선대부(右贊善大夫)에 이르렀습니다. 훗날 비록 후회하고 집현원(集賢院)의 부름에 나아가지 않았으나, 처음에 오랑캐 조정에서 몸을 굽혀 신하로서 오랑캐 추장을 섬겼습니다. 그러므로 선유(先儒)가 이를 단점으로 여겼습니다. 그런데 지금 출처에 대한 논의를 설문청에 대해서만 하고 유정수는 언급하지 않았으니, 이는 제가 혼미하고 어리석어 의심이 없을 수 없는 점입니다. 제 생각에는 이 사람도 설문청과 한결같은 규례로 논단하여 후세 사람으로 하여금 사군자의 출처는 터럭만큼도 구차해서는 안 된다는 뜻을 알게 해야 합니다. 선생께서는 어떻게 생각하실지 모르겠습니다.

남계 선생에게 올리다
上南溪先生

말씀하신 사우례(師友禮)에 대해 저의 좁은 견문과 어두운 식견으로 어찌 감히 그 사이에서 함부로 논의하겠습니까. 다만 고례(古禮)로 말하자면 스승을 위해 심상(心喪) 3년을 입는다는 것은 예경(禮經)에 분명히 실려 있으며 후세의 현자 중에도 시행한 사람이 많으니, 이는 실로 고금의 통론이며 경중을 바꿀 수 없습니다. 오직 주부자(朱夫子)가 연평(延平 이동(李侗))을 위해 심상을 입지 않은 한 가지 일만이 비록 의심스러운 듯하나, 위대한 현인이 한 일은 실로 후학이 함부로 논의할 수 없으니, 또한 어찌 감히 이를 핑계로 삼아 마침내 고례를 그르다고 여겨 끝내 행하지 않을 수 있겠습니까.

황 면재(黃勉齋 황간(黃幹))는 주자 문하의 고제(高弟)로 직접 주자의 지도를 받고 이례(二禮)[4]를 엮었는데, 주자를 위해 심상 3년을 입었습니다. 우리나라의 조 월천(趙月川 조목(趙穆)), 이 간재(李艮齋 이덕홍(李德弘))-그밖에 다 기록할 수 없을 정도입니다.- 역시 퇴계 선생을 위해 이 예법을 행하여 모두 후세에 옛일을 논하는 자들에게 인정을 받았으니, 고례를 폐지할 수 없다는 점은 여기서도 분명합니다.

《격몽요결(擊蒙要訣)》에서 다섯 등급의 복으로 나눈 것[5]으로 말하

4 이례(二禮) : 《의례경전통해속(儀禮經傳通解續)》의 상례(喪禮)와 제례(祭禮)를 말한다.

5 격몽요결(擊蒙要訣)에서……것 : 《격몽요결》 상제장(喪制章)에서 스승을 위한 복

자면, 이는 정자가 이른바 "정의 후하고 박함"[6] 따위의 말에서 나온 듯하며 옛날에도 분명히 근거삼을 만한 예가 없으니, 어찌 통행되는 고례를 버리고 곧장 이것을 정설로 삼을 수 있겠습니까.

한(漢)나라 이후로 예법이 크게 무너져 부모상조차 상기(喪期)를 줄이는 자가 있으니, 하물며 스승의 상은 어떻겠습니까. 이것이 고례가 후세에 시행되지 않는 이유입니다. 지금 만약 고례를 행하기 부족하다 여기고 단지 후세의 예를 본받을 만하다고 여긴다면, 이는 공자의 70제자가 집을 짓고 삼년상을 치른 것도 도리어 대단한 일이 못 되고, 단궁(檀弓)의 말과 맹자(孟子)의 말 역시 쓸데없는 말입니다.[7] 또 제자가 스승에게 얻은 것으로 보자면, 비록 그 자품에 따라 깊고 얕은 차이가 없지 않으나 스승이 인도하여 자신을 이루어준 공로로 말하자면 피차 실로 차이가 없습니다. 그렇다면 제자된 자가 어찌 내가 얻은 것에 깊고 얕은 차이가 있다는 이유로 곧 이렇게 경중에 차등이 있는 복을 입을 수 있겠습니까. 이는 실로 제가 예전부터 의심하며 감히 알지 못하던 것입니다. 비록 그러하나, 이는 모두 억측에서 나왔고, 애당초 확실한 견해가 없었습니다. 삼가 바라건대, 정당하고 행할 만한 예를

을 심상 3년, 기년, 9월, 5월, 3월로 나눈 것을 말한다.

6 정의 후하고 박함 : 정자는 스승을 위한 복에 대해서 "스승을 위한 복은 확정하지 않았으니, 확정해서는 안 되고, 정의 후하고 박함, 일의 크고 작음에 따라 처리해야 한다.〔師不立服, 不可立也. 當以情之厚薄、事之大小處之.〕"라고 주장했다.《禮記集說 卷15 檀弓上》

7 공자의……말입니다 :《예기》〈단궁 상(檀弓上)〉에 스승이 죽으면 심상 3년을 입는다고 하였고,《맹자》〈등문공 상(滕文公上)〉에 공자가 죽자 제자들은 삼년상을 지낸 뒤 떠났으나 자공은 마당에 집을 짓고 혼자 삼년 동안 있다가 돌아갔다고 하였다.

분명히 알려주시어 어리석고 혼미한 저의 의혹을 깨뜨려 주신다면 몹시 다행이겠습니다.

이군보 세필 에게 답하다
答李君輔 世弼

노릉(魯陵 단종(端宗))과 신비(愼妃 단경왕후(端敬王后)) 두 가지 일은 신규(申奎)의 상소[8] 이후로 관원 사이와 사우 중에 논의가 많이 갈라져 이루 말할 수 없이 어지러웠습니다. 조정의 처분도 한쪽은 회복하고 한쪽은 하지 않았습니다.[9] 이미 나라에서 정하여 시행한 예가 되었으니, 이제 와서 함부로 득실을 논하여 참람한 죄를 저질러서는 안 됩니다. 다만 어리석고 막힌 저의 견해로는 끝내 마음 속으로 개탄스럽게 여기는 점이 있어 때때로 남을 마주하여 언급하면 저도 모르게 말이 격앙되어 평온하지 못합니다.

얼마 전 사직(士直 김유(金楺))의 말을 들으니 그 역시 출모(出母)의 설[10]을 주장하였기에 세상에 넓은 식견을 가진 자가 적절히 절충하고 시비의 소재를 깨끗이 결단하지 못한 것을 몹시 한스러웠습니다. 지금 보내준 별지를 보니, 실로 제 소견과 합치합니다. 어구 사이와 인증한 곳도 종종 전체가 비슷한 부분이 있어 보노라면 문득 마음이 통쾌해짐

8 신규(申奎)의 상소 : 1698년(숙종24) 신규가 노산군(魯山君)과 단경왕후(端敬王后) 신씨(愼氏)의 복위를 청한 상소를 말한다. 《肅宗實錄 24年 9月 30日》

9 조정의……않았습니다 : 노산군의 왕호(王號)는 추복하고 단경왕후는 추복하지 않은 것을 말한다. 《肅宗實錄 24年 10月 24日》

10 출모(出母)의 설 : 당시 노산군과 신씨의 위호를 추복하는 사안에 대한 조정의 논의에서 송양공(宋襄公)이 출모(出母)를 대우한 일을 근거로 삼아 신씨의 위호는 추복할 수 없다는 주장이 있었다. 《肅宗實錄 24年 10月 24日》

을 깨닫습니다. 이어서 논한 내용을 보니 명백하고 자세하며 엄정하고 통쾌하여 세상의 허다한 논의를 일소할 만합니다. 비록 오늘날 조정에서 시행하여 이미 정해진 예를 바꿀 수는 없지만, 천하 후세에 이처럼 정당한 의리가 있다는 것을 알게 하기 충분하니, 세도에 큰 도움이 되지 않겠습니까.

이군보에게 답하다
答李君輔

《사우록(師友錄)》에 실려 있는 여러 공의 일에 대한 논의는 매우 좋습니다. 다만 돌아가신 스승께서 높이고 낮추었던 의도를 본받았는지는 모르겠습니다.

주자는 《연원록(淵源錄)》을 편찬하면서 여 형공(呂滎公 여희철(呂希哲))이 만년에 승려 원조(圓照)를 따르며 불교에 현혹되었고, 양 귀산(楊龜山 양시(楊時))과 유 광평(游廣平 유초(游酢))이 선학(禪學)에 탐닉하였다는 말을 모두 사실대로 기록하였습니다. 그리고 《명신록(名臣錄)》을 편찬하면서 조보(趙普), 한기(韓琦), 왕증(王曾)은 사람됨이 음험하고 각박하며 몹시 많은 사람을 해쳤고, 왕 위공(王魏公 왕안례(王安禮))은 몸소 천자의 조서를 받들고 여색에 마음을 빼앗겼으며, 구래공(寇萊公 구준(寇準))은 의복과 기물이 참람하고 사치하여 매사에 천자를 본받았으며,[11] 구양공(歐陽公 구양수(歐陽修))은 집안을 다스리지 못하여 탄핵을 받았고,[12] 문 노공(文潞公 문언박(文彦博))은 등롱금(燈籠

11 구래공(寇萊公)은……본받았으며 : 구준은 번진(藩鎭)에 있을 때 생일이면 산붕(山棚)을 만들어 큰 잔치를 벌였으며 의복과 기물이 참람하고 사치하였다. 진종(眞宗)이 이 때문에 노하여 왕단(王旦)에게 "구준은 모든 일에 짐을 본받고자 하는데 옳은 일인가."라고 하였다. 《宋史 卷282 王旦列傳》

12 구양공(歐陽公)은……받았고 : 구양수의 처남 설종유(薛宗孺)는 구양수에게 유감을 품고 구양수가 집안을 다스리지 못하여 음란한 일이 있었다는 비방을 지어내었다. 구양수는 결국 이로 인해 장지기(蔣之奇)에게 탄핵을 받았다. 《宋史 卷319 歐陽修

錦)을 바쳤다는 탄핵을 받았다는 사실[13]을 모두 수록하였습니다. 창주정사(滄洲精舍)에서 석채례(釋菜禮)를 할 때는 사마공(司馬公 사마광(司馬光))을 주자(周子), 정자(程子), 장자(張子), 소자(邵子)와 나란히 두었지만 《연원록》에는 싣지 않고 《명신록》에 옮겨넣었으니, 이러한 부분에는 모두 은미한 뜻이 있습니다.

지금 이 사우록의 법도는 한결같이 주부자가 남긴 법을 따랐으며, 여러 공의 언행과 사실은 모두 눈금 저울에 달아서 나온 것과 같으니, 이를 어찌 함부로 논의할 수 있겠습니까.

列傳》

13 문 노공(文潞公)은……사실 : 등롱금은 등롱의 무늬를 넣어 만든 비단이다. 문언박은 이를 인종(仁宗)이 총애하는 장 귀비(張貴妃)에게 뇌물로 바쳤다는 탄핵을 받은 적이 있다. 《宋史 卷313 文彦博列傳》

이군보에게 답하다
答李君輔

말씀한 뜻은 잘 알겠습니다. 과연 그렇다면 지극히 두려운 마음을 견디지 못하겠습니다. 다만 《통전(通典)》을 살펴보면 당시 담당관이 "황태자비가 홍서(薨逝)하였으니 예법대로 황제와 황후가 모두 9개월간 대공복(大功服)을 입어야 합니다."[14]라고 하자 서원(徐爰)이 논의하여 또 말하였습니다. 맏며느리의 상에 대공복을 입는 것은 주공(周公)이 제정한 예법으로 《의례(儀禮)》 대공조(大功條)에 분명히 실려 있습니다. 기년복으로 말하자면 당(唐)나라 정관(貞觀) 연간에 위징(魏徵)이 아뢰어 개정한 것인데, 《서의(書儀)》에서 선택해 넣고 《가례(家禮)》에서 따랐기에 마침내 후세에 확정하여 시행하는 예가 되었습니다. 유송(劉宋) 때에는 기년복 제도가 없었으므로 한결같이 고례의 대공복 제도에 따라 시행하였으니, 담당관이 아뢴 '예법대로'라는 말이 바로 이것입니다. 지금 형이 말한 '단상(短喪)'[15]은 따로 명백한 근거가 있는지 모르겠습니다. 자세히 알려주어 어리석고 혼미한 저의 의혹을 풀어준다면 몹시 다행이겠습니다.

또 서원이 논의하기를 "이어(二御)[16]가 곡림(哭臨)하여 최복(縗服)

14 황태자비가……합니다 : 남조(南朝) 송 무제(宋武帝) 때 황태자비가 세상을 떠났을 때 담당관이 아뢴 복제이다.

15 단상(短喪) : 상기(喪期)를 줄이는 것이다.

16 이어(二御) : 황제와 황후를 말하는 듯하다.

을 입어야 할 때는 따라서 복을 입는 자도 최복을 입고, 그런 날이 아니면 평소의 의례대로 한다."라고 하였습니다. 그렇다면 곡림하는 날이 아니면 황제 및 따라서 복을 입는 자도 평소의 의례대로 한다는 것을 알 수 있습니다. 다만 평소의 의례라는 것이 어떠한 복색인지 모르겠습니다.

또 말하기를, "소견하는 날에는 태자가 공복(公服)을 입는다."라고 하였으니, 그렇다면 소견하는 날이 아니면 태자는 주복(周服)을 입는다는 것을 알 수 있습니다. 저의 소견이 이와 같으므로 인용하여 방증하고자 한 것이니, 명백하고 확실한 증거라고 여기는 것은 아닙니다. 그러므로 말미에 또 '달리 살필 근거가 없어 감히 함부로 논할 수 없다.'라는 뜻으로 대답하였습니다.

다만 저의 논의는 전적으로 서원의 논의를 바탕으로 말을 만들어 위의 두 단락만 풀이하고, 그 아래 두 단락의 이른바 "황제가 곡림하는 날이 아닌데 동궁에 행차하면……"이라는 말과 "궁신(宮臣)이 황제를 알현할 때는 붉은 옷을 입는다."라는 말은 끝내 거론하지 않았습니다. 창졸간에 초고를 쓰느라 이렇게 빠뜨린 것입니다. 지금 생각하니 모른다고 대답하는 것이 끝내 나았을 것입니다. 어떻게 생각하십니까?

이동보 희조 에게 주다 무술년(1718, 숙종44)

與李同甫 喜朝○戊戌

소식을 주고받지 못한 지 여러 해가 되었습니다. 평소 당신의 덕을 사모하는 마음이야 어찌 끝이 있겠습니까. 지금 늦봄에 대감 형이 조용히 지내며 더욱 정도를 밟으리라 생각하니 구구하게 그리워하는 마음을 견디지 못하겠습니다.

정택하(鄭宅河)가 상소하여 스승을 모욕한 것[17]은 천만 뜻밖이니, 이는 실로 사문의 일대 액운입니다. 개탄하는 마음을 어찌 견디겠습니까. 저의 분의에 있어서는 잠자코 있을 수 없기에 지금 몇 줄의 글로 대략 신원하려고 하니, 한몸이 낭패를 당하고 밖에서 모욕이 오는 것은 돌아볼 겨를이 없습니다. 당신의 뜻은 어떠한지 모르겠습니다.

생각건대 대감 형은 우리 스승과 평소의 우정이 본디 범범하지 않았습니다. 더구나 한 시대의 중망을 받고 여러 선비의 존경을 받으니, 이러한 때 대감 형의 한 마디를 얻는다면 절반은 거의 이루어진 것입니다. 사림이 대감 형에게 바라는 것이 어찌 강 한가운데의 표주박[18] 정도에 그치겠습니까. 이번에 조정에서 개정한 복제[19]는 노 선생(老先

17 정택하(鄭宅河)가……것 : 1718년(숙종44) 정택하가 대리청정하는 세자에게 상서하여 유생 윤수준(尹壽俊) 등이 뒤늦게 박세채의 문묘 배향에 대한 논의를 꺼내어 혼란을 야기하였다고 비난하였다. 《肅宗實錄 44年 3月 8日》

18 강 한가운데의 표주박 : 《갈관자(鶡冠子)》 〈학문(學問)〉의 "강 한가운데에서 배를 잃으면 표주박 하나가 천 금에 해당한다.〔中河失船, 一壺千金.〕"라는 말을 인용한 것으로 큰 도움이 된다는 뜻이다.

生 송시열)이 기해년(1659, 현종즉위년)에 정한 복제[20]와 일절 상반되니, 아마 대감 형도 이 점에 대해 이미 헤아려 잘 조처한 것이 있을 것입니다.

19 이번에……복제 : 당시 세자빈의 상을 당하여 기년복으로 복제를 정한 것을 말한다.《肅宗實錄 44年 2月 14日》

20 노 선생(老先生)이……복제 : 계모(繼母)인 자의대비(慈懿大妃)가 효종의 상에 입을 상복을 기년복으로 정한 것을 말한다.

이동보에게 주다

與李同甫

돌아가신 스승의 문집을 지금 수정하고 있는데 그중에 서간이 더욱 어렵습니다. 돌아가신 스승은 평소 문집에 붉고 푸른 점을 찍어 직접 표시하였는데, 붉은 점을 찍은 것이 정집(正集)이 되고 나머지는 외집(外集)이 되었습니다. 근래 조정의 명이 내린 뒤 정집을 먼저 판각하려고 하였는데, 어떤 이는 '이것은 이미 돌아가신 스승의 손을 거친 것이니 이제 와서 한 글자도 바꿀 수 없다.'라고 하고, 어떤 이는 '글 중에 회니시비(懷尼是非)에 관한 것은 곤란한 부분이 많아 행여 스승에게 누를 끼칠까 걱정이니 이는 대략 헤아리지 않으면 안 된다.'라고 합니다.

앞의 말을 따르면 이는 평상시 상도를 지키는 말이고, 뒤의 말을 따르면 이는 때에 따라 적절히 헤아리는 방도입니다. 두 가지 말이 모두 스승을 위하려는 데서 나왔는데 논의가 갈라져 통일되지 않습니다. 이에 정집의 서간 8책을 먼저 바치니, 두 가지 말의 우열은 이를 보면 알 수 있습니다. 소소하게 겸양하지 말고 오직 문집이 순조로이 완성되는 것을 위주로 하여 잘 처리하는 방도를 가르쳐주시는 것이 어떻겠습니까.

지금 회니시비로 보자면, 오랜 세월이 지난 뒤라도 옳은 자는 반드시 신원될 것이므로 저는 뒤의 말이 낫다고 생각하니, 명윤(明允 신경(申暻))과 이민(而敏 김약로(金若魯))의 뜻과 부합합니다. 이사부(李師傅)와 계장(季章 이세경(李世璥))은 앞의 말을 굳게 주장하고, 박경뢰(朴景

賫 박필부(朴弼傅)) 형제는 더욱 강력히 견지하는데, 그간 누차 상의하였으나 지금까지 따를 뜻이 없습니다. 전에 들으니 형이 우리 스승에 대해 운운한 말씀이 있다고 합니다. 그러므로 전적으로 믿고 우러러 호소합니다. 부디 명백히 설명하여 그들로 하여금 따르게 해주십시오.

책머리의 작은 종이는 명윤이 붙인 것입니다. 그 사이에 필시 잘잘못이 있을 것이니, 자세히 본 뒤에 보존할 것은 보존하고 산삭할 것은 산삭하십시오. 첨지를 붙인 곳 외에 산삭하거나 보존할 부분이 있으면 모두 일일이 첨지를 붙여 알려주신다면 천만다행이겠습니다. 지금 기회가 몹시 좋으니 만약 여기서 한번 잘못하면 후회한들 어쩌겠습니까. 다시 바라건대 굽어살펴 가르쳐 주십시오.

이동보에게 주다
與李同甫

하늘이 종묘사직을 도와 동궁의 자리가 확정되었으니[21] 이는 실로 우리나라의 무궁한 경사입니다. 어찌 기쁜 마음을 견딜 수 있겠습니까. 시강원에 새로 제수하는 명[22]을 받았으니 아마도 편안히 있기 어려운 단서가 더할 것입니다. 당신을 위하여 염려합니다.

돌아가신 스승의 문집은 처음에 형과 상의하고 헤아려 바깥의 비방이 오지 못하고 스승이 더욱 높아지기를 바랐습니다. 그런데 이계장(李季章 이세경(李世瓊))이 스스로 이 일을 맡아 그 뜻이 크게 어긋나니 어찌 하겠습니까. 박경뢰(朴景賚 박필부), 유입지(兪立之 유립(兪岦)), 박일화(朴一和 박상순(朴尙淳)) 등 여러 사람이 또 따라서 지나친 주장을 하고, 심지어 저를 두고 스승의 뜻을 왜곡하고 무함하였다고 하면서 멀리 유배해야 한다는 논의를 하였습니다. 그밖에 모욕하는 말이 지극히 낭자하니, 어찌 감히 다시 그 사이에 참여하여 의논하겠습니까. 이 때문에 저의 첨지는 비단 보내지 않을 뿐만 아니라 형의 작은 책자 역시 감히 보내지 못합니다. 명윤(明允) 역시 그 사이에서 대단한 낭패를 당하였으니, 스승의 일은 하나도 순조로이 이루어지는 것이 없어 참으로 걱정입니다.

21 동궁의 자리가 확정되었으니 : 당시 연잉군(延礽君)이었던 영조가 세제로 책봉된 일을 말한다.《景宗實錄 1年 8月 21日》

22 시강원에……명 : 이희조가 이때 시강원 찬선에 임명된 일을 말한다.《景宗實錄 1年 8月 23日》

이동보에게 주다

與李同甫

시사가 갑자기 변하여 화색(火色)이 한창 급하니 만연한 화가 멀리 우리 형에게까지 미쳤습니다. 어찌 산림에 있으면서 세상의 그물에 걸릴 줄 생각하였겠습니까. 구구한 마음으로 염려합니다. 또 들으니 한쪽 편 사람들이 모두 차례로 제거되어 한쪽은 칼이 되고 한쪽은 고기가 된 형세라 하니, 참으로 지극히 위태롭고 두렵습니다. 제 조부와 저 역시 윤증(尹拯)의 일에 간섭한 적이 있는데, 외방에서 운운하는 논의를 들으니 조만간 화를 면하지 못할 듯합니다. 그저 가만히 기다릴 뿐입니다.

이동보에게 주다 임인년(1722, 경종2)
答李同甫 壬寅

자세한 말씀이 저로 하여금 자꾸 반복해 읽게 합니다. 제가 77세가 된 것은 본디 의외지만, 형도 68세가 되었으니 이미 예순을 넘었습니다. 평소의 친구는 거의 다 죽었고, 단지 우리 늙고 병든 두 늙은이만이 세상에 남아 있을 뿐입니다. 그간 세상의 변고를 실컷 겪은 뒤에 또 오늘날의 상황을 보았으니, 형이 먼저 죽은 사람을 탄식한 뜻 또한 서글픕니다.

윤증(尹拯)의 일[23]은 아직까지 듣지 못하였습니다. 형이 이른바 '눈앞에 일이 많아 미칠 겨를이 없다.'라는 말은 참으로 잘 헤아린 것입니다. 다만 그 형세가 필시 장차 차례로 도달할 것이니 형이 시배(時輩)에게 노여움을 사서 한번 모욕을 당하는 일은 조만간의 일이 될 듯합니다. 이곳에 있는 손자[24] 역시 일행이 되는 것을 면하지 못할 것이고, 저 역시 삭거사판(削去仕版)의 대상에 있다고 들은 듯합니다. 이는 참으로 주부자(朱夫子)가 이른바 '모서리가 서로 연결되어 마치 무후(武候)의 보루와 같다.'라는 것입니다.

다만 생각건대, 우리가 평생 배운 것은 바로 오늘 힘을 얻기에 마땅합니다. 저 외부에서 오는 것은 그저 내버려둘 뿐입니다. 형은 어떻게

23 윤증(尹拯)의 일 : 윤증의 관작과 시호를 회복한 일을 말하는 듯하다. 《景宗實錄 2年 8月 7日》

24 이곳에 있는 손자 : 김치후(金致垕)를 말한다.

생각합니까? 대궐의 내시와 궁녀에 관한 일[25]은 실로 뜻밖의 비상한 변고입니다. 우리나라 3백년 동안 이런 일이 있었습니까. 종묘사직에 관계되니 우려가 끝이 없습니다. 관원이 화를 당하는 것은 오히려 부차적인 문제입니다.

25 대궐의……일 : 목호룡(睦虎龍)의 고변으로 밝혀진 환관 장세상(張世相), 궁녀 열이(烈伊) 등의 역모를 말하는 듯하다. 《景宗實錄 2年 4月 21日》

이동보에게 주다 계묘년(1723, 경종3)

與李同甫 癸卯

형의 이번 길[26]은 원래 조만간 일어날 일인 줄 알고 있었습니다. 병들어 산속에 숨어 사느라 뒤늦게 비로소 들었기에 편지 한 장 보내 안부를 묻는 것도 때를 놓쳤습니다. 서글프고 허전한 마음을 이루 다 말할 수 있겠습니까. 봄추위가 여전히 매서운데 갈 길은 정해진 기한이 있으니, 천리 길을 가면서 병에 걸리는 것은 면하였습니까.

환난에 처해서 환난에 맞게 처신하는 것은 형이 평소 강구한 바이니, 오늘날에 있어서 참으로 힘을 얻기 마땅합니다. 아마도 만나는 상황에 따라 편안히 여기며 낙원으로 가는 것처럼 여기리라 생각합니다. 저는 여든 먹은 병든 몸으로 시름시름 죽기를 기다리고 있습니다. 근래 들으니 제 성명이 누차 시배(時輩)대간의 입에서 나온다고 합니다. 한번 고개를 넘을 때를 아침저녁으로 기다리고 있습니다. 내버려둘 뿐이니 어찌하겠습니까. 그저 죽기 전에 다시 만날 기약이 없으니, 병중의 회포가 갑절로 슬프고 암담합니다. 남의 손을 빌려 쓰느라 다 말하지 못합니다.

26 형의 이번 길 : 이희조가 영암(靈巖)으로 유배된 일을 말한다. 《景宗實錄 3年 1月 7日》

이동보에게 주다 갑진년(1724, 경종4)

與李同甫 甲辰

지난 겨울에 임시 집에 있으면서 형이 북쪽으로 갔다는 말[27]을 들었습니다. 병든 몸을 부축하여 길가에 나가 뵈어 옛사람이 사찰에서 웃으며 이별한 일을 본받고자 하였으나,[28] 떠나는 날이 정확히 언제인지 몰라 한두 친구를 시켜 널리 묻고 알리게 하였습니다. 그러다가 12월 23일이 되어서야 어떤 사우를 통해 형이 여산(礪山)을 지난 지 이미 7일이나 되었다는 것을 알았습니다. 홍계희(洪啓禧)가 마침 급한 일이 있던 탓에 즉시 기별하지 못하였기 때문에 그러하였던 것입니다. 서글프고 허전하여 견딜 수 없을 정도입니다. 그때는 한창 추운 날이었는데 천리 먼 길을 어떻게 갔습니까. 저쪽에 도착한 뒤 객지에서 잘 지탱하고 있습니까? 지금 해가 또 바뀌었는데 그저 때에 따라 운명을 편안히 여기며 어디서든 만족하기 바랍니다. 유원성(劉元城)은 일곱 고을을 두루 돌아다녔는데[29] 시종일관 한결같이 지켰으

27 형이 북쪽으로 갔다는 말 : 이희조가 철산(鐵山)으로 이배(移配)된 일을 말한다. 《景宗實錄 3年 11月 21日》

28 옛사람이……하였으나 : 송(宋)나라 채원정(蔡元定)이 도주(道州)로 유배 가면서 주희(朱熹)를 비롯한 사람들과 사찰에서 작별하였는데, 모두 눈물을 흘렸으나 채원정은 시를 지어 "손 잡고 웃으며 헤어져야지, 아녀자처럼 슬퍼하지 말라.〔執手笑相別, 無爲兒女悲.〕"라고 하였다. 《宋史 卷434 蔡元定列傳》

29 유원성(劉元城)은……돌아다녔는데 : 유원성은 송나라 유안세(劉安世)이다. 그는 원우(元祐) 연간에 유배되어 7년 동안 7주(州)를 전전하였다. 《宋史 卷345 劉安世

니, 이는 참으로 우리 형이 배워 쓰기에 합당합니다.

저는 지난해 10월 무렵 이사하여 호남의 고산(高山)에 와서 살고 있습니다. 사천(沙川)[30]의 본가와는 3, 4백 리나 떨어져 있습니다. 객지에서 모든 일이 모양을 갖추지 못하고, 평소 앓던 현기증은 움직인 탓에 더욱 심해졌습니다. 여관에서 봄을 맞이하니 어버이 생각이 더욱 간절합니다. 오직 땅이 조용하여 살기에 적합하고, 물이 맑아 갓끈을 씻기 충분합니다. 오랫동안 명승의 풍경을 마주하며 서울의 풍진을 멀리하니, 이것이 기쁩니다.

이천(伊川) 선생이 용문(龍門)으로 거처를 옮긴 것[31]은 일흔 이후의 일이니, 만난 때가 그러하였던 것입니다. 오늘날에 있어서는 실로 시대를 뛰어넘어 느끼는 바가 있습니다. 피차 모두 노쇠한 늙은이이니, 생전에 만나기는 까마득히 기약이 없습니다. 어찌 슬프지 않겠습니까. 다만 더욱 몸 보중하여 사문(斯文)에 다행이 되기를 바랍니다. 병중에 절구 한 수를 읊어 졸렬함을 잊고 써서 바칩니다. 인편을 통해 차운시를 보내주어 천리 먼 곳에서 그리워하는 마음을 위로해주시기 바랍니다.

列傳》

30 사천(沙川) : 저자의 본가가 있는 광주(廣州) 사천촌(沙川村)을 말한다.

31 이천(伊川)……것 : 이천 정이(程頤)는 만년에 부주(涪州)에 유배되었다가 돌아왔으나 곧 삭적(削籍)되어 용문(龍門)으로 이주하였다. 《二程全書 卷50 伊川年譜》

김자익 창흡 에게 주다 무술년(1718, 숙종44)

與金子益 昌翕○戊戌

저는 평소 우리 형 사모하기를 옛사람 사모하듯 하며 늘 한번 찾아 뵙고 넘치는 광채를 우러러보고자 하였습니다. 뜻하지 않게 지난번에 저를 비루하게 여기지 않고 먼저 찾아오고,[32] 이어서 잠시나마 베개를 나란히 하고 누웠으니, 몹시 감동스럽고 놀라워 당신을 사모하던 평소의 마음에 충분히 위로가 되었습니다. 어리석고 누추한 견해를 넓혀주셨으니 감사한 마음 그치지 않습니다. 지금 산속에 가을이 늦어가는데 조용히 수양하며 더욱 정도를 걸으리라 생각합니다.

저는 여름에 큰 슬픔을 당하고 여름에 기이한 병에 걸려 애달프고 지쳐 남은 목숨이 거의 끊어질 뻔 하였는데, 지금까지 죽지 않은 것은 실로 다행입니다. 광산(光山) 사찰의 모임은 이전에 약속을 하였으니 조만간 이루어 한 가지 통쾌한 일이 되기를 바랍니다.

32 지난번에……찾아오고 : 본서 연보에 따르면 김창흡은 1717년(숙종43) 5월 저자를 방문하였다.

강숙중 석붕 에게 답하다 기묘년(1699, 숙종25)

答姜叔重 錫朋○己卯

지난 봄 이후로 전염병이 치성하여 오랫동안 피해 있으면서 위태롭고 두려워하며 칩거하느라 친구들의 근심과 즐거움, 안부도 까마득히 몰랐습니다. 얼마 전 관부(寬夫) 형이 찾아온 덕에 형의 편지를 받고서 근래 형이 어버이 모시며 평온하고 복되게 지낸다는 것을 알았으니, 구구한 마음에 위안이 됩니다.

연보는 처음에 연보의 체재를 따르지 않고 단지 일기의 법식을 모방하며 오직 자세히 기록하기에 힘쓰며 사실의 시말을 갖추었을 뿐입니다. 지금 수정하여 연보의 모양새를 대략 이루고자 하는데, 비단 질병과 근심으로 여가가 없을 뿐 아니라, 보태고 지우고 취사선택하는 사이에 얕은 저의 식견으로 미치지 못하는 부분이 있습니다. 형의 거처와 조금 떨어져 함께 상의하지 못하는 것이 몹시 한스럽습니다. 그러나 조만간 번거롭고 쓸데없는 것을 삭제하고 대충 두서를 갖춘 뒤에 형과 벗들이 서로 절충해주기를 기다려 정본으로 정할 것입니다.

문집을 교감하는 일은 형의 말씀이 몹시 좋습니다. 벗 박성보(朴盛甫)의 일은 과연 잘못한 것이니, 형의 말씀을 듣고 깨끗이 물리친다면 행여 절반이나마 구할 수 있겠습니까. 얼마 전에 그가 지은 설(說)을 보았는데 상소의 뜻보다 갑절이나 심하여 스승의 평소 본뜻을 전부 잃었으니, 참으로 이른바 '공자의 70 제자가 죽기를 기다리기도 전에 대의가 이미 어그러졌다.'라는 것입니다. 진정 한탄스럽습니다. 태이(泰而 이행태(李行泰)) 형이 아예 동협(東峽)으로 돌아가 오랫동안 샘물 소리를 듣고 산의 모습을 보며 살고 있으니 부럽습니다. 지금 엄숙히 지키는 공부가 더욱 독실하다고 들으니 더욱 몹시 감탄스럽습니다.

강숙중에게 답하다 병술년(1706, 숙종32)

答姜叔重 丙戌

일년 넘게 얼굴을 못 보았더니 그리운 마음 더욱 간절합니다. 사람과 땅이 멀리 떨어져 있는 데다 늙음과 질병이 얽혀 이렇게 오랫동안 인사를 팽개치기에 이르렀습니다. 방금 보내주신 편지를 받았는데, '마치 잊은 듯하다〔若相忘〕'라는 세 글자가 첫줄에 있으니 부끄럽고 한탄스러운 마음이 그치지 않습니다. 근래 형이 산림에서 조용히 지내며 더욱 도를 완미하고 있다는 것을 알았으니 헤아릴 수 없이 기쁘고 위안이 됩니다.

스승 문하의 부탁을 저버리지 말라는 말씀은 황송함을 견딜 수 없습니다. 우리 동문 중에 학문을 좋아하여 게을리하지 않고, 덕을 넓히고 학업을 닦아 중임을 맡을 기대를 받는 사람이 본디 한둘이 아니니, 이 책임을 맡을 적임자가 어찌 없겠습니까. 저 역시 돌아가신 스승의 문하를 출입하며 차근차근 인도하고 독실히 이끌어주는 가르침을 받았으니, 감발하고 흥기하는 뜻이 없지 않습니다. 스스로 생각하기에 갈고 닦으면 거친 돌도 다듬어지고, 채찍질을 하면 노둔한 말도 가는 법이니, 비록 몹시 어리석고 노둔하지만 차례대로 점차 나아갈 수 있으리라 여겼습니다. 다만 타고난 성품이 가장 못나고 가르침을 받을 곳이 없으니, 비유하자면 그림을 그리는데 흰 바탕이 없는 것과 같으니, 어찌 채색을 입힐 수 있겠습니까.

이제는 늙고 병들어 머리가 세고 치아가 빠졌는데, 학문은 나아지지 않고 솜씨는 옛날과 같습니다. 오직 당초의 일념은 아직도 잊지 못하고 있습니다. 뒤늦게 생각하고 돌아보니 제몸을 쓰다듬으며 더욱 슬퍼합니다. 매번 옛책을 읽으며 새로 공부하여 노년의 즐거움을 지키며 아침에 도를 들으면 저녁에 죽어도 좋다는 소원을 이루고 싶지만, 정력이 이미 고갈되고 정신이 이미 혼미하여 대롱으로 하늘을 보고 바가지로 바닷물을 재는 것처럼 전혀 소득이 없고, 조금 쌓은 것도 곧 흩어지니 어찌하겠습니까. 이 때문에 밤낮으로 두려워하며 그저 돌아가신 스승께서 가르쳐주신 은혜를 저버릴까 두렵습니다. 지금 보내주신 편지에 이처럼 간곡히 말씀하셨지만, 이것이 어찌 도에 어둡고 학문에 어두운 저와 같은 사람이 감당할 수 있는 말이겠습니까. 저도 모르게 부끄러워 등에서 땀이 나서 옷을 적십니다.

근래 들으니 형이 험준한 산속으로 자취를 감추고 경전에 전념하며 굶주림을 참고 게로기를 씹으며 더욱 힘써 학문을 닦는다고 하였습니다. 얼마전 보개사(寶蓋寺)에서 부지런히 공부하신 일은 서산(西山)의 꼭대기에서 고생하던 일[33] 못지 않습니다. 견고히 뜻을 세우고 독실히 공부하며 안에서 터득하여 외물을 사모하지 않으니, 동년배 중에 실로 비할 사람이 드뭅니다. 삼가 생각건대 부탁을 저버리지 않을 책임은 다른 사람에게 있는 것이 아니라 저절로 돌아갈 데가 있을 것입니다.

돌아가신 스승의 문집에 관한 일은 아직 맡길 곳이 없어 늘 이를 걱정하였습니다. 지금 형의 책상 위에 도착하였다고 하니, 펼쳐 읽는 사이에 밤낮으로 스승을 사모하는 감정이 많으리라 생각합니다. 조용히 지내면서 한번 교감(校勘)하고 대단히 생각을 들여 바로잡지 못한

33 서산(西山)의……일 : 송(宋)나라 채원정(蔡元定)이 게로기를 캐어먹으며 서산에서 공부한 일을 말한다. 《宋史 卷434 蔡元定列傳》

범례(凡例)를 바로잡고 고치지 못한 오류를 고쳐 간행할 수 있는 깨끗한 본으로 만들어 주신다면, 이 또한 퇴계 문하 월천(月川 조목)의 공로입니다.[34] 부디 다시 겸양을 꾸미지 말고 힘을 다한다면 사문에 몹시 다행이겠습니다.

아우는 결국 서쪽으로 가는 일을 면하지 못하였습니다.[35] 백발의 나이에 형제가 멀리 떨어져 있으니 이 마음을 어찌 견디겠습니까. 저는 근래 날이 갈수록 몹시 늙고 병들어 거의 지탱하기 어렵습니다. 일흔 먹은 사람은 이치상 이와 같아 마땅하니 어찌하겠습니까.

34 퇴계……공로입니다 : 조목이 《퇴계집》 간행을 주도하였으므로 이렇게 말한 것이다.

35 아우는……못하였습니다 : 저자의 아우 김재(金栽)가 부안 현감(扶安縣監)으로 부임한 일을 말한다. 《承政院日記 肅宗 32年 2月 15日》

양계통 처제 에게 답하다 신묘년(1711, 숙종37)

答梁季通 處濟○辛卯

지난번에 형이 남쪽으로 갈 때 부르고자 하였고, 부르지 못하면 몸소 찾아가 한 잔 술을 올리며 작별하려 하였는데 마침 병이 있어 뜻을 이루지 못하였습니다. 이 한이 유유하여 지금까지 사라지지 않습니다. 얼마 전 뜻밖에 두 통의 안부 편지가 서울에서 전해졌습니다. 펼쳐보고 두세 번 읽으니, 마치 딴 세상 소식을 듣는 것 같았습니다. 기쁘고 위안이 되는 마음을 어찌 헤아리겠습니까.

더구나 새로 승경을 차지하고 작은 집을 지어 돌아가신 스승의 영정을 봉안하고 초하루와 보름에 참례(參禮)를 행하며, 또 한두 학도와 밤낮으로 그곳에서 강론한다고 하니, 이는 실로 노년의 그윽하고 한가로운 흥취를 깊이 얻은 것입니다. 세상에 이보다 더한 즐거움이 어디 있겠습니까. 부럽기 그지없습니다.

돌아가신 스승의 문집은 분량이 몹시 많아 간행하기 쉽지 않습니다. 오직 예설(禮說)만은 벗 권유도(權有道 권상유(權尙游))가 간행할 뜻이 있습니다. 그러므로 얼마 전 제 아우가 영해(寧海)에 부임할 때[36] 초본(草本)을 보내어 베껴내게 하였습니다. 그러나 결국 완성할지는 미리 헤아리기 어렵습니다.

사우록(師友錄)은 경상도 관찰사가 간행을 도모하고 있습니다. 그

36 제……때 : 저자의 아우 김재는 1711년(숙종37) 10월 8일 영해 부사(寧海府使)에 임명되었다. 《承政院日記 肅宗 37年 10月 8日》

러나 이곳에 있는 한 본은 오자와 탈자가 태반이니, 정본을 얻지 못하여 한창 걱정하였습니다. 근래 섬에서 보내온 것이 있었으니 얼마나 다행입니까. 다만 제 아우는 멀리 남쪽 고을로 부임하였고, 사직(士直 김유)의 병이 몹시 위독하여 한창 경황이 없으며, 제가 앓는 병이 또 이와 같아 꼼꼼이 교감할 사람이 없으니, 이 또한 제때 도모하기 어려울 듯합니다. 이수부(李秀夫 이만정(李萬挺))와 최사손(崔士遜 최민학(崔敏學))이 1년 사이에 잇따라 세상을 떠났습니다. 이제부터 스승의 문하가 더욱 외로워질 것이니 애통하고 애석합니다.

정사앙 제두 에게 주다 무진년(1688, 숙종14)

與鄭士仰 齊斗○戊辰

새해가 오고 봄이 되었는데 형은 더욱 잘 지내시리라 생각합니다. 저는 평소 우리 형 사모하기를 옛사람 사모하듯 하였으니, 비록 각기 자잘한 일에 얽매여 계속해서 어울리지는 못하지만, 덕을 그리워하고 풍도를 생각하며 시종일관 절차탁마하려는 소원은 하루도 해이해진 적이 없으니, 들은 것이 있으면 어찌 감히 숨기고서 친애하는 분에게 한번 질문하지 않을 수 있겠습니까.

얼마 전에 언휘(彦暉 민이승(閔以升))에게 들으니 형이 양명학(陽明學)에 손가락을 담가 맛을 보았다고 합니다. 벗 이수부(李秀夫) 역시 제게 말하며 '어찌하여 편지로 한번 강론하여 그 시비를 따지지 않습니까.'라고 하였습니다. 두 벗의 의도가 아끼는 마음에서 나왔다는 것을 잘 알고 있지만, 그저 제가 불초하여 그 책임을 맡기 어렵다는 점을 모르니 한탄스럽습니다.

저는 젊어서부터 병에 걸려 산중에 칩거하느라 견문이 몹시 좁습니다. 평생 이른바 양명의 책이라는 것은 본 적이 없으니, 어찌 감히 이에 대해 억지로 모르는 것을 가지고 입을 놀려 대가의 비웃음을 자초하겠습니까. 더구나 해박하고 말 잘하는 언휘와 이미 편지를 주고받으며 따졌으니, 학문이 독실하고 깊이 강구한 형은 아마도 이미 한 마디로 깨닫고 원만히 귀결되었을 것입니다. 그런데도 제가 자신의 힘을 헤아리지 않고 이 점을 논열한다면 비록 한두 가지 터득한 것이 있더라도 이미 쓸데없는 것입니다. 더구나 본디 터득한 것이 없으니 어떻겠습니까.

비록 그러하나 제가 형에게 말하고 싶은 것이 있습니다. 지금 형은 이미 이 책에 오랫동안 힘을 들였으니, 필시 음미하고 그 오묘한 뜻을 터득하였을 것입니다. 바라건대 형은 제가 모른다고 버리지 마시고, 그 긴요한 종지(宗旨)를 뽑아내어 알려주신다면 제가 비록 어리석으나 이를 통해 질문하여 훗날 가르침을 받을 생각입니다. 몹시 아끼고 사모한 나머지 참람하고 경솔하기가 여기에 이르렀으니 송구하고 위축된 마음을 견디지 못하겠습니다.

권유도 상유 에게 주다

與權有道 尙游

지난번에 제 집을 찾아와 산속에서 자던 새와 헤엄치던 물고기 같은 저를 놀라 일어나게 하였습니다. 작은 오두막이 이 때문에 광채가 났으니 지금까지도 감사합니다. 해가 이미 바뀌고 봄이 절반이 되려 하는데 형의 기거가 좋으리라 생각합니다. 예전에 승낙하신 돌아가신 스승의 어록은 아마도 정자(程子) 문하 사상채(謝上蔡 사양좌(謝良佐))의 전례에 따라 이미 추가로 기록하였을 것입니다. 인편을 통해 보내주어 편차할 때 일체 수록할 수 있도록 하는 것이 어떻겠습니까?

권유도에게 주다 경자년(1720, 숙종46)

答權有道 庚子

정자의 편지에 나오는 '노새에서 내려 일어나지 않은 일을 공경한다.〔敬下驢不起〕'의 뜻은 이것이 무슨 말인지 모르겠습니다.-《정서분류(程書分類)》 역대편(歷代編)에 있습니다.- 노새에서 내려 일어나지 않은 것은 진도남(陳圖南)의 일인 듯합니다. 진도남은 송 태조(宋太祖)와 같은 연월일시에 태어났습니다. 후주(後周)가 쇠퇴하고 어지러워지자 스스로 그 운명을 헤아리고 천하를 경영하고자 노새를 타고 산에서 나왔습니다. 그런데 송 태조가 이미 제위에 올랐다는 말을 듣고 크게 웃다가 노새에서 떨어져 도로 산속으로 들어가 깊이 잠들어 일어나지 않았습니다. 아마도 정자가 이 일을 공경하자 문인이 기록한 듯합니다.

또 그 아래 소주(小註)에 진 선생의 자(字)가 있고, 또 송나라 시대에 편입하였으니, 이 점에서 더욱 진도남의 일인 듯합니다. 다만 그저 '노새에서 내려 일어나지 않은 일을 공경한다.'라고만 하였을 뿐 앞에 두사(頭辭)가 없고 아래에 결어(結語)가 없어 글뜻이 분명하지 않습니다. 또 달리 고찰할 곳이 없기에 무슨 일인지 정확히 모르겠습니다.-그 아래 소주에 이른바 "세상 사람들이 높다고 말하는 자는 도리어 작다.'라는 말과 "진 선생은 몹시 분수가 부족하였다."라는 말로 보건대 폄하하는 논의인 듯도 합니다.-

강우경 석하 에게 주다 갑신년(1704, 숙종30)

與姜禹卿 錫夏○甲申

얼마 전 한 떨기 계수나무를 캐어 보내주시고 두 편의 아름다운 시를 덧붙였습니다. 꽃향기가 짙고 시상이 맑고 자유로워 모두 한가로운 사람이 조용하게 지내는 그윽한 흥취에 보탬이 됩니다. 동지가 되어 추위가 혹독한데 형의 기거는 좋으리라 생각합니다.

저는 책을 펼쳐 읽는 여가에 하루종일 계수나무 가지 그림자 아래에서 읊조리니, 문득 가슴이 깨끗해지는 것을 깨닫습니다. 형의 편지에 나오는 '반원엄류(攀援淹留)'[37] 네 글자는 참으로 이곳의 정경을 잘 묘사하였다고 하겠습니다. 보내주신 시에 차운하여 바칩니다. 높은 안목에 올리기 부족하니 장독 덮개로 쓰십시오.

37 반원엄류(攀援淹留) : 《초사(楚辭)》 〈초은사(招隱士)〉의 "계수나무 가지 부여잡고 애오라지 머무르네.〔攀援桂枝兮聊淹留.〕"라는 구절을 인용한 듯하다.

김숙함 재해 에게 주다

與金叔涵 載海

월초에 제사 때문에 도성에 들어갔다가 제 아우에게 형의 소식을 물었더니, 며칠 전 이미 호서 고향으로 돌아갔다고 하였습니다. 그 당시 듣고서 한편으로는 탄식하고 한편으로는 아쉬워하며 망연자실하였습니다. 방금 편지를 받고 형이 아직도 서울에 머물러 있으면서 지금 같은 무더위에 조용히 잘 지낸다는 것을 알았으니 기쁘고 위안이 되는 마음을 또 어찌 헤아릴 수 있겠습니까.

전에 보니 우리 형이 보낸 그간의 편지 몇 장에서 그 설명이 자세한 정도에 그치지 않았으니, 모두 어리석은 저를 깨우치기 위한 것이었습니다. 이리저리 설명하여 끝없이 말이 나왔는데 이는 한때 우연히 깨달아 도달할 수 있는 경지가 아니니, 평소 정밀히 생각하고 오묘히 깨달아 깊이 체득하고 홀로 터득하여 오랫동안 침잠하고 많이 쌓았다가 이제야 입으로 나오고 글자로 형용한 것이기에 이처럼 쾌활하고 막힘없다는 것을 알겠습니다. 비유하자면 큰 강의 근원이 멀고 지류가 커서 도도히 흐르며 밤낮으로 동쪽으로 가는데 끝을 찾을 수 없는 것과 같습니다. 읽는 사람으로 하여금 어찌 쓸쓸한 회포를 활짝 열게 할 뿐이겠습니까. 고루한 저를 깨우치는 점이 실로 많으니, 얼마나 다행입니까.

다만 어리석고 식견이 얕은 저는 애당초 감히 이 수준에 이르지 못하였으니 그저 분수를 따르고 졸렬함을 지켜 조금 배워 쓸 뿐입니다. 예로부터 성현 문하의 길은 원래 차례와 등급이 있으니, 그 공부의 선후는 순서에 따라 점차 나아가고 아래에서 배워 위로 도달해야 합니다. 《중용》에서 이른바 "멀리 가려면 가까운 곳부터 시작하며 높이 오르려면 낮은 곳부터 시작한다."라는 말과 《논어》에서 이른바 "가깝고 작은 것을 먼저 전수한다."라는 말은 원래 우리 유가의 이미 완성된 가법이며 실로 후배 선비가 따르고 모범으로 삼아 지키며 잃지 말아야 하는 것입니다.

삼가 보니, 근래 세도가 쇠퇴하여 이 학문에 뜻을 둔 사람이 전혀 없습니다. 이른바 뜻이 있다는 사람은 고원하고 허무한 곳으로 들어가지 않으면 반드시 독단적인 학문과 편견에 국한되니, 중간에 있는 하나의 정당하고 치우치지 않는 문과 길을 아는 사람이 없습니다. 더구나 스승께서 세상을 떠난 뒤로 이 도가 갈수록 사라져, 새로 배우는 후학은 나아가 바로잡을 곳이 없으니, 행여 치우친 앎을 올바른 깨달음으로 여기고 독단적인 견해를 실제로 터득하였다고 여기는 자가 어찌 반드시 없을 줄 알겠습니까. 이는 공자 문하 자하(子夏)의 학문이 거듭 전해져 전자방(田子方)이 된 이유이니[38] 참으로 두렵습니다.

저로 말하자면 용렬하고 누추하여 애당초 노둔한 기질에 국한되었으니, 격려하고 진작하여 조금이나마 진보하지 못하였습니다. 이후에는 또 태반이 질병과 상사로 무너져 뜻과 학업이 황폐해지고 몸과 마음을 내팽개쳐 그럭저럭 인순고식하다가 어느덧 반평생이 지났습니다. 비록 훈고(訓詁)의 명목(名目)을 희미하게나마 이해하지 못하는 것은 아니지만, 본분의 착실한 공부에 있어서는 전혀 터득한 것이 없으니,

38 자하(子夏)의……이유이니 : 《한서(漢書)》 권88 〈유림전(儒林傳)〉에서 전자방, 단간목(段干木), 오기(吳起), 금골리(禽滑釐) 등이 모두 자하에게 수업을 받아 왕의 스승이 되었다는 기록을 인용한 것이다.

참으로 옛사람이 이른바 "쇄소응대진퇴지절(灑掃應對進退之節)도 모르면서 입으로 천리(天理)를 말한다."라는 것입니다. 이에 비로소 몹시 두려워 마침내 머리를 돌리고 뒤로 물러나 다시 《소학》, 《근사록》, 《심경》 등의 책을 공부하여 만년에 보충하는 계획으로 삼고자 하였습니다. 다만 한스럽게도 누차 상화를 겪은 뒤인데다 나이까지 노쇠하여 병세가 고질이 되고 정신이 사그라들었으며 근력이 거의 다하였으니, 단지 자신의 일곱 자 몸도 지탱하지 못합니다. 하물며 감히 위를 향하는 사업으로 옛사람이 발걸음을 넓힌 경지에 나아가기를 바랄 수 있겠습니까. 비록 억지로 힘쓰더라도 형세상 불가능합니다. 한밤중에 생각하며 제몸을 쓰다듬으며 슬퍼하니 어찌하겠습니까.

오직 우리 숙함은 타고난 자질이 도탑고 확고하며 몸가짐이 독실합니다. 또 격물궁리를 잘하고 의리를 이야기하기 좋아하고, 나이가 많지 않아 정력이 아직 강한 때를 만나 해마다 부지런히 나아가기를 그치지 않으니, 동문의 선비 중에 앞선 사람이 없습니다. 이것이 제가 간절히 사모하며 함께 교유하고자 하는 이유입니다. 매번 뒤를 따르며 영향을 받는 것을 다행으로 여기며 저 자신을 절차탁마하는 반열에 함부로 비겼습니다. 이 때문에 제가 참으로 불초하지만 오직 숙함이 알고 보는 것이 한결같이 순수하여 잡되지 않은 데서 나오고, 치우치고 막히는 데로 떨어지지 않기를 바랍니다. 지금 깊이 기대하며 완비하기를 요구하는 도리로 숙함을 보니, 높은 곳에 힘쓰려는 뜻이 우세하고 몸을 가다듬는 노력이 얕으며, 위를 향하는 마음이 많고 아래를 공부하는 힘은 적습니다. 강구할 때는 억지로 힘써 찾으려는 병통이 많고, 변론할 때는 겸손한 뜻으로 겸허히 받아들이는 도량이 부족합니다. 예컨대 혼미한 상태가 미발이라는 설은 예전에 돌아가신 스승께서 바로잡아

주었는데 끝내 믿지 않고, 악한 뒤에 기질지성이 된다는 말도 벗들이 변석하였으나 한결같이 물리치고 있습니다. 다른 일은 막론하고 오직 이 두 가지 설은 대단히 어긋났습니다. 잠심하여 연구한 끝에 정신을 집중하면 정추(精粗)와 득실 사이에 반드시 통하는 길이 있을 것이니, 그 이른바 통하는 것은 애당초 범범하고 간략한 견해가 아니라 실로 마음을 다하여 찾아 터득한 데서 나오는 것입니다. 그러므로 마침내 이 밖에는 다른 생각이 없고 다른 도리가 없다고 하는 것입니다. 자신의 견해가 한번 정해져서 지나치게 자신하며 이어서 경전의 비슷한 말을 끌어다 방증으로 삼고 점차 미혹되어 깨닫지 못하고 굳어집니다. 주부자가 이른바 "차라리 얕을지언정 깊게 하지 말고, 차라리 허술할지언정 꼼꼼하게 하지 말라."라는 말을 깊이 음미하지 않으면 안 될 듯합니다.

돌아가신 스승께서 말년에 누차 저에게 경계하기를 "그대들이 오늘 학문하는 방법은 고치지 않으면 안 되니, 실제에 힘쓰는 것으로부터 나아가야 한다. 돌아가서 이 말을 군보(君輔 이세필), 사직(士直 김유), 숙함(叔涵 김재해), 중고(仲固 김재(金栽))에게 전해주고, 다시 서로 힘써야 한다."라고 하였습니다. 당시에는 대충 들어 미처 이해하지 못하였는데, 지금 생각해보니 실로 절실하고 의미가 있어 충고한 것이 정문일침(頂門一針) 정도에 그치지 않습니다. 돌이켜 생각하면 서글퍼 저도 모르게 눈물이 흘러 옷깃을 적십니다.

근래 보니 돌아가신 스승께서 경오년(1690, 숙종16) 8월과 신미년(1691) 11월에 임덕함(林德涵 임영(林泳))에게 보낸 두 통의 편지[39]에도

39 돌아가신……편지 : 《남계집》 정집(正集) 권32에 실려 있다.

이러한 뜻을 언급하며 몹시 간곡하게 말씀하셨습니다. 반드시 주부자의 〈백록동규(白鹿洞規)〉와 〈경재잠(敬齋箴)〉을 체험하고 힘쓰는 방법으로 삼고 이끌고 권면하여 시종일관 놓지 말라고 하셨으니, 돌아가신 스승께서 이에 대해 어찌 소견이 없어 그러한 것이겠습니까. 다시 바라건대, 우리 형이 지금부터는 한 가지 한가로운 지식과 한 가지 한가로운 문자를 버리고 곧장 '채찍질하여 내면으로 가까이 해야 한다.'라는 옛사람의 가르침과 실질에 힘쓰라는 돌아가신 스승의 경계를 묵묵히 지니고 부지런히 명심하며 오랜 세월이 지나도 조금이라도 게을리 하지 않고 오래 함양한다면, 기상과 생각이 이전과 달라지는 모습을 볼 것입니다. 안자의 박문약례(博文約禮)라는 말에 부합하고, 명도(明道)의 '유격대 기병이 너무 멀리 간다.'[40]라는 경계를 어기지 않을 것입니다. 어떻게 생각합니까?

비록 그러하나 저는 한창 이러한 가운데 앉아 있으면서 스스로 구제할 방법을 전혀 모르니, 오늘 염려하는 바가 형에게는 오히려 가볍고 저에게는 몹시 심하다는 것을 잘 알고 있습니다. 그런데도 이렇게 자세히 말하는 이유는 스스로 반성하던 것으로 당신을 경계하여 이쪽 저쪽에서 끌어당기고 서로 수양하고 권면하여 결국 조화롭게 귀결되기 위해서입니다. 아마 형도 외람되다고 탓하며 배척하지 않을 것입니다. 몹시 아끼느라 이렇게까지 함부로 말하였으니 송구합니다.

40 유격대……간다 : 《대학혹문(大學或問)》에 나오는 정자의 말로, 지극한 선의 소재를 살피지 않고 범범하게 만물의 이치를 살피는 것을 비유한 말이다.

이태경 동형 에게 주다

與李泰卿 東亨

올 여름에 유배된 것[41]은 사문에 광채를 더하기 충분합니다. 우리들의 입장에서는 경하해야지 위로해서는 안 됩니다. 더구나 형이 태연히 지내며 마치 낙원에 가는 것처럼 여긴다고 들었습니다. 평소의 학문이 바르다는 점을 여기에서 볼 수 있으니, 더욱 지극히 우러르는 마음을 견디지 못하겠습니다.

옛적 호 충간(胡忠簡 호전(胡銓))이 영남으로 유배되자 노계(盧溪) 왕정규(王庭珪)가 전송하는 시를 보내어 "이름은 북두성보다 높고, 몸은 남쪽 바닷가에 떨어졌네.〔名高北斗星辰上, 身墮南州瘴海間.〕"라고 하였습니다. 저는 오늘 우리 형을 위해 가만히 외어봅니다. 다만 북쪽으로 가던 날 동대문 밖에서 전송하여 옛사람이 절에서 웃으며 작별하던 자취[42]를 잇지 못하였으니, 지금까지도 여한이 없어지지 않습니다. 변방에서 풍상을 맞으며 잘 지내고 있습니까? 오직 시절에 순응하며 자신을 아껴 사우의 바람에 부응하기 바랄 뿐입니다.

41 올……것 : 1678년(숙종4) 이동형이 송시열의 예론을 옹호하다가 함경도 경원으로 유배된 일을 말하는 듯하다. 《肅宗實錄 4年 6月 29日, 7月 2日》

42 옛사람이……자취 : 50쪽 주28 참조.

유도경 귀삼 에게 답하다

答柳道卿 貴三

이별한 지 얼마나 되었습니까? 해가 이미 세 번 바뀌었습니다. 중간에 형이 남쪽으로 가고 제가 병에 걸리는 바람에 이렇게 오랫동안 소식이 없게 되었습니다. 그러나 평소 그리워하던 마음은 이 때문에 조금도 줄어들지 않았습니다. 방금 뜻밖에 형이 보낸 편지를 받고 근래 형이 조용히 수양하며 잘 지내고 학문이 날마다 새로워진다는 것을 알았으니, 기쁘고 위안이 되고 또 지극히 칭송하는 마음을 견디지 못하겠습니다.

스승께서 세상을 떠난 뒤로 동지의 선비들이 각자 별처럼 흩어졌습니다. 이태이(李泰而 이행태)는 골짜기로 들어가고 강숙중(姜叔重 강석붕)은 시골로 내려갔으며 이군보(李君輔 이세필)와 김사직(金士直 김유)은 연달아 외직에 부임하였습니다. 이것만으로도 이미 서글픈 마음을 견디지 못하겠는데, 벗 숙함(叔涵 김재해)이 지금 또 멀리 남쪽 땅에서 객지 생활을 하고 있으니 노년의 쓸쓸한 마음에 갑절로 근심스럽습니다. 앞으로 절차탁마하는 도움은 모두 우리 형에게 바라니, 형이 저를 소원한 사람으로 대하지 말고 때때로 말씀을 전하여 혼미하고 어리석은 저를 채찍질한다면 몹시 다행이겠습니다.

보내주신 별지는 의리가 정밀하고 근거가 명백합니다. 몇 번을 읽으니 저도 모르게 옷깃을 여미며 공경합니다. 이는 벗 숙함에게 정문일침(頂門一針)이나 황류촌교(黃流寸膠)[43]에 그치지 않습니다. 그러나 예전의 견해를 굳게 지키며 끝내 고개를 돌릴 가망이 없다고 하니 이 또한 어쩔 수 없습니다. 이 벗이 이러한 주장을 한 지 지금까지 이미 4, 5년이 되었습니다. 그간 서로 강론하기를 부지런히 하지 않은 것은 아니며, 심지어 중고(仲固 김재)와 사직(士直 김유)이 때때로 다시 깨우쳤으나 모두 마음을 비우고 받아들이는 모습을 보지 못하였습니다. 지금 형의 말씀을 보니 또 이처럼 분명하지만 그는 그렇다고 여기지 않을 것입니다. 우리의 소견이 본디 어긋나 취할 만하지 않아 그러한 것이 아니겠습니까. 이 벗은 몸가짐이 독실하고 확고하여 동년배 중에 그 짝이 본디 적습니다. 또 궁리와 격물을 잘하여 좋은 지식과 식견이 참으로 많습니다. 그러나 종종 이러한 논의를 하며 홀로 터득한 견해를 지나치게 믿고 간절한 말을 모두 물리치는 것을 면치 못합니다. 돌아가신 스승께서 이 아우에게 고집하고 막히는 병통이 있다고 누차 말씀하셨으니, 어른도 이 점에 대해 필시 본 것이 있어 그러한 것입니다.

저는 늙고 병든 몸으로 칩거하며 마음 쓸 곳이 없습니다. 한가로이 예전에 배운 것을 익히면 희미하고 비슷한 것이 없지 않으나, 다만 병이 고질이 되고 정력이 소모되어 곧 잊어버리니, 자신의 실제로 터득한 공부와는 관계가 없습니다. 만년의 깨달음은 이루기 어렵다는 퇴계의 한탄이 이제 오니 더욱 절실하고 의미가 있다는 것을 알겠습니다.

연보 초고는 겨우 두서를 잡았습니다. 첨가하고 산삭하여 정밀하고 타당하게 만들기 힘쓰는 일은 단지 여러 형이 각기 마음을 다하는 데 달려 있을 뿐입니다.

43 황류촌교(黃流寸膠) : 본디 한 치 아교로는 흐린 황하를 맑게 할 수 없다는 뜻인데, 주자가 이 뜻을 반대로 인용하여 마음을 맑게 하는 비결이라는 뜻으로 쓰이게 되었다. 《朱子大全 卷5 二詩奉酬敬夫贈言弁以爲別》

최사손 민학 에게 답하다
答崔士遜 敏學

가을이 깊어가며 서리가 짙어지는데, 멀리서 생각하니 우리 형은 한가로이 지내고 도를 맛보며 시절 따라 복이 더할 것입니다. 날마다 그리워하는 마음이 전혀 그치지 않습니다. 저는 항상 분수에 따라 감히 공부를 그만두지 않으나, 비단 곁에 큰 도움이 되는 사람이 없어 격려받지 못할 뿐만 아니라 가을 이후로 병든 몸이 외물의 침입을 많이 받아 기침하느라 목이 쉬어 침상에 몸져 누워 실로 스스로 힘을 내기 어려우니 어찌하겠습니까. 이 또한 노년의 일상적인 모습이니 그저 내버려둘 뿐입니다. 전에 보낸 태극사차(太極私箚)[44]는 아마 두루 보았을 것입니다. 높은 안목을 거쳤으니 잘잘못을 피하기 어렵습니다. 무디 하나하나 찌를 붙여 알려주어 혼미하고 어리석은 제가 배워 쓸 수 있게 해 준다면 몹시 다행이겠습니다.

44 태극사차(太極私箚) : 본서 제35권 차기(箚記)에 실려 있는 〈태극도설(太極圖說)〉을 말하는 듯하다.

이계장 세경 에게 주다 신축년(1721, 경종1)

與李季章 世瓊○辛丑

비가 내린 뒤로 날씨가 무더운데 형은 더욱 잘 지내리라 생각합니다. 문집을 수정하는 일은 이미 시작하였을 듯한데, 십분 신중히 살피는 것이 어떻겠습니까. 다만 돌아가신 스승의 기사년(1689, 숙종15) 전후의 견해가 갑자기 달라졌다는 사실을 분명히 알아야 그 경중과 취사가 바르게 되어 후회가 없을 것입니다.

돌아가신 스승께서 사우고증(師友考證)[45]을 편찬하며, "내가 근래의 일에 느낀 바 있어 지었다."라고 하였습니다. 이밖에 돌아가신 스승이 만년에 확정된 견문이 한둘이 아닙니다. 제가 직접 들은 말이 간곡한 정도에 그치지 않아 지금까지도 명심하고 있습니다. 만약 이러한 때에 스승의 뜻을 분명히 드러내지 못한다면 그 죄가 클 것입니다.

대저 수정할 때는 원집(原集)에서 베낄 만한 것은 베끼고 버릴 만한 것은 버려서 보는 자로 하여금 시비가 어디에 있는지 분명히 알게 해야 합니다. 이는 실로 공론이니, 어찌 감히 터럭만큼이라도 사사로운 뜻이 그 사이에 섞일 수 있겠습니까. 만약 그렇지 않고 취사선택하는 사이에 머뭇거리고 옳고 그름 사이에서 모호하게 한다면, 우리들이 죄를 짓는 것은 말할 필요도 없고 스승의 문하에 누를 끼치는 것이 참으로 걱정입니다. 한때의 이견은 비록 피하더라도 먼 훗날의 공론이 더욱 두렵습니다. 저의 이 말은 오로지 스승을 위하려는 데서 나온 진심이니, 신명에

45 사우고증(師友考證) : 《남계집》 정집(正集) 권64에 실려 있다.

게 맹세할 수 있습니다. 형도 헤아릴 것이라 생각합니다. 지촌(芝村 이희조(李喜朝))는 견식이 투철하고, 돌아가신 스승의 가까운 친척으로 성의가 있으니, 이 중대한 일은 필시 소홀히 여기지 않을 것입니다. 상의하지 않을 수 없을 듯한데, 어떻게 생각하는지 모르겠습니다.

이계장에게 답하다

答李季章

서간 15책을 이렇게 멀리 보내주신 덕택에 지친 가운데 회니시비에 관한 글을 대략 보니, 붉은 점을 찍은 곳은 대단히 헤아릴 것이 없을 듯하고, 다만 몇 군데 말을 만든 곳에 간혹 있습니다. 푸른 점을 찍고 점이 없는 두 곳은 말이 몹시 많으니, 아마도 돌아가신 스승께서 훗날을 예상하고 이렇게 표시한 듯합니다. 마치 촛불을 켜고 수를 세어 우리들이 훗날 받아 쓰게 한 것 같습니다. 지금 붉은 점을 찍은 곳 약간을 헤아리고, 푸른 점을 찍은 곳과 점을 찍지 않은 곳 두 곳은 당초에 상의한대로 거론하지 않는다면, 오늘날 수정하는 일은 필시 줄어들고 쉬울 것입니다.

대저 회니(懷尼) 사이의 일은 한 시대의 중대한 시비이고, 비단 한 시대만이 아니라 필시 먼 훗날의 중대한 시비가 될 것입니다. 만약 여기서 하나라도 살피지 못한 점이 있으면 스승의 문하에 큰 누를 끼치게 될 것입니다. 또 돌아가신 스승께서 덕함(德涵)에게 보낸 편지를 보니, 또 이 일을 논한 곳이 있습니다. 그 뒤에 임 영(林泳)에게 답한 편지에, "지난 번 몇 통의 편지는 잘못된 부분이 종종 없지 않으니 부디 숨기고 침묵하며, 누설하여 내 죄를 더하게 하지 마십시오.……" 라고 하였습니다. 돌아가신 스승께서 그 당시 이미 이렇게 경계하였는데, 지금 우리들이 도리어 누설하여 돌아가신 스승에 대한 비방을 늘린다면 과연 어떻겠습니까. 오늘날 우리들의 도리는 그저 '내 죄를 더하지 말라'라는 돌아가신 스승의 경계를 따라 대략 선처해야 합니다. 만약 그렇지 않아 돌아가신 스승께서 끝없는 비방을 당한다면, 이것이 어찌 돌아가신 스승의 뜻이겠습니까.

기사년(1689, 숙종15) 겨울, 또 임영에게 답한 편지에, "얼마 전 가장 뒤에 회니시비를 논한 별폭은 불태워 없애기를 간절히 바랍니다. 합당하지 않은 부분이 있다는 것을 깨달았습니다."라고 하였습니다. 이 편지는 우암 어른이 사사(賜死)하는 명을 받은 뒤에 보낸 것으로, 돌아가신 스승의 만년의 견해가 확정되었을 때입니다. 이전에 보낸 별지에 만년에 확정된 견해와 맞지 않는 부분이 있으므로 불태워 없애게 한 것이 아니겠습니까. 돌아가신 스승께서 불태워 없애고자 하셨는데, 지금 약간의 부분을 헤아리기 어려워한다면, 이를 두고 돌아가신 스승의 뜻을 안다고 할 수 있겠습니까.

이계장에게 주다

與李季章

돌아가신 스승의 문집에 대해 얼마 전 형이 수 차례 편지로 물었기에 대략 저의 얕은 소견을 말씀드렸으니, 그 뜻은 여러 형들과 조용히 상의하여 바깥의 비방이 오지 않게 하고 스승의 문하를 더욱 높이려는 것이었습니다. 이 마음은 분명하여 신명에게 맹세할 수 있습니다. 근래 동문의 벗에게서 나온 한 서찰을 보았는데, 그 속의 말은 전혀 가리지 않고 나온 것이니, 어찌 우리들이 스승의 문하를 우려하는 지극한 정성으로 도리어 이처럼 뜻밖의 느닷없는 비방을 받을 줄 생각했겠습니까. 제가 비록 혼미하지만 아직 완전히 캄캄한 지경에는 이르지 않았는데, 그간 운운한 말에 "스승의 문하를 위한 것입니까? 아니면 부화뇌동하려는 생각입니까?"라고 하였으니, 남이 헤아려주지 않기가 어찌 이 지경에 이른 것입니까. 이는 평소의 언행이 벗에게 믿음을 얻지 못한 소치에 불과하니, 지금 스스로 반성하기에 겨를이 없어 감히 남을 탓할 뜻이 없습니다.

비록 그러하나 어리석고 막힌 견해로는 차마 저로 인해 세상을 떠난 스승에게 무한한 모욕을 초래할 수는 없습니다. 얼마 전에 지촌(芝村 이희조)의 편지를 보았는데, "훗날의 모든 일이 걱정스러우니, 어느 곳인들 이르지 않겠는가."라고 하였습니다. 벗 박상보(朴尙甫 박필주(朴弼周))가 이곳에 들러 한두 편지를 보고는 역시 우려하는 말이 많았는데, "앞으로의 일은 말할 수 없다."라고 하였습니다. 지금 여러 형이 유독 걱정하지 않는 이유는 무엇입니까. 문집이 나온 뒤에 우리들의 우려가 허사로 돌아간다면 다행이지만, 필시 이럴 리는 없습니다. 장차 피차의 비방이 일시에 나란히 일어나 모욕하는 짓이 이르지 않는 곳이 없을 것입니다. 오늘 준엄한 논의를 하는 사람이 어찌 마음이 통쾌하겠습니까. 스승 문하의 액운은 이로부터 커질 것입니다.

저로 말하자면 조만간 죽을 사람이니 미처 보지 못할 수도 있지만, 여러 형은 필시 몸으로 당하고 눈으로 볼 것이니, 참으로 이른바 '참정(參政)의 훗날 근심'[46]입니다. 그때 가서 어리석은 저의 말을 뒤늦게 생각하게 될 것입니다. 이 또한 운수에 관계된 것이니 어찌하겠습니까. 경임(景任 윤형성(尹衡聖)) 형제에게 얼마 전 편지 한 통을 보냈는데, 지금 두 달이 되도록 답장이 없습니다. 아마도 마음에 들지 않은 듯합니다.

46 참정(參政)의 훗날 근심 : 참정은 송나라 왕단(王旦)이다. 이항이 재상이 되어 황제에게 사방에 재해가 도적이 일어난다고 상주하려 하자 왕단은 자잘한 일은 번거롭게 상주할 필요 없다고 하였다. 그러자 이항이 "군주가 젊으니 사방의 어려움을 알게 해야 한다. 그렇지 않으면 혈기가 한창 강성하니 여색과 사냥에 뜻을 두지 않으면 토목공사와 전쟁, 기도하는 일을 할 것이다. 나는 늙었으니 미처 보지 못하겠지만 이는 참정의 훗날 근심이다." 하였다.《宋史 卷282 李沆列傳》

이사형 태수 에게 답하다 신사년(1701, 숙종27)

答李士亨 泰壽○辛巳

당신을 그리워하는 마음이 간곡하지 않은 날이 없었는데, 단지 호서 골짜기가 멀리 있어 인편을 보내 안부를 물을 방법이 없었습니다. 방금 제 아우의 거처에서 형이 보내준 편지를 전해왔습니다. 이를 통해 근래 호서에서 집으로 돌아와 어버이를 모시며 공부하며 잘 지낸다는 것을 알았으니, 편지를 읽고서 기쁘고 위안이 되는 마음을 견디지 못하겠습니다.

합석하여 토론하지 못한다는 탄식은 참으로 당신의 말씀과 같습니다. 옛사람이 벗과 학문하는 것을 귀하게 여긴 이유는 참으로 선을 보고 인을 돕는 도가 실로 여기에 바탕하고 있기 때문입니다. 이른바 이문회우(以文會友)와 익자삼우(益者三友)[47] 따위에서 알 수 있습니다.

저는 어리석고 용렬하여 젊어서 용맹하게 곧장 앞으로 나아가 착실히 공부하며 조금이라도 진보하기를 바라지 못하였습니다. 그러다가 오늘날에 이르러 또 태반이 상사와 질병 때문에 막히고 흔들려 백발이 되도록 들은 것 없이 한결같이 하는 일 없이 지냈습니다. 매번 우리 형처럼 동년배 중에 어진 사람과 조용하고 외딴 곳을 찾아 뒤를 따르며 몇 달 동안 강론하며 보고 감동하며 채찍질하여 영향을 받고 싶지만,

47 이문회우(以文會友)와 익자삼우(益者三友) : 이문회우는 군자는 글로 벗을 모으고 벗으로 인을 돕는다는 증자의 말에서 나온 것이고, 익자삼우는 곧고 성실하고 견문이 많은 벗이 유익하다는 공자의 말에서 나온 것이다. 《論語 顏淵》《論語 季氏》

지금 노년에 이르도록 여전히 이루지 못하였습니다. 지금 형의 말씀을 들으니 몹시 부끄럽고 한탄스럽습니다. 하지만 병들고 게을러 정성이 부족한데다 멀리 떨어져 한 자리에서 마주 토론하기도 기약하기 쉽지 않으니, 서글피 바라보는 마음을 어찌 견디겠습니까.

〈사조명(寫照銘)〉을 벽에 붙였다는 말씀은 더욱 저도 모르게 옷깃을 여미며 공경합니다. 주부자는 나이 44세에 용모가 쇠퇴한 것을 몹시 탄식하며 이 명(銘)을 지어 스스로 경계하였습니다. 지금 형은 그 나이가 우연히 같으니, 아마도 이에 감동하여 자리 옆에 쓰고 보면서 경계로 삼는 듯합니다. 자신을 돌아보며 더욱 탄식하고 선현을 따르려는 뜻이 말 밖에 넘쳐 손으로 잡을 수 있을 것처럼 가득합니다. 아마도 형은 아침 저녁으로 읊조리고 몸과 마음으로 체험할 때 비단 직접 부자를 모시고 몸소 가르침을 듣는 정도에 그치지 않을 것이니, 이른바 "바깥에서 단속하여 안을 한결같이 하며, 처음에 힘써서 끝을 이룬다.〔檢於外, 一其中. 力於始, 遂其終.〕"라는 일이 자기도 모르게 어느새 자신에게 있을 것입니다. 노년에 얼마나 많은 보탬이 되겠습니까. 형을 위하여 감탄해 마지않습니다.

이사형에게 답하다 병술년(1706, 숙종32)

答李士亨 丙戌

보내주신 3책은 병중이라 정신이 혼미하여 자세히 생각하지 못하였습니다. 삼가 구경도(九敬圖)의 위치와 분배를 보니, 지극히 정밀하여 돌아가신 스승의 《지결(至訣)》-《심학지결(心學至訣)》-에 큰 공을 세웠습니다. 다만 그중에 한두 군데 정리되지 않은 곳이 있으므로 저의 얕은 소견을 간략히 첨지에 붙여 돌려드립니다.

사례(四禮)로 말하자면 형이 부지런히 공부하였다는 것을 알 수 있습니다. 다만 광상의(廣喪義) 이하는 아직 채우지 않았으니, 형이 한번 힘을 쓴 뒤에야 온전한 책이 될 것입니다. 이 책은 대체가 이미 좋고 편목도 자세하니 몹시 긴요합니다. 훗날 책이 완성되면 동지와 공유해야 하니, 형이 상자 속에 사사로이 간직한 물건에 그쳐서는 안 될 듯합니다.

별지에 운운한 말씀은 다시 본래의 주소(註疏)를 가져다 자세히 연구하는 것이 어떻겠습니까. 《의례경전통해속(儀禮經傳通解續)》의 상복편(喪服篇)은 이미 주부자의 감정을 거쳤으니 함부로 의논할 수 없을 듯합니다.-별지는 기해년(1659, 현종즉위년) 나라의 전례를 논한 것입니다.-

신성보 성하 에게 답하다 신축년(1721, 경종1)

答申成甫 聖夏○辛丑

세월이 흘러 성고(聖考 숙종)의 소상(小祥)이 어느덧 지나갔으니, 추모하는 애통한 마음이 더욱 끝이 없습니다. 당신이 수령이 되어 서쪽으로 간 뒤로[48] 길이 멀어 그저 그리워할 뿐이었는데, 방금 뜻밖에 보내주신 편지를 받고서 전에 없는 무더위에 정사를 보며 잘 지내고 있다는 것을 알았으니 기쁘고 위안이 되는 마음을 견디지 못하겠습니다.

별지에 자세히 말한 내용은 잘 알겠습니다. 연안(延安)이 피폐한 고을이라는 것은 예전에 직태(直台)를 통해 대략 들었습니다. 지금 보내주신 편지를 받으니 모질고 사나우며 따르지 않는 버릇이 전에 들은 것보다 더 심합니다.

예로부터 간사한 아전은 다스리기 어렵다고 일컬어졌습니다. 위엄으로 다스리면 격노하여 변고를 일으키고, 봐주면 게을러 간사한 짓을 꾸밉니다. 순종하는 듯하면서 교묘하게 시험하기도 하고, 계책을 품고서 마음대로 조종하기도 하니, 그 사이의 정태가 한두 가지가 아닙니다. 심지어 토호의 무리와 서로 연계하여 시골에서 횡포를 부리고, 조금이라도 제 뜻을 거스르면 번번이 비방을 지어내어 못하는 말이 없습니다. 이는 주자가 남강(南康)을 다스릴 때도 면하지 못한 일이니, 장 남헌(張南軒 장식(張栻))에게 편지를 보내 묻기까지 하였습니다. 더

48 당신이……뒤로 : 신성하가 연안 부사(延安府使)로 부임한 일을 말한다. 《承政院日記 景宗 1年 1月 6日》

구나 지금 시대는 주자에 비해 더욱 멀고, 또 황해도의 풍속은 평소 모질고 거칠어 교화하기 어렵기로 이름났습니다. 당신이 이를 깊이 염려하여 제가 불초한 줄도 모르고 구할 만한 방책을 듣고자 한 것도 당연합니다.

제가 지난번에 수령으로 다스린 고을은 본디 호서의 풍속이 좋지 않은 고을입니다. 이 때문에 그간 수령된 자는 구차하게 세월을 끌 생각만 하는 데 불과하였고, 한 번도 장려하고 인도하는 가르침이 없었습니다. 그 폐단이 마침내 아전이 모질기가 한미한 선비의 사나운 종과 같으며, 고을 백성이 횡행하기가 비단 먼 바닷가 정도에 그치지 않는 지경에 이르렀습니다. 그리하여 마침내 부득이 제갈공명(諸葛孔明)이 촉(蜀) 지방을 다스리던 법[49]을 대략 본뜨고, 또 고령(古靈) 진 선생(陳先生)이 백성을 타이른 글[50]을 모방하여 경내에 두루 타일렀습니다. 또 남전 여씨(藍田呂氏 여대균(呂大均))의 향약을 모방하여 간략히 약조를 만들어 각 동네에 시행하였습니다. 그중에 사대부는 태도를 바꾼 효과가 없지 않았으나, 간사한 아전과 모진 백성은 끝내 남의 일 보듯 하였습니다. 이는 제가 경험하고 낭패를 본 것이니, 어찌 감히 오늘 당신을 위해 입을 열 수 있겠습니까.

예전에 김극성(金克誠) 군의 편지를 보고서 당신이 고을을 다스림에 지극히 차례와 두서가 있다는 것을 알았습니다. 아마도 어지러운 풍속

49 제갈공명(諸葛孔明)이……법 : 제갈량이 촉 땅을 다스릴 때 엄격한 법률을 적용한 일을 말한다.

50 고령(古靈)……글 : 진 선생은 송나라 진양(陳襄)이다. 포성(浦城), 하양(河陽), 상주(常州) 등의 수령을 지냈으나 백성을 타이른 글은 미상이다.

을 순박하게 바꾸고 악인을 교화하여 선하게 만드는 날을 조만간 볼 수 있을 것이라 여겼습니다. 그런데 지금 이렇게 말하는 것은 소경에게 눈을 빌리는 것에 거의 가깝습니다. 옛사람이 이른바 '남에게서 취하여 선을 하는 자는 남이 선을 하도록 도와주는 것이다.'라는 뜻에서 나온 것이 아니겠습니까.

돌아가신 스승의 문집은 조정에서 간행하라고 명하였으니, 장차 《우재집(尤齋集)》과 함께 세상에 전할 것입니다. 이는 실로 사문의 다행입니다.

박숙거 백화 에게 답하다 을묘년(1675, 숙종1)

答朴叔擧 白華○乙卯

말씀하신 충서(忠恕)에 관한 설명은 길기는 하지만, 요지로 말하자면 충(忠)은 저절로 그러하나 서(恕)는 저절로 그러하지 않고, 충은 혼연하지만 서는 혼연하지 않고, 충은 배워서 알고 이롭게 여겨 행하는 사람 이상의 일이요, 서는 애써서 알고 억지로 행하는 사람 이하의 일이며, 충은 성인의 일이고 서는 학자의 일이라는 것에 불과합니다. "서에 억지로 힘쓰면 충에 이를 수 있다.……"라는 말씀은 참으로 대단히 어긋난 것이니, 공자와 자사 이후로 충서를 말한 사람이 이와 같은 논의를 한 적이 없습니다. 우리 형은 어디서 이러한 뜻을 보고서 갑자기 주장을 세워 더 이상 의심하지 않는 것입니까.

나의 마음에 있는 것을 다하는 것이 충이요, 이 마음을 미루어 나가 남에게 미치는 것이 서입니다. 그러므로 충이 있으면 곧 서가 있고, 충이 없으면 서가 미루어 나올 곳이 없습니다. 미루어 나올 곳이 없는데 또 무엇을 가리켜 서라고 하겠습니까. 충은 본체이고 서는 작용이며, 충은 근원이고 서는 지류입니다. 본체가 있어야 작용이 있고, 근원이 있어야 지류가 있습니다. 만약 본체가 없다면 작용이 어떻게 스스로 서겠으며, 근원이 없다면 지류가 어디서 나오겠습니까. 그러므로 서를 말하였다면 충이 있다는 것을 알 수 있고, 충을 말하였다면 서가 있다는 것도 알 수 있습니다. 명칭은 비록 다르지만 그 실제는 하나이니, 참으로 진 신안(陳新安 진력(陳櫟))이 말한 "충은 서가 안에 보관된 것이고, 서는 충이 밖으로 드러난 것이다."라는 말과 같습니다. 이는 본디 두 가지가 아닌데 어찌 그 사이에서 다시 우열을 나누겠습니까.

지금 만약 "충은 저절로 그러하고 혼연하며, 서는 저절로 그러하지 않고 혼연하지 않다. 충은 배워서 알고 이롭게 여겨 행하는 자 이상의 일이고, 서는 애써서 알고 억지로 행하는 사람 이하의 일이다."라고 한다면, 충과 서가 판연히 두 가지가 되어 서로 관여하지 않는 것이니, 필시 이런 이치는 없을 것입니다. 만약 "충은 성인의 일이고 서는 학자의 일이며, 서에 억지로 힘쓰면 충에 이를 수 있다."라고 한다면, 성인은 충만 있고 서가 없으며, 학자는 서만 있고 충이 없으니, 이러한 이치는 더욱 없을 것입니다.

예전에 보니 주자가 말하기를 "성인의 충서가 있고 학자의 충서가 있다."라고 하였습니다. 성인의 충서는 《논어》에서 이른바 "부자의 도는 충서 뿐이다."라는 것입니다. 학자의 충서는 《중용》에서 이른바 "충서는 도에서 멀지 않다."라는 것입니다. 성인의 마음은 천리가 혼연하여 한 점의 사욕도 없습니다. 그러므로 나에게 있는 것은 모두 충이요, 발현하는 것은 모두 서입니다. 비유하자면 하나의 큰 등불이 사방 팔면에 아무런 막힘이 없어 그 빛이 나오면 곳곳을 비추는 것과 같습니다.

학자의 마음으로 말하자면, 천리를 역시 온전히 갖추었으나 때때로 물욕에 가려집니다. 그러므로 나에게 있는 것이 충을 잃기도 하고, 발현하는 것이 서를 잃기도 합니다. 만약 학문에 힘써 확충하기를 그만두지 않아 사욕의 얽매임을 모두 제거한다면, 나에게 있는 충과 발현하는 서가 곳곳마다 온전히 갖추어져 애당초 흐리고 가리지 않은 경우와 같을 것입니다. 비유하자면 등불이 물건에 가려져 그 빛이 나오면 밝은 곳도 있고 어두운 곳도 있다가, 하루아침에 치우면 찬란히 사방을 밝혀 애당초 가려지지 경우와 다름이 없습니다. 정자가 이른바 "충은 불과 같고 서는 능히 비추는 것이다."라는 말도 이러한 뜻입니다.

학문의 노력은 학자의 충서를 확충하여 성인의 충서에 이르게 하는 것입니다. 그러므로 주자가 말하기를, "단지 하나의 충서에 허다한 등급이 분명하다."라고 한 것입니다. 지금 충서를 성인과 학자의 것으로 나눈다면 괜찮지만, 만약 충과 서를 나누어 충은 성인에게 소속시키고 서는 학자에게 소속시키며, 또 서를 충에 이르는 공부로 여긴다면 어찌 잘못이 아니겠습니까.

그림쇠와 곱자, 네모와 원의 비유도 그렇지 않습니다. 그림쇠와 곱자는 본디 네모나고 둥근 물건으로 사물의 길고 짧음과 넓고 좁음을 헤아려 네모와 원을 그리는 것입니다. 둥근 그림쇠와 네모난 곱자는 비유하자면 충입니다. 이를 미루어 헤아려 네모나고 둥근 사물을 그리는 것은 비유하자면 서입니다. 이것이 《대학》에서 이른바 '혈구지도(絜矩之道)'이니, 혈구는 곧 충서입니다. 그러므로 혈구의 주석에 "장인이 사물을 헤아릴 적에는 곱자를 곱자로 삼고, 군자가 사람을 헤아릴 적에는 마음을 곱자로 삼는다."라고 하였으니 이 설명이 몹시 분명합니다. 이것은 형이 이른바 "네모와 원은 비유하자면 충이고, 그림쇠와 곱자는 비유하자면 서이다."라는 말과 같습니까, 다릅니까. 만약 형의 말대로라면 그림쇠를 버리고 대뜸 둥근 물건을 그리며, 곱자를 버리고 대뜸 네모난 물건을 그리는 것과 다름이 없으니, 필시 하지 못할 것입니다.

천도(天道)와 인도(人道)의 비유에 대해서도 할 말이 있습니다. 충은 천리이고, 서는 이 충을 미루어 인사에 발현되는 것입니다. 그러므로 천도와 인도라고 한 것이니, 이것이 어찌 형이 충서를 두 가지로 나누어 어떤 것은 천도이고 어떤 것은 인사라고 한 것과 같겠습니까.

어떤 이가 주자에게 묻기를 "천도와 인도는 애당초 우열을 말한 것이 아닙니다. 혼연한 하나의 근본이라는 관점에서는 천도라고 하고, 사물과 접촉하는 관점에서는 인도라고 합니다."라고 하니, 주자가 "그렇다."라고 하였습니다. 쌍봉 요씨(雙峯饒氏 요로(饒魯)) 역시 천리와 인사는 드러나고 은미함이 하나로 꿰뚫어져 있다고 말하였으니, 이는 본문의 주석에 이미 자세히 실려 있습니다. 형이 자세히 살펴본다면 알 수 있을 것입니다.

이른바 "기질을 변화시키고자 하는 자는 반드시 서에 힘써야 충을 얻을 수 있다."라고 한 말도 그렇지 않습니다. 예전에 보니 《중용》 주석에 "군자가 학문을 하는 이유는-여기서 학(學)은 학문의 노력입니다.- 기질을 변화시키기 위해서이다.……"-'비록 어리석어도 반드시 밝아지고 비록 부드러워도 반드시 강해진다.' 아래의 여씨 주석에 보입니다.-라고 하였습니다. 그렇다면 이른바 기질을 변화시키는 방법이 과연 서에 힘쓰는 일에 있습니까. 아니면 학문의 노력에 있습니까.

그러므로 옛날의 군자는 그 기질이 행여 지나치게 부드럽다는 것을 알면 반드시 학문의 노력을 다하여 굳셈으로 바로잡고, 그 기질이 행여 지나치게 굳세다는 것을 알면 반드시 학문의 노력을 다하여 부드러움으로 바로잡습니다. 그 기질이 행여 지나치게 거칠다는 것을 알면 반드시 학문의 노력을 다하여 온화함으로 바로잡고, 그 기질이 행여 지나치게 경박하다는 것을 알면 반드시 학문의 노력을 다하여 침착함으로 바로잡습니다. 옛날 여백공(呂伯恭 여조겸(呂祖謙))이 매번 분노 때문에 집안 살림을 때려부수곤 하였는데, 하루는 《논어》를 읽다가 "자신은 후하게 책망하고 남은 가볍게 책망한다."라는 말을 읽고는 홀연 터득하여 마침내 죽을 때까지 그런 일이 없었습니다. 주자가 말하기를, "이것은 기질을 변화시켰다고 할 수 있다."라고 하였으니, 그렇다면 치우친 기질을 끝내 변화시키는 방법은 과연 학문의 노력에 달려 있지 않겠습니까.

인용하신 "서를 힘써 행하면 인을 구하는 데 이보다 가까운 것은 없다."라는 말은 또 그렇지 않은 점이 있습니다. 대체로 서라고 말하면 이 서자는 이미 충에서 미루어 나온 것이니 충이 윗면에 있고 서가 아랫면에 있어 충 없는 서가 버젓이 홀로 있어서 서를 힘써 행하기를 기다린 뒤에야 홀연 충에 이르는 것이 아닙니다.

그러므로 그 아래의 주석에 주자가 말하기를, "서에 힘쓴다고 하면서 충을 말하지 않았으니, 충이 없다면 어떻게 서가 되겠는가. 마음이 서가 되면 충은 그 속에 있다. 이른바 '충이 없으면 서가 나오지 않는다.'라는 말은 바로 이를 두고 한 말이다. 이로 보건대 서를 말한 곳은 반드시 충자가 근원에 있다."-주자의 말은 여기서 끝입니다.-라고 하였습니다.

또 《대학》의 '자신의 몸에 간직한 것이 서가 아니면〔所藏乎身不恕〕'이라는 말의 주석에 "이 서자는 사람들이 모두 자신을 미루는 서라는 것을 알지만, '몸에 간직한다.〔藏乎身〕' 세 글자에 이미 자신을 다하는 충의 뜻이 있다는 것을 모른다."-《대학》 주석의 말은 여기까지입니다.-라고 하였습니다. 또 《중용혹문》에 말하기를, "충과 서는 애당초 떨어지지 않았다. 정자가 이른바 '하나를 없애려고 해도 없앨 수 없다.'라는 말과 사씨(謝氏)의 '형체와 그림자 같다.'라는 말에서 뜻을 알 수 있다. 지금 두 가지 일로 나누어 둘다 사용한다면, 이는 과연 서 없는 충과 충 없는 서가 있는 것이니 어찌 충서라고 하겠는가."-《혹문》의 말은 여기까지입니다.-이 세 가지 말로 보면 여기서 이른바 '서에 힘쓴다'라는 말은 애당초 서자에 관해서만 말한 것이 아니라 원래 이미 충자를 겸하여 말한 것입니다. 서를 말했으면 이미 충에서 나온 것임을 알 수 있습니다. 그러므로 양 귀산(楊龜山 양시(楊時))의 말에도 "인을 구하는 방법으로 말하자면 충과 서보다 가까운 것이 없다."라고 하였으니, 이는 모두 서만을 말한 곳에서 반드시 충을 겸하여 말한 것입니다. 그렇다면 이른바 '서에 힘쓴다.'라는 한 가지 일은 바로 충서를 합하여 힘쓰는 것이 되니, 명백하고 절실하다 하겠습니다. 이것이 어찌 서에 힘쓰는 공부를 먼저 하고 나중에야 비로소 미루어 충에 이르는 것이겠습니까.

대저 충서에 힘쓰는 것은 학자의 일이며, 힘쓰지 않더라도 충서하는 것은 성인의 일입니다. 힘쓰는 이유는 장차 노력하여 힘쓰기를 기다리지 않는 경지에 이르고자 해서입니다. 제가 이른바 '학자의 충서는 확충하여 성인의 충서에 이를 수 있다.'라는 말이 바로 이 뜻입니다. 이 때문에 주자가 말하기를, "충서는 하나이지만 성인의 경우와 학자의 경우가 다르지 않을 수 없다."라고 하였습니다. 또 말하기를 "성인은 하나의 무위하는 충서이고, 학자는 하나의 힘쓰는 충서이다."라고 하였습니다. 각헌 채씨(覺軒蔡氏 채모(蔡模))가 말하기를, "저절로 그러한 것은 성인의 충서이고 힘을 들이는 것은 학자의 충서이다. 학자가 참으로 힘을 들이는 충서로 말미암는다면 역시 저절로 그러한 충서에 도달할 수 있다."-채씨의 말은 여기서 끝입니다.-라고 하였습니다. 이로 보건대, 예로부터 충서를 논한 사람은 반드시 '성인의 충서와 학자의 충서'라고 말하였을 뿐, '충은 성인의 일이고 서는 학자의 일이라다.'라는 말은 한 번도 듣지 못하였습니다. 반드시 '학자의 충서에서 말미암아 성인의 충서에 이른다.'라고 말하였을 뿐, '서에서 충에 이른다.'라는 말은 한 번도 듣지 못하였습니다.

형의 요지가 이미 틀렸으므로 저서와 주장에 하나하나 병통이 있고 좌우가 모순되어 피차가 부딪치는 것입니다. 이것이 제가 여기에서 어쩔 수 없이 건마다 변파한 이유입니다. 지금 또 선유의 설을 보니, 주자가 말하기를, "충서는 단지 한 가지 일이니 두 가지로 보아서는 안 된다."라고 하였고, 또 말하기를, "충서 두 글자는 서로 붙었으니 하나라도 줄일 수 없다."라고 하였고, 또 말하기를, "중심(中心)이 충이고 여심(如心)이 서이다."라고 하였습니다. 경원 보씨(慶源輔氏 보광(輔廣))가 말하기를, "중심이 충이라는 말은 마음 속에 보존한 것을 본디 터럭만큼도 다하지 못함이 없다는 것이다. 여심이 서라는 말은 나와 같은 마음으로 남에게 미루어 피차의 간격이 없는 것이다."라고 하였습니다. 신안 진씨(新安陳氏 진력)가 말하기를 "충으로 말미암아 서가 된다."라고 하였고, 또 말하기를, "충서는 단지 한 가지 물건이다. 속에 있는 것이 충이면 밖으로 나온 것은 서이다."라고 하였고, 또 말하기를, "충의 마음이 나오면 곧 서의 일이 되며, 서의 일을 하면 곧 충의 마음이다."라고 하였습니다. 운봉 호씨(雲峯胡氏 호병문(胡炳文))가 말하기를, "천하에 충 없는 서는 없다."라고 하였습니다. 지금 만약 이 여러 설명을 잠심하여 완미한다면 다른 데서 찾을 필요 없이 충서에 관한 설명을 대략 알 수 있을 것입니다.

형은 자질이 영특하여 모든 일을 투철히 깨닫습니다. 단지 학문의 노력에 힘을 기울인 적이 없으므로 이런 말을 한 것입니다. 지금 만약 이를 계기로 깨닫는다면 좋겠습니다. 만약 터득할 수 없다면 우선 이 충서에 관한 설명은 놓아두고 성현의 책을 가져다 잠심하여 자세히 살피며 읽고 생각하기 바랍니다. 이렇게 하기를 그치지 않고 4, 5년 또는 8, 9년이 되도록 오랫동안 한다면 하루아침에 필시 환하게 터득하는 부분이 있어 지난날 의심스러웠던 것들이 비로소 환해져 마음에 거슬리지 않을 것입니다. 만약 그렇지 않고 서에 힘써서 충에 이른다는 설명만 고수한다면, 필시 다시 의심 때문에 더욱 의심이 생기고 의혹으로 말미암아 더욱 의혹이 생길 것이니, 비록 죽을 때까지 구하더라도 깨닫지 못할 것입니다. 깊이 아끼기에 이렇게 말씀드리니, 참람하다는 비난을 또 어찌 피하겠습니까. 형이 마음을 미루어 용서하기 바랍니다.

신중서 명시 에게 답하다 무술년(1718, 숙종44)

答申仲瑞 命蓍○戊戌

자세히 말씀하신 뜻은 잘 알겠습니다. 다만 그 사이에 저희들이 돌아가신 스승께 들은 것과 전혀 다른 것이 종종 있습니다. 돌아가신 스승이 만년에 하신 말씀을 어찌 형이 듣지 못하였겠습니까. 지금 그저 지난날 조정할 때의 말만 알고, 만년 이후에 확실히 정해진 공론을 모른다면, 이것이 어찌 돌아가신 스승의 본뜻을 참으로 아는 것이겠습니까. 저는 형의 상소가 일단 나오면 비단 돌아가신 스승 뿐만 아니라 훗날의 공적인 마음이 가려져 불분명해질까 걱정입니다. 피차의 비방하는 말이 필시 일시에 함께 일어날 것이니, 스승의 문하에 얼마나 큰 누를 끼치겠습니까. 혼미한 저의 견해는 이와 같을 뿐입니다. 형은 어떻게 생각하는지 모르겠습니다.

한시경 정로 에게 답하다 신축년(1721, 경종1)

答韓蓍卿 廷老○辛丑

세모에 산속에서 한창 간절히 그리워하였는데, 방금 보내주신 편지를 받고서 혹독한 추위에 형이 고요히 잘 지내고 있다는 것을 알았으니 기쁘고 위안이 되는 마음을 견디지 못하겠습니다. 아드님(한사조(韓師朝))은 몇 달 동안 종유하면서 함께 강론하였는데, 실로 서로 성장하는 유익함이 있습니다. 또 의심스러운 예법과 변경하는 절차에 대해서도 깨우치는 단서가 많으니, 이는 참으로 근년 이래의 벗에게 없던 것입니다. 그 기쁨을 헤아릴 수 있겠습니까.

다만 한때 분발하여 힘쓰는 것은 본디 어려운 일이 아닙니다. 조금만 쉬면 마음이 게을러지고 생각이 다하여 끝내 나약해지고 게을러지니, 이것이 가장 두렵습니다. 만약 이 관건을 깨닫는다면 어찌 성취가 없음을 걱정하겠습니까. 이미 이러한 뜻으로 아드님을 권면하였고, 지금 또 당신에게 말씀드려 그때 더욱 채찍질하기를 바랍니다. 어떠할지 모르겠습니다.

박사앙 두세 에게 답하다
答朴士仰 斗世

형이 수령에 임명된 지 2년이 지났습니다. 장기(瘴氣)가 독한 남쪽 지방에서 지탱하기 어려운 형편을 늘 염려하며 밤낮으로 그리워하여 마지않았습니다. 다만 길이 멀어 오랫동안 문안하는 정성을 펴지 못하였습니다. 뜻하지 않게 지금 형의 편지가 멀리서 왔는데, 백 번 펼쳐 읽으니 위안이 되는 마음을 견디지 못하겠습니다. 다만 이미 풍토병에 걸렸다고 하니 너무도 걱정이 됩니다.

그러나 생각건대, 사람이 세상에 살아가며 겪는 모든 영욕과 이해는 본디 정해진 듯하니, 지혜와 계책으로 면할 수 없습니다. 사군자가 세상을 살아가면서 이 관건을 깨닫는다면 가는 곳에 따라 운명처럼 편안히 여겨야 할 뿐입니다. 이러한 점들은 부차적인 의리로 보아서는 안 될 듯합니다.

우리 형의 화려한 재주와 문장의 명성으로 세상과 맞지 않아 피폐한 고을의 수령으로 나갔으니, 수령의 의장은 영예가 아니라 치욕입니다. 비록 그러하나 몸은 굽혀도 도는 펴고, 곤경에 처해도 마음이 형통한 것은 옛사람이 귀하게 여긴 것입니다. 형이 지금 만약 태연하게 개의치 않고 초연히 스스로 만족하여 낮은 관직과 나쁜 지역을 모두 당연한 분수로 여겨 말투와 낯빛에 기미를 드러내지 않고 영욕과 이해를 벗어나 홀로 선다면, 뜻과 생각을 굳건히 하고 의리와 운명을 편안히 여겨 비로소 여유롭게 솜씨를 부릴 수 있을 것입니다.

이국언 태좌 에게 답하다 신축년(1721, 경종1)

答李國彦 台佐○辛丑

세모에 산속에서 그리워하는 마음 한창 깊었는데, 방금 보내준 편지를 받고서 대감이 도성에 들어가서 기거가 좋다는 것을 알았으니, 기쁘고 위안이 되는 마음을 견디지 못하겠습니다.

돌아가신 부친(이세필(李世弼))의 유고는 한 번 언뜻 보았습니다. 경전의 뜻이 치밀하고 의심스러운 예법이 명백하니 실로 근세 문집 중에 없던 것입니다. 손을 씻고 공경히 보면서 감탄하고 공경하는 마음을 견디지 못하고, 지난날을 돌이켜 생각하며 또 눈물을 닦았습니다.

교정하는 일은 혼미하고 어지러운 정신으로 20여 권이나 되는 많은 글을 망라할 수 없습니다. 현기증이 나아질 때는 조금 정밀하겠지만 현기증이 심할 때는 자세히 보지 못하는 곳이 있을 듯하니, 대감이 꼼꼼히 살펴서 수정하기 바랍니다.

홍집중 우전 에게 주다 갑진년(1724, 경종4)

與洪執中 禹傳○甲辰

떠난 뒤에 추위가 심해졌는데, 바삐 길을 간 나머지 몸이 상하지는 않았습니까. 변방에 봄이 왔을 것인데 객지에서 기거가 더욱 좋으리라 생각하니 그리운 마음을 가누지 못하겠습니다.

채 서산(蔡西山)이 도주(道州)에 도착한 뒤[51]에 주부자(朱夫子)가 보낸 몇 통의 편지는 뜻이 몹시 간절하니, 훗날 서산과 같은 경우를 당한 자가 본받을 만합니다. 이에 감히 당신을 위하여 말씀드립니다. 벗 이동보(李同甫 이희조)가 또 북쪽으로 떠났으니[52] 유원성(劉元城)의 행색과 비슷합니다. 만약 유원성의 하나의 성(誠)자를 배운다면 좋겠습니다.[53] 아마도 정주(定州)를 지나갈 것인데, 반드시 그와 함께 한번 회포를 풀기 바랍니다. 정주와 철산(鐵山)은 멀지 않다고 하니, 여기 보내는 편지를 모시는 사람을 시켜 인편을 통해 동보에게 전해주기 바랍니다.

51 채 서산(蔡西山)이……뒤 : 50쪽 주28 참조.

52 벗……떠났으니 : 50쪽 주27 참조.

53 유원성(劉元城)의……좋겠습니다 : 유원성은 송나라 유안세(劉安世)이다. 그는 7년 동안 7주(州)를 돌아다니며 유배생활을 하였으나 병이 들지 않았다. 어떤 이가 비결을 묻자 성(誠)이라고 하였다. 《宋史 卷345 劉安世列傳》

강달부 달부 에게 주다 무자년(1708, 숙종34)

與姜達夫 達溥○戊子

오랫동안 떨어져 그리워하던 사이에 당신이 보낸 편지가 한강을 건너 멀리 왔습니다. 한 폭의 긴 종이에 여러 가지 말뜻을 다 썼으니, 보노라면 병중의 답답한 마음을 풀기 충분합니다. 더구나 편지에 이른바 '날마다 혼미하고 게을러지니 신묘한 단약을 하나 달라.'라는 등의 말은 더욱 진실하고 간곡하여 보통에 비할 바가 전혀 아닙니다. 그대가 독실한 뜻으로 묻기를 좋아하는 성의를 몹시 공경합니다.

다만 저는 어려서부터 공부를 하지 못하여 참으로 혼미하고 게으른 병에 걸려 있습니다. 지금 백발이 되도록 소경이 길을 더듬어가는 것과 같아 점차 고황이 드는 지경으로 들어가는데 아직도 치료할 방법을 찾지 못하였으니, 비록 그대를 위해 신묘한 단약을 구하고자 하여도 방법이 없습니다.

그러나 예전에 듣기로 자사(子思)는 박학(博學), 심문(審問), 신사(愼思), 명변(明辨), 독행(篤行) 다섯 가지를 말하였고, 여기에 '터득하지 않으면 놓지 않는다.', '남이 한 번에 잘하면 나는 백 번을 하고, 남이 열 번에 잘하면 나는 천 번을 한다.'라는 경계를 더하였으며, '과연 이 도에 능하면 아무리 어리석어도 반드시 밝아지며 아무리 유약해도 반드시 강해진다.'라고 끝맺었습니다. 어리석은 사람이 밝아지면 혼미함이 없어지고, 유약한 사람이 강해지면 게으름이 변할 것입니다. 그렇다면 혼미하고 게으른 증세를 치료하고자 신묘한 단약을 구하는 사람이 어찌 이를 버리고 다른 것을 구하겠습니까. 비록 유부(兪跗)와 편작

(扁鵲) 같은 명의(名醫)가 증세를 논하여 약을 짓더라도 이처럼 절실하고 신묘할 수는 없을 것입니다.

지금 그대에게 이처럼 만금에 값하는 좋은 약이 있는데, 어찌하여 복용하지 않고 도리어 녹록한 일개 용렬한 의원에게 약방을 묻는 것입니까. 병을 치료하는 마음이 간절하고 약을 구하는 정성이 지극하여 의원의 솜씨가 뛰어난지 형편없는지 가릴 겨를이 없어 그러한 것이 아니겠습니까.

저는 노쇠하고 병들어 한결같이 내팽개쳤으니, 일상생활에서 채찍질하고 억지로 힘쓰더라도 혼미하고 게으른 병의 뿌리가 이미 굳어져서 분발하여 힘을 얻을 가망이 전혀 없으니 어찌하겠습니까. 비록 이렇게 좋은 약이 있다는 것을 알아도 끝내 시험할 수 없습니다. 이 때문에 매번 그대를 한 번 만나 조용히 병을 논하고 증세에 따라 약을 투여하여 십수 년 묵은 고질병을 다스리기를 바라는 것입니다. 그러나 인순고식하며 시일을 끄느라 지금까지 이루지 못하였으니 부끄러워하고 한탄한들 어찌하겠습니까.

박상보 필주 에게 답하다 갑신년(1704, 숙종30)

答朴尙甫 弼周○甲申

근래 저곡(苧谷)에서 당신의 편지를 전해받았습니다. 말뜻을 음미하니 몹시 간곡하였고, 근래 기거가 좋다는 것을 알았습니다. 또 그 사이 독실한 뜻으로 열심히 공부하여 순서에 따라 날마다 나아간다는 뜻을 자세히 알았으니, 기쁘고 위안이 된 나머지 지극히 공경하고 찬탄하는 마음을 견디지 못하겠습니다. 다만 그 사이에 칭찬이 너무 지나치고 기대가 너무 무거운 점이 없지 않으니, 이는 비단 황공하고 불안하여 부끄러워 등이 땀으로 젖을 뿐만 아니라, 당신이 혼미하고 어리석은 저를 비록 몹시 아낀다고 하나 끝내 잘 알지 못하는 듯합니다.

저는 젊어서 학문을 하지 못하였고, 만년의 깨달음도 이루기 어렵습니다. 게다가 타고난 자질이 가장 못났으며, 또 일찍 병에 걸려 인순고식하고 게을러 진보한 것이 없습니다. 다행히 돌아가신 스승께서 가르치고 인도해 준 은혜로 오늘이 있게 되었으나, 학문을 하는 과정과 덕으로 들어가는 문에 대해서는 캄캄하여 방향을 모릅니다. 더구나 지금 나이가 더욱 늙고 정신이 더욱 혼미하며 병이 더욱 고질이 되고 학문이 더욱 쇠퇴하였으니 취생몽사(醉生夢死)로 귀결되지 않는 것이 얼마 되지 않습니다.

당신은 그렇지 않아 먼 길을 내달리기 위해 비로소 출발하였고, 뜻을 굳게 세우고 공부도 전일하니, 비록 이로 말미암아 현강(玄江 박세채)의 연원으로 소급해 이르러 한 시대에 적치를 세우는 것도 안 될 것이 없습니다. 그렇다면 이른바 일으키는 임무와 성대한 업적은 장차 속할 곳이 있을 것입니다. 그런데 도리어 감당할 수 없는 말을 지나치게 하고, 노쇠하고 용렬한 일개 병자를 귀하게 여기니, 이는 참으로 난장이에게 무거운 짐을 억지로 맡기는 것과 다름이 없습니다. 이것이 어찌 평소 알고 지내던 사람의 말이겠습니까. 다름이 아니라 아끼기 때문에 이끌어 인도하여 억지로 힘써 여기에 이르게 하려는 것이 아니겠습니까. 그 뜻은 훌륭하다고 하겠으나 그 말은 가리키는 뜻에 어긋난다는 것을 분명히 알겠습니다.

비록 그러하나 자기보다 나은 사람을 가까이 하여 경계와 도우을 받는 바탕으로 삼아 당신의 영향을 받고 감히 실추하지 않는 것이 저의 소원입니다. 만약 교유하기 부족하다 하지 않고 때때로 말씀을 전해주어 어리석은 저를 깨우쳐 준다면 몹시 다행이겠습니다. 지난 겨울에 논한 지양(持養) 운운한 말은 돌아가신 스승의 뜻이 과연 말씀하신대로입니다. 제가 어찌 감히 그 막힌 견해를 고치지 않을 수 있겠습니까. 다만 지양이라는 일은 분명 실천에 관한 것이니, 이는 존양(存養)에 소속시켜야지 성찰(省察)에 소속시켜서는 안 됩니다. 그대가 이른바 '동정을 모두 본다.'라는 말은 또 어떠한지 모르겠습니다.

박상보에게 답하다 계사년(1713, 숙종39)

答朴尙甫 癸巳

밝은 창가의 고요한 책상에서 의리의 체단을 일목요연하게 보여주셨으니, 당신이 오랫동안 공부를 쌓아 의미가 절실하고 식견이 조화로워 이처럼 스스로 터득한 실질적인 효과가 있다는 것을 알겠습니다. 공부가 이미 이 경지에 이르렀으니, 참으로 주부자가 말한 '하루 아침에 환하게 꿰뚫는다.'라는 것입니다. 부러운 마음을 견디지 못하겠습니다.

이른바 '얼마 되지 않아 곧 잃어버린다.'라는 말로 말하자면, 저의 평소 병통이 모두 여기에 있습니다. 더구나 지금 백발이 된 나이에 연달아 참혹한 슬픔을 당하여 구구한 정신이 모두 사라졌습니다. 그 병이 더욱 깊어져 치료할 약이 없으니, 지금 자신을 위해 도모하기에도 겨를이 없거늘, 어찌 감히 다른 사람을 위해 도모하겠습니까. 지금 인도하는 가르침을 받으니 부끄럽고 송구합니다.

돌아가신 스승의 연보는 봄과 여름 무렵에 경뢰(景賚 박필부(朴弼傅)) 형제에게 보내어 당신과 마주보고 정밀히 살펴서 그중에 만약 보태거나 지울 것이 있으면 역시 상의하여 보태고 지우게 하기를 바랐습니다. 지금 말씀을 들으니 그 이유를 모르겠습니다. 부디 경뢰 형제에게 묻는 것이 어떻겠습니까.

돌아가신 스승의 행장이 지금까지 소식이 없으니 참으로 말씀하신 대로입니다. 삼가 당신의 뜻을 엿보니 혼미하고 어리석은 제게 맡기려는 것이니, 이것이 어찌 평소 서로 잘 알면서 하는 말이겠습니까. 저는 글이 서투르니, 이는 친구들이 모두 아는 사실입니다. 옛적 이천(伊川 정이)은 명도(明道 정호)의 행장을 짓고 면재(勉齋 황간)는 회옹(晦翁 주자)의 행장을 지었습니다. 오늘날 동문의 여러 벗을 하나하나 헤아려 보면 이 임무를 맡을 사람이 누구이겠습니까. 함부로 논의할 수 없을 듯합니다. 하물며 저 같은 자이겠습니까.

삼가 생각건대, 이천 선생은 연보만 있고 행장이 없습니다. 위대한 현인의 덕과 업적은 사관(史官)이 기록하고 후학이 우러를 것이니, 행장이 있고 없고에 달린 것이 아닌 듯합니다. 어떻게 생각할지 모르겠습니다.

박상보에게 주다 경자년(1720, 숙종46)

與朴尙甫 庚子

출처의 의리는 끝내 어떻게 결정하였습니까. 지난번 알려드리기로는 군자가 현달하여 뜻을 펼치는 도는 안 될 것이 없다고 하였으나, 지금 와서 돌이켜 생각하면 다시 헤아릴 점이 없지 않습니다. 당신은 평소 평범한 사람으로 자처하지 않았는데, 처음 수령에 임명되었을 때 어찌하여 갑작스레 발을 내딛은 것입니까. 옛사람은 거취에 대해 모두 정해둔 법이 있었으니, 터럭만큼도 간과하지 않았습니다. 우계(牛溪 성혼) 선생은 처음 6품에 올라 적성(積城)에 임명되자 사은하고 나아가지 않았습니다. 당시 필시 율곡 선생과 상의하였을 것이니, 위대한 현인의 조처가 따라 쓰기 가장 합당합니다. 어떨지 모르겠습니다. 훗날 다시 외직에 임명되거나 한가로운 내직에 임명되면 어찌 때를 보아 한 번 나갈 길이 없겠습니까. 전후로 알려드린 내용이 비록 다른 듯하지만 저의 얕은 견해는 모두 친애하는 뜻에서 나왔으니 필시 살펴주리라 생각합니다.

박상보에게 답하다

答朴尙甫

인심을 인욕으로 여긴 것은 주부자의 초년 견해도 이와 같았습니다. 그 뒤에 그 잘못을 깨닫고 고쳤습니다. 그러므로 《중용》 서문에서 "비록 몹시 지혜로운 사람이라도 인심이 없을 수 없다."라고 하였습니다. 또 육국정(陸國正 육구연(陸九淵))의 설을 옳다고 하였습니다. 연천(漣川 허목(許穆))이 90년 동안 독서하면서 어찌 이를 못 보았겠습니까. 임종을 앞둔 나이에 바친 〈심학도설(心學圖說)〉[54]이 이처럼 잘못되었으니, 아마도 늙어서까지 소견이 여전히 아교와 칠이 엉긴 단지 속에 있는 것처럼 캄캄하였던 듯합니다.

예전에 연천의 이기설을 보았는데 전혀 몽매함을 깨우치지 못하였고, 또 노릉(魯陵)의 복위와 사육신의 신원을 몹시 불가하다고 하였습니다. 중대한 부분이 모두 이와 같으니, 그 나머지야 어찌 논할 것이 있겠습니까. 심지어 율곡의 성명을 곧장 거론하며 배척하고, 정개청(鄭介淸)의 경우는 반드시 선생이라고 일컬었습니다. 이로 보건대 비단 식견이 없을 뿐만 아니라 그 마음이 몹시 치우쳤습니다. 지금 세상에 맹자가 없어 말로 물리치지 못하는 것이 한스럽습니다.

54 심학도설 : 허목이 1675년(숙종1) 바친 〈심학도〉를 말한다. 《肅宗實錄 1年 3月 18日》

박상보에게 답하다 계묘년(1723, 경종3)

答朴尙甫 癸卯

병으로 혼미한 중이라 인사를 전폐하여 오랫동안 안부를 묻지 못하였으니 그리운 마음 한창 간절하였습니다. 방금 보내준 편지를 받고서 얼마 전 심한 눈병에 걸렸는데 곧 침을 맞고 조금 나았다는 것을 알았으니, 몹시 놀라고 염려하였다가 또 몹시 위안이 되고 다행스럽습니다. 다만 남은 증세가 아직도 괴롭다고 들었으니, 남은 근심이 아직 있습니다. 부디 잘 조리하여 속히 낫는 효과를 얻기 바랍니다. 옛적 주부자도 만년에 이 병을 앓았는데 눈을 감고 조용히 앉는 방법이 있었으니, 이것이 바로 오늘날 배워야 할 것입니다. 저는 현기증이 날로 심해져 혼절하여 쓰러져 누워 있으니, 실로 이승의 사람이 아닙니다. 참으로 이른바 숨만 붙어 있는 시신입니다.

편지 끝에 하신 말씀은 말뜻이 간곡하여 친애하는 뜻이 말 밖으로 넘치며 자구마다 모두 받아 쓰기 합당합니다. 정이 있는 친구들도 대부분 잘못된 계획이라고 합니다. 다만 지금 묘소를 만드는 일이 있어 이렇게 부득이한 일을 하였습니다. 지금은 떠날 뜻을 이미 결정하여 형세상 중지하기 어렵습니다. 다만 가난한 집이라 모든 일이 어려우니, 수백 리 먼 곳에 노인과 어린아이를 데리고 가면 필시 중도에 쓰러지는 근심이 있을 것입니다. 또 들으니 고산(高山) 수령이 가사(家舍)를 엄금한다고 합니다. 《주역》 여괘(旅卦) 육이(六二)의 효사(爻辭)에 나오는 '머무는 곳에 나아간다.'[55]라는 말이 첫째이고, 다음은 '집에 나아간다.'라는 것입니다. 일이 또 이와 같으니 이는 모두 대단히 마음에 걸리는 일입니다. 그 나머지 이사한 뒤의 자잘한 어려움은 말할 겨를이 없습니다.

떠나는 날은 10월 18일로 정하였습니다. 이후로는 산천에 가로막혀 소식을 들을 길이 없으니, 여든 노인은 이것이 바로 영결입니다. 붓을 적셔 종이를 앞에 두니 저도 모르게 서글프고 한스럽습니다. 후이(厚而 이민곤(李敏坤)) 형제는 지금 어디에 있습니까? 병들어 몹시 혼미하니 편지를 부쳐 작별을 고할 수 없어 서글프고 허전한 마음을 견디지 못하겠습니다. 만났을 때 전해주는 것이 어떻겠습니까?

55 머무는 곳에 나아간다 : 나그네가 쉴 수 있는 곳으로 간다는 뜻으로, 여기서는 여관을 찾아 지내겠다는 뜻으로 보인다.

박상보에게 주다 병오년(1726, 영조2)

與朴尙甫 丙午

지난 겨울 외람되게도 찾아와 하룻밤 베개를 나란히 하고 자면서 격조한 회포를 조용히 이야기하였습니다. 이 또한 덧없는 세상의 한 가지 좋은 일이니 지금까지도 다행한 마음 간절합니다. 품계를 뛰어넘어 시강원의 직임에 임명된 것[56]은 실로 여망에 맞으니, 친애하는 제 입장에서 어찌 기쁜 마음을 견디겠습니까. 출처는 어떻게 결정하였는지 모르겠습니다.

저는 노쇠하고 혼미하며 용렬하여 장점이 없으니, 스스로 잘 알고 있을 뿐만 아니라 실로 온 세상 사람들이 모두 알고 있습니다. 당신은 학식이 풍부한데다 나이도 젊은데 어찌 벌떡 일어나 서연을 출입하며 동궁을 보도하고 평소 품은 뜻을 펼쳐 위로는 성상의 융숭한 돌봄을 유념하고 아래로는 사람의 무거운 기대에 부응하지 않습니까. 얼마 전에 들으니 서재를 통주(通州)의 사찰[57]로 옮겼다고 합니다. 아마도 조용히 지내면서 터득한 것이 필시 한 단계 늘어났을 것인데, 지금은 이미 석강(石江)으로 돌아왔습니까? 저는 계속 병을 앓고 아내의 병이 또 심하니, 늙은이 신세가 근심스럽고 가련하지만 어찌하겠습니까.

56 시강원의……것 : 박필주가 시강원 진선에 임명된 일을 말한다. 《英祖實錄 3年 6月 13日》

57 통주(通州)의 사찰 : 통진(通津) 문수사(文殊寺)를 말한다.

박상보에게 주다

與朴尙甫

얼마 전 집사의 말씀을 들으니, "초야의 선비는 국상(當國)을 당하여 성복(成服)하고 연제(練祭)와 상제(祥祭)를 지낼 때 단지 고을 관아에서 예를 행해야 하니, 대궐 아래로 달려와 곡하는 것은 초야의 본색이 아니니 결코 안 된다.……"라고 하였습니다. 지금 예전의 일을 살펴보면 서 화담(徐花潭 서경덕)은 자기 문인과 함께 대궐 아래에서 성복하였고, 돌아가신 스승은 성복하기 전에 날마다 대궐 아래에서 곡하였습니다. 그밖의 선생과 어른들도 연제와 상제를 만났을 때 질병이 있는 경우가 아니면 대부분 대궐 아래로 달려가 곡하였으니, 이러한 일에 언제 본색에 구애된 적이 있었습니까. 정 송강(鄭松江 정철)이 사적인 상을 당하였을 때[58] 송 구봉(宋龜峯 송익필)이 권유하여 대궐에 들어가 곡하게 하였습니다. 최마복(衰麻服)을 입고 있는 것은 초야에 있는 것에 비할 바가 아닌데도 구봉이 권유하였으니, 이것이 어찌 본 것이 없어 그러한 것이겠습니까. 부디 당신은 다시 헤아려 의리에 맞는지 여부를 자세히 알려주어 어리석은 저의 의혹을 깨뜨려 준다면 몹시 다행이겠습니다.

58 정 송강(鄭松江)이……때 : 정철은 1567년(명종22) 4월, 모친 죽산안씨(竹山安氏)의 상을 당하였다. 그런데 이해 6월 명종이 승하하였다. 《松江集 別集 卷5 行狀》

윤서응 봉구 에게 답하다 계사년(1713, 숙종39)

答尹瑞膺 鳳九○癸巳

봄 무렵에 방문해 주시고 그 뒤에 성 서쪽에 있을 때 또 찾아와 함께 책상을 맞대고 강론하여 여러 가지로 깨달았으니, 감사하고 다행한 마음이 지금까지 그치지 않습니다. 방금 인편으로 지난달 4일에 보내주신 편지를 받았습니다. 봉함을 열고 공경히 읽으니 처음부터 끝까지 수백 자였는데, 인사는 언급하지 않고 다른 말을 할 겨를이 없이 가장 먼저 돌아가신 스승을 거론하고 다음으로 혼미하고 어리석은 저를 언급하였습니다. 말씀이 융숭하고 가르침이 간곡하니 그 뜻이 참으로 훌륭합니다.

다만 어리석은 제 소견으로 말하자면, 첫단락의 말씀은 타당하다고 하겠으나 다음 단락에 운운한 내용은 잘 헤아리지 못한 병통이 아니겠습니까. 삼가 생각건대, 돌아가신 스승의 깊은 학문과 순수한 도덕, 화평한 마음과 정대한 출처, 명나라를 존숭하는 의리와 인륜을 부지한 공로는 귀신에게 질정하여도 의심이 없으며 먼 훗날을 기다려도 의혹이 없습니다. 평소의 저술이 몹시 많아 후학에게 큰 공이 있는 점으로 말하자면, 또 주자 이후의 유일한 사람입니다. 지금 당신이 덕을 살피고 세상을 논한 나머지 몹시 감동한 점이 있어 '세상의 태산북두이며 천 길 절벽처럼 서 있다.'라고 하며 의리를 사모하고 풍도를 들었으나 직접 가르침을 받지 못하였다고 탄식하였으니, 여기서도 그대의 학문이 바르고 소견이 밝다는 점을 알 수 있으니, 참으로 맹자가 이른바 '지혜가 성인을 알기에 충분하다.'라는 것입니다.

오직 다음 단락에서 논한 출처에 관한 말은 칭찬이 지나치고 기대가 몹시 무거우니, 혼미하고 어리석은 제게는 전혀 맞지 않습니다. 저와 당신은 비록 늦게 사귀었으나 서로를 깊이 안다고 여겼는데, 오늘 보니 몹시 잘 알지 못하는 듯합니다. 저는 젊어서부터 돌아가신 스승의 문하에서 수업을 받았으니, 가르치고 인도하는 은혜를 입은 지가 오래지 않은 것은 아닙니다. 그러나 타고난 자질이 용렬하고 지기가 굳세지 못하여 애당초 용감히 앞으로 나아가 힘써 담당하지 못하였고, 뒤에 와서는 또 태반이 질병과 상고로 무너뜨렸습니다. 더구나 지금은 기운이 더욱 지치고 정신이 더욱 혼미하며 병은 더욱 고질이 되고 학문은 더욱 쇠퇴하였으니, 시골의 용렬하고 쓸모없는 일개 늙은이에 지나지 않습니다. 분수에 넘치는 제수하는 명령이 나올 줄은 생각지도 못하였으니 자신을 돌아보면 하나도 비슷한 점이 없어 밤낮으로 황공하고 위축되어 마치 큰 짐을 진 것 같습니다. 당신처럼 나를 아껴주는 사람은 필시 잘 헤아려 살 길을 가르쳐 주리라 여겼는데, 당신의 말씀을 듣고보니 기대와 크게 달라 저도 모르게 망연자실하고 이어서 한탄이 그치지 않습니다.

인용하신 주부자(朱夫子)의 일 역시 그렇지 않은 점이 있습니다. 주부자의 성현 같은 학문과 호걸 같은 재주로 만약 훌륭한 임금을 만나 도를 시행하였다면 삼대의 다스림을 만회하는 일은 바로 분수 안의 일입니다. 이 때문에 그간 누차 소명에 응하여 발단으로 삼았으니, 성현의 작용은 하지 못하는 시기가 없기 때문이었습니다. 어찌 그 당시를 삼대로 만들 수 없는데 우선 전례대로 명에 응하려는 생각뿐이었겠습니까. 이른바 '조정에 들어가 임금의 덕을 아뢰어 잘못을 보충한다.' 라는 것은 대인이 임금을 바로잡는 일이니, 혼미하고 어리석은 제가 감히 비길 수 있는 일이 아닙니다. 그러나 지금 세상에서 찾아보면 어찌 이 책임을 맡을 자가 없겠습니까. 삼가 생각건대, 강장(江丈 권상하)은 높은 덕과 무거운 명망이 있어 실로 적임자입니다. 다만 온화하게 도를 즐기려는 뜻이 있고 태도를 바꾸어 조정에 나아갈 기약이 없으니, 사문(斯文)의 큰 불행이라는 점은 참으로 당신의 말씀과 같습니다.

대저 사군자의 행장과 진퇴는 각기 마땅함을 따를 뿐이니, 이것은 일률적으로 논할 수 없습니다. 나아갈 만하면 나아가고 떠날 만하면 떠나며, 한 번 가고 한 번 멈추는 것을 오직 의리에 따르니, 이것이 선비의 출처의 올바른 법입니다. 이것은 겨울에 가죽옷을 입고 여름에 갈옷을 입으며 배고프면 먹고 목이 마르면 마시는 것과 같으니, 그 도리는 본디 이와 같습니다. 행여 내 학문이 이루어지지 않았고 헛된 명성이 부끄러워 분수와 재주를 헤아리고 평소의 지조를 굳게 지키는 것 또한 한 가지 방도입니다. 성인이 이 한 갈래 길을 열어 후세에 뜻을 즐기고 분수를 편안히 여기는 자로 하여금 받아 쓸 수 있게 하였습니다. 깊은 산속에 자취를 감추고 멀리 떠나 돌아보지 않는 사람으로 말하자면 세상을 벗어난 고상한 선비입니다. 이 세 가지는 모두 옛사람이 이미 행한 자취가 있으니, 비록 그 사이에 우열과 득실의 차이가 없지 않으나 각기 의리가 있고 각기 지키는 바가 있으니, 학문이 부족한 후배가 미칠 수 있는 바가 아닙니다.

불초한 제가 외람되게 남다른 은혜를 입어 갑자기 이 경우를 당하였으니 스스로 처신하기가 몹시 어렵습니다. 이 때문에 근심하고 당혹해하며 어쩔 줄 모르는 것입니다. 비록 그러하나 일이 이미 우연히 이 지경이 되어 어찌할 방법이 없으니, 억지로 힘쓸 수 있는 것을 따르고자 합니다. 이른바 '분수와 재주를 헤아린다.'라는 말은 조금 비슷하게 모방하여 죄과를 면할 수 있을 듯합니다. 그러므로 어리석은 저의 계획은 어쩔 수 없이 이 길로 나와야 합니다. 감히 옛사람이 만든 법을 본받으려는 것이 아니라 부득이해서입니다. 당신은 어떻게 생각하십니까? 부디 다시 생각하여 회답해 주시기 바랍니다.

윤서응에게 답하다 무술년(1718, 숙종44)

答尹瑞膺 戊戌

자세히 말씀한 뜻은 잘 알았습니다. 어찌 감탄하는 마음을 견딜 수 있겠습니까. 삼가 보건대 예로부터 문묘에 종사한 사람은 모두 사문에 공이 있는 사람이었습니다. 성인 문하의 70제자는 그렇다치고, 이로부터 이하를 대략 말하자면, 예컨대 한(漢)나라의 노식(盧植), 정현(鄭玄), 가규(賈逵), 정중(鄭衆), 하휴(何休), 복건(服虔), 두자춘(杜子春) 등 여러 사람-나머지는 다 기록하지 못합니다.-은 모두 한때 경전을 보존한 공로로 문묘에 들어갔습니다. 진(晉)나라의 두원개(杜元凱 두예(杜預))는 《춘추(春秋)》에 벽(癖)이 있었고, 당(唐)나라의 한창려(韓昌黎 한유(韓愈))는 불교를 배척한 공로로 역시 모두 문묘에 들어갔습니다. 그밖의 역대 여러 사람도 모두 그렇지 않은 경우가 없으니, 지난 역사를 살펴보면 분명히 알 수 있습니다. 오직 염락관민(濂洛關閩)[59]의 여러 선생만은 이의를 용납하지 않습니다.

우리나라의 경우 역시 말할 만한 것이 있습니다. 예전에 보니 퇴계 선생이 말하기를, "최 문창(崔文昌 최치원(崔致遠))은 평생 부처에게 아첨한 사람인데 역시 문묘에서 제사를 받으니, 만약 문창의 영령이 있다면 어찌 저승에서 부끄러워하지 않겠는가."라고 하였습니다. 그러나 후세 사람이 감히 다시 논의하지 못한 것은 일의 체모가 중대하기 때문

59 염락관민(濂洛關閩) : 염계(濂溪) 주돈이(周敦頤), 낙양(洛陽)의 정호(程顥)·정이(程頤), 관중(關中)의 장재(張載), 민중(閩中)의 주희(朱熹)이다.

이 아니겠습니까.

우리나라에 와서는 그 예법이 더욱 엄격하였습니다. 그간 문묘에 종사된 여러 선생을 보면 사문에 세운 공이 모두 탁월하다고 하겠습니다. 지금 우리 노선생은 학문이 깊고 도덕이 순수하여 실로 세상에 드문 참된 선비입니다. 또 수백 권의 책을 저술하여 후학에게 은혜를 베풀었습니다. 더구나 기사년(1689, 숙종15) 이후로 이미 몰락한 인륜을 붙들고 이미 무너진 세도를 지탱하였으니, 그 공로가 어찌 찬란히 빛나지 않겠습니까. 우암 어른이 예전에 제게 말하기를, "현석(玄石)의 학식은 우리보다 한 등급 높다."라고 하였고, 또 "현석의 문장과 학식은 근래에 드물다."라고 하였으니, 이는 제가 직접 들은 것입니다. 두 선생이 서로 깊이 인정한 정도가 또 어떠합니까. 그런데 후배는 견식이 얕아 이를 전혀 모르고 감히 비판하였습니다. 당신이 이른바 "우암 노인이 인정한 선유(先儒)를 존경하고 두려워하지 않으려 한다."라는 말씀은 참으로 옳은 말입니다. 그동안 사론이 하나로 모여 저절로 화합하려는 뜻이 있었는데, 뜻밖에 대간(臺諫) 정택하(鄭宅河)의 상소[60]가 갑작스럽게 나와 마침내 여러 가지로 복잡해졌으니 어찌 애석하지 않겠습니까.

당신이 '사문에 복이 없어 세도가 걱정이다.'라고 염려한 것은 참으로 마땅합니다. 다만 어떤 사람이 운운한 말은 그렇지 않은 점이 있습니다. 권(權)의 상소[61]는 정택하의 상소에 반대하여 나온 것이니, 이는

60 대간(臺諫) 정택하(鄭宅河)의 상소 : 41쪽 주17 참조.

61 권(權)의 상소 : 정택하 상소가 부당하다며 3도 유생을 대표하여 상소한 권준(權晙)을 말하는 듯하다. 《肅宗實錄 44年 5月 12日》

실로 여러 선비의 격분한 논의입니다. 어찌 한 사람의 사적인 견해로 그 사이에서 권하거나 막을 수 있겠습니까. 필시 전한 사람의 잘못일 것입니다. 옛적 두 현인(이이와 성혼)을 문묘에 종사하자는 논의가 처음 나왔을 때 율곡 선생만 거론하고 우계 선생은 언급하지 않았습니다. 그때 오 추탄(吳楸灘 오윤겸(吳允謙)) 등 여러 공이 우계의 문인으로서 힘을 다해 사우 사이에서 주선하여 마침내 나란히 거행하였습니다. 지금 선배와 어른이 이미 시행한 일로 보면 설령 어떤 이가 운운한 일이 있더라도 대단한 혐의가 되지 않을 듯합니다. 더구나 이런 일이 없었으니 어떻겠습니까.

당신이 아껴준 덕에 듣는 대로 멀리 알려주었으니 실로 몹시 감사합니다. 편지에 운운하였으니 당신의 우려가 깊다고 하겠습니다. 나뉘면 합치고, 합치면 모이는 것이 자연스러운 이치의 형세이니, 현명한 자는 나타나기 전에 보는 것입니다. 더구나 지금은 과연 당신의 말처럼 이미 드러났으니 어떻겠습니까. 사문의 흥망과 세도의 안위는 그 기미가 터럭만큼의 차이도 용납하지 않으니, 염려하지 않을 수 있겠습니까. 피차간을 조절하여 어긋나고 과격해지지 않게 하는 것이 참으로 병을 치료하는 독한 약입니다. 한 집안에서 저절로 원수가 되는 것이 어찌 좋은 일이겠습니까. 저 역시 들은 바가 있으니 감히 숨기지 않겠습니다. 당신은 근래의 일로 적지 않은 비방을 초래하였는데, 전하는 이야기는 허실을 분간하기 어렵습니다. 지금 보내준 편지를 보면 말뜻이 간곡합니다. 이는 실로 당신의 구유(甌臾)이니 몹시 다행입니다.[62]

62 구유(甌臾) : 《순자(荀子)》에 "구르는 탄환은 구유에서 그치고, 유언비어는 지혜로운 자에게서 그친다.〔流丸止於甌臾, 流言止於智者.〕"라고 하였다. 구유는 오목한 그

릇으로, 여기서는 유언비어가 그치는 곳이라는 뜻이다.

후재집

제6권

書서

신경윤 경 에게 답하다 신묘년(1711, 숙종37)

答申明允 暻○辛卯

방금 보내주신 두 통의 편지를 받고 봉함을 뜯어 읽으니, 말씀이 간곡하여 자세히 한 말이 모두 뜻을 독실히 하고 학문을 좋아하는 뜻이었습니다. 이는 실로 근래 친구들의 편지에 없던 것으로, 위안이 되고 놀랍기 그지없습니다.

다만 때때로 가르침을 내려달라는 말은 감히 감당할 수 없습니다. 그대는 빼어나고 순수한 자질로 가정의 가르침을 받았고, 나이는 겨우 15세로 바른 길을 출발하였으니, 앞으로의 성취는 헤아릴 수 없습니다. 그러니 백발이 되어 죽을 때가 가까운 가운데 맹인이 밤길을 걸어가듯 헤메는 일개 노인에게 무슨 도움을 받겠습니까. 부끄럽고 송구한 나머지 할 말을 모르겠습니다.

박상보(朴尙甫 박필주(朴弼周))와 김군직(金君直 김방(金枋))은 모두 동지에 속하는 사람입니다. 그들처럼 뜻과 학식이 있는 사람은 많이 얻기 어렵습니다. 지금 그대가 그들과 교유하고 있다고 하니, 피차 모두 도움이 될 것이라 생각합니다.

신명윤에게 답하다

答申明允

보여준 성정(性情) 사단칠정(四端七情)에 관한 설은 참으로 이치에 닿는 점이 있으니, 우리 벗의 소견이 이미 이 수준에 도달하였을 줄은 생각하지 못하였습니다. 다만 사람의 견해는 한계가 있고 의리는 끝이 없으니, 이것을 가지고 대뜸 자기가 이미 능한 점에 만족하여 능하지 못한 점을 더욱 힘쓰지 않아서는 안 됩니다. 부디 다시 함양과 성찰의 공부에 더욱 힘을 다하여 훗날 학문이 더욱 진보하고 지혜가 더욱 밝아지기를 기다린 뒤에 오늘의 이 설을 다시 보면, 그 시비와 득실이 저절로 밝은 식견을 벗어나지 못할 것입니다. 이와 같은 뒤에야 진실하게 스스로 터득한 맛이 지난날 단지 옛사람의 말을 본뜬 것과는 다르다는 사실을 알 수 있을 것입니다.

신명윤에게 답하다 을미년(1715, 숙종41)

答申明允 乙未

돌아가신 스승의 영당(影堂)이 이미 완성되어 봉안할 날이 정해졌다고 하니, 기쁘고 다행스러운 마음 간절하고 또 서글픈 감상이 많습니다. 그때 가서 만약 병고가 없으면 참석하러 갈 생각입니다. 다만 늙고 병들기가 근래 심해져 조만간 죽을 날만 기다리고 있으니, 이렇게 살아 있을 때 한번 다녀오고 싶지만 과연 귀신의 장난이 없어 이 뜻을 이룰 수 있을지 모르겠습니다.

향사(享祀)에 관한 일은 유우(兪友 유립(兪岦))가 물으러 왔을 때 감히 갑자기 대답하지 못하여 단지 얕은 견해로 대략 운운하였습니다. 근래 한 가지 일을 살펴보니, 강릉(江陵) 구산(丘山)의 오봉서원(五峯書院)에 공자의 화상을 봉안하였는데, 봄가을 석채례(釋菜禮)는 행하지 않고 오직 삭망(朔望)의 분향(焚香)만 설행한다고 합니다. 율곡(栗谷) 선생이 재실의 규정을 만들었는데 지금까지 따라서 행하고 있습니다. 이 일이 가장 근거가 있는 듯하고 지난날 저의 견해와 부합합니다. 파산(坡山)에 있는 뜻을 같이하는 벗과 상의하여 시행하는 것이 어떻겠습니까?

신명윤에게 답하다

答申明允

예전에 광탄(廣灘)에서 송덕보(宋德普 송순석(宋淳錫))를 만나 묻기를,

"세상 사람들이 우재(尤齋 송시열(宋時烈)) 선생과 우리 스승의 사이가 예전과 같지 않다고 말하는 경우가 많은데 그러한가?"

하니, 덕보가 말하기를,

"무진년(1688, 숙종14) 이전에는 이런 일이 간혹 없지 않았으나, 무진년에 비밀 차자[1]를 소매에 넣어 올린 뒤로는 예전의 의심이 갑자기 풀려 터럭만큼도 막히는 마음이 없었습니다.……"

하였습니다. 이로 미루어 보건대 이른바 그 말이란 무진년 이전의 초고로 완성되지 않은 본이 아니겠습니까. 이는 알 수 없습니다.

1 비밀 차자 : 박세채가 1688년 7월 13일에 올린 5조의 차자를 말한다. 《肅宗實錄 14年 7月 13日》

신명윤에게 답하다

答申明允

얼마 전 파산(坡山)의 모임은 실로 사문(斯文)의 성대한 일이었습니다. 다행스럽기가 어찌 서로 모여 막힌 회포를 풀었기 때문만이겠습니까. 돌아올 때 하루종일 말고삐를 나란히 하다가 중도에 또 헤어졌는데, 지금까지 아련하여 거의 잊을 수 없습니다.

방금 성남(城南) 강군(姜君)의 집에서 지난달 23일에 보내주신 편지를 전해받고서 헤어진 뒤 어버이 모시고 학문하며 잘 지낸다는 것을 알았으니 기쁘고 위안이 되는 마음을 견디지 못하겠습니다. 더구나 조계동(曹溪洞)과 북한산(北漢山)을 거의 두루 다니고, 이어서 영평(永平)과 백운산(白雲山)을 유람한다고 들었습니다. 가을 바람 불고 낙엽 지는데 산수가 참으로 좋으니, 기이한 승경을 찾아다니느라 흥취가 끝이 없을 것입니다. 돌아오면 유람하며 지은 시를 나에게 보여주기 바랍니다.

돌아가신 스승의 행장이 아직도 소식이 없으니, 이는 실로 문하 사람들의 죄입니다. 지금 말한 뜻을 보니 더욱 부끄럽습니다. 임덕함(林德涵 임영(林泳))과 강숙중(姜叔重 강석붕(姜碩朋))은 문학으로 일컬어졌지만 불행히 단명하였으니, 지금 동문의 벗 중에는 이 책임을 맡을 수 있는 사람이 없는 듯합니다. 더구나 저처럼 병들고 혼미하며 글재주 없는 사람이 어찌 감히 담당하겠습니까.

옛날 이천(伊川) 문하의 뛰어난 제자들이 모두 일찍 죽어 행장을 지을 사람이 없었습니다. 퇴계(退溪 이황(李滉))는 정암(靜菴 조광조(趙光

祖))의 행장을 지으면서[2] 탈고한 뒤에도 3년 동안 내놓지 않고 "위대한 현인의 문자는 경솔히 할 수 없으니 다시 수정할 것이다."라고 하였습니다. 월사(月沙 이정귀(李廷龜))는 율곡(栗谷 이이(李珥))의 행장을 지으면서[3] 석달 동안 바깥 손님을 만나지 않고 문을 닫고 혼자 지냈습니다. 이로 보건대 그 일의 중차대함을 알 수 있으니, 아무에게나 맡길 수 없고, 아무나 함부로 맡을 수도 없습니다. 경임(景任 윤형성(尹衡聖))과 명윤(明允 신경(申暻))이 그간 한 말이 간곡하지 않은 것은 아니지만, 제가 감히 명을 따르지 않은 것은 이 일에 성의가 부족해서가 아니라 실로 자신을 분명히 알기 때문입니다.

2 퇴계(退溪)는……지으면서 : 이황이 지은 조광조의 행장은 《퇴계집(退溪集)》 권48에 〈정암 조선생 행장(靜庵趙先生行狀)〉이라는 제목으로 실려 있다.

3 월사(月沙)는……지으면서 : 이이의 행장은 김장생(金長生)이 지었다. 이정구가 지은 것은 시장(諡狀)이다. 《월사집(月沙集)》 권53에 실려 있다.

신명윤에게 답하다
答申明允

《사우고증(師友考證)》은 돌아가신 스승께서 손수 편차하신 것입니다. 제가 예전에 예설(禮說)을 모을 때에도 수록하였습니다. 몇 해 전 제가 군장(群場)으로 선생을 뵈러 갔더니 선생이 《사우고증》 1책을 꺼내 보여주었습니다. 제가 말하기를,

"사우의 도가 없어지기가 오늘날 같은 때는 없었습니다. 선생의 이 책을 세상에 전하게 한다면 세교에 큰 도움이 될 것입니다."

하니, 선생이 말하기를,

"내 뜻도 이 때문에 지은 것이다."

하였습니다. 그 뒤 광탄(廣灘)으로 뵈러 갔더니 선생이 말하기를,

"자인(子仁 윤증(尹拯))이 교하(交河)의 선영에서 명절 제사를 지낸 뒤에 찾아왔는데, 우암(尤菴)을 언급하면 고개를 젓고 손을 흔들며 '괴롭다.'라고 하였다. 《사우고증》을 꺼내 보여주었더니 자인이 발끈 낯빛을 바꾸며 '어찌하여 나를 말미에 붙이지 않았는가.'라고 하더니 즉시 소매를 떨치고 일어나 가버렸다."

하였습니다. 이는 모두 제가 돌아가신 스승에게 직접 들은 것입니다.

신명윤에게 답하다 병신년(1716, 숙종42)
答申明允 丙申

서울 소식 운운한 말은 차례로 반드시 생길 일이었으니 놀라거나 괴이할 것 없습니다. 다만 사문이 장차 누구를 의지하고 세도가 끝내 어떻게 될지 모르겠습니다. 최(崔)의 상소[4]는 근래에 한번 보았는데, 이른바 의서(擬書)[5]는 말뜻이 몹시 위협적이니, 스승과 제자의 의리가 이 편지에서 이미 끊어졌음을 알 수 있습니다. 감로사(甘露寺)에 모여서 나눈 이야기[6]는 직접 듣지 못하였고, 그 당시 대략 들은 것은 있지만 지금 세월이 이미 오래되었으니 어떻게 자세히 기억하겠습니까. 대의는 당신도 아마 이미 들었을 것입니다.

그리고 기억하기로 계축년(1673, 현종14) 무렵 돌아가신 스승께서 민례(閔禮)[7]의 일로 형조에서 대명하였는데, 이때 이산(尼山 윤증)이

4 최(崔)의 상소 : 1716년 3월 3일 윤증의 문인 최석문(崔錫文)이 올린 상소를 말한다. 그는 송시열과 윤증이 대립하게 된 전말을 말하며 윤증을 옹호하였다. 《肅宗實錄 42年 3月 3日》

5 의서(擬書) : 신유의서(辛酉擬書)를 말한다. 1681년 윤증이 송시열에게 보내려고 한 편지로 송시열을 비난하는 내용이다.

6 감로사(甘露寺)에……이야기 : 최석문의 상소에 따르면, 윤증은 교하(交河)로 성묘하러 가다가 감로사에서 박세채를 만나 상의하였는데, 박세채의 만류로 신유의서를 보내지 않았다고 한다.

7 민례(閔禮) : 민업(閔業)이 죽은 뒤 아들 민세익(閔世翼)에게 광병(狂病)이 있었다. 박세채는 이때 손자 민신(閔愼)이 대신 상을 치러야 한다고 주장하였다. 《顯宗實錄 15年 1月 2日》

도성에 들어와 들렀다가 그대로 함께 묵으며 돌아가신 스승에게 말하기를,

"나는 아버지와 스승 사이에서 이러한 일을 당하였으니, 앞으로는 그저 스스로 버려질 뿐이다."

하였습니다. 이는 제가 직접 들은 것입니다. 지금 의서(擬書)를 보니, 당초에 스스로 버려지겠다는 뜻과는 상반되지 않겠습니까. 주공(周公)이 말하기를 "옛 친구에게 큰 일이 없으면 절교하지 않는다."라고 하였는데, 주자가 말하기를 "큰 일은 악역(惡逆)이다."라고 하였습니다. 그렇다면 비록 평범한 친구 사이라도 악역을 저지른 큰 일이 없으면 절교하지 않는 것입니다. 더구나 수십 년 동안 아비처럼 섬긴 스승을 자기 아버지 묘도문이 마음에 차지 않는다는 이유로 절교한단 말입니까. 돌아가신 스승이 예전에 저에게 말하기를,

"자인은 아버지와 스승 사이에서 본분을 다하지 못한 점이 많다."

하였습니다. 또 말하기를,

"분수를 어기고 의리를 무릅썼다는 비난을 자인이 어찌 면할 수 있겠는가."

라고 하였습니다. 또 형칠(邢七)[8]이 예전에 있었으니 경계하지 않을 수 없다는 뜻으로 편지를 써서 타일렀습니다. 돌아가신 스승의 이 뜻을 우리 동지 선비들이 몰라서는 안 되므로 간략히 알려드립니다.

8 형칠(邢七) : 송(宋)나라 사람 형서(邢恕)이다. 그는 본디 정호(程顥)의 제자였으나 훗날 스승을 배반하고 정이(程頤)를 모함하여 유배보냈다. 《宋史 卷471 姦臣列傳 邢恕》

신명윤에게 답하다

答申明允

《명촌잡록(明村雜錄)》[9]은 지금 비로소 보았습니다. 그 속에 돌아가신 스승을 모욕하는 말이 참으로 많지만, 그 아래에 또 가평(加平) 조득중(趙得重)이 기록한 글이 있는데 우리 스승을 비난하고 배척하기가 끝이 없어 나양좌(羅良佐)의 말에 비해 백 배나 심한 정도에 그치지 않습니다. 예전에 보니 돌아가신 스승은 조득중을 일가의 자제처럼 대우하였는데, 지금 몰래 거꾸로 깨물기를 이처럼 심하게 하였으니, 통탄스러운 마음이 어떻겠습니까.

얼마 전에 나양좌의 일가 사람에게 들으니,

"당초에 나양좌의 기록을 만들 적에 이산(尼山)에게 보내어 누차 상의하고 하였고, 나양좌가 죽은 뒤 나양좌의 아들 나연(羅演)이 자기 부친의 행장을 이산에게 청하러 갈 때도 이 기록을 가지고 갔다가 그대로 두고 돌아왔습니다. 아마 그때 이산이 필시 베껴썼을 것입니다. 조득중의 기록으로 말하자면 애당초 이산에게서 나온 것으로 원래 나양좌 집안에서 관여한 것이 아닙니다."

하였습니다. 또 근래 경임(景任) 형제의 편지를 보니,

"나양좌의 책이 지금 세상에 널리 유행하는데 그 속에 선조를 모욕한 말이 몹시 많습니다. 또 그 책은 자신의 말로 직접 말한 것이 아니라

9 명촌잡록(明村雜錄) : 나양좌(羅良佐)의 저술이다. 송시열을 비판하고 윤선거를 옹호하는 내용이다.

가평 조득중 어른을 빌어다가 구실로 삼아 조득중의 편지라고 하면서 나양좌의 편지 아래에 달아놓은 것입니다. 조득중 집안의 자제는 모두 '이 글은 본디 우리 부형의 문자가 아니니 분변하여 밝히는 방도가 있어야 한다.' 하였습니다."

하였습니다. 이로 보건대 이른바 조득중의 기록은 나양좌에게서 나오지 않았다면 반드시 이산에게서 나왔을 것입니다. 그가 다른 사람을 가탁하여 자신의 뜻을 몰래 기록하여 여기에 의지하여 남을 모함하는 계책으로 삼으려고 한 것이 지극히 교묘하여 통탄스럽고 놀라운 마음을 견디지 못하겠습니다. 당신도 들은 것이 있는지 모르겠습니다.

신명윤에게 답하다

答申明允

이른바 탕왕(湯王)과 무왕(武王)에 대한 말은 당시 저쪽 편에서 나왔습니다. 돌아가신 스승이 한번은 내게 말하기를,

> "스승에게 걸왕(桀王)과 주왕(紂王) 같은 악이 있고, 제자에게 탕왕과 무왕 같은 덕이 있다면 이렇게 말할 수도 있지만, 그렇지 않으면 안 된다."

하고, 또 말하기를,

> "탕왕과 무왕은 걸왕과 주왕에 대해서 천명이 끊어지기 전에는 군신 관계이다. 하루라도 천명이 끊어지면 필부이므로 쫓아내고 정벌한 것이다. 오늘날 스승과 제자의 일은 이와 다르니, 천명이 끊어졌는지 끊어지지 않았는지 어떻게 알겠는가.……"

하였습니다. 이는 내가 직접 들은 것인데, 서찰이 있는지 없는지는 지금 병들어 몹시 혼미하여 자세히 기억하지 못하니 어찌하겠습니까.

신명윤에게 답하다

答申明允

마음의 병을 앓는다는 말씀은 몹시 염려됩니다. 이는 애써서 끝까지 탐구하느라 마음을 수고롭게 하고 힘을 다한 소치이니, 실로 배우는 사람이 처음에 으레 걸리는 병입니다. 치료하는 방법은 퇴계 선생이 남시보(南時甫)에게 답한 편지[10]에 상세히 보이니, 부디 자세히 살펴보는 것이 어떻겠습니까.

보내준 편지에 나이는 점차 많아지는데 도학을 듣지 못하였다고 탄식하였으니, 말뜻이 간곡하고 이야기가 자세하여 학문을 독실히 하는 그대의 정성을 볼 수 있습니다. 《성리대전(性理大全)》을 펴고 음미한다는 말은 더욱 부럽습니다.

경뢰(景賚) 운운한 것은 과연 말씀대로입니다. 돌아가신 스승께서는 임자년(1672, 현종13) 이후로 윤(尹 윤증)에게 장문의 편지 20여 장을 보내어 스승과 제자간의 분의가 중요하다고 말하였는데, 지극히 명백하였으나 이산(尼山)은 끝내 듣지 않았습니다.

경오년(1690, 숙종16)에 이르러 이산에게 보낸 편지에 대략 "비단 형이 제 말을 듣지 않을 뿐만 아니라 앞으로는 저 역시 이 일을 다시 말하지 않겠습니다.……"라고 하였습니다. 이때부터 돌아가신 스승께서 이쪽과 저쪽 사이에 동조하고 반대하는 뜻이 이전과 갑자기 달라져

10 퇴계……편지 : 《퇴계집》 권14에 실려 있는 첫 번째 편지이다. 남시보는 남언경(南彦經)이다.

문인과 이야기할 때 누차 말씀하셨으니, 간곡한 정도에 그치지 않습니다. 결국에는 윤의 출처를 의심하기까지 하였으니, 이러한 일들은 당시 경뢰의 나이가 어려 미처 알지 못하다가 조금 자라서 한쪽 편 사람들의 말을 익숙히 들었으니 그 형세가 이와 같지 않을 수 없는 것입니다. 매번 돌아가신 스승의 만년에 들었던 것을 경뢰에게 말하고자 하였으나 아직 하지 못하였습니다. 지금 양우(梁友)의 말을 들었는데 역시 경뢰와 같으니, 이 친구 역시 돌아가신 스승께서 나중에 하신 말씀을 듣지 못하였기 때문이 아니겠습니까.

신명윤에게 답하다 정유년(1717, 숙종43)
答申明允 丁酉

돌아가신 스승께서 말년에 회니(懷尼 송시열과 윤증) 사이에 동조하고 반대한 말씀을 알려주시기를 그간 이렇게까지 자세히 하였으니, 그 뜻이 몹시 간곡합니다. 다만 경오년(1690, 숙종16) 이후로 돌아가신 스승께서는 이 일을 더 이상 편지와 문자에 넣지 않았고, 단지 문생, 자제와 이야기하였을 뿐입니다. 나와 직령(直令)은 들은 적이 한두 번이 아니었고, 그대의 백구(伯舅 박태은(朴泰殷))와 벗 정진경(鄭眞卿 정상박(鄭尙樸))이 들은 이야기도 명백한 정도에 그치지 않습니다. 그러나 지금은 근거삼을 곳이 없으니, 이는 십분 헤아려 선처해야 합니다. 그렇지 않으면 바깥 사람의 비방을 초래하여 스승에게 누를 끼치지 않겠습니까. 부디 다시 생각하고 의논하여 말씀하십시오.

다만 의서(擬書)가 한 번 나온 뒤로 비록 전에 윤증을 편들던 사람들도 모두 아끼고 애석해 하는 생각이 줄었습니다. 그가 스승의 마음의 병통을 낱낱이 지적하여 거의 여지를 남기지 않았기 때문입니다. 심지어 이른바 '비린내를 제거하고 껍질을 깎아버려야 한다.'라는 따위의 말은 민간의 사나운 사내가 소리치는 말투와 같으니, 겸손하고 공손하며 온화하고 후덕한 군자의 생각이 전혀 없습니다. 예전에 돌아가신 스승이 윤증에게 보낸 편지를 보았는데, "말투가 거칠고 뜻이 박절하니 더 이상 형의 평소 충후한 기상이 아닙니다."라고 하였습니다. 얕은 저의 견해로는 돌아가신 스승의 이 말씀을 단안으로 삼아야 합니다.

마음의 병을 치료할 약에 대해서는 말씀하신 뜻이 범범하지 않다는 것을 알겠습니다. 다만 이는 내가 평생 앓던 것이니, 어찌 감히 그대를 위해 입을 열겠습니까. 다만 옛사람은 마음을 기르는 것을 병조리하는 약으로 삼았습니다. 정자(程子)가 장사숙(張思叔)에게 답한 말과 주자(朱子)가 황자경(黃子耕)에게 답한 편지, 허 노재(許魯齋)의 "보양은 모두 허위요, 마음을 잡는 것이 요점이라네.〔補養皆虛僞, 操心是要規〕"라는 시는 모두 완미하고 체험하기 합당하니, 결국에는 반드시 효과를 거둘 바탕이 될 듯합니다.

신명윤에게 답하다

答申明允

평안 감영에서 보낸 편지에 보여주신 상소의 초고는 신원하는 일의 수미와 곡절이 자세히 갖추어져 있고 말뜻이 준엄하여 몹시 통쾌하니, 실로 근래 관원과 선비 중에 없던 상소로서 피차의 시비를 판단하는 중대한 결안이 되기 충분합니다.

다만 돌아가신 스승의 편지에 있는 말을 거의 다 썼는데, 이는 모두 바깥 사람이 모르는 말입니다. 갑술년(1694, 숙종20) 천거할 때도 끝내 이산(尼山 윤증)의 일은 말하지 않았습니다. 당시 돌아가신 스승께서는 그 뜻을 저에게만 말하였는데 지금 역시 상소에 넣었습니다. 저의 상소가 비록 몹시 평범하지만 또 뒤따라 일어나면 저들은 필시 무리지어 일어나 크게 떠들 것이니, 모욕하는 말이 장차 스승에게까지 미칠 것입니다. 비록 그러하나 일이 이미 여기에 이르렀으니, 만약 신원하는 일이 의지할 곳이 생긴다면 밖에서 오는 분분한 이야기를 어찌 돌아보겠습니까.

제 상소의 아래 한 단락은 이전의 초고를 대략 점화(點化)한 것으로 이전에 비해 조금 낫습니다. 다만 결국 완곡한 뜻이 많으니 보는 사람들은 필시 불만스러워할 것입니다. 그러나 이는 어리석은 제가 십분 헤아린 것입니다. 북을 울리고 용맹을 뽐내며 먼저 북쪽 산을 점거하는 기세[11]로 말하자면, 제가 감히 할 수 없는 것입니다. 당신의 뜻은 어떠

11 먼저 북산(北山)을 점거하는 기세 : 먼저 북쪽 산을 점거하는 자가 이기고, 뒤에

한지 모르겠습니다.

오는 자는 패한다는 말을 인용한 것으로, 앞장서서 공격한다는 뜻이다.《史記 卷81 廉頗藺相如列傳》

신명윤에게 답하다 무술년(1718, 숙종44)

答申明允 戊戌

말씀하신 출처의 뜻은 지극히 명백하고 정확하여 따르기에 참으로 합당합니다. 당신처럼 지극히 친애하는 사람이 아니라면 어찌 이 정도에 이르겠습니까. 감사한 마음 끝이 없습니다.

다만 이 일은 일률적으로 논할 수 없다고 생각합니다. 일흔에 일을 그만둔다는 가르침이 《예기(禮記)》에 분명히 실려 있으니, 이는 실로 늙은 신하가 물러나 쉬는 올바른 법입니다. 주자는 경술년(1130)에 태어나서 경원(慶元) 기미년(1199)에 치사(致仕)하고 6월에 사당에 고하였는데, 당시 나이가 일흔이었으니 《예기》의 가르침에 참으로 합당하였습니다. 위대한 현인이 한 일은 워낙 훌륭하고, 송나라의 전약수(錢若水)는 겨우 나이 마흔에 급류와 같은 벼슬길에서 용감히 물러났고, 우리나라의 사계(沙溪 김장생(金長生)) 선생은 76세에도 여전히 벼슬하였고, 신재(愼齋 김집(金集)) 선생은 78세에 비로소 산으로 돌아갔습니다. 어떤 이는 이르고 어떤 이는 늦어 각기 때를 따르면서도 마땅함을 잃지 않았으니 역시 도리가 있었지만, 《예기》의 올바른 법은 아닌 듯합니다.

불초한 저는 애당초 감히 옛사람의 출처에 자신을 견주려는 것이 아닙니다. 오직 올해 이미 일흔 셋에 이르러 근력이 이미 쇠하고 병이 또 고질이 되었으나 그간 받은 남다른 은혜가 실로 미천한 분수로 감당할 수 있는 것이 아니었습니다. 단지 《예기》의 '일흔에 일을 그만둔다.〔七十致事〕'라는 네 글자를 따르고자 감히 운운한 것이니, 자급의 높고 낮음은 감히 헤아리지 않았습니다.

다만 선배들의 일을 보면 관직이 낮더라도 나이가 일흔이 되면 종종 물러나 쉬겠다고 청하였습니다. 제가 봄 무렵에 보낸 두 통의 편지 역시 살펴본 데가 있어 지은 것이니, 감히 근거없이 함부로 하는 것은 아닙니다. 한번 중도에 가서 사정을 아뢰고 면직을 청하는 것이 어리석은 제가 평소 계획한 것입니다. 그러므로 며칠 전에 병든 몸을 들것에 싣고 과천(果川)에 가서 상소를 올리고 돌아왔습니다. 사은하러 대궐에 나아가는 등의 일은 제가 몹시 늙고 병들어 견딜 수 없을 듯하니, 사리에 과연 어떠한지 모르겠습니다.

신명윤에게 답하다 기해년(1719, 숙종45)

答申明允 己亥

지금 《대학》에 종사하여 평생의 공부로 삼고자 한다고 들었습니다. 이는 참으로 주부자가 남긴 법도이니, 듣고서 기쁜 마음을 이루 말할 수 없습니다. 가만 보니 근래 이 학문에 뜻이 있는 사람은 대부분 대충 섭렵하기만 하고, 익숙하게 이해하려는 노력이 없습니다. 하나의 책을 읽자마자 그 맛도 모른 채 또 다른 책을 읽으니, 이 때문에 대부분 거칠고 얕은 곳에 떨어지고, 침잠하여 스스로 터득한 생각이 없습니다. 지금 당신이 독서하는 법도는 한결같이 이 폐단과 반대이니, 훗날의 큰 성취는 필시 비단 오늘날과 같은 정도에 그치지 않을 것입니다.

신명윤에게 답하다 경자년(1720, 숙종46)

答申明允 庚子

정자가 말한 천(天)이라는 글자에는 대여섯 가지 명목이 있으니, 당신의 해석이 참으로 정밀하고 합당하여 몹시 존경스럽습니다. 가만 보니 정자는 천이라는 하나의 글자에 대해서 이른바 도(道)라는 것과 이른바 천(天)이라는 것과 이른바 제(帝)라는 것과 이른바 신(神)이라는 것과 이른바 귀신(鬼神)이라는 것과 이른바 건(乾)이라는 것을 밝혔으니, 그 글자의 뜻에 따라 의미에 각기 주안점이 있습니다. 잘 읽는 자가 각기 그 주안점에 따라 그 본뜻이 있는 곳을 안다면 자연히 평이하고 명백하여 이해할 수 있을 것이니, 더 이상 심오한 곳에서 허다한 의견을 만들어 낼 필요가 없습니다.

비유하자면 마음은 하나인데 통체(統體)로 말하자면 심(心)이라 하고, 주재(主宰)로 말하자면 군(君)이라 하고, 미발(未發)로 말하자면 체(體)라고 하고, 이발(已發)로 말하자면 용(用)이라고 하며, 가는 곳으로 말하자면 지(志)라고 하고, 헤아림으로 말하자면 의(意)라고 하고, 허명하고 통철한 것으로 말하자면 영(靈)이라고 하고, 변화가 무궁하기로 말하자면 신(神)이라고 하니, 이는 정자가 하늘을 논한 것과 동일한 사례입니다. 항상 스스로 생각하기를, '이 부분은 말을 벗어난 깊은 뜻이 없는 듯하다.'라고 하였으니, 구구한 제가 평소 독서하는 서투른 방법은 이와 같은 데 불과할 따름이었습니다. 지금 논한 내용을 보니, 본뜻 이외에 뜻을 부연하여 미루어 설명하여 드러낸 것이 있으니, 고루한 제가 이를 보고 큰 도움을 받았습니다. 얼마나 다행입니까.

신명윤에게 답하다 신축년(1721, 경종1)

答申明允 辛丑

이계장(李季章 이세경(李世璟))은 몸소 큰일을 맡았으니 반드시 큰 식견과 큰 역량이 있어 옆사람에게 흔들리지 않은 뒤에야 정해진 법도가 있게 될 것입니다. 그런데 들으니 이미 어떤 사람에게 좌우되고 있다고 합니다. 장차 편집할 때 시비가 정해지지 않고 경중 사이에서 취사가 정밀하지 않을 것이니, 이를 판각하고 세상에 간행한다면 스승에게 끼치는 누를 이루 말할 수 없을 것입니다. 어찌 근심스럽고 두렵지 않겠습니까. 이에 감히 말씀하신대로 편지 한 통을 보내 충고하였습니다.

신명윤에게 답하다

答申明允

문집의 일에 관해서는 계장(季章 이세경)이 이곳으로 왔을 때 그의 말투를 보니 화합할 뜻이 없는 듯하였습니다. 그러다가 어제 저녁에 갑자기 편지를 보냈는데 생각이 갑자기 너그러워졌고, 또 편지 10여 책을 보내 첨지(籤紙)를 붙이게 하였으며, 심지어 지촌(芝村 이희조)과 편지를 주고받으며 상의할 뜻까지 있었습니다. 만약 시종일관 이 뜻을 변치 않는다면 몹시 다행입니다.

단지 편지가 수록된 권만 보낸 것은 헤아려야 하는 부분이 편지에 있고, 나머지는 그다지 대단하지 않은 듯하기 때문입니다. 며칠 사이에 편지를 그곳에도 보낼 것이니, 부디 사양하지 말고 여러 형제들 및 이민(而敏 김약로(金若魯))의 형제들과 자세히 의논하여 첨지를 붙이는 것이 어떻겠습니까. 이처럼 좋은 기회를 만났으니 오직 문집이 순조롭게 완성되는 것이 중요하고, 나머지 소소한 협의는 돌아볼 수 없습니다.

신명윤에게 답하다 신축년(1721, 경종1)
答申明允 辛丑

문집에 관한 일은 끝내 구제할 방도가 없어 결국 느닷없는 비방이 또 동문의 사람에게서 나왔습니다. 망녕되고 경솔한 말을 전혀 가리지 않고 하였으니, 스승을 위해 우려하는 우리의 지극한 정성으로 도리어 이처럼 뜻밖의 모욕을 당할 줄 어찌 생각했겠습니까. 우리들은 말할 필요 없고, 이미 세상을 떠난 스승이 장차 무한한 비방을 받은 뒤에야 그칠 것이니, 이것이 그의 마음에 무엇이 통쾌하겠습니까. 몹시 어질지 않습니다. 이제부터 파주(坡州)와 회덕(懷德) 사이에 장차 큰 소란이 일어나 사문이 갈라지고 세도가 무너져 수습할 수 없을 것입니다. 지촌(芝村 이희조)이 이른바 '앞으로 모든 일이 걱정스러우니 어디인들 이르지 않겠는가.'라고 한 말이 참으로 사리를 아는 말입니다. 저 같은 사람은 조만간 죽겠지만 당신은 필시 목도할 것이니, 참으로 이른바 '참정의 훗날 근심'[12]입니다. 생각이 여기에 이르니 나도 모르게 마음이 아픕니다.

12 참정의 훗날 근심 : 참정은 송나라 왕단(王旦)이다. 이항이 재상이 되어 황제에게 사방에 재해가 도적이 일어난다고 상주하려 하자 왕단은 자잘한 일은 번거롭게 상주할 필요 없다고 하였다. 그러자 이항이 "군주가 젊으니 사방의 어려움을 알게 해야 한다. 그렇지 않으면 혈기가 한창 강성하니 여색과 사냥에 뜻을 두지 않으면 토목공사와 전쟁, 기도하는 일을 할 것이다. 나는 늙었으니 미처 보지 못하겠지만 이는 참정의 훗날 근심이다." 하였다. 《宋史 卷282 李沆列傳》

신명윤에게 답하다
答申明允

이미 산골짜기의 별장으로 돌아갔다는 것을 알았습니다. 속세를 벗어난 산수에서 필시 한가롭고 고요한 홍취가 많을 것입니다. 저는 죽어가는 여든의 나이에 무거운 병에 걸려 잔치에 참석할 수 없습니다. 방금 들으니 여론이 비등하여 장차 견책을 내리는 일이 있을 것이라 하는데, 이제부터 황보도료(皇甫度遼)의 수치[13]를 면할 수 있을 것입니다. 다만 당신이 사는 곳과 멀리 떨어져 있으므로 절에서 웃으며 작별한 옛사람[14]을 흉내내지는 못할 듯하니, 이것이 한탄스럽습니다. 세도가 쇠퇴하고 돌아가신 스승이 남긴 가르침이 장차 끊어질 것입니다. 온 세상을 둘러보아도 이를 이야기할 사람이 없으니, 그대는 더욱 채찍질하여 저의 구구한 바람에 부응하기 바랍니다.

13 황보도료(皇甫度遼)의 수치 : 혼자만 죄를 면하였다는 수치를 말한다. 황보도료는 후한(後漢)의 황보규(皇甫規)이다. 당고(黨錮)의 화가 일어나 진번(陳蕃), 이응(李膺) 등 당대의 명사들이 체포되었으나 황보규는 연루되지 않았다. 그는 이를 수치로 여겨 스스로 연좌되기를 청하였다. 《後漢書 卷65 皇甫規列傳》

14 절에서……옛사람 : 송(宋)나라 채원정(蔡元定)이 도주(道州)로 유배 가면서 주희(朱熹)를 비롯한 사람들과 사찰에서 작별하였는데, 모두 눈물을 흘렸으나 채원정은 시를 지어 "손 잡고 웃으며 헤어져야지, 아녀자처럼 슬퍼하지 말라.〔執手笑相別, 無爲兒女悲.〕"라고 하였다. 《宋史 卷434 蔡元定列傳》

신명윤에게 답하다 갑진년(1724, 경종4)

答申明允 甲辰

남쪽으로 온 뒤 산천이 가로막고 소식이 아득하여 그저 강수(江水)와 위수(渭水)의 구름과 나무를 바라보는 마음[15]만 간절할 뿐입니다. 얼마 전 사천(沙川)에서 당신이 보내준 편지를 전해주었는데, 여러 가지 말뜻은 잘 알겠습니다. 펼쳐 읽어보고나니 당신의 맑은 모습을 직접 보면서 무한한 이별의 회포를 전부 이야기한 것 같습니다. 여러 달이 지나 또 해가 바뀌었는데, 어버이 모시며 경사가 더하리라고 멀리서 생각합니다.

저는 지난 겨울 10월에 가족을 데리고 남쪽으로 갔습니다. 길에서 눈보라를 만나 겨우 거처에 도착하였는데, 모든 일이 어긋나 두서를 이루지 못합니다. 12월 초에는 심한 한질(寒疾)에 걸린 데다 목구멍에 종기까지 앓아 지금도 남은 증상이 아직도 괴로워 이루 말할 수 없이 걱정입니다. 다만 살고 있는 곳의 산수가 수려하고 땅이 외지며 경치가 아름다워 속세와 멀리 떨어져 바깥의 소란이 이르지 않으니 노쇠한 나이에 지내기 합당합니다. 공자는 만년에 뗏목을 타고 바다로 가려는 뜻을 품었고, 이천은 일흔 이후에 용문(龍門)으로 거처를 옮겼으니, 성현이 한 일에 어찌 의도가 없었겠습니까. 먼 훗날에도 감회를 일으킵

15 강수(江水)와……마음 : 두보(杜甫)의 〈춘일억이백(春日憶李白)〉에 나오는 "위수 북쪽에는 봄 하늘의 나무, 강수 동쪽에는 저녁 구름.〔渭北春天樹 江東日暮雲〕"이라는 구절을 인용한 것으로 벗을 그리워한다는 뜻이다.

니다.

지우(芝友 이희조)가 서쪽으로 유배되었으니[16] 참으로 산곡(山谷 황정견)이 이른바 "지금의 재상이 죽이려 하네."[17]라는 것입니다. 갈 길이 촉박한데 추위를 무릅쓰고 갔으니, 이 또한 하나의 사약(賜藥)입니다. 어찌 심하지 않겠습니까. 배소에 도착하기도 전에 중도에서 죽었으니 참혹하고 애통한 마음을 어찌 말하겠습니까. 이제부터 사문(斯文)은 더욱 외로워지고 우리 도를 돕는 사람이 드물어질 것이니, 비단 우리가 교유한 사사로운 감정 때문에 애석해 하는 것은 아닙니다. 이는 실로 형칠(刑七)의 남은 화[18]가 빌미가 된 것입니다. 천명이니 어찌하겠습니까. 곡위(哭位)를 만들어 곡하고, 고례(古禮)에 근거하여 마제(麻制)[19]를 하였으니, 당신도 이 마음은 아마도 같을 것입니다. 그의 고아가 중병을 앓으면서 천리 길을 가서 분상하였다고 하니, 그가 목숨을 보전할지 확신할 수 없습니다. 이 때문에 슬피 염려하여 마지않습니다.

16 지우(芝友 이희조)가 서쪽으로 유배되었으니 : 이희조가 철산(鐵山)으로 이배(移配)된 일을 말한다. 그는 이배 도중 세상을 떠났다. 《景宗實錄 3年 11月 21日》

17 지금의……한다 : 소식(蘇軾)이 해남(海南)으로 유배갈 때, 황정견(黃庭堅)이 준 시에 "자첨이 해남으로 유배 가니, 당시 재상이 죽이려 하네.〔子瞻謫海南, 時宰欲殺之.〕"라는 구절을 인용한 것이다.

18 형칠(刑七)의 남은 화 : 129쪽 주8 참조.

19 마제(麻制) : 스승이나 벗을 위해 겉옷에 삼베를 붙여 심상(心喪)을 뜻하는 가마(加麻)를 말한다.

신명윤에게 답하다 을사년(1725, 영조1)

答申明允 乙巳

저는 타향살이한 이래로 누차 무거운 병에 걸려 실낱같은 목숨으로 그저 조만간 죽기를 기다릴 뿐이었습니다. 천만 뜻밖에 이처럼 남다른 은혜가 전후로 반복되어 보통의 규례를 현격히 벗어났으니, 이것이 어찌 용렬하고 비루하며 늙고 병들어 전혀 근사한 점이 없는 제가 감당할 수 있는 것이겠습니까. 황공하고 두려워 몸둘 바를 모르겠습니다.

얼마 전 말씀하신 뜻은 잘 알겠으니, 비단 간곡하고 자세하여 마치 소경이 길잡이를 얻고 자던 사람이 깨어난 정도에 그치지 않습니다. 다만 제 나이가 여든이 되었고 병도 고질이 되었으니, 이 한 몸조차 편안히 있기 어려울 듯합니다. 그런데 지금 세상일을 담당하고 앉아서 세속을 진정시키는 일을 요구하니, 이는 정자와 주자도 당시에 시행하지 못한 것입니다. 사람을 반드시 적절한 곳에 견주는 도리가 아닌 듯합니다. 또 우암(尤菴 송시열)과 현석(玄石 박세채) 두 선생이 조정에 나와 이룩한 사업을 저에게 바라니, 어찌 이처럼 쉽게 말하는 것입니까. 사람으로 말하자면 어찌 천지 차이 뿐이겠습니까. 시대로 말하자면 험난하기가 백 배나 더하니, 평소 나를 아는 사람이 이렇게 말할 줄 어찌 생각했겠습니까. 황송한 나머지 또 무안함을 견디지 못하겠습니다.

또 우암 어른을 신원하는 일을 말씀하셨는데, 삼가 보건대 지금 현명한 성상이 위에 계시고 여러 현인이 조정에 가득하니, 신원해야 하는 사람은 거의 빠지지 않았습니다. 이른바 신원해야 한다는 것은 또 무슨 일이 있습니까? 만약 명백하게 가리켜 주었는데 과연 신원하기 합당하다면 과연 따르지 않을 수 있겠습니까. 제가 두 선생에 대해서 의지한 것은 비록 차이가 있지만 존경하고 사모하는 것이야 어찌 논할 만한 차이가 있었겠습니까. 시사를 비록 한번 씻어내야 한다고는 하지만 지금 아직 걱정스러운 일이 많으니, 시세를 아는 군자가 담당한다면 어떻게 처리할지 모르겠습니다. 돌아가신 스승의 말은 출처의 일상적인 도리로 말한 것이고, 또 그 당시 이유가 있어 한 말이니, 일률적으로 말할 수는 없을 듯합니다.

저로 말하자면 단지 병이 심하여 장차 죽을 용렬한 일개 사내입니다. 옛날 송(宋)나라 처사 만적(萬適)은 병든 몸을 수레에 싣고 소명을 받아 갔다가 며칠 만에 죽었습니다. 명나라 선비 장원정(張元禎)은 만년에 한 번 나갔는데 비난하는 사람이 많았습니다. 지금 만약 근력을 헤아리지 않고 영예를 탐내어 함부로 나간다면, 어찌 만적처럼 객사하고 원정처럼 비난 받지 않겠습니까.

제가 비록 불초하나 역시 타고난 인륜이 있으니, 어찌 분의가 지엄하고 은혜가 몹시 융숭하다는 사실을 모르겠습니까. 단지 선비의 출처는 원래 그 도리가 있으니, 만약 잘못한다면 몸과 명예를 모두 잃습니다. 용렬한 노인이 비록 감히 출처의 도리로 자처할 수는 없으나, 분의와 재주를 헤아리면 쓸모가 없다는 것은 스스로 몹시 잘 알고 있습니다. 이것이 방황하고 위축되어 차라리 도망가고 싶지만 그럴 수 없는 이유입니다.

말씀하신 네 가지 조목은 모두 지금 말해야 하는 것입니다. 다만 임금에게 고하는 말은 조용히 순서에 따라 잘 아는 곳부터 시작하여 정성을 쌓아 군주를 깨우칠 계획으로 삼아야 합니다. 만약 충분에 격동되어 저촉을 피하지 않는다면 그 말이 늠름하여 비록 통쾌한 듯하지만 분쟁을 야기하는 단서가 되어 당세에 무익하고 일에 해롭지 않은 경우가 드뭅니다. 비록 그러하나 도리는 끝이 없고 시기에 따라 바뀌니, 나아가고 물러나고 말하고 침묵하는 것을 그때 가서 헤아려 중도에 맞게 해야 합니다. 어찌 미리 확정할 수 있겠습니까.

상보(尙甫 박필주)는 지금 어디에 있습니까? 지금처럼 유일(遺逸)을 수용하는 때 시강원 진선이나 대각의 직임에 두어 경연과 서연을 출입하게 한다면 도움되는 것이 필시 많을 것입니다. 그런데 아직까지 들리지 않으니 어째서입니까?

신명윤에게 답하다 병오년(1726, 영조2)
答申明允 丙午

돌아가신 스승의 행장 초고는 부디 대가인 형님, 아우님과 상의하여 일일이 첨지를 붙여 보여주십시오. 이러한 일들은 오래 살피면 득실히 자세해집니다. 책상 위에 두고 자세히 점검하며 성급히 하지 마십시오.

제 상소[20] 중에 사묘(私廟)에 관한 한 가지 일은 당신의 뜻과 저의 견해가 합치합니다. 징토하면서 말을 엄하게 하지 않은 것은 제게 생각이 있어서입니다. 어떤 이가 주자에게 묻기를,

"선을 아뢰고 악을 막는 것을 어떻게 해야 합니까?"

하니, 주자가 말하기를,

"임금의 마음에 악이 있으면 막지 않을 수 없다. 다만 막는 방법은 반드시 조용히 해야 하니, 만약 미리 막는다면 말이 반드시 받아들여지지 않는다.……"

하였습니다. 그러므로 저는 말을 은미하고 완곡하게 하여 쉬운 것부터 시작하고 미리 막지 않고자 하였던 것입니다. 그러나 말뜻이 그다지 분명하지 않으니 보는 사람은 필시 느슨하다고 여길 것입니다. 후배를 이끌어 주는 것은 저의 평소 뜻입니다. 그러나 다섯 가지 조목

20 제 상소 : 1725년(영조1) 12월 18일에 올린 5조목의 상소를 말하는 듯하다. 《英祖實錄 1年 12月 18日》 본서 제3권에 〈재이로 구언한 뒤 전지에 응한 봉사〔災異求言後應旨封事〕〉라는 제목으로 실려 있다.

한 것 중에 들어갈 곳이 없었습니다. 그러나 조만간 기회를 얻는다면 필시 그만두지 않을 것이니, 부디 저를 위해 미리 정밀히 선택하여 알려주십시오.

세 수령의 일[21]로 말하자면, 근래 수령이 탐욕스럽기가 끝이 없으나 이 세 사람은 잘 다스렸습니다. 이는 직접 보고 직접 들은 것이므로 격려하기 위해서 수령을 가려뽑아야 한다는 조목에 보태넣었습니다. 더구나 고산 현감(高山縣監)은 얼마 전 민 정승(민진원(閔鎭遠))이 아뢴 일로 인하여 이미 상으로 표리(表裏)를 받았습니다. 그렇지만 한때의 견해가 어찌 정당하겠습니까.

보내주신 하렴잡설(下簾雜說)은 문장이 방대하여 몹시 병들고 혼미한 저로서는 일일이 차례로 볼 수가 없어 큰 조목만 보았는데, 그 대의를 상상할 만합니다. 그 설이 비록 몹시 복잡한 듯하지만 자신의 공부에 절실한 말은 하나도 없습니다. 우리들은 그저 평소 배운 서툰 방법을 지켜야 할 뿐이니, 이처럼 허공에 오르는 듯한 말을 할 필요가 있겠습니까. 그러나 그 대체는 저도 예전에 섭렵하여 그 찌꺼기를 대충 알고 있습니다. 예전에 《상촌집(象村集)》을 보았는데, 납갑오행(納甲五行)[22]을 기묘한 이야기로 간주하였습니다. 그러나 납갑오행이 술가(術家)가 늘 하는 이야기로 귀하게 여기기 부족하다는 점을 전혀 몰랐

21 세 수령의 일 : 저자가 상소에서 잘 다스리는 수령으로 언급한 전 고산 현감(高山縣監) 이도현(李道顯), 함열 현감(咸悅縣監) 이상화(李相華), 전주 판관(全州判官) 이병정(李秉鼎)을 말한다.

22 납갑오행(納甲五行) : 납갑법(納甲法)은 월(月)과 일(日)로 《주역》의 괘를 만들어 길흉을 점치는 방법이다. 《상촌고(象村稿)》 권59 〈구정록(求正錄〉, 권60 〈선천규관(先天窺管)〉에 실려 있다.

습니다. 이씨가 조목별로 변론한 것은 병과 근심이 연속되어 몇 책만 보았습니다. 간혹 좋은 곳이 있었지만 그다지 긴요하지 않은 부분도 많습니다. 나머지는 힘이 미치지 못하니 어떻게 그 깊고 얕음과 잘잘못을 알겠습니까.

신명윤에게 주다 정미년(1727, 영조3)

與申明允 丁未

하서(河西 김인후) 선생의 집안일은 전에 알려드린 것이 분명치 않아 이처럼 다시 묻게 하였으니 부끄럽고 한탄스러운 마음을 견디지 못하겠습니다. 선생의 학문이 정밀하고 순박하다는 점은 율곡(栗谷 이이)이 칭찬하였고, 출처가 정대하다는 점은 송강(松江 정철)이 찬미하였습니다. 우리나라의 선정(先正) 중에서 찾더라도 그 짝이 몹시 드무니, 자손이 불천위(不遷位)로 삼고자 하는 것도 정리상 그럴 듯합니다.

다만 이미 지난 일로 말하자면, 정암(靜庵 조광조)과 퇴계(退溪 이황) 등 여러 선생은 이미 종묘(宗廟)에 배향되고 또 서원(書院)에 제향되었는데 이 때문에 본가에서 불천위로 삼았다는 말은 듣지 못하였습니다.

묘소 아래에 사당을 세우는 일로 말하자면, 《가례(家禮)》를 살펴보면 이는 시조에게 제사지내는 예법이니, 이 일에 십분 합당한지 모르겠습니다. 오직 포은(圃隱 정몽주) 선생의 신주만은 본가에서 지금까지 체천(遞遷)하지 않았으니, 이는 근거삼을 만한 듯합니다. 그러나 예전에 우암(尤菴 송시열)과 남계(南溪 박세채) 두 선생의 말을 들으니, 상고할 만한 옛일이 없다고 하였습니다. 이는 남의 집안의 큰일인데 당신과 사적으로 강론하였으니, 부디 저의 견해를 그 자손에게 알리지 마십시오. 비방하는 말을 초래할까 걱정입니다.

신명윤에게 답하다 기유년(1729, 영조5)

答申明允 己酉

여러 장에 걸쳐 말씀하신 뜻은 잘 알겠습니다. 돌아가신 스승의 문집은 당초에 그대와 함께 염려한 것인데 지금 과연 증험되었습니다. 일이 이미 여기에 이르렀으니 어찌할 수가 없습니다. 더구나 저는 아흔을 바라보는 나이에 죽을 병에 걸렸으니, 그 사이에 있으나 없으나 무슨 상관이겠습니까.

《곤지기(困知記)》는 보고자 하였으나 보지 못한 것인데, 이렇게 보내주시니 몹시 기쁩니다. 다만 그 설을 보니, "도심(道心)은 고요하여 움직이지 않는 것이고, 인심(人心)은 감응하여 마침내 통하는 것이다."라고 하였고, 또 "도심은 성(性)이고 인심(人心)은 정(情)이다."라고 하였습니다. 시작부터 그 설이 이처럼 대단히 잘못되었는데 그 아래의 여러 설은 모두 이를 미루어 부연해 말한 것이니, 실로 우리처럼 어리석은 사람이 감히 알 수 있는 것이 아닙니다. 농암(農巖 김창협)의 설은 비록 틀린 곳이 있지만 또 환히 깨달은 곳도 있습니다. 다만 율곡(栗谷)의 주지가 어디에 있는지 몰랐습니다.

예로부터 성현이 말을 남길 적에는 곧바로 말하기도 하고 돌려 말하기도 하여 같기도 하고 다르기도 하지만, 각기 주지가 있어 서로 방해가 되지 않습니다. 지금 농암은 곧바로 한 말을 돌려 한 말에 맞추고, 다른 것을 같게 합치려고 하면서 율곡을 의심하였으니, 이는 병통이 될 듯합니다. 포음(圃陰 김창집(金昌緝))의 설은 언뜻 보기에 전편이 의심스럽습니다. 졸수재(拙手齋 조성기(趙聖期))의 설은 출입이 많고 몹시 난잡하니, 참으로 옛사람이 말한 '아직도 옻칠한 동이 속에 있는 것처럼 캄캄하다.'라는 것입니다.

비록 그렇지만 이는 저의 어리석고 얕은 견해에서 나온 것이니 감히 자신할 수 없습니다. 지금 그대가 나로 하여금 이 몇 사람의 설에 대해 변별하는 글을 짓게 하였는데, 그대는 나를 잘 아는 벗이 아닙니까. 어찌하여 이 말을 하는 것입니까. 설사 제가 이 일을 할 수 있더라도 중병을 앓은 뒤로 정신이 모두 소진되었고, 또 조금만 힘을 쓰면 아픈 곳이 갑절로 심해지니, 비록 억지로 힘쓰고자 하더라도 할 수 없습니다. 그저 조용히 기다리며 조물주의 옛 물건으로 돌아가고자 할 뿐입니다. 앞으로는 일체 이러한 일로 번거롭게 부탁하지 않는 것이 어떻겠습니까. 간절히 바랍니다.

신명윤에게 답하다 신해년(1731, 영조7)

答申明允 辛亥

돌아가신 스승의 문집이 간행되어 나온 뒤에는 그대가 필시 먼저 보게 될 것이니, 한 건을 찾아서 보여주십시오. 만약 사사로운 뜻으로 취사선택하고 어지럽게 손을 써서 스승의 만년의 뜻에 어긋난 것이 있다면 죽기 전에 한 번 말하지 않을 수 없습니다.

행장은 지금 제 병이 십분 위험한 지경에 이르러 실로 다시 지을 방도가 없습니다. 그러므로 탈고하여 보내서 보여준 것입니다. 돌아가신 스승께서 예전 갑술년(1694, 숙종20) 겨울 무렵 평소 저술한 여러 책을 정리하며 "이미 체직된 관원이 중기(重記)[23]를 작성하지 않고 어찌하겠는가."라고 하였는데, 제 뜻도 이와 같습니다. 본가에서 사용할 수 없다고 하였다는데, 내버려 두는 것이 어떻겠습니까.

23 중기(重記) : 사무를 인계할 때 작성하는 문서이다.

현언명 상벽 에게 답하다 임오년(1702, 숙종28)

答玄彦明 尙璧○壬午

이별한 뒤로 그리운 마음이 날이 갈수록 더욱 깊어졌습니다. 이러한 때 멀리서 편지가 왔는데 말뜻이 간곡하고 자세하여 받들어 읽노라니 기쁘고 마음이 시원하여 다시 만난 것 같아 산수가 가로막고 당신이 멀리 있는 줄도 모르겠습니다. 세모에 어버이 모시고 공부하며 잘 지낸다는 것을 알았으니 더욱 위안이 됩니다.

"학(學)이라는 한 글자는 세상에서 몹시 기휘하는 말이 되었다."라는 등의 말씀에서 그대가 세도를 개탄하면서도 지조를 지키는 데 나태하지 않다는 것을 알겠으니, 당신의 뜻한 바가 몹시 존경스러워 공경하고 감탄하는 마음을 견디지 못하겠습니다. 그대는 지금 젊은 나이에 바른 길을 출발하였으니, 먼 길을 달려가서 도달할 곳을 어찌 헤아리겠습니까. 존양성찰(存養省察)하는 생각을 더하여 시종일관 공부를 게을리하지 말아 우리 당이 기세를 돋우게 하기 바랍니다.

얼마 전 호서(湖西)에서 외람되게 함께 어울렸는데, 비록 공무가 바빠서 조용히 이야기를 나눌 겨를은 없었으나 때때로 책상을 나란히 하고 마주하여 토론하니, 그래도 기쁘게 마음이 맞는 부분이 많았습니다. 향사(香寺)에서 반나절 동안 모인 일로 말하자면 더욱 덧없는 세상의 기이한 일이니, 마음에서 감히 잊을 수 없을 정도입니다.

서원의 일은 대략 두서가 잡혔다고 들었습니다. 다만 일을 시작하는 날 갑자기 다른 논의가 나온다면 사문(斯文)의 중대한 일에 방해가 될 듯하니, 한결같이 사림의 공론을 따라 미리 진정시키고 보합하는 계책에 힘써서 일을 망치는 우환에 이르지 않도록 한다면 몹시 다행이겠습니다.

저는 고향으로 돌아가 누우니 병든 제 분수에 조금 편안합니다. 다만 사직하는 일로 버티는데 아직 결말이 나지 않았으니 황송하고 근심스러운 마음을 어찌 다 말하겠습니까. 길이 멀어 만날 기약이 없으니, 종이를 앞에 두고 잊지 못하며 서글픈 마음을 견디지 못하겠습니다.

한영숙 홍조 에게 답하다

答韓永叔 弘祚

그리워하는 마음은 한 해가 넘도록 떨어져 있다고 해서 조금이라도 해이해지지 않았습니다. 뜻밖에 보내주신 편지가 멀리 산속에 도착하였는데, 가장 먼저 안부를 물으시고 의심스러운 의리를 덧붙였으니, 이는 실로 근래 벗들에게 없던 일입니다. 감사하고 위안이 된 데다 또 몹시 기쁩니다.

말씀하신 격물(格物)의 뜻은 몹시 정밀하고 자세하니, 깨우치고 도움되는 점이 많습니다. 다만 격물의 격(格)은 반드시 궁(窮)자의 뜻을 가지고 보아야 그 뜻이 비로소 통합니다. 그러므로 주부자(朱夫子)가 전후로 격(格)자를 말하면서 궁(窮)자를 함께 말하지 않은 적이 없습니다. 왕상서(汪尙書)에게 답한 편지에서는 곧장 "격(格)은 궁(窮)이다."라고 하였으니, 그 뜻이 또 명백한 정도에 그치지 않습니다. 어떻게 생각할지 모르겠습니다. 이는 실로 우리들이 더욱 헤아려야 할 점입니다.

저는 얼마 전 가을말에 말에서 떨어져 중상을 입었는데 지금까지 낫지 않았습니다. 초겨울에는 요절한 외손을 통곡하였으니, 상사와 질병이 지극하여 정신이 없습니다. 글을 살펴보아도 곧 잊어버리니, 마치 모래를 뭉쳐 강물을 막으려 해도 손에 닿는 대로 흩어지는 것과 같습니다. 어찌하겠습니까.

신숙경 경 에게 답하다 임오년(1702, 숙종28)

答申叔敬 憼○壬午

제가 남쪽으로 온 뒤에 찾아온 사우들에게 묻고서 경내에 우리 숙경(叔敬)이 있다는 것을 이미 알았습니다. 다만 공무로 인해 겨를이 없고 학문을 사모하는 정성이 부족하여 여전히 당신에게 가서 말씀을 듣는 일을 지체하였습니다. 뜻하지 않게 얼마 전 당신이 지나치게 자신을 낮추어 먼저 찾아왔습니다. 한 마디 말로 서로 뜻이 맞아 오랜 벗처럼 느껴지는 정도에 그치지 않았으니, 구구한 마음으로 군자다운 사람에게 버림받지 않았다고 기뻐하였습니다. 비록 공적으로나 사적으로나 구애되는 일이 있어 계속해서 어울리지 못하더라도, 때때로 당신의 맑은 모습을 접하여 성대한 가르침을 받는다면 다행이겠습니다.

의리의 관건과 의심스러운 예법의 뜻을 조용히 마주앉아 토론하며 자세히 헤아리지 않은 것이 없었습니다. 여기서 탁월한 지식과 해박한 학문을 볼 수 있었으니, 참으로 아무나 미칠 수 있는 수준이 아니었습니다. 방금 뜻밖에 보내주신 편지를 받으니 말뜻이 정중하고 한 글자, 한 구절이 모두 친애하는 마음에서 나왔습니다. 백 번 펼쳐 읽으니 감격스러운 마음 깊습니다. 다만 자신에 대해서는 겸손이 너무 지나치고 남에게는 칭찬이 너무 성대하니, 기대하고 인정한 것이 실로 어리석고 노둔한 제가 감당할 수 있는 바가 아닙니다. 지극히 부끄럽고 위축된 나머지 할 말을 모르겠습니다.

비가 내린 뒤 날이 시원해졌는데 어버이 모시고 잘 지내며 학문이 진보하였다는 것을 알았으니 기쁘고 위안이 되는 마음 끝이 없습니다. 돌아가신 처사[24]의 묘도문자를 이렇게 베껴보여 주셨는데, 손을 씻고 받들어 읽으니 실로 덕을 살펴보고 세상을 논하는 느낌이 많습니다. 저는 지금 짐을 꾸리고 있어 곧 길을 떠날 것인데, 앞으로는 소식이 더욱 드물어질 것입니다. 붓을 적시고 종이를 앞에 두니 서글픈 마음을 견디지 못하겠습니다. 그저 점차 빛을 드러내기 바라니, 멀리 있는 저의 기대에 부응하기 바랍니다.

24 돌아가신 처사 : 신경의 부친 신일화(申日華)를 말하는 듯하다.《屛溪集 卷48 困村申公墓碣銘》

윤여휘 경적 에게 주다 경자년(1720, 숙종46)

與尹汝輝 景績○庚子

백성에게 복이 없어 선왕께서 세상을 떠나셨으니, 부모를 잃은 듯한 애통함은 오래될수록 더욱 간절합니다. 서리 내리는 추위에 잘 지내리라 생각합니다. 근래에 들으니 그대의 아들이 남쪽으로 유배되었다고 합니다. 이는 실로 천만 뜻밖이니 놀라고 한탄스럽습니다. 왕황주(王黃州 왕우칭(王禹偁))의 부(賦)에 "몸은 굽혔으나 도는 굽히지 않았으니, 비록 백 번 유배된들 어찌 손상되랴."라고 하였는데, 삼가 오늘 그대의 아들을 위해 외어봅니다. 저는 날이 갈수록 늙고 병들어 그저 조만간 죽기를 기다릴 뿐입니다. 어찌하겠습니까.-이때 윤공의 아들 지술(志述)이 성균관 유생으로 상소를 올렸다가 죄를 얻고 유배되었으므로 편지에 이렇게 말한 것이다.-

박헌지 정규 에게 답하다

答朴獻之 廷珪

그대의 그간 일은 실로 옛날 순수한 효성을 가진 사람이 억지로 힘써도 하지 못한 것인데 지금 그대가 하였습니다. 이 행동으로 보건대 비록 증삼(曾參)과 고시(高柴), 설포(薛包)와 왕상(王祥)처럼 독실한 효자라도 어찌 이보다 더하겠습니까. 감탄하여 마지 않다가 이어서 눈물을 흘립니다. 옛사람이 말하기를 "요(堯)·순(舜)의 도는 효제(孝悌)일 뿐이다."라고 하였으니, 만약 이를 바탕으로 확충한다면 요·순이 되는 것도 장차 기대할 수 있습니다.

아, 교화가 무너지고 인륜이 쇠퇴하여 효도하고 우애하는 행실을 하는 사람이 없고 세상에는 덕을 숭상하는 기풍이 없습니다. 사라지고 무너져 바로잡을 수 없으니, 이것이 어찌 몹시 상심하고 애통해 할 일이 아니겠습니까. 이러한 때에 자식 된 자가 만약 직분상 당연히 해야 하는 일을 하더라도 사람들은 어렵게 여길 것입니다. 지금 그대는 어버이가 병이 위독한 때를 만나 끝없는 효성을 다하여 살을 베고 피를 내어 위태로운 목숨을 이은 적이 한두 번이 아니니, 이는 어려운 중에서도 어려운 일로 게으른 세상 사람들을 격려하기 충분합니다. 후세 사람들이 우러러 볼 것이니 어찌 아름답지 않겠습니까.

비록 그러하나 제가 그대에게 바라는 것은 또 여기에 그치지 않습니다. 세상 사람 중에는 이 일에 능하더라도 저 일에 능하지 못한 경우가 있고, 하나는 알지만 다른 것은 모르는 경우도 있습니다. 한 가지 행실은 하기 쉽지만 전체를 갖추기는 어렵기 때문이 아니겠습니까. 이 때문에 어버이의 병이 위급할 때를 만나면 비록 평범한 사람이라도 다급히 통곡하는 와중에 종종 세상을 놀라게 하고 세속에 드문 행동을 하는 경우가 있습니다. 그러나 평소 어버이를 섬기는 때를 살펴보면, 낯빛을 살피고 뜻을 따르며 혼정신성(昏定晨省)하며 모든 해야 하는 일에 부끄러운 경우가 많습니다. 그러므로 주자(朱子)는 손가락을 자르고 넓적다리를 베는 일을 두고 중도에 맞지 않는다고 하였고, 또 "예로부터 행실이 독실한 사람이 많지 않은 것은 아니지만, 선비의 일로 말하자면 끝내 견줄 만한 자가 없으니, 학문을 모르기 때문이다."라고 하였습니다.

지금 그대는 이처럼 아름다운 행실로 이처럼 탁월한 행실을 하였으니, 만약 학문의 도를 다시 유념하여 경(敬)과 의(義)를 아울러 지키고 앎과 행실이 모두 나아진다면 향후의 성취는 오늘 일개 효자인 박정규(朴廷珪)에 그치지 않을 것입니다. 그대는 부디 힘쓰기 바랍니다.

권명중 황 에게 주다 병신년(1716, 숙종42)

與權明仲 熀○丙申

겨울인데 그대의 기거가 더욱 좋으리라 생각합니다. 방금 강역 밖으로 나가는 명을 받고 장차 사행을 출발할 것이라고 들었습니다.[25] 먼 길을 가는 수고와 외교를 담당하는 책임을 삼가 그대를 위해 권면합니다.

그리고 생각건대, 오늘날의 천하는 더 이상 옛날의 천하가 아닙니다. 은(殷)나라 유적의 보리와 주(周)나라 도읍의 기장[26]은 원래 뜻있는 선비가 상심하는 바입니다. 나는 이번 여행에서 〈비풍(匪風)〉과 〈하천(下泉)〉[27]의 감상이 많으리라는 것을 알겠습니다. 예전에 들으니 양자강(揚子江) 이남에는 이미 한 줄기 좋은 소식이 있다고 하는데, 훗날 사신의 일을 마치고 동쪽으로 돌아오기를 기다려 중원의 희소식을 전해주기를 목을 빼고 기다립니다.

저는 평소 앓던 산통(疝痛)이 추위를 만나자 더욱 심해져 지쳐 누워 있으니 거의 지탱하기 어렵습니다. 병이 이와 같아 서쪽 교외로 나가서

25 방금……들었습니다 : 권황은 이때 사은 겸 동지사 서장관으로 임명되었다. 《承政院日記 肅宗 42年 9月 26日》

26 은(殷)나라……기장 : 기자(箕子)가 은나라의 옛터에 자라는 보리를 보고 지은 〈맥수가(麥秀歌)〉와 주(周)나라 대부가 서주(西周)의 옛터에 자라는 기장을 보고 지은 《시경》 〈서리(黍離)〉를 말한다. 여기서는 명나라의 멸망을 뜻한다.

27 비풍(匪風)과 하천(下泉) : 모두 《시경》의 편명으로 쇠미한 주나라를 한탄하는 내용이다.

전별하는 정성을 바치지 못하였으니 부끄럽고 아쉬운 마음 어찌 끝이 있겠습니까. 충성스럽고 신의 있고 독실하고 공경하면 오랑캐 땅이라도 갈 수 있다는 말은 그대가 평소 명심하던 것이니, 여기서는 다시 제기하여 말하지 않겠습니다.

이자후 도재 에게 답하다

答李子厚 道載

자세히 말씀한 뜻에서 나아간 바가 날이 갈수록 절실해진다는 것을 알겠으니, 몹시 감동하고 경계하는 마음이 들게 합니다. 다만 이른바 '뜻을 세움이 굳지 않고 힘을 씀이 전일하지 않다.'라는 따위의 병통은, 내가 지금 이 구덩이에 빠져 있으니 어느 겨를에 벗을 위해 도모하겠습니까.

비록 그러하나 병통을 모른다면 그만이거니와 지금은 이미 알고 있으니, 이를 아는 곳이 곧 약을 쓰고 손을 쓸 곳입니다. 참으로 경을 지키고 이치를 궁구하는 두 가지 공부를 하며 오랜 세월을 보내며 조금도 끊이지 않고 오랫동안 힘을 들여 홀연 시원스레 이해한다면, 이는 곧 참된 소식입니다. 제가 예전에 스승에게 들은 것이 이와 같으나, 다만 고질병에 걸리고 지친 탓에 인순고식하며 게으름을 피우느라 늙도록 이룬 것이 없으니, 뒤늦게 후회한들 미치기 어렵습니다. 때때로 생각이 나면 나도 모르게 얼굴이 붉어지며 부끄럽습니다.

삼가 보건대 그대는 총명한 자질에 독실한 공부를 더하여 지금 한창 나이에 바른 길을 출발하였습니다. 잊지도 말고 조장하지도 말며 순서에 따라 점차 나아가 초연히 스스로 터득하는 경지에 이른다면, 이른바 깨끗이 이해하는 것이 잠깐 사이에 자신에게 있을 것입니다. 몹시 친애하여 감히 이렇게 말하니, 몹시 참람하고 경솔하여 송구한 마음을 견딜 수 없습니다. 돌려보낸 제 설(說)은 잘 도착했습니다. 다만 칭찬이 너무 지나치고 비판이 미치지 못하니, 아마도 벗에게 도움을 구하는 태도가 지극하지 못하여 그런 듯합니다. 몹시 부끄럽고 한탄스럽습니다.

이중거 봉서 에게 주다 무오년(1678, 숙종4)

與李仲擧 鳳瑞○戊午

삼가 보내준 편지를 보니, 자처하기는 너무 공손하고 남을 높이기는 너무 지나쳤으며, 자신을 낮추고 말을 겸손히 하며, 칭찬이 지나치고 명칭이 참람하였습니다. 이는 혼미하고 어리석은 저에게 전혀 맞지 않는 제목이니, 그대는 여기서 실언을 면치 못하였습니다.

존사(尊師)라는 두 글자가 어떤 호칭입니까. 높이는 것도 안 되는데 하물며 스승으로 삼는 것이겠습니까. 맹자가 말하기를, "천하에 세 가지 공통적으로 존귀한 것이 있으니, 벼슬이 하나이고 나이가 하나이고 덕이 하나이다."라고 하였습니다. 이는 세 가지 존귀한 것이 천하에 공통적이라는 말입니다. 한유(韓愈)가 말하기를 "도가 있는 곳이 곧 스승이 있는 곳이다."라고 하였습니다. 이는 몸에 도가 있어야 남의 스승이 될 수 있다는 말입니다. 만약 어떤 사람이 이처럼 공통적인 존귀함과 도가 있다면, 비록 자취를 감추고 물러나 자처하지 않더라도 모든 사람이 마음으로 기뻐하며 높이고 사모할 것이며 진심으로 복종하고 스승으로 섬길 것입니다. 그러한 뒤에야 내가 존사로 자처하여도 참람되지 않고, 사람들도 존사로 높이며 괴이하게 여기지 않을 것입니다. 높이고 스승삼는다는 호칭이 과연 어떻습니까.

남이 높이는 바가 되고 남의 스승이 되는 것은 비록 선생과 어른이 후학과 젊은이에게도 간혹 감히 감당하지 못하는 경우가 있습니다. 더구나 나와 그대는 나이로 말하자면 그다지 차이가 나지 않고, 학문으로 말하자면 또 스스로 돌아보기에 부족한 점이 없지 않은데, 어찌 감히 이처럼 얻어서는 안 되는 이름을 받고서 마음 편히 고개를 들 수 있겠으며, 그대 역시 어찌 이러한 참람된 호칭을 함부로 남에게 주면서 조금도 아까워하는 마음이 없는 것입니까. 이는 비단 나의 분수상 실로 황공하고 위축되어 몸둘 곳이 없을 뿐만 아니라, 그대가 말을 하는 사이에 작지 않은 잘못을 저질렀으니, 이 점은 자세히 살피지 않으면 안 됩니다.

저는 타고난 성품이 편협하고 잡박하며 기질이 혼미하고 용렬합니다. 몸가짐은 중후하게 삼가지 못하고, 강학은 진덕수업(進德修業)에 용맹하지 못합니다. 일을 처리하고 남을 접하는 사이에도 온후하고 화평한 기운은 적고 조악하고 경솔한 버릇이 많습니다. 이 때문에 평소 스스로 슬퍼하며 그대처럼 안정되고 단정하며 조용하고 꼼꼼한 사람을 만나 아침 저녁으로 함께 지내며 잘못을 보충하면 훗날 허물이 적은 사람이 될 수 있을 것이라 여겼습니다. 이것이 제가 밤낮으로 그대에게 바라던 것이었습니다. 벗의 도리에 있어서는 도의(道義)로 서로 기약하고 강론하여 서로 도우며, 잘한 점이 있으면 인도하고 잘못한 점이 있으면 경계하여 서로 이끌어주고 채찍질하여 함께 군자의 경지에 나아가는 것이 그 책임입니다. 만약 참람한 칭호로 지나치게 위로하고, 부드러운 말과 공손한 낯빛으로 용납받고 기쁘게 하기에 힘쓰며, 심하면 경전과 역사에서 좋은 제목을 찾아내어 다투어 칭찬하면서도 부끄러워할 줄 모른다면, 이것이 어찌 벗이 서로 아끼고 서로 권면하는 의리이겠습니까.

바라건대 그대는 지금부터 이러한 버릇을 통렬히 씻어내고 위기지학을 한 뒤에 때때로 충고하여 나처럼 혼미하고 어리석은 자가 보고 감동하여 도움될 바탕으로 삼게 해 준다면 그대의 은혜가 어찌 크지 않겠습니까. 깊이 연모하여 나도 모르게 이렇게 자세히 말하였으니, 허물하지 않는다면 다행이겠습니다.

민치룡에게 답하다 계묘년(1723, 경종3)

答閔致龍 癸卯

묵조(墨曹)는 어느 시대의 관직명이며 담당한 것은 무슨 일입니까? 한(漢)나라 때 결조(決曹)가 있었는데, 묵조라고도 하였으며 모두 형법을 담당하였습니다. 조송(趙宋) 때에는 사법(司法)이라고 하였습니다.

한사백 사조 에게 주다 임인년(1722, 경종2)

與韓師伯 師朝○壬寅

예전에 《소학》을 3백여 번이나 읽었다고 들었는데, 공부가 착실하다고 하겠으니 감탄하고 우러르는 마음을 견디지 못하겠습니다. 다만 읽고 넘어가기만 하는 것은 몸소 실천하는 것만 못하니, 사백도 이미 이 뜻을 알고 있을 것입니다.

전에 보내준 별지는 근래 날씨가 시원해진 김에 비로소 펼쳐보았습니다. 인용이 정밀하고 자세하며 의미가 명백하여 실로 근래 벗들 사이에서 못 보던 것이니, 몹시 기쁩니다. 다만 정신이 어지러워 자세히 살펴보지 못하고 단지 얕은 소견으로 대략 답변하니, 현명한 그대가 어떻게 여길지 모르겠습니다.

이후이 민곤 에게 답하다 신축년(1721, 경종1)

答李厚而 敏坤○辛丑

문 누군가 얼굴에 침을 뱉으면 닦는 것은 보통 사람의 마음입니다. 누사덕(婁師德)이 이른바 "누군가 얼굴에 침을 뱉으면 저절로 마르기를 기다려야 한다."[28]라는 말은 비루한 사람이 세상에 아부하는 마음인 듯합니다. 만약 이 말이 본받을 만하다면 종기를 빨고 치질을 핥는 것[29]도 무엇이 부끄럽겠습니까.

답 누사덕은 당(臣)나라 신하로 주(周)나라 때 절개를 잃고 삼공의 지위에 올랐습니다. 그러므로 《강목》에서 '주나라의 누사덕'이라고 쓴 것입니다. 그 사람은 필시 지조 없고 바르지 않으며 보신을 잘하였을 것입니다. 그러므로 아우에게 경계한 말이 이와 같았던 듯합니다. 그러나 사람을 논할 적에는 반드시 잘한 점을 보아야 합니다. 누사덕이 적량공(狄梁公)을 천거한 일[30]을 보면, 그 사람에게 도량이

28 누군가……한다 : 당(唐)나라 누사덕이 자기 아우가 외직으로 부임할 때 모든 일을 인내해야 한다며 남이 얼굴에 침을 뱉더라도 닦지 말고 저절로 마르기를 기다려야 한다고 하였다. 《新唐書 卷108 婁師德列傳》

29 종기를……것 : 권세와 부귀를 얻기 위해 못하는 짓이 없다는 뜻이다. 《장자(莊子)》 〈열어구(列禦寇)〉에 진(秦)나라 왕이 병에 걸리자 종기를 째어 고름을 뺀 자는 수레 한 대를 얻고, 치질을 핥은 자는 수레 다섯 대를 얻었다는 고사가 있다.

30 누사덕이……일 : 적량공은 적인걸(狄仁傑)이다. 그가 재상이 된 것은 누사덕의 추천 덕택이었으나 적인걸은 이를 모르고 누사덕을 비방하였는데, 나중에 사실을 알고 후회하였다. 《舊唐書 卷93 婁師德列傳》

있다는 것을 알 수 있습니다. 종기를 빨고 치질을 핥는 것은 비루한 사람의 지극히 형편없는 행동이니, 이를 죄로 삼는다면 너무 지나치지 않겠습니까.

문 설 경헌(薛敬軒 설선(薛瑄))은 부친의 명으로 과거에 응시하여 영락(永樂) 연간에 진사가 되었습니다. 다만 이때를 당하여 뜻있는 선비가 기꺼이 출사하여 세상에 쓰이려 했겠습니까. 입신(立身)이 이미 잘못되었으니 훗날 비록 도를 밝히고 풍속을 바로잡은 공로가 있어 한 자를 굽혀 여덟 자를 폈더라도 끝내 성인에게 버림받고 만 것입니다. 율곡(栗谷)이 예전에 진 서산(眞西山 진덕수(眞德秀))을 두고 절개를 잃었다고 단정하였는데, 경헌을 논하지 않은 이유는 무엇입니까? 수옹(睡翁)은 홀로 서궁(西宮)에 절하였으니[31] 현명하다고 하겠습니다. 그러나 인륜이 끊어졌으니 어떠한 세상이었습니까. 제 생각에는 애당초 응시하지 않는 것이 맑고 더럽지 않아서 낫습니다. 이 논의가 혹시 지나치게 고원하고 과격합니까?
답 제가 예전에 스승에게 들으니 "명나라 선비 중에 학문이 순수하여 잡스럽지 않은 자는 오직 설경헌과 호 경재(胡敬齋 호거인(胡居仁)) 두 사람 뿐이다. 그러나 경헌은 영락 연간에 출사하였으니 선배들이 논의가 없지 않았다."라고 하였습니다. 율곡의 논의가 유독 설경헌에게 미치지 않은 이유를 저의 얕은 소견으로 어찌 감히 함부로 논의하

31 수옹(睡翁)은……절하였으니 : 수옹은 송시열의 부친 송갑조(宋甲祚)이다. 그는 사마시에 합격하자 인목대비(仁穆大妃)가 유폐된 서궁에 나아가 사은하였다.《宋子大全 卷208 皇考睡翁府君行狀》

겠습니까. 옛적 윤 화정(尹和靖 윤돈(尹焞))은 매일 《금강경(金剛經)》을 읽었는데, 주자는 어머니의 명이라는 이유로 용서하였습니다. 그렇다면 경헌이 과거에 응시한 것도 아버지의 명이었으니 용서할 만한 방도가 있을 듯합니다. 송 수옹의 일은 당시 혼자 절한 것도 기특한 일이니 가혹하게 비난할 필요는 없을 듯합니다.

윤은수 형로 에게 답하다 계묘년(1723, 경종3)

答尹殷叟 衡老○癸卯

문 도(道)라는 것은 길입니다. 그러므로 도를 빌어 사람이 행해야 하는 이치를 이름하였습니다. 그러나 도가 사람이 행해야 하는 것이라면 선악을 막론하고 사람이 밟아서 행하는 것은 모두 도라고 할 수 있습니다. 그러므로 군자와 소인의 행동을 모두 도라고 합니다. 덕(德)자 역시 얻는다는 뜻이 있는데, 얻는 것에는 좋은 물건을 얻는 경우도 있고 좋지 않은 물건을 얻는 경우도 있습니다. 이로 보건대 덕은 도를 행하여 마음에서 얻는다는 명칭이지만, 악을 행하여 마음에서 얻는 명칭이라고 할 수도 있습니다. 이 때문에 길덕(吉德)이 있고 흉덕(凶德)이 있다고 말한 듯한데, 어떠한지 모르겠습니다.

답 말씀하신 뜻이 옳은 듯합니다. 주자가 말하기를, "덕에는 길한 것이 있고 흉한 것이 있다."라고 하였는데, 길한 사람은 길덕을 행하고 흉한 사람은 흉덕을 행한다는 말이니, 이 말이 몹시 분명합니다. 공자가 말하기를 "도는 둘이니 인(仁)과 불인(不仁) 뿐이다."라고 하였는데, 말뜻이 비슷합니다.

윤은수에게 답하다
答尹殷叟

하문하신 말씀은 지난날과 비교하면 7, 8푼이 나은 정도에 그치지 않으니 몹시 기쁩니다. 비록 그렇지만 이것은 종신토록 해야 하는 사업이니, 한번에 뛰어넘어 도달하여 즉시 깨달을 수 있는 것이 아닙니다. 부디 조금씩 쌓아가는 주부자의 공부에 따라 순서대로 점차 나아가며 터득하지 못하거든 그만두지 않는다면, 어찌 하루아침에 환하게 관통할 때가 없겠습니까. 만약 옛사람의 말을 흉내기만 하고 마음속에 스스로 터득한 견해가 없다면 끝내 자신의 소유가 되지 않을 것이니, 이 또한 몰라서는 안 됩니다. 어떻게 생각할지 모르겠습니다.

저는 남은 목숨이 끊어지지 않아 또 계묘년(1723, 경종3)을 만났습니다. 나이는 날이 갈수록 늘어나고 병은 날이 갈수록 고질이 되는데 학문은 날이 갈수록 퇴보합니다. 장차 도를 듣지 못하고 죽을 것이니, 그저 몸을 어루만지며 한탄할 뿐입니다. 이 때문에 그대에게 바라는 것이 몹시 큽니다. 부디 더욱 채찍질하여 나의 바람을 저버리지 마십시오. 새해의 기원은 이것 뿐입니다.

윤은수에게 답하다

答尹殷叟

회답하신 말씀은 대체로 옳습니다. 한두 어구가 다른 부분은 번거롭게 제기할 필요 없습니다. 삼가 생각건대, 이기(理氣) 두 글자는 중대한 근본자 가장 밑바닥으로, 지극히 정밀하고 지극히 은미하여 노숙한 선비도 말하기 어렵습니다. 비록 말한 사람이 있더라도 종종 후대 현인의 논의를 면하지 못하였습니다. 서 화담(徐花潭 서경덕(徐敬德))은 평생 이치를 궁구하는 학문을 하였는데, 퇴계(退溪) 선생이 오히려 "화담은 이(里)라는 글자를 꿰뚫지 못하여 거칠고 얕은 곳으로 떨어졌다."라고 비난하였습니다. 하물며 처음 배우는 후학은 견식이 도달하지 못하는데 단지 한때 억지로 헤아린 것을 가지고 생각나는대로 말하며 스스로 옳다고 여긴다면, 그 말이 앞뒤가 맞지 않고 어긋나 본지를 잃는 것이 괴이할 것 없습니다. 이와 같다면 묻는 사람은 쓸데없이 마음과 힘을 허비하고, 대답하는 사람도 그저 수고로울 뿐이니, 이는 근세 초학자의 공통적인 우환입니다. 저는 궁구하고 더욱 궁구하라는 주부자의 가르침에 먼저 종사하여 환하게 관통하는 경지에 이르는 것이 낫다고 생각하였습니다. 그러한 뒤에 지난날 말한 것을 돌아보면 비로소 그 시비와 득실을 환하게 알 수 있으니, 한갓 문자를 강론하고 질문하기에 급급하다면 마음으로 터득하는 데 도움이 되지 않고 실질적인 견해에 해가 됩니다. 어떻게 생각하는지 모르겠습니다.

박성응 서 에게 답하다 을사년(1725, 영조1)

答朴聖膺 瑞○乙巳

객지에서 여러 해 함께 어울린 것은 실로 덧없는 세상에서 얻기 어려운 일이니, 지금까지도 아련하여 마음에서 잊지 못하고 있습니다. 방금 뜻밖에 보내주신 편지를 받았는데 종이 가득한 말씀이 몹시 간곡하니, 다시 얼굴을 보면서 이별한 뒤의 그리운 마음을 말하는 것 같았습니다. 서리 내리는 추운 날씨에 어버이 모시며 공부하는 근황이 좋다는 것을 알았으니 더욱 기쁘고 놀라운 마음 간절합니다. 더구나 보내준 편지에 힘을 들여 이해하지 못한다고 탄식하였는데, 여기서 독실히 학문을 좋아하는 정성을 볼 수 있습니다. 만약 이 생각을 바꾸지 않고 곧장 앞으로 나아가 담당한다면, 향후의 성취를 어찌 헤아릴 수 있겠습니까. 그대에게 거는 기대가 작지 않습니다. 저는 먼 길을 온 나머지 병세가 더욱 심해졌습니다. 다행스러운 것은 죽는다〔死〕는 한 글자가 빠진 것입니다.

박성응에게 답하다 정미년(1727, 영조3)

答朴聖膺 丁未

한창 《역학계몽(易學啓蒙)》을 읽는다고 들었는데, 어찌 좋지 않겠습니까. 다만 그동안 그대는 사서(四書)를 읽었는데, 읽은 횟수는 많지만 의리의 정밀하고 은미한 부분은 자세히 연구하지 못한 듯합니다. 그런데 도리어 순서를 뛰어넘을 생각을 하니, 유격 기병이 너무 멀리 나간다는 정자의 경계[32]를 어긴 것이 아니겠습니까. 다만 그대와 이별한 지 지금 거의 반년인데, 그 사이에 어떠한 경지에 나아갔는지 모르겠습니다. 그대가 스스로 헤아려 처신하는 것이 어떻겠습니까.

저는 아흔을 바라보는 나이에 또 한 살을 더하였습니다. 독한 종기를 앓은 뒤라 정신이 전부 없어져 한결같이 서책 공부를 포기하고 있으니 근심스럽고 가련하지만 어찌하겠습니까. 저는 끝났으니, 앞으로의 기대는 오직 그대와 한두 동지 선비에게 있을 뿐입니다.

32 유격……경계 : 《대학혹문(大學或問)》에 나오는 정자의 말로, 지극한 선의 소재를 살피지 않고 범범하게 만물의 이치를 살피는 것을 비유한 말이다.

박성응에게 주다 기유년(1729, 영조5)

與朴聖膺 己酉

적막하던 가운데 여러 달 어울렸으니, 죽어가는 저의 답답한 마음을 위로하기 충분하여 지금까지 잊지 못하고 있습니다. 이별한 뒤로 해가 바뀌었는데 어버이 모시며 잘 지내고 있으니 구구한 마음으로 축하합니다. 근래 벗들 중에 이 일을 유념하는 자가 없지 않으나, 큰 일을 맡을 사람이 하나도 없습니다. 오직 그대는 부지런히 공부하고 식견이 명민하기가 동년배보다 뛰어나니, 제가 바라는 것은 실로 범상치 않습니다. 더욱 채찍질하여 '나의 도가 남쪽으로 간다.'[33]라는 정자의 말을 옛사람만 아름답게 독차지하지 않도록 하십시오.

33 나의……간다 : 송(宋)나라 양시(楊時)가 정호(程顥)에게 수학하고 돌아갈 때 정자가 한 말이다. 《宋史 卷428 楊時列傳》

안국경에게 답하다 무신년(1728, 영조4)

答安國慶 戊申

문자를 전폐하였다는 말은 아마도 겸손에서 나온 듯하니, 지극히 무안한 마음을 견디지 못하겠습니다. 옛적 주자가 임종할 적에 문인의 질문에 답하기를 "고(苦)자를 잊지 말라."라고 하였습니다. 지금 역시 주자의 고자를 고요한 가운데 공부할 바탕으로 삼는다면 필경 큰 효과를 거둘 것입니다. 소홀히 여기지 말기를 다시 바랍니다.

김경유에게 답하다 정미년(1727, 영조3)

答金景游 丁未

그리워하다가 편지를 받았는데 객지의 근황이 편안하다고 하니 기쁘고 위안이 되는 마음을 가누지 못하겠습니다. 저는 예전에 앓던 병과 새로 얻은 병이 추위를 만나자 모두 심해져 늘상 침상에서 지내고 있으니, 어찌 걱정스러운 마음을 견디겠습니까.

말씀한 뜻은 잘 알겠습니다. 왕문중(王文中 왕통(王通))이 이른바 "변명하지 않고 스스로 수양한다.〔無辨自修〕"[34]라는 네 글자는 비방을 그치게 하는 묘한 방법입니다. 부디 이 네 글자에 힘을 기울인다면 운운한 이야기는 허공을 지나가는 뜬구름에 불과할 것입니다. 그러나 이를 이루는 방도는 《소학》 한 질을 숙독하는 데 달려 있습니다. 어떻게 생각합니까.

34 변명하지……수양한다 : 어떤 이가 왕통에게 비방을 그치게 하는 방법을 묻자 "스스로 수양하는 것이다." 하였다. 더 알려 달라고 하자 "변명하지 않는 것이다." 하였다. 《擊蒙要訣》

후재집

제7권

書서

아우 중고 재 에게 주다 을묘년(1675, 숙종1)

與仲固 栽 舍弟 乙卯

밤사이 어버이 모시는 근황은 어떠하냐. 형은 사찰에 와서 살며 조용히 책상을 마주하고서 고개 숙여 읽고 고개 들어 생각하며 정밀히 연구하고 집중하여 풀이하니 종종 마음에 맞는 부분이 없지 않다. 지난날 알고는 있었지만 정밀하지 못하던 것, 스스로는 정밀히 안다고 여겼으나 피차가 어긋나 일관되지 못하던 것, 또는 예전에 전혀 알지 못하던 것이 때때로 환히 풀리니 언어로 형용할 수 없다. 마음이 그 속으로 들어가고 사려가 정밀하고 전일할 때는 눈으로 다른 것을 볼 수 없고 귀로 다른 것을 들을 수 없으니, 비록 자리 앞에 벼락이 떨어지더라도 알 수 없을 듯하다. 그러다가 이해한 뒤에는 마음이 저절로 기쁘고 흔쾌하여 나도 모르게 갑자기 웃음이 나오니, 이것이 근래 책을 읽을 때 얻은 실질적인 일이다. 만약 이와 같이 하기를 그만두지 않으며 조금도 끊이지 않고 곧장 5, 6년 또는 십수 년을 보내면서 마치 하루처럼 게을리 하지 않는다면, 장래 성취할 효과는 필시 이루 말할 수 없을 것이다. 그러나 앞으로 어떠한 마귀의 장난이 나의 이 뜻을 빼앗아 이루지 못하게 만들까 두려울 뿐이다.

환약을 복용한 지 이제 며칠이나 지났으며, 또한 효과를 거둘 조짐이 제법 있느냐? 증세에 따라 약을 투여하여 병을 치료하는 것은 그만둘 수 없는 일이다. 그러나 약물은 한때 병을 공격하는 바탕에 불과하니, 병을 치료하는 근본으로 말하자면 여기에 있지 않다. 이른바 근본이라는 것은 반드시 사려를 고요히 하고 심지를 맑게 하여 안으로는 흔들고 쌓이는 욕심을 제거하고, 밖으로는 어지럽고 난잡한 일을 끊으며, 겸하여 음식을 절제하여 몸을 기르고 기거를 조심하여 기를 기르면, 자연히 정신이 전일하고 근력이 강성해져 기운이 가득 차고 몸이 편안해지며 혈기가 조화롭고 맥이 고르게 될 것이니, 이것이 어찌 병을 치료하고 양생하는 좋은 약제가 아니겠느냐.

만약 이와 반대로 하여 감정과 욕심을 따르며 절제하지 않아 하루 사이에도 온갖 욕심이 분분히 일어나고 한 번 생각하는 사이에 여러 사정(私情)이 번갈아 공격하여 흔들리고 어지러워 혼미하고 전도되어 마음이 안에서 소모되고 혈기가 밖에서 손상되며 원기가 사라지고 사기(邪氣)가 갑자기 틈을 타게 만든다면, 비록 신농씨(神農氏)가 약방을 살피고 유부(兪跗)와 편작(扁鵲) 같은 명의가 증세를 확인하며 날마다 단사(丹砂), 석수(石髓), 창포(菖蒲), 자지(紫芝) 등의 귀한 약물을 복용하더라도 효과를 거두지 못할 것이다. 더구나 지금 복용하는 것은 그저 진부한 뿌리와 풀일 뿐이니, 어떻게 만에 하나라도 보탬이 되겠느냐.

옛적 정자(程子)가 장사숙(張思叔 장역(張繹))에게 말하기를,

"나는 타고난 기운이 몹시 박하여 30세가 되어서야 점차 강성해지고, 40, 50세 이후에 온전해졌다. 지금 72년을 살았는데 한창 때와 근력을 비교해 보면 줄어들지 않았다."

하였다. 사숙이 청하기를,

"선생께서 타고난 기운이 박하기에 후하게 보양한 것이 아니겠습니까?"

하니, 정자가 묵묵히 있다가 말하기를,

"나는 삶을 잊고 욕심을 따르는 것을 부끄럽게 여긴다."

하였다. 허 노재(許魯齋 허형(許衡))의 시에도,

만 가지 보양하는 방법 모두 거짓이니 萬般保養皆虛僞
단지 마음을 잡는 것이 요점이라네 祇有操心是要規

하였다. 이는 모두 선현이 학문을 했던 긴요하고 절실한 말이니, 몸 조리하는 사람이 더욱 생각을 다하지 않으면 안 된다. 네가 이 이치를 강구한 지 오래라는 것을 잘 알고 있으니, 오늘 나의 한두 마디 말을 기다릴 필요가 없을 것이다. 그래도 이처럼 부지런히 알리는 것은 서로 이끌고 경계하여 먼저 네가 병통이 있는 부분을 공격하고, 또한 밤낮으로 반성하고 유념하여 나 스스로 병을 치료하고자 해서이다.

아우에게 답하다[1]

答舍弟

그간 보낸 네 통의 편지가 한번에 도착하였다. 눈 내리는 추운 날에 객지의 근황이 좋다는 것을 알았으니 몹시 위안이 된다. 여러 가지 이야기는 잘 알겠다. 그 중에는 따를 수 있는 것도 있고, 또 감히 따를 수 없는 것도 있다. 그러나 이는 모두 내 본분을 헤아리지 못한 말이다. 나의 처음 뜻은 단지 산 밖으로 한 발짝도 나가지 않는 것이었으니, 이는 내가 평소 자숙하는 계책으로 결정한 지 이미 오래이다. 나 스스로는 생각을 바꾸어 나아가거나 물러서기 어렵다고 여겼는데, 공부가 익숙하지 않고 발을 굳게 붙이지 않았으니 어찌하겠느냐.

이번에 제수하는 명이 내린 뒤로 일가와 친구들이 좌우에서 끌어당겨 가만히 있을 수가 없어, 한 번 나가서 사은할 뜻이 조금 생겼다. 융경(隆慶) 경오년(1570, 선조3) 6월, 우계(牛溪 성혼(成渾)) 선생이 적성 현감(積城縣監)에 임명되자 도성에 들어가 사은하고 돌아왔으니, 이 일을 모방할 수도 있을 듯하기 때문이다. 다만 인품의 고하와 고금의 시세가 전혀 다르니, 용렬한 사람이 험난한 시기에 끌어다 쓸 수는 없을 듯하다. 이것이 내가 그저 한결같이 물러나 움츠리고 깊숙이 숨으며 감히 분수를 벗어난 생각을 하지 못하는 이유이다.

사직하는 글을 또 써서 올리려 하는데, 만약 이것으로 체직된다면

1 아우에게 답하다 : 이 글은 저자가 1696년(숙종22) 시강원 자의에 처음 임명된 이후 보낸 것으로 보인다. 《承政院日記 肅宗 22年 10月 15日》

얼마나 다행이겠느냐. 만약 이전처럼 허락받지 못한다면 형세상 낭패일 것이니, 부디 긍태(肯台 김구(金構)) 형제로 하여금 이조 참판에게 부탁하게 하여 속히 체직되게 해 주는 것이 어떻겠느냐. 몸에 직명을 지니고서 여러 날 버티는 것이 이미 몹시 미안한데, 마부와 말이 이곳에 온 지 거의 한 달을 채웠으니, 그 폐단이 더욱 크다. 또 울타리 너머가 밤낮으로 떠들썩하니 지극히 괴로운 일이다. 만약 며칠 안에 체직된다면 참으로 편리하겠다.

우레와 번개가 치고 비와 우박이 내린 변고는 근래에 없던 것이다. "하늘이 밝아 그대가 어디를 가든 함께 한다."라고 하였으니, 장래의 화를 분명히 알 수 있다. 정권을 맡은 여러 공은 여전히 당론에 미혹되어 전혀 살피지 못하니, 근심스럽고 두렵다.

아우에게 주다 갑신년(1704, 숙종30)

與舍弟 甲申

지난 겨울 요동(遼東)에 있을 때와 심양(瀋陽)에 있을 때의 편지[2]를 연달아 받고서 압록강을 건넌 뒤로 연도의 여정이 진중하다는 것을 자세히 알았으니 기쁘고 위안이 되는 마음을 견딜 수 없었다. 그 뒤로는 소식을 전혀 듣지 못한 지 벌써 넉 달이 되었는데, 밤낮으로 걱정하느라 먹고 자는 것도 편안하지 않았다. 이달 11일 밤에 사은사가 먼저 오는 편에 네가 부친 편지를 받아보았다. 심양에서 연경에 도착한 뒤로 객지의 모든 일이 편안하고 장차 21일 무렵 도로 동쪽으로 돌아오는 길에 오른다는 것을 알았으니, 펼쳐 읽고서 마치 천상의 소식을 듣는 것만 같았다.

너는 평소 심한 병을 앓았으니, 이번 여행은 네가 스스로 걱정하였을 뿐만 아니라 일가 사람들이 모두 걱정하였다. 지금 만리 길에 말을 타고 가며 고생하고 유주(幽州)와 계주(薊州)의 혹독한 풍상을 겪으면서도 대단한 질병은 면하였으니 이는 참으로 기이한 일이다. 길에 있으면서 추위와 말타기에 익숙해져 괴로움을 인내한 뒤에 묵은 병이 조금 나아져서 그러한 것 아니겠느냐.

형은 왼쪽 어깨의 낙상을 입은 곳이 계속해서 아프니, 움직이고 옷을 입을 때마다 아직도 모두 남의 도움이 필요하다. 딸은 연달아 자녀를

2 지난……편지 : 저자의 아우 김재는 1703년 동지사 서장관(冬至使書狀官)에 임명되어 연경에 다녀왔다. 《肅宗實錄 29年 10月 28日》 김재는 이듬해 4월 7일에 복명하였다.

잃은 뒤로 거듭 기이한 병에 걸려 5, 6개월 동안 앓느라 몸져 누워 기운이 없다. 혈육 없는 몸이 장차 조만간 죽을 것 같으니, 갖가지 우려를 이루 형용하기 어렵다. 오직 손자 아이가 천연두를 잘 치렀으니 이는 실로 조상의 음덕에 힘입은 것이다. 참으로 우리 집안의 막대한 경사이다.

이른바 '두 가지 경계 중에 하나는 이미 면했다.'라는 말은 얼마나 기특하냐. 우리 아우가 평소 지조를 지킨 노력이 과연 오늘날 증명되었으니, 놀라고 감탄하여 마지않는다. 여색과 재물로 말하자면, 여색은 본성에서 나오고 재물은 밖에서 오는 것이다. 지금 네가 본성에서 나오는 것을 이처럼 단절하였으니, 밖에서 오는 것은 아마도 초개나 거름흙만도 못하게 여길 것이다. 또 무엇을 걱정하겠느냐.

다만 근래 친구들을 통해 들으니 모두들 "평안도 지방은 평소 번화하다고 일컬어지는데, 그간 연행 갔던 사람들이 이쪽에서 저쪽으로 들어갈 때는 조심하는 태도를 다하는 자가 간혹 있었지만, 저쪽에서 이쪽으로 돌아올 때는 구덩이에 빠지는 것을 면하는 자가 백에 한둘도 없다. 처음에는 집을 떠난 지 오래지 않고, 또 만리 길을 가는 것을 주의하지만, 나중에는 반년 동안 집을 떠난 데다 경계하는 마음도 조금 해이해지지 않을 수 없기 때문이다."라고 한다. 이 말이 지극히 이치가 있으니, 과연 그렇다면 어찌 과거에 면했다고 해서 너를 위해 앞으로 염려하지 않을 수 있겠느냐. 부디 시종일관 한결같은 마음으로 확고히 흔들리지 말아 아홉 길의 산을 만들다가 한 삼태기가 모자라 망치는 일이 없도록 해라.

연경에는 무슨 소식이 있느냐? 네가 이번에 가서 필시 〈비풍(匪風)〉과 〈하천(下泉)〉[3]의 감회가 많았을 것이다. 비린내 나는 오랑캐가 오랫동안 천하를 차지하였으니, 저 하늘은 어찌 이렇게 술에 취한 것 같단 말이냐.

3 비풍(匪風)과 하천(下泉) : 167쪽 주27 참조.

아우에게 주다[4]

與舍弟

얼마 전 네가 재변을 만나 수신하고 반성하라는 뜻으로 상소 한 통을 올리려 한다고 들었다. 평소 독서하는 사람은 참으로 시세에 따라 움직이는 부류와는 저절로 다르다고 생각하였다. 근래 네 편지를 보니 이미 간관의 직책에서 체직되어 결국 하지 못하였다고 하니, 나도 모르게 탄식이 나온다. 시강원의 관직은 강연을 권면하는 것이 직분이니, 일에 따라 말을 다하는 것이 비록 언관과는 차이가 있지만, 지금처럼 재변이 거듭 나타나는 때에는 자신의 소회를 다하여 상소를 올려 호소하는 것이 어찌 불가하겠느냐.

가만 보니 근래 위로는 정승부터 아래로 하급 관원에 이르기까지 모두 속되고 비루하며 견식이 용렬하여 사당(私黨)을 비호하는 일이 아니면 녹봉과 지위를 지키는 데 불과하다. 지금 하늘의 재앙이 극에 달하고 흉년도 심하여 마을이 쓸쓸하고 유랑하는 걸인이 길에 가득하며, 민심이 흩어지고 생령이 도탄에 빠졌다. 그런데 조정의 기상을 보면 꾸벅꾸벅 조는 사람처럼 조용하고 답답하여 이 점을 유념하는 사람이 하나도 없으니, 어찌 몹시 근심스럽지 않겠느냐. 이는 나처럼 초야에 있는 한미한 선비가 알 바가 아니지만, 이와 같이 하기를 그치지 않는다면 훗날의 근심은 비단 너희들의 한 몸에 그치지 않을 것이

4 아우에게 주다 : 이 편지는 저자의 아우 김재가 1705년(숙종31) 시강원 보덕으로 임명된 이후 보낸 것으로 보인다. 《承政院日記 肅宗 31年 9月 17日》

다. 그러므로 구구한 우려를 견디지 못하여 이렇게 어리석은 말을 하는 것이다.

아우에게 답하다
答舍弟

인편이 와서 한가로이 지내는 근황이 좋다는 것을 알았으니 얼마나 위안이 되고 마음이 놓이겠느냐. 책을 보고 있다는 말을 들으니 병중에 나도 모르게 다행스러워 거의 기뻐하느라 잠을 잊을 정도다.

섬돌의 국화 운운한 말은 참으로 우습다. 네가 근래 한가로이 지내는 것은 파직되었기 때문이지 원래 본심이 아니다. 만약 국화에게 지각이 있다면 어찌 남몰래 웃으며 사천(沙川)과 오류(五柳)[5]의 창밖으로 옮겨심어지고 싶지 않겠느냐. '만년의 절개가 향기롭다'라는 구절은 우선 놓아두고, '진짜 국화가 가짜 도연명을 마주한다.'[6]라는 시를 읊는 것이 어떻겠느냐. 산속의 풍경은 가을이 지나 이미 시들었다. 그렇지만 만약 며칠 안으로 내려온다면 그래도 때맞추어 볼 수 있을 것이다.

5 사천(沙川)과 오류(五柳) : 오류는 진(晉)나라 도잠(陶潛)을 말한다. 그가 지은 〈음주(飮酒)〉의 "동쪽 울타리 밑에 국화를 따고 유연히 남산을 본다.〔采菊東籬下, 悠然見南山.〕"라는 구절이 유명하다. 사천은 미상이다.

6 진짜……마주한다 : 이색(李穡)의 《목은시고(牧隱詩藁)》 권19 〈국화를 마주하며 느낌이 있어〔對菊有感〕〉에 나오는 구절이다.

아우에게 주다

與舍弟

2일의 우레와 변괴는 얼마나 심한 재변이냐. 위에서는 대거 수신반성하는 방도가 있고, 아래에서도 별달리 경계를 아뢴 일이 있는지 모르겠다. 군주는 높은 자리에 있으니 오직 하늘 외에는 두려울 것이 없다. 지금처럼 재해를 보이는 날에는 성상의 마음을 놀라 움직이게 할 기미가 있으니, 이때를 놓쳐서는 안 된다. 그러나 아래에 그 책임을 맡을 사람이 없으니 어찌 답답하지 않겠느냐.

아우에게 주다 정해년(1707, 숙종33)

與舍弟 丁亥

한 해가 저무는데 소식을 오랫동안 듣지 못했으니 그리운 마음이 아침저녁으로 더욱 간절하였다. 방금 멀리서 보내준 편지를 받고서 벼슬살이 하는 근황이 좋다는 것을 알았다. 또 여러 가지 말뜻은 잘 알았으니 지극히 기쁘고 위안이 되어 마치 책상을 나란히 하고 마주하여 무한한 회포를 자세히 이야기하는 듯하다.

들으니 너의 정사[7]가 평안도에서 가장 소문이 났다고 한다. 문교가 널리 시행되고 선비의 기풍이 일어나 무예를 연마하는 땅을 글읽는 고을로 바꾸었으니, 이것이 어찌 기특한 일이 아니겠느냐. 옛적 한문공(韓文公)이 조주 자사(潮州刺史)를 지낼 때 모질고 비루한 오랑캐 고을의 풍속이 보고 감동하여 일어나 크게 변하였다. 지금 이산(理山)은 서쪽 변방 압록강가에 있어 도성과는 천여 리 떨어져 있다. 예전에 이곳의 수령이 된 자도 모두 무식한 무인이며 탐욕스럽고 포학하며 형편없는 무리였다. 백성이 살기 어려워진 뒤에 네가 가서 다스리니, 문치(文治)를 펼치기가 한 문공이 조주를 다스릴 때보다 더욱 쉽지 않겠느냐. 수고는 옛사람의 절반만 들여도 공로는 필시 갑절이 될 것이니 기쁜 일이다.

7 너의 정사 : 당시 김재는 이산 군수(理山郡守)로 재직 중이었다.

아우에게 주다 무자년(1720, 영조46)
與舍弟 戊子

1월 이후로 한결같이 소식이 없었는데 변방의 봄추위에 정사하는 근황이 어떠한지 모르겠다. 네가 이전의 편지에서 근래 화증이 심하게 일어나 기쁨과 분노가 상도에 어긋난다고 누차 말하였다. 이 소식을 들은 뒤로 놀랍고 걱정하는 마음이 모두 간절해져 그치지 않는다.

군자의 도는 어디를 가더라도 만족하니, 부귀하면 부귀한 처지에 알맞게 행동하고, 환난을 당하면 환난의 상황에 알맞게 행동한다. 이 때문에 나에게 있는 것이 바르면 만나는 것은 모두 순조로운 상황이다. 지금 만약 한때 불우한 처지에 놓였다고 해서 대뜸 근심하고 답답해하며 탄식하고 슬퍼하는 모습을 보이며, 심지어 차가운 얼음과 뜨거운 불이 속을 데워 병이 나며, 지기가 안에서 삭고 용모가 밖에서 상하며, 언어와 정사로 드러나는 것이 또 상도를 잃는다면, 이는 영욕과 득실의 사이에서 중대한 근본이 이미 올바름을 잃은 것이다. 비록 한때 백성을 사랑하는 작은 은혜를 베풀고 선비를 가르치는 말단적인 업무를 하더라도 어찌 훌륭하다 하겠느냐.

옛적 이천(伊川) 선생이 부주(涪州)에 유배되었는데, 《역전(易傳)》을 그 시기에 완성하였고, 풀려나 돌아왔을 때 용모와 머리카락이 모두 평소보다 나았다. 군자가 우환에 처신하는 도리는 이와 같아야 한다. 너는 평생 성현의 책을 읽었으니 참으로 이때 배운 것에서 힘을 얻어야 마땅하다. 훗날 관직을 그만두고 돌아왔을 때 기운이 더욱 가득차며 모습이 더욱 윤택하지 않고, 시름겹고 초췌한 모습이 있다면 어찌 평소 너에게 기대하던 것이겠느냐.

아우에게 답하다

答舍弟

지금 가뭄을 만나 성상께서 이렇게 지극히 우려하시는데 하늘의 응답은 까마득하니, 나의 얕은 소견으로는 아래에 있는 사람이 임금의 잘못을 바로잡지 못하고 한갓 당론을 일삼는 소치인 듯하다. 어찌하겠느냐.

간언을 구하는 때에 소견을 아뢰고자 하니 참으로 기쁘다. 그러나 만약 자기 당파를 옹호하고 남의 당파를 공격하는 결과가 된다면 도리어 하지 않는 것이 낫다. 말할 만한 것을 써서 보내달라는 말은 귀머거리의 귀를 빌려 듣는 것과 다름이 없으니 우습다. 그러나 그 대략은 오극(五極)을 벗어나지 않는 듯하다. 이른바 오극이라는 것은 탐욕과 더러움의 극치, 당론의 극치, 도적의 극치, 사치의 극치, 흉년의 극치이다. 마지막에 군주의 마음을 위주로 삼는다면 지금의 고질적인 폐단에 적중할 것이니, 이는 비록 평범한 듯하지만 급한 일은 여기에 있고 다른 것을 언급할 겨를이 없기 때문이다. 어떻게 생각하느냐? 더구나 지금 몹시 걱정스러운 것이라면 비록 한 가지 일을 열 번 말하더라도 시행하기 전에는 중언부언하여 반드시 성상의 마음을 움직이기를 기약하지 않을 수 없으니, 이것이 임금에게 충성하고 나라를 사랑하는 방도이다. 어떻게 생각하느냐?

근래 사람마다 전하고 날마다 듣는 말은 모두 탐욕스럽고 더러운 이야기이며 당파에 치우친 말이다. 이와 같이 하고서도 기후가 순조로와 비 내리고 그치는 것이 알맞은 경우는 예로부터 지금까지 없었으니,

참으로 통곡할 만하다. 그 폐해는 장차 백만 생령이 씨도 남지 않을 것이니 어찌 마음 아프지 않겠느냐.

아우에게 답하다

答舍弟

알려준 아무개의 일은 그 집의 피차간에 시비의 실상이 어떠한지 모르겠으니 참으로 함부로 말하기 어렵다. 오직 네가 말한 이혼 운운한 말은, 몇해 전 선생에게 직접 들은 말씀도 이와 같았다. 중국 사람은 만약 아내를 쫓아내면 즉시 다시 혼인하며, 쫓겨난 자도 개가한다. 우리나라는 그렇지 않아 임금에게 고하고 이혼하는 법이 있으므로 아내가 비록 죄를 지어 쫓겨나더라도 이혼하기 전에는 감히 다시 혼인할 수 없다. 부친은 감히 다시 혼인할 수 없고 모친은 개가할 수 없으니, 옛날의 이른바 '쫓아낸다'라는 말과는 차이가 없지 않은 듯하다. 선생의 예설 중에 문답한 한 조목 역시 네 견해와 비슷한 점이 있다. 대저 이러한 일은 자신의 견해를 따라 그 시비를 공평하게 말해야 한다. 만약 목소리와 낯빛을 모두 사납게 한다면 한쪽으로 몹시 치우친 데 불과하지 않겠느냐.

손자 치후에게 주다 을미년(1715, 숙종41)

與致垕孫 乙未

모여서 과문(科文)을 짓는 곳을 보니, 으레 장난치고 함부로 하는 버릇이 있다. 이는 네가 가장 심하게 경계해야 할 점이다. 만약 이러한 상황을 만나면 더욱 경계하고 반성하여 혹시라도 태만히 여기지 말고, 용모를 엄숙히 정돈하고 마음을 고요하고 한결같이 하여 마치 엄한 스승이 앞에 있고 두려운 벗이 곁에 있는 것처럼 여겨야 한다. 또 말이 바르고 행동이 본받을 만하면 비록 과거 공부를 벗어나지 못하더라도 단정하고 엄숙한 선비가 될 수 있으니 힘쓰거라. 지금 모인 사람은 모두 너에게 도움이 되는 벗이라고 하니, 오랫동안 함께 지내면 필시 보고 감화되는 도움이 있을 것이다. 얼마나 다행스럽냐.

손자 치후에게 주다 신축년(1721, 경종1)

與致垕孫 辛丑

하늘이 나라를 도와 동궁의 자리가 정해져 3백 년 종묘사직이 의지할 곳이 생겼다. 지극히 기쁘고 경사스러워 거의 잠을 못 이룰 지경이다. 우리나라에 혈기가 있는 자라면 누군들 기뻐하며 춤추지 않겠느냐. 명분과 지위가 이미 정해진 뒤에 상소를 올린 저들의 마음은 길 가는 사람도 안다고 하겠으니, 지극히 놀랍고 통탄스럽다.

손자 치후에게 주다 계묘년(1723, 경종3)

與致垕孫 癸卯

출발한 뒤 더위가 갈수록 심해졌는데 먼 길을 가면서 몸은 상하지 않았느냐? 약한 말과 아이종을 데려갔으니 더욱 염려된다. 보고자 한 곳은 눈에 들어오는 것이 있느냐. 객지에서 먹고 자는 일을 십분 신중히 조섭하여 병이 나지 않도록 하여 부모에게 자식이 병들까 하는 근심을 끼치지 말거라.

회맹제(會盟祭)[8]에 불참한 사람을 멀리 유배보내라는 계사는 지난 그믐에 이미 윤허를 받았다. 사함(士咸 강계부(姜啓溥))의 유배지는 선산(善山)으로 정해졌다. 이달 6일에 출발하여 한강을 건넜는데, 손을 잡고 작별하지 못하였으니 아쉽고 한탄스러운 마음을 어찌 견디겠느냐. 조성복(趙聖復)은 결국 국문을 받다가 감옥에서 죽었으니 참담하구나.

일전에 송수태(宋秀泰) 군이 호서에서 와서 지나는 길에 들렀는데, 내가 익산(益山)으로 옮겨 살 생각이 있다는 말을 듣고 그가 말하기를,

"그 땅은 결코 가서는 안 되니, 민심이 지극히 악독하고 시론(時論)을 붙좇는 자가 몹시 많아 없는 일을 지어내고 근거 없이 남을 모함하니 지극히 두렵습니다. 오직 고산(高山)은 땅이 외지고 비옥하며 사람도 순박합니다. 세심정(洗心亭), 사인암(舍人巖), 시랑동(侍郎

8 회맹제(會盟祭) : 1723년(경종3) 3월 11일 거행된 부사공신(扶社功臣)의 회맹제를 말한다. 《景宗實錄 3年 3月 11日》

洞), 오상곡(五相谷) 등지는 풍경이 몹시 뛰어나고 모두 큰 시내를 앞에 두고 있는데, 시내가 넓어 배를 띄울 만하고 물고기가 이루 다 먹을 수 없을 정도로 많습니다. 또 주이산(周異山)이 있는데 험준하기가 무주(茂朱)의 덕유산(德裕山)보다 더하니, 만약 뜻밖에 병란이 생기면 숨어 피할 만합니다."

하였다. 들으니 곧장 날아가고 싶다. 다만 먹고 살 땅이 한 치도 없으니 어찌하겠느냐. 돌아오는 길에 고산을 경유하여 그 형세를 살피고 오는 것이 좋겠다.

또 들으니 저들이 지난번의 소두(疏頭)를 뽑아내어 모두 멀리 유배하고자 하여 그 논의가 한창 들끓고 있는데, 언제 할지는 아직 모르겠지만 결국에는 반드시 나올 것이라고 한다. 과연 그렇다면 너도 면하기 어렵겠지만, 내버려둘 뿐이다. 다만 일의 기미는 알 수 없는 점이 있으니, 시일을 끌지 말고 속히 돌아오는 것이 지극히 옳다.

족제 사직 유 에게 주다

與士直 揉 族弟

추위가 아직 매서운데 정사를 보며 잘 지내리라 생각한다. 보내준 팔회시(八懷詩)는 시어가 맑고 빼어나며 흥취가 탁월하니, 친척 및 마을 사람들과 경치 좋은 산수에서 어울리고 싶은 생각이 든다. 시절을 걱정하고 기미를 보는 뜻도 은연중에 말 밖으로 드러나니, 이것이 어찌 부귀에 탐닉하는 세상 사람들이 말할 수 있는 것이겠는가. 감탄스럽다. 다만 생각건대, 명분이 사람을 얽매고 벼슬은 사양하기 어려우니, 뜻이 있으나 이루지 못한 자는 모두 이와 같다. 이 때문에 고금에 일컫는 자는 장 사인(張舍人)과 도 팽택(陶彭澤)[9] 몇 사람 뿐이다. 이 일은 쉽게 말할 수 없을 듯하다. 어떻게 생각하느냐.

연보(年譜) 초고의 첫권은 이미 그대의 높은 안목을 거쳤으니, 이하의 4책을 다시 보낸다. 자세히 살펴보아 잘잘못을 가르쳐주는 것이 어떻겠느냐. 초본(草本)에는 긴요하고 중요하고 크고 작은 일을 불문하고 일체 수록하여 오직 자세히 하는 것을 위주로 삼았다. 선생의 출처의 주지와 춘추대의, 연석의 차자와 계사, 학문을 논한 말, 의리와 이익의 구분, 스승과 제자의 의리는 더욱 자세히 하고자 하였으므로

9 장 사인(張舍人)과 도 팽택(陶彭澤) : 장 사인은 낙양에서 벼슬하다 고향의 순채국과 농어회가 생각나 벼슬을 버리고 낙향한 후한(後漢)의 장한(張漢)이며, 도 팽택은 다섯 말 쌀 때문에 허리를 굽힐 수 없다며 벼슬을 버리고 낙향한 진(晉)나라 도잠(陶潛)이다.

너무 지리한 부분이 있는 것을 면하지 못하였다. 번거로운 것을 삭제하고 간략히 만들어 깨끗한 본으로 만드는 책임은 모두 그대 사직과 동문의 여러 벗에게 있다. 앞으로의 일은 부디 힘쓰거라.

사직에게 주다

與士直

나의 출처는 정해진 지 오래이다. 참으로 재주와 분수가 낮고 스스로 헤아리기를 이미 자세히 하였으며, 병이 고질이 되어 스스로 힘쓰기도 어렵다. 지금의 시세는 더욱 두려우니, 어찌 함부로 솜을 묶은 채 불길에 뛰어들 생각을 하여 낭패를 당하는 우환을 자초하겠느냐. 5월에 우레와 번개가 거듭 치는데 소리와 불빛이 범상치 않다. 하늘이 환히 보고 있어 앞으로의 일을 징험할 만하니, 그 우려를 어찌 다 말하겠느냐. 성상께서 몹시 놀라 신하들을 접견하여 재해를 없앨 방책을 부지런히 물으신다고 들었다. 임금을 사랑하고 나라를 걱정하는 뜻이 있는 자라면 정성을 다하고 생각을 다하여 하늘을 공경하고 재해를 두려워하는 실상을 극언하여 하늘의 꾸짖음에 조금이나마 답해야 한다. 그런데 정권을 잡은 여러 공은 넓은 견식도 없고 하루종일 다투는 것은 당론 두 글자를 벗어나지 않아 임금의 마음이 더욱 염증을 내고 나랏일을 더욱 어찌할 수 없게 만드니 어찌하겠느냐.

지금의 계책으로는 이 기회를 틈타 시골집으로 물러나 산수를 읊조리며 깊이 자취를 감추는 것이 제일이니, 그렇게 한다면 훗날 자신의 사적인 근심도 어느 정도 줄일 수 있을 것이다. 얼마 전 이 뜻을 형님 대감[10]에게 대략 알렸는데 어떻게 생각할지 모르겠다. 지금 그대가 재해를 없앨 방책을 물었는데 나는 화를 멀리하는 방도를 말했으니, 우활하고 사정에 어두워 그런 것이 아니겠는가.

10 형님 대감 : 이 편지의 수신자 김유의 형 김구(金構)를 말한다.

사직에게 주다
與士直

삼가 생각건대, 고양군(高陽郡)은 땅이 비록 외지지만 가까운 경기에 있어 사신들이 오가는 서쪽 길의 요충지에 있고, 서울 사대부의 선산과 별장이 이곳에 많이 모여 있으니, 부역이 무거우며 풍속이 억세다는 점은 이로 미루어 알 수 있다. 이전에 맡은 두 고을에 비하면 더욱 다스리기 어려울 것이다. 비록 그러하나 옛사람이 말하기를, "얽히고 설킨 뿌리를 만나지 않으면 날카로운 도구를 어떻게 구별하겠는가." 라고 하였다. 만약 자기에게 있는 재주와 덕으로 큰일을 할 수 있다면, 부역을 가볍게 하고 억센 자를 제거하며 백성을 교화시켜 풍속을 이루는 방도는 번거롭게 형벌을 사용하지 않더라도 할 수 있을 것이다.

예전에 세상의 수령 된 자를 보니, 백성을 핍박하여 자신을 이롭게 하고 도를 어겨 명예를 추구하는 부류는 본디 말할 것도 없고, 잘 다스린다고 일컬어지는 자도 장부를 잘 처리하고 판결을 빨리 하는 것에 불과하였다. 선비를 예우하고 백성을 사랑하며 제몸을 다스리고 풍속을 바로잡는 도리로 말하자면 무슨 일인지 까마득히 모르니, 이것이 어찌 다스림의 근본을 아는 자이겠는가. 그대는 타고난 자질이 총명하고 재주와 식견이 뛰어나며, 올바른 사우와 독실한 지조를 겸하였다. 이를 미루어 배운 바를 실천하고 품은 뜻을 펼쳐 경내의 백성이 모두 무성(武城)의 글읽는 소리와 문옹(文翁)의 교화에 무젖는 것[11]은 실로

11 무성(武城)의……것 : 무성은 공자의 제자 자유(子游)가 수령이 되어 백성을 예악

자신의 역량으로 할 수 있는 일이니, 멀리서 그대의 고을을 위해 축하하여 마지않는다.

또 생각건대, 그대의 고을은 예전에 민 행촌(閔杏村 민순(閔純))과 기 고봉(奇高峯 기대승(奇大升))이 은거하던 곳으로 남은 향기가 지금까지도 사라지지 않고 있다. 후학 중에 그 풍도를 듣고서 일어날 사람이 없지 않을 줄 어찌 알겠는가. 더구나 돌아가신 스승께서 만년에 광탄(廣灘)에서 강학하던 곳이 겨우 30리에 불과하니, 그 사이에 문하를 출입한 자가 많을 것이다. 이는 내가 먼저 예우를 베풀어 자신을 굽히고 불러들여야 하니, 만약 학문이 뛰어나고 행실을 갖춘 자가 있으면 특별히 존경을 베풀고, 이보다 못한 자는 또 인도하고 가르쳐 배양하는 방도에 힘을 다해야 한다. 때때로 넓은 사찰에 와서 모이게 하여 그대가 공무를 보는 여가에 직접 가서 경서를 토론하고 의리를 강론하기를 대략 명도(明道) 선생이 호현(鄠縣)에 있을 때[12]처럼 하고, 아울러 민간의 질고와 정치의 잘잘못을 묻는다면, 비단 자신을 수양하고 백성을 다스리는 방도에 보탬이 될 뿐만 아니라 경내의 많은 선비들이 보고 감동하여 흥기하는 효과를 볼 수 있을 것이다. 날마다 아전과 백성이 떠드는 곳에서 그저 백성을 회초리치고 쌀과 소금을 계산하는 것만 일삼는 데 비하면 득실과 우열이 크게 차이나지 않겠는가.

으로 교화한 곳이며, 문옹은 한(漢)나라 사람으로 촉군(蜀郡)을 다스려 문풍을 진작시킨 인물이다.

12 명도(明道)……때 : 정호가 호현 주부(鄠縣主簿)로 부임하여 판결을 공정히 하고 미신을 없애는 등 선정을 펼친 일을 말하는 것으로 보인다. 《宋史 卷427 道學列傳 程顥》

사직에게 답하다

答士直

대간 이사행(李士行 이민영(李敏英))의 일은 몹시 무안하다. 어진 아우가 권하고 좋은 벗이 말하였으나 모두 통하지 않았으니, 또한 어찌할 수가 없다. 한번 세도가 누차 변한 이래로 사대부의 기개가 날마다 더러워지고 낮아져서 매번 바람이 불어 풀이 움직이는 것을 보면 놀라고 두려워하며, 한 가지 이해를 앞두면 곧장 백방으로 회피할 뜻을 품으니, 이는 실로 말세의 일이다. 그대가 이 점을 한탄한 것도 마땅하지 않겠는가.

대숙(大叔 박심(朴鐔))의 말은 과연 씩씩하다. 만약 그의 말대로라면 세도에 몹시 다행이다. 만약 담당할 수 없는 자가 스스로 감당할 수 있다고 한다면 우활한 데 가까운 듯하다. 이 벗은 앎에 대한 공부가 본래 부족하니, 아는 것이 부족하면 큰 것을 작게 여기고 어려운 것을 쉽게 여기는 결과를 면하지 못하기도 한다. 대숙의 이 말 역시 앎이 미치지 못한 소치가 아니겠는가. 더구나 그의 재주와 식견은 군보(君輔 이세필(李世弼))와 동보(同甫 이희조(李喜朝))에 비하면 30리 정도의 작은 차이에 그치지 않는다.

사직에게 주다 임진년(1712, 숙종38)

與士直 壬辰

하룻밤 사이 눈이 한 길이나 쌓였는데 조용히 지내며 조리하는 근황은 어떠한지 모르겠다. 큰 병이 나은 지 얼마 되지 않았는데 날씨가 이처럼 추우니 십분 조섭하여 병이 덧나지 않게 한다면 몹시 다행이겠다. 보여준 한자(韓子 한유(韓愈))의 말-사직의 편지에 "총명은 젊은 시절에 미치지 못하고 도덕은 날마다 초심과 어긋난다."라는 한 문공(韓文公)의 말을 썼다.-은 참으로 오늘날 우리들을 두고 한 말이다. 옛사람은 몸소 경험한 뒤에 써 내었으므로 그 말이 이처럼 절실하고 적절하다. 그러나 이는 늙고 병든 우리들이 보면 자연히 마음에 이해가 되어 감동하기 쉽지만, 만약 다른 사람이 이를 본다면 반드시 알지는 못할 것이다. 설령 아는 자가 있더라도 반드시 우리처럼 그 말에 의미가 있다는 것을 깊이 알지는 못할 것이다.

사직에게 주다 계사년(1713, 숙종39)

與士直 癸巳

돌아오는 인편에 답장을 보내주었으니 이별한 마음에 충분히 위안이 된다. 김 대간의 일[13]은 놀랍고 한탄스러운 마음을 어찌 견디겠는가. 얼마 전 그대의 상소에 대한 비답을 보니 지극히 융숭하였기에, 필시 나와서 사은숙배하고 조정에 우뚝 서서 위로는 임금의 직무를 돕고 아래로는 어지러운 풍속을 진정시켜 가을 하늘의 물수리와 전각 위의 범[14]을 조만간 눈을 씻고 보리라 여겼다. 그런데 뜻밖에 공격하는 말이 같은 자리에 있는 사람에게서 나왔으니, 그 말을 어떻게 만들었는지는 모르겠으나 아마도 그 대의는 필시 오로지 그대 때문에 나왔을 것이다. 그러나 이는 김 대간의 본뜻이 아니라 필시 사주한 사람이 있는 듯하다.

그대는 평소 명망이 높고 재주가 충분하다. 명망이 높으면 시기하는 자가 반드시 많고, 재주가 충분하면 두려워하는 사람도 많다. 시기하는 마음에 두려워하는 마음을 더한다면 해치고 제거하기 위해 장차 무슨 짓인들 못하겠는가. 처음에 새로 들어와 이미 이처럼 좋지 않은 일을

13 김 대간의 일 : 김 대간은 김유경(金有慶)이다. 그는 1713년(숙종39) 상소하여 1699년 시행된 과거를 추복(追復)한 일을 문제삼았는데, 김유는 이 과거의 급제자였다. 《肅宗實錄 39年 1月 25日》

14 가을……범 : 가을 하늘의 물수리는 토번(吐蕃)을 정벌한 공훈을 세운 당(唐)나라 장군 엄무(嚴武)를 가리키며, 전각 위의 범은 직간으로 유명했던 송(宋)나라 유안세(劉安世)의 별명이다. 《杜少陵詩集 卷5 奉贈嚴八閣老》《宋史 卷345 劉安世列傳》

하였으니, 앞으로 화합하고 협력하여 함께 나랏일을 구제할 것이라고 어찌 보장하겠는가. 지금의 형세를 보니 필시 서로 배척하여 결국 둘다 패배하고 무너지고 말 것인데, 그중에 그대가 받는 피해가 더욱 클 듯하다.

옛적 조 남명(曺南冥 조식(曺植))은 이 회재(李晦齋 이언적(李彦迪))가 궁리격물(窮理格物)의 공부를 모른다고 비난하였다. 당시 대윤(大尹)과 소윤(小尹)에 관한 말이 한참 성행하여 조만간 화란이 일어나려 하였는데, 회재는 몸소 그 일을 맡아 물러나지 않았기 때문에 그렇게 말한 것이다. 지금 노론과 소론이 이미 나누어졌고, 이른바 노론 중에서도 또 당파가 나뉘어 이렇게 서로 배격하고 공격하니, 쓰러지는 형세는 구할 방책이 없다. 이러한 때를 만나 기미를 알고 때를 살펴 일이 생기기 전에 미리 피하지 못한다면, 나는 남명의 비난이 오늘날 다시 나올까 두렵다. 처음을 살펴 끝을 알고, 은미한 것을 통해 드러난 것을 아는 것은 참으로 궁리격물하는 사람이 능한 바이다. 그대는 어떻게 생각하는지 모르겠다. 인심과 세도를 더 이상 어찌할 수 없으니 그저 한탄할 뿐이다.

사직에게 답하다 병신년(1716, 숙종42)

答士直 丙申

하늘의 도가 밝아 성상께서 깨닫고 후회하시어 하룻밤 사이에 내린 처분이 모두 사리에 합당하니, 공론을 위로하고 민심을 복종시키기 충분하다. 다만 조정에 있는 여러 공이 모두 두려워 위축되고 물러나 돌아보는 염려가 있어 받들어 따르는 사람이 하나도 없다고 한다.

근래 좌의정이 차자를 올려 오명윤(吳命尹)을 신구(伸救)한 것은 더욱 해괴하다.[15] 나양좌(羅良佐)의 《명촌잡록(明村雜錄)》, 윤추(尹推)의 《농와일기(農窩日記)》는 비록 그 본문을 보지 못했지만 그 주지를 들으니 오로지 우암(尤庵 송시열) 어른을 공격하였고, 모욕하는 말이 또 돌아가신 스승을 침범한 것이 많다고 한다. 사람이 미치고 패악하기가 어찌 이 지경에 이르렀는가. 보내준 편지에 이른바 "그를 심하게 공격할 필요가 없으니, 그저 그 도를 한결같이 반대로 하여 안으로 노력해야 한다."라는 말이 바로 내 생각과 합치한다. 오늘날 우리가 스스로 처신할 방법으로 이보다 나은 것이 있겠는가.

돌아가신 스승의 연보를 과연 판각하고자 한다면 얼마나 다행이겠는가. 부디 속히 도모하는 것이 어떻겠는가. 문집이 근래 섬에서 도착

15 근래……해괴하다 : 오명윤은 이해 7월 17일 관학 유생으로서 상소하여 윤증(尹拯)을 신원하였는데, 이 상소에 좌의정 김창집(金昌集)의 부친 김수항(金壽恒)을 배척한 내용이 있었다. 숙종은 오명윤을 극변에 정배하라고 명하였으나 이후 김창집이 차자를 올려 만류하였던 것으로 보인다. 《肅宗實錄 42年 7月 17日・18日》《承政院日記 肅宗 42年 7月 21日》

했는데, 원집(元集)과 속집(續集) 외에 또 외집(外集)과 별집(別集)으로 나누어 만들어 모두 64책이다. 서울에 있는 본에 비하면 제법 정밀하고 자세한 듯하나, 한두 책을 언뜻 보니 아직도 빠진 글자와 틀린 글자가 있다. 반드시 한번 정밀하게 교정한 뒤에야 깨끗한 본을 만들 수 있을 것이다.

또 생각건대 문집에 회니시비(懷尼是非)를 논한 내용이 나와서 세상에 전해진다면 피차의 비방하는 말이 필시 모두 일어날 것이니 몹시 염려스럽다. 얼마 전 뽑아서 요약해야 한다는 그대의 말이 지극히 마땅하다. 다만 그대와 용장(用章 박태회(朴泰晦))은 애당초 손을 대지 않았는데 바깥의 비방이 이미 견딜 수 없을 정도로 복잡하다. 만약 내가 실제로 손을 댄다면 한 구절, 한 글자를 산삭한 것에 대해 비방이 산과 같아 필시 용납받지 못하게 하고야 말 것이니, 이를 장차 어찌하겠는가.

옛적 조 월천(趙月川 조목(趙穆))이 《퇴계집(退溪集)》을 수정하면서 본가의 자손들과 뜻이 같고 견해가 맞았는데, 그 뒤 오히려 당론에 치우치고 취사선택이 공정하지 않다는 비난을 면치 못하였다. 더구나 오늘날 필부(弼傅 박필부) 등의 소견이 우리와 크게 다르고, 지금 인심이 위험하기가 월천 때에 비해 백 배가 넘으니, 이것이 어찌 몹시 난처한 일이 아니겠는가. 부디 다시 헤아려 말해주기 바란다.

사직에게 답하다
答士直

돌아가신 스승의 연보는 지금 들으니 간행하는 일이 절반을 넘었다고 한다. 이는 실로 사문의 중대한 일이니 기쁘고 다행스러운 마음을 어찌 말하겠는가. 연보와 문집의 선후에 대한 동보(同甫 이희조)의 말은 십분 정당한지 모르겠다. 옛적 돌아가신 스승이 말씀하시기를, "우암 어른에 대한 비방과 칭찬이 세상에 넘쳐 시비가 정해지지 않았으니, 연보를 간행하여 사람들에게 보여야 의심이 풀릴 것이다." 하였다. 이로 말하자면 연보를 먼저 간행하는 것이 무슨 안 될 것이 있겠는가. 더구나 우리들은 이미 늙었고 세도는 날마다 변하니, 지금 이 좋은 기회를 얻고도 인순고식하며 넘어간다면 위대한 현인의 도덕과 사업을 장차 어디서 확인하겠는가. 간행하는 일은 늦출 수 없을 듯하다.

사직에게 주다 정유년(1717, 숙종43)

與士直 丁酉

이세덕(李世德)의 공초(供招)[16]에 돌아가신 스승의 일을 지극히 낭자하게 끌어들였으니, 한번 변론하지 않을 수 없다. 옛적 함경도 사람 최신(崔愼)이라는 자가 상소하여 이산(尼山 윤증)과 돌아가신 스승을 공격하면서 몰래 비난하며 우암 어른을 무함하고 모욕하였다. 그러므로 돌아가신 스승께서 사직소의 말미에 그 일의 시말을 언급하였다. 이때는 회니(懷尼)의 다툼이 심한 지경에 이르지는 않았으므로 돌아가신 스승께서 매번 이산을 충고하여 피차를 화해시키고자 하였으니, 그 말이 저절로 그렇지 않을 수 없었다.

지금 이세덕은 그중에 이산에게 편리한 어구를 뽑아내어 증거로 삼았는데, 돌아가신 스승께서 이산에게 보낸 편지에 충고하고 경계한 말로 지극히 엄격하고 지극히 간절하며 모두 문집에 실려 있어 분명히 상고할 수 있는 것은 모두 덮어두고 말하지 않았다. 더구나 기사년(1689, 숙종15)과 경오년(1690) 이후 돌아가신 스승의 견해는 갑자년(1684) 무렵과는 전혀 달라 피차의 시비 사이에서 한쪽은 돕고 한쪽은 억눌러 흑백처럼 분명하였으니, 이는 대감과 내가 자세히 아는 것이다. 지금 여기에 근거하여 말한다면 신원하기 충분할 것이다.

16 이세덕(李世德)의 공초(供招) : 이세덕은 이해 9월 3일 윤증(尹拯) 부자의 신원을 위해 상소하였으나 숙종이 봉입하지 말게 하자 격고(擊鼓)하여 공초를 바쳤다. 《肅宗實錄 43年 9月 3日》

다만 갑자년 이전의 이야기는 글에 자주 보이고, 이후의 이야기는 문생 및 자제들과 주고받은 말에 불과할 뿐이다. 예컨대 갑술년(1694) 조정에 들어갔을 때 천거하지 않은 일이나 의리의 강론을 할 수 없다는 말-다른 것은 다 기록하지 못한다.-은 모두 내가 직접 들은 것인데 글에는 조금도 드러나지 않는다. 저들이 들으면 필시 떠들썩하게 일어나 우리가 스승의 말을 가탁하여 거짓말을 지어낸다고 할 것이니, 지난날 대감이 편지에서 걱정한 이유가 이것이다. 지금 만약 이세덕의 공초에서 다만 '그 스승에게 도움을 받았다.'라는 말만 취하여 변론하고, 경계하고 화해시키려는 말은 거론하지 말아서 우리 스승의 공정한 마음이 분명하지 않고 모호해지게 만들 뿐이라면, 어찌 몹시 헐후한 일이 아니겠으며 끝내 신원에 무익하지 않겠는가. 근래 중례(仲禮 김재로(金在魯))의 편지를 통해 대감도 상소하여 신원할 뜻이 있다는 것을 알았으니, 필시 이미 초고를 지었을 것이다. 모시는 사람을 시켜 베껴 보여주는 것이 어떻겠는가.

사직에게 주다

與士直

그대의 상소는 처음부터 끝까지 곡절이 자세하고 말뜻이 통쾌하다. 대의 한 가지로 말하자면 이미 실추된 윤리를 부축하여 천하 후세에 할 말이 있기 충분하니, 읽으면 나도 모르게 혀가 나오고 기세가 오른다. 내 상소 역시 대략 몇 줄 엮어 전후의 실상을 평이하게 말하였으니, 시비와 득실이 저절로 분명해지기를 바랄 뿐 그다지 밝힌 것은 없다. 그러나 며칠 사이에 우리 형제의 상소가 잇따라 나오는 것이 어떠할지 모르겠다. 지난해 손자 아이가 말하고 올해 그 할아비가 또 말하였는데, 대감의 상소가 또 이처럼 엄격하고 준엄하니, 저들의 모욕은 본디 달게 여기겠지만 너무 심한 데 가깝지 않겠는가. 저들이 답변하는 상소를 준비하고 있다고 하니, 그 형세는 필시 몹시 복잡해질 것이다. 그저 내버려둘 뿐이다.

사직에게 답하다
答士直

신(申)의 상소[17]는 마침내 정지했다고 한다. 지금 인심이 지극히 위험하니, 만약 충동질하여 권유하는 자가 있다면 어찌 다시 괴이한 짓을 하지 않을 줄 알겠는가. 남은 걱정이 없지 않다. 생각건대, 신(申)과 부(傅 박필부)의 무리는 그저 돌아가신 스승께서 처음에 화해시킬 때의 말씀이 공론인 줄만 알고, 이후 일에 따라 조절하여 시비를 통렬히 분변한 것이 확정된 공론이라는 것을 모른다. 지금 초년의 이야기를 상소에 따라 올린다면 이후의 공론은 가려져 밝혀지지 않을 것이고, 피차의 비방하는 말이 일시에 함께 일어날 것이니, 사문에 얼마나 큰 누가 되겠는가. 혼미한 무리가 여기까지 헤아리지 못하니 어찌 통탄스럽지 않은가. 지금 대감의 편지를 보니 참으로 나의 의견에 부합한다. 유생의 상소는 다행히 이미 올렸고 비답도 몹시 융숭하니, 여러 선비들의 바람이 반은 이루어졌다고 하겠다.

17 신(申)의 상소 : 미상이다.

족제 군직 방 에게 답하다

答君直 枋 族弟

문 여러 가지 말뜻은 모두 자신을 반성하고 채찍질하는 말이니, 만약 이렇게 공부하고 다른 것을 구하기를 기다리지 않을 수 있다면 이 또한 덕과 학문을 닦는 바탕이 될 수 있다. '경계하는 말을 얻고자 한다.'라는 말에서는 남의 말을 즐거이 들으려는 성대한 뜻을 더욱 잘 볼 수 있다. 그대는 지금 《심경(心經)》을 읽고 있는데, 그중의 허다한 이야기가 모두 경계하는 말이다. 만약 반복하여 숙독하고 잠심하여 연구하여 구절마다 글자마다 자세히 체득하면 성현이 되는 방법도 참으로 이를 벗어나지 않는다. 이밖에 달리 이른바 특별히 경계하는 말은 없을 듯하다. 어떻게 생각하는가.

답 나 역시 이 일에 뜻이 없지 않았으나 단지 타고난 자질이 형편없고 게다가 공부가 지리멸렬하여 지금 백발이 되도록 긴가민가하다. 노쇠하고 지쳐 더 이상 진보할 가망이 없으니, 오늘날 그대에게 기대하는 것이 어찌 적겠는가. 그대는 힘쓰기 바란다.

군직에게 답하다 을미년(1715, 숙종41)

答君直 乙未

집안에 연달아 죽음과 질병이 있어 근심하며 경황없이 날을 보낸 지 지금 다섯 달이 되었다. 이 때문에 이렇게까지 오랫동안 서로 소식을 주고받지 못하여 그저 간절히 그리워하였을 뿐이다. 뜻밖에 보내준 편지가 왔는데, 이를 통해 그동안의 근심이 이미 몹시 편안해져 지금은 수곡사(秀谷祠)에 와서 지내며 조용히 《맹자》를 읽는다는 것을 알았다. 이는 실로 눈 내리고 추워진 뒤로 가장 좋은 소식이니 기쁘고 위안이 되는 마음을 어찌 헤아리겠는가. 더구나 아침과 낮 사이에 지기가 맑고 밝을 때가 있다고 하였는데, 이는 필시 근래 고요한 가운데 얻은 실제의 말이니, 더욱 부럽다.

다만 늙은 내가 예전에 경험한 것으로 말하자면, 잠깐 동안의 맑고 밝음은 하루종일의 소란을 구제할 수 없으니, 이것이 가장 걱정이다. 《맹자》의 우산지목장(牛山之木章)은 참으로 익숙히 완미하고 깊이 성찰해야 한다. 그러나 그대는 이미 아침과 낮 사이에 한때 이처럼 맑고 밝은 경계를 엿보았으니, 만약 이를 통해 순서대로 점차 나아가 지기(志氣)가 신(神)과 같고 의리가 밝게 드러나는 경지에 순조로이 도달한다면, 이른바 거울처럼 비어 있고 저울처럼 공평한 본체가 항상 나에게 있을 것이다. 부디 이 뜻을 시종일관 굳게 지키고 세상사와 사욕에 흔들리거나 빼앗기지 않는다면 몹시 다행이겠다.

장자(張子)가 말하기를, "사람은 굳세어야 하니, 굳세면 지킴이 안정되어 흔들리지 않고 용감히 도에 나아갈 수 있다."라고 하였으니 그대는 힘쓰기 바란다. 이른바 '여러 책을 잡다하게 본다.'라는 것은 한 가지 책에 전념하는 것만 못하니, 그대가 반복하여 꿰뚫는 것은 또 독서의 요령을 얻었다. 주자가 말하기를, "한 가지 책을 읽고서 통달하지 못했으면 또 다른 책을 읽어서는 안 되고, 한 장을 읽고서 통달하지 못했으면 또 다른 장을 읽어서는 안 된다."라고 하였으니, 이는 실로 후학이 독서하는 요령이다.

삼경(三經)을 읽는 차례는 주자의 말로 보자면 《주역(周易)》은 배우는 사람이 처음에 긴급히 해야 하는 공부가 아니고, 《시경》과 《서경》은 읽는 방법이 《격몽요결(擊蒙要訣)》에 대략 갖추어져 있으니 살펴보는 것이 어떻겠는가. 예전에 보니 주자가 "사서를 반복하여 숙독하면 삼경은 배우지 않아도 능하다."라고 하였는데, 그대도 이 말을 보았는지 모르겠다. 상보(尙甫 박필주(朴弼周))가 지금 남한산 사찰에서 지낸다고 들었는데, 그가 부지런히 힘쓴다는 것을 상상할 수 있다. 이 벗은 견해가 정밀하고 투철하니, 그대가 함께 지낸다면 필시 유익할 것이다.

족질 재로에게 답하다 을유년(1705, 숙종31)

答在魯族姪 乙酉

문 《가례부주(家禮附註)》에 있는 고씨(高氏)의 이름은 문 문(門) 안에 원(元)자입니까? 항(亢)자입니까?

답 고씨의 자는 억숭(抑崇)이고, 운서(韻書)에 항(閌)은 높은 모습이라고 하였다. 이로 보건대 항자가 맞는 듯하다. ○남송(南宋) 고종(高宗) 14년 3월 국학(國學)의 대성전(大成殿)이 완성되자 사업(司業) 고항(高閌)이 표문을 올려 황제에게 학교를 시찰하도록 청하니 따랐다. 황상이 돈화당(敦化堂)에 나아가 고항에게 《주역》 태괘(泰卦)를 강하라고 명하였다.

족질 재로에게 답하다 병신년(1716, 숙종42)

答在魯族姪 丙申

서울 소식은 놀랍고 한탄스러운 마음을 견딜 수 없다. 이는 실로 사문이 흥하고 망하는 운수와 관련되니, 장씨(臧氏)의 아들이 할 수 있는 일이 아니다.[18] 어찌하겠느냐. 이(李)의 상소[19] 수찬 이진유(李眞儒)의 상소 는 신군(申君)을 통해 보았다. 그의 말이 흉악하고 그 이치도 어그러졌으니, 저들이 작고한 이산(尼山 윤증)을 높이기 위해서는 먼저 스승을 배반하지 않은 곡절을 밝혀야 한다. 그러한 뒤에 이를 통해 이산이 스승을 배반하였다고 공격한 다른 사람을 비판하는 것이 원래 차례상 당연한 일이다.

지금 이(李 이진유)의 상소는 스승을 배반한 한 가지 일에 대해 한 구절도 해명하는 뜻이 없고, 그저 분한 마음에 공격하는 것 뿐이다. 아마도 상소를 쓸 때 말을 만들기가 몹시 어려웠기 때문인 듯하다. 더구나 그는 지금 스승을 배반한 사람을 신구하기에 몹시 힘쓰느라 유상기(兪相基)가 스승을 배반하였다고 도리어 공격한다. 스승을 배반

18 장씨(臧氏)의……아니다 : 사람이 할 수 있는 일이 아니라는 뜻이다. 장씨는 장창(臧倉)으로, 노 평공(魯平公)이 맹자(孟子)를 만나려고 하자 방해한 인물이다. 맹자는 이를 두고 "장씨의 아들이 어찌 나로 하여금 만나지 못하게 할 수 있겠는가."라고 하였다. 《孟子 梁惠王下》

19 이(李)의 상소 : 이진유(李眞儒)가 이해 3월 25일 신정하(申靖夏), 유상기(兪相基), 김취로(金取魯) 등을 공격한 상소를 말하는 것으로 보인다. 《承政院日記 肅宗 42年 3月 25日》

하기는 마찬가지인데 어찌하여 이산의 경우는 위대한 현인이 되고 유상기의 경우는 큰 죄가 되는가. 조부를 위하는 유상기의 마음은 바로 부친을 위하는 이산의 마음이다. 시비가 이처럼 현격히 다르니 참으로 우습다.

옛사람은 문생을 제자라고 하였다. 문생과 스승의 관계는 형과 아우, 아비와 아들의 관계와 같다. 그러므로 제자라고 이름한 것이다. 그렇다면 제자의 명분과 의리가 어찌 중대하지 않겠는가. 지금 만약 부형이 잘못된 행동을 하였다면 자제된 자는 온화하고 부드러운 낯빛으로 정성을 쌓고 자주 간언하여 부형의 생각을 돌리기를 기약해야 한다. 어찌 조금 마음에 들지 않는다고 곧장 꾸짖고 모욕하며, 또 이어서 관계를 끊으면서도 조금도 어려운 기색이 없을 수 있겠는가.

지난 역사를 두루 보면 군신과 부자 사이에 변고가 몹시 많았다. 그러나 스승을 배반한 것으로 말하자면 오직 형칠(邢七)[20] 한 사람뿐이다. 이것이 어찌 고금에 드문 변고가 아니겠는가. 이 이치는 몹시 분명하여 알기 어렵지 않다. 지금 비록 한때 위협하여 정하고자 하지만, 먼 훗날의 공론을 어찌 속일 수 있겠는가.

20 형칠(邢七) : 129쪽 주8 참조.

족질 재로에게 답하다 신축년(1721, 경종1)

答在魯族姪 辛丑

극무(極無)[21]의 참혹한 재해로 이미 큰 흉년이 되었으니, 농부 서너 사람이 모이면 모두 다급하여 반드시 죽을 것이라고 말한다. 이러한 때 사방에서 관문(關文)이 도착하니 법을 시행하기도 전에 민심이 먼저 동요한다. 설령 그 법이 모두 좋더라도 지금은 때가 아니다. 어찌하여 한 해 기다렸다가 설행하겠다는 뜻으로 국왕께 한번 아뢰지 않는가. 새로 즉위한 국왕이 처음 정사하는 때에는 당우(唐虞)와 삼대(三代)의 일로 성상(聖上)을 인도해야 하는데, 도리어 나라를 부유하게 하고 백성을 흔드는 일에 급급하니, 묘당의 계책이 마땅함을 잃은 것이 아니겠는가.

21 극무(極無) : 우(雨)·양(暘)·욱(燠)·한(寒)·풍(風) 다섯 가지 기상 조건 중에 하나가 지나치게 모자란 재해를 말한다. 여기서는 가뭄을 말하는 듯하다.

족질 재로에게 답하다 임인년(1722, 경종2)

答在魯族姪 壬寅

시사가 날이 갈수록 더욱 어지러워져 결국 외식(外食)의 근심[22]이 그대에게도 미쳤다. 나희석(羅希奭)과 길온(吉溫)[23]의 형벌을 오늘날 다시 보리라곤 생각지도 못하였다. 비록 그러하나 군자가 이를 당하면 그저 내 마음에 부끄럽지 않게 할 뿐이다. 밖에서 오는 것이야 나와 무슨 상관이 있겠는가. "늘그막의 영광은 간당의 명부에 기록되는 것이다.〔老去光華奸黨籍〕"라는 주 선생(朱先生 주자)의 한 구절 시를 삼가 대감을 위해 외어본다.

오직 여든 노친이 집에 계시니, 이는 실로 정리가 애통하고 다급한 점이다. 예전에 보니 이 회재(李晦齋 이언적(李彦迪))과 김 충암(金沖菴 김정(金淨))도 이런 상황을 만났으니, 어찌 옛적의 시국이 지금의 시국과 다르지 않아서가 아니겠는가. 영남으로 가려 한다고 들었는데, 과연 그렇다면 반드시 앞길을 지나갈 것이니, 병든 몸을 부축하고 길가에서 맞이하여 사찰에서 이별한 옛사람[24]을 본받을 수 있을 것이다.

22 외식(外食)의 근심 : 노(魯)나라 단표(單豹)가 내면을 길렀으나 범이 바깥의 몸뚱이를 잡아먹었다는 고사에서 유래한 말로, 여기서는 외부의 공격을 말한다.《莊子 達生》

23 나희석(羅希奭)과 길온(吉溫) : 당나라 간신 이임보(李林甫)의 수하로, 무고한 사람을 모함하여 옥사를 만들었다.《舊唐書 卷186下 酷吏列傳下 羅希奭》

24 사찰에서 이별한 옛사람 : 50쪽 주28 참조.

족질 재로에게 답하다 계묘년(1723, 경종3)

答在魯族姪 癸卯

유배되어 서쪽으로 간 뒤로[25] 길이 멀어 소식이 갑자기 끊겼는데, 엄격히 정해진 기간에 급히 길을 가느라 낭패를 당했을까 염려된다. 더구나 모친의 환후가 계속해서 낫지 않는데 오랫동안 혼정신성(昏定晨省)하지 못하고 병간호할 사람도 없으니, 멀리서 대감 형제의 심회를 생각하니 먹고 자는 것도 편하지 않을 것이다. 방금 보내준 답장이 천 리 먼 곳에서 왔는데 바로 지난달 9일에 나온 것이다. 이를 통해 배소에 도착한 뒤 객지의 근황이 대충 편안하다는 것을 알았으니 이는 조금 위안이 된다. 종이에 가득한 말이 모두 어버이 그리워하는 말이니, 다 읽기도 전에 나도 모르게 눈물이 떨어져 옷깃을 적신다.

대감이 평소 지나치게 신중하였다는 것은 친척과 벗이라면 누군들 모르겠는가. 비록 취향이 다른 사람 중에도 듣고 아는 자가 있다. 그런데 결국 기이한 화가 형제에게까지 미쳤으니, 이것이 어찌 사람이 하는 일이 미치지 못하여 그러한 것이겠는가. 모두 원망하는 집에서 기회를 틈타 분풀이하려고 터무니없이 남을 모함하는 계책에서 나온 것이다. 세도가 이 지경에 이르렀으니 통탄한들 어찌하겠는가.

가뭄이 몹시 심하여 만백성이 다급하다. 방금 들으니 조정에서 이 때문에 소결(疏決)하는 조처가 있어 대감 형제도 양이(量移)하는 은혜

25 유배되어……뒤로 : 김재로와 김취로 형제는 이해 박상검(朴尙儉) 사건에 연루되어 각기 이산(理山)과 울산(蔚山)에 유배되었다. 《景宗實錄 3年 1月 19日》

를 입었다고 한다.[26] 병중에 들으니 나도 모르게 벌떡 일어나 앉아 마치 천상의 소식을 들은 듯하다. 그 기쁨을 어찌 말하겠는가.

다만 들으니 이번 조처는 죄가 가벼워서가 아니라 단지 집에 노친이 있다고 핑계를 대었으니, 당초 대각의 계사에서 지어낸 죄명은 아직 예전 그대로 남아 있다. 이것으로 어찌 민심을 위로하고 하늘의 꾸짖음에 답할 수 있겠는가. 다만 어버이 계신 곳과 거리가 조금 가까워 소식을 자주 들을 수 있으니 이는 다행이다.

나는 근래 현기증이 점차 심해지고 봄 무렵 한질(寒疾)도 심해져 얼마 전 회맹제(會盟祭)에도 참석하러 가지 못하였다. 대각에서 준엄한 글이 나와 의금부로 잡아다 심문하여 죄를 정하라고 논하였으므로 다급히 한강을 건너 도성 남쪽에서 명을 기다렸는데, 늙고 병들었다는 이유로 끝내 요행히 면하였다. 남은 포효가 그치지 않아 반드시 쫓아내고자 한다고 하니, 앞으로의 일이 어떻게 결정될지 모르겠다. 이산(理山)은 죽은 아우가 옛적에 다스리던 땅인데, 예전에 들으니 경내의 선비 중에 보고 감동하여 흥기한 자가 제법 있다고 한다. 지금 대감의 편지를 보니, 비단 전임 수령의 은혜를 잊지 않았을 뿐만 아니라 또 대감에게도 정성을 다하니, 순후한 풍속이 참으로 훌륭하다. 그간의 유배지는 모두 경계가 맞닿았으니 마치 동파(東坡) 형제가 경주(瓊州)와 뇌주(雷州)에서 바라본 것과 같다.[27] 이는 객지에 있는 형제의 마음

26 대감……한다 : 김재로가 순안(順安), 김취로가 상주(尙州)로 이배된 일을 말한다. 《承政院日記 景宗 3年 5月 13日》

27 동파(東坡)……같다 : 동파 형제는 소식(蘇軾)과 소철(蘇轍)이다. 소식이 경주별가(瓊州別駕)로 좌천되었을 때 소철이 경주와 가까운 뇌주(雷州)에 유배된 일이 있다.

에 조금 위로가 되겠는가. 그저 더욱 보중하여 멀리서 바라는 나의 마음에 부응하도록 하라.

족질 정로 오형제에게 주다 신축년(1721, 경종1)

與正魯族姪五兄弟 辛丑

돌아가신 대감의 유고를 공경히 읽으니 나도 모르게 눈물을 닦았다. 다만 현기증을 앓아 정신이 혼미하고 눈이 어두우니 단지 한번 대략 훑어보았을 뿐 자세히 살펴보지 못하였다. 몇 군데 찌를 붙인 곳은 약간의 의심스러운 오자에 불과하다. 산삭(刪削)하는 일로 말하자면 병들고 혼미한 내가 맡을 수 있는 일이 아니니, 정신을 집중하여 글자를 볼 때 현기증이 더욱 방해가 되기 때문이다. 어찌하겠느냐.

삼가 생각건대, 돌아가신 대감은 이와 같은 식견이 있고 이와 같은 재주가 있었으나 세상과 맞지 않아 품은 뜻을 널리 펴지 못하였다. 만년에 잠시 임금의 지우를 입어 단지 그 조짐을 보였을 뿐이다. 이는 실로 시운에 관계되고 사문에 관계되니, 아득한 하늘의 뜻은 참으로 알 수 없다. 이어서 보니, 문자 사이에 말이 엄격하고 뜻이 바르며 기휘를 범한 것이 많다. 지금처럼 세도가 험난하고 인심이 위태로운 때에 만약 남의 눈과 귀로 새어나간다면, 돌아가신 대감에 대한 사후의 비방이 필시 분분할 것이니, 이는 염려하지 않을 수 없다.

족질 취로에게 주다 계묘년(1723, 경종3)

與取魯族姪 癸卯

가까운 곳으로 양이(量移)된 것이 비록 완전히 풀려나는 것과는 다르지만, 어버이 계신 곳이 조금 가까워 필시 소식을 자주 들을 수 있을 것이니, 타향에서 부모를 그리워하는 그대의 마음에 조금 위안이 될 것이다. 기쁘고 다행한 마음을 어찌 헤아리겠는가.

다만 명을 도로 거두어들이라는 계사가 한 달이 지나도록 그치지 않는데, 지어낸 말에 무함이 갑절로 심하다고 한다. 더구나 근래의 일로 보건대 끝까지 무사하리라고 확신할 수 없으니, 우려가 또 말할 수 없을 정도이다. 영남으로 가는 길이 멀어 소식을 전할 사람이 없으니, 남쪽 구름을 바라보며 간절히 그리워한다. 방금 성삼(聖三)이 가는 편에 그대가 새로운 유배지로 오기를 마치 낙원에 가는 것처럼 여기며, 객지의 처소가 조금 편안하고 기거가 좋다는 것을 알았으니, 어디를 가든 만족한다는 뜻을 알 수 있다. 성(誠)자 하나를 지킨 유 원성(劉元城)[28]에게 어찌 많이 양보할 필요가 있겠는가. 몹시 기쁘다.

나는 예전부터 앓던 현기증이 점차 심해지고 날이갈수록 노쇠해져 정신과 근력이 작년에 비하면 10층 떨어진 정도에 그치지 않는다. 살아 있는 동안에는 다시 만나지 못할 듯하니, 슬프고 한탄스러운 마음이

28 성(誠)자……유 원성(劉元城) : 유 원성은 송나라 유안세(劉安世)이다. 그는 오랜 유배 생활에도 병이 난 적이 없었는데, 누군가 비결을 묻자 성(誠)이라고 답하였다. 《宋史 卷345 劉安世列傳》

어찌 그치겠는가. 지금 손자와 함께 호서 골짜기에서 살려고 하는데, 떠날 날은 초겨울이 될 듯하다. 모든 일이 어긋나 마음에 걸리는 일이 많으니, 이 또한 근심스러운 점이다. 그저 몹시 험난한 상황에서도 마음을 형통하게 하여 멀리서 바라는 나의 마음에 부응하여라.

사위 이보명에게 답하다 계미년(1703, 숙종29)

答李甥普溟 癸未

돌아오는 인편으로 편지를 받고서 추운 길을 잘 가서 돌아가 어버이를 모시고 잘 지내고 있다는 것을 알았으니 기쁘고 위안이 되는 마음을 어찌 헤아리겠느냐.

나는 근래 자네와 오랫동안 함께 살았으니, 이 때문에 자네의 장점을 이미 깊이 알고, 자네의 단점도 많이 안다. 타고난 성품이 온화하고 부드러우나 그 폐해는 간혹 대충대충 하는 데 이르기도 하고, 견식이 넓으나 그 유폐는 간혹 범속한 데로 귀결된다. 붙잡아 지키는 힘이 지극하지 않아 속세의 일에 이끌리고, 편안하고 고요하게 하려는 공부가 부족하여 걸핏하면 어지러워진다.

내가 자네에게 바라는 것은, 단지 앞으로는 일체의 한가롭고 쓸데없는 인사를 제거하고, 일체의 비루한 속습을 제거하며, 귀로 듣고자 하는 것, 눈으로 보고자 하는 것, 입으로 먹고자 하는 것, 사지를 편안하게 하려는 것 등 내 마음을 해치고 내 뜻을 방탕하게 하는 모든 것을 일체 놓아버리는 것이다. 오직 몸과 마음을 수습하고 서책을 가까이 하기에 힘써 용감하게 곧장 앞으로 나아가 한결같은 마음으로 힘을 쓰되, 잡다한 생각과 외물을 바라는 욕심에 흔들리지 말아야 한다. 이렇게 2, 3년 또는 5, 6년 동안 한다면, 자네의 아름다운 자질로 어찌 대단히 크게 진보할 리가 없겠는가. 선유(先儒)는 어린아이 같은 마음을 버리고 오래된 습관을 바꾸는 것을 가장 긴요한 공부라고 하였다. 이는 자네가 더욱 곱씹어 완미해야 할 것이다.

그리고 그대는 늘 기억력이 둔하다고 한탄하는데, 이는 그렇지 않다. 옛사람이 말하기를, "생각하고 생각하면 귀신이 깨우쳐준다."라고 하였고, 또 "성실이 미치는 곳은 금석도 꿰뚫는다."라고 하였다. 만약 정신을 집중하여 독서하고 지극한 정성으로 탐구하기를 마치 《중용》의 "터득하지 않으면 놓지 않는다."라는 말과 《대학》의 "아름다운 여색을 좋아하듯 하라."라는 말처럼 하여 오랫동안 노력하고 마음과 생각이 어두워지거나 흔들리지 않아 스스로 깊이 터득하여 지기(志氣)가 맑고 밝아지는 효과가 있다면, 장차 총명과 예지가 모두 이로 말미암아 나올 것이다. 더구나 진열(陳烈) 선생이 남긴 법도[29]를 분명히 볼 수 있으니, 지금 만약 그 정해진 법을 살펴보고 따라서 본받는다면, 어찌 미치지 못한다고 걱정하겠는가.

29 진열(陳烈)……법도 : 진열은 송(宋)나라 학자이다. 기억력이 부족하여 걱정하다가 《맹자(孟子)》 구방심장(求放心章)을 읽고는 몇 달 동안 두문불출하며 마음을 집중한 뒤에 읽었더니 기억력이 좋아졌다. 《心經 卷3》

예산서원 유생에게 답하다 계미년(1703, 숙종29)

答禮山院儒 癸未

들으니 서원은 이미 상량(上樑)하였고, 기와를 굽고 재목을 모으는 일도 차례로 실마리가 잡힌다고 하니, 이는 실로 여러분이 부지런히 일한 효과에 전적으로 힘입은 것입니다. 몹시 다행입니다.

말씀하신 내용은 병들어 산속에 칩거하는 제가 알 바가 아닙니다. 다만 어리석은 견해로 논하자면, 이른바 '추후에 철향(腏享)한다.'라는 주장과 '동시에 나란히 거행한다.'라는 논의는 모두 여러 선비가 현인을 사모하는 정성에서 나온 것입니다. 이는 그저 재력이 풍부한지 부족한지와 유림의 공론을 보아 한결같이 의리에 따라 상의하여 잘 처리해야 하며, 터럭만큼이라도 사사로운 뜻이 그 사이에 섞여서는 안 되니, 그러한 뒤에야 사리에 합당해질 것입니다.

만약 그렇지 않고 각기 자기 견해를 세워 서로 비방하고 오직 반드시 이기기를 위주로 한다면, 바야흐로 생겨나는 주장이 날이 갈수록 격렬해지고, 어지러이 짓밟아 그치지 않는 모습을 보게 될 것입니다. 비단 사리에 불가할 뿐만 아니라 서원의 일에 있어서도 필시 어긋나고 어려워지는 근심이 있을 것입니다. 이와 같다면 당초 여러 선비가 현인을 사모하던 정성은 모두 허사가 되며, 결국 한바탕 싸움판이 될 뿐입니다. 피차의 시비가 그다지 크게 다르지 않으니, 이것이 제(齊)나라와 초(楚)나라의 잘잘못[30]과 무엇이 다르겠습니까.

30 제(齊)나라와 초(楚)나라의 잘잘못 : 제나라 왕과 초나라 자허(子虛)가 각기 자기

사람의 견해는 억지로 합일하기 어렵고, 일처리는 중도를 얻는 것이 중요합니다. 가부를 결정할 때 화평하게 하는데 힘써 결국 원만하게 귀결된다면 어찌 몹시 좋지 않겠습니까. 물어보셨기에 감히 이렇게 고하니, 행여 여러분이 망녕되고 경솔하다고 물리치지 않을지 모르겠습니다.

나라의 사냥이 크고 화려하다고 자랑하였다는 고사에서 나온 말로, 피차일반이라는 뜻이다. 《史記 卷117 司馬相如列傳》

파주서원 유생에게 답하다 정해년(1707, 숙종33)

答坡州院儒 丁亥

각기 궁벽한 곳에 있으면서 오랫동안 소식이 없었는데, 방금 서울의 인편을 통해 보내주신 편지를 받아보고 여러 형들이 조용히 잘 지내고 있다는 것을 알았으니 기쁘고 위안이 되는 마음을 견디지 못하겠습니다. 저는 근래 더욱 노쇠하고 병들어 모든 일을 내팽개쳤으니, 매번 평소의 좋은 놀이를 생각하면 새벽별처럼 멀리서 쓸쓸하게 바라보는 것 같습니다. 비록 옛사람이 수레를 타고 천리 길을 가서 흉금을 터놓고 마주앉아 이야기한 일을 본받아 이 어리석은 저를 경계하고 싶지만, 또 어찌 쉽게 할 수 있겠습니까. 그저 간절히 바라보며 서글퍼할 뿐입니다.

자세히 말씀하신 내용은 잘 알겠습니다. 저처럼 학문이 부족하고 식견이 얕은 사람이 어찌 감히 함부로 논의하겠습니까. 다만 이 일은 스승 문하에 관계된 일이고, 지금 또 멀리서 간곡히 물으셨으니 어리석은 견해를 간략히 아뢰지 않을 수 없습니다.

파주의 남계(南溪)는 우리 스승께서 만년에 머물러 살던 곳입니다. 자취가 남아 지금도 사람들이 그리워합니다. 그곳에 사원을 창설하여 그리워하고 존경하는 정성을 담는 것은 원래 그만둘 수 없는 일이니, 파주 유생이 오늘날 하는 논의는 타고난 본성으로 덕을 좋아하는 양심을 깊이 터득한 것으로, 경하하여 마지않습니다. 그러나 지금의 사리로 말하자면 절대 안 되는 점이 있습니다.

율곡(栗谷) 선생은 우리 동방의 영원한 스승입니다. 우리 돌아가신 스승이 그 뒤를 이어 일어나 도덕이 같고 업적이 부끄럽지 않으니, 당초 자운서원(紫雲書院)에 합향(合享)한 것은 실로 여러 선비가 함께 존경하는 마음과 온 경내의 공론에서 나온 것입니다. 비록 후대에 옛일을 논의하는 자에게 말하게 하더라도 필시 이에 대해 유감이 없을 것입니다. 그런데 지금 13년이 지난 뒤 몹시 난처한 혐의와 장애가 있는 것도 아니고, 또 세도(世道)를 주장하는 사문(斯文)의 덕 있는 어른도 없는데, 약간 유생이 한때 건의한 일로 인하여 갑자기 옮겨 향사한다면 이것이 무슨 거조입니까.

남계는 다른 곳과 달라 합향은 전적으로 제사지내는 것만 못하니, 비록 그대들의 말씀이 아니라도 사람들이 어찌 모르겠습니까. 지금 십여 년 동안 설행하던 제사를 하루아침에 다른 일도 없이 쉽게 바꾼다면 여러 형들은 편안하겠습니까, 편안하지 않겠습니까.

이른바 당초에 구차하였다는 말은 그 당시의 곡절이 어떠한지는 모르겠습니다. 그러나 우리 돌아가신 스승이 평생 율곡 선생을 존경하던 마음으로 한 사당에서 제향을 받는 것은 인정과 이치상 모두 편안합니다. 비록 비슷한 서원의 전례로 말하더라도, 선산(善山)의 금오서원(金烏書院)은 송당(松堂 박영(朴英))과 여헌(旅軒 장현광(張顯光))을 야은(冶隱 길재(吉再)) 선생과 합향하였고, 금산(錦山)의 경현서원(景賢書院)은 회재(晦齋 이언적(李彦迪))과 퇴계(退溪 이황(李滉))를 한훤(寒暄 김굉필(金宏弼)) 선생과 합향하였으니, 여기에 어찌 터럭만큼이라도 구차할 염려가 있겠습니까. 더구나 보내주신 편지에 주장하는 뜻이 없지 않은 듯한데, 이는 더욱 어쩔 줄 몰라 멍한 마음을 견디지 못하겠습니다.

학궁(學宮)의 향사는 원래 중대한 일입니다. 그러나 말세 사람들의 견해는 치우치고 막히기 쉬우니, 어찌 치우치기 쉬운 견해를 한결같이 따라서 막대한 예법을 함부로 결단하면서 그 사이에서 조금도 의심하거나 꺼리는 일이 없을 수 있겠습니까. 지금 만약 사체의 중대함을 유념하지 않고 논의가 귀일되기를 기다리지 않은 채 용감히 담당하고 지레 먼저 옮겨 설치한다면, 훗날 사우들의 꾸짖음이 필시 사방에서 올 것입니다. 그때 가서는 형들이 비록 입이 석 자나 되더라도 해명할 수가 없을 것이니, 바라건대 다시 자세히 살펴 경솔했다는 후회를 남기지 말기 바랍니다. 또 파주의 여러 선비에게 이것으로 도리를 삼아 잘 타이른다면 다행이겠습니다.

그래도 그만둘 수 없다면 한 가지 방법이 있습니다. 지금 자운서원에 합향하는 것 외에 남계 근처에 따로 서원을 지어 전적으로 향사하는 곳으로 삼는다면, 일의 체모로 따져보아도 지극히 완전합니다. 한 고을에 중복해서 설치하는 것도 근거로 삼을 만한 전례가 있습니다. 지금 개성(開城)의 숭양서원(崧陽書院)과 화곡서원(花谷書院)을 보면 화담(花潭 서경덕(徐敬德)) 선생을 이미 숭양서원에 제향하고서 또 화곡서원에 전적으로 제향하였습니다. 성주(星州)의 천곡서원(川谷書院)과 회연서원(檜淵書院)을 보면 한강(寒崗 정구(鄭逑)) 선생을 천곡서원에 배향하고서 또 회연서원에 전적으로 제향하였습니다. 이것이 어찌 오늘날 본받을 것이 아니겠습니까. 파주 고을은 평소 추로(鄒魯)와 같은 고장으로 일컬어지고, 경내의 현인들은 모두 돌아가신 스승의 문하를 출입하며 훈도를 받은 사람입니다. 생각건대, 이 일에 대해 필시 함께 의논하여 지극히 당연한 결론에 이르기를 힘쓰는 것이 저의 바람입니다.

후재집

제8권

답문 答問
경의 經義

박필부[1]에게 답하다
答朴弼傅

문 〈서제(書題)〉에 '금기전서(今其全書)'의 '서(書)' 자가 있는데,[2] 삼대(三代)의 성대한 시절에도 《소학》이라는 책이 있었습니까?

답 삼대 시절에 소학이라는 책이 있었는지는 상고한 바가 없어 감히 알 수 없네. 다만 8세부터 소학(小學)에 들어가고 15세에 대학(大學)에 들어갔으니, 그 사이에 배우는 예악사어서수(禮樂射御書數)의 법에 대하여 어찌 전혀 그 글이 없겠는가. 이를테면 〈내칙(內則)〉의 "10세에 간략하고 진실한 것을 청하여 익힌다〔十歲請肄簡諒〕"라는 문장의 주석에 "간(簡)은 서편(書篇)의 수이다."라고 한 것과 "13세에 음악을 배우고 시를 외운다.〔十三學樂誦詩〕"라는 문장의 주석에 "시는 악가(樂歌)의 장(章)이다."라는 따위로 알 수 있네.

1 박필부(朴弼傅) : 1687~1752. 본관은 반남(潘南), 자는 경뢰(景賚), 호는 성암(省菴)으로, 박세채(朴世采)의 손자이며 저자의 문인이다.

2 서제(書題)에……있는데 : 《소학》 〈서제書題〉〉에 "지금 그 완전한 책을 비록 볼 수는 없지만 전기(傳記)에 섞어 나오는 것이 또한 많건만 읽는 자들이 왕왕 다만 옛날과 지금은 마땅함이 다르다고 하여 행하지 않는다."라는 내용이 있다.

이사수[3]에게 답하다
答李士秀

보내주신 편지에서 '부정한 음식〔邪味〕'[4]에 대한 설을 누누이 개진하여 지극히 설파한 부분이 있으니 큰 소리로 두세 번 읽어봄에 감탄하여 우러르는 마음을 금할 수 없습니다. 다만 그 중에 한두 가지 의심스러운 점이 있으니 어찌 감히 다시 누추한 의견을 개진하여 다시 밝은 가르침을 받는 바탕으로 삼지 않겠습니까.

이른바 '부정한 음식〔邪味〕'이라고 할 때의 '부정하다〔邪〕'는 글자는 지나치게 강구할 필요도 없고 깊이 주시할 필요도 없을 듯하니, 단지 '부정하다〔不正〕'는 두 글자만으로도 그 뜻이 이미 충분합니다. 이른바 부정하다는 것도 여러 말할 필요가 없으니, 바로 음식이 의리에 맞지 않아 올바름을 얻지 못한 것입니다. 대체로 산모의 임신 초기에는 삼가

3 이사수(李士秀) : 이정영(李挺英, 1655~1726)으로, 본관은 전주(全州)이고, 자가 사수이다.

4 부정한 음식 : 《소학》 〈입교(入教)〉에 "옛날에 부인이 아이를 임신하면……부정한 음식을 먹지 않았다."라는 내용이 있다.

고 조심하지 않아서는 안 됩니다. 이 때문에 비록 평범한 음식이라도 반드시 의리의 마땅함을 따라서 그 바름을 잃지 않아야 합니다. 제가 이전의 설에서 먹지 말아야 할 음식의 명단을 조목조목 말하여 증거로 삼지는 못했지만, 한번 마시고 한번 먹을 때에 의리에 바른 것과 부정한 것이 따로 있으니, 의리에 합당하여 그 바름을 잃지 않은 것이 먹어야 할 것이고, 의리에 부합하지 않아 그 바름을 잃은 것이 먹지 말아야 할 것입니다. 그 뜻이 어찌 분명하여 알기 쉽지 않겠습니까.

지금 중고(仲固)[5]의 설을 가지고 본다면, 앞서 말한 잘못 조리한 음식과 제철이 아닌 덜 익은 것은 단지 사람 입에 맞지 않아 먹을 수 없는 음식이지 부정한 음식이라고 말할 수 없습니다. 우리 형의 설을 가지고 본다면, 이른바 생선과 고기로 떡처럼 만든 것 따위는 단지 맛있는 음식이지 또한 부정한 음식이라고 말할 수 없습니다. 지금 단지 잘못 조리한 음식과 제철이 아닌 덜 익은 것을 가지고 먹어서는 안 되는 부정한 음식이라고 한다면, 제대로 조리된 음식과 제철에 맞는 익은 것은 먹어야 되는 올바른 음식이 되니, 비록 의리에 부합하지 않아 그 바름을 잃은 것이라 할지라도 모두 장차 먹겠습니까? 만약 단지 생선과 고기로 떡처럼 만든 것을 가지고 먹어서는 안 되는 부정한 음식이라고 한다면, 생선과 고기로 떡처럼 만들지 않은 것은 먹어야 되는 올바른 음식이 되니, 비록 의리에 부합하지 않아 그 바름을 잃은 것이라도 장차 먹겠습니까? 그렇다면 중고가 말한 먹어서 안 되는 음식이란 단지 조리상에 있고, 우리 형이 말한 먹어서 안 되는 음식이란 단지 떡처럼 만드는 것에 있을 뿐, 모두 의리에 타당한지 아닌지에

5 중고(仲固) : 저자의 아우 김재(金栽)이다.

있지 않습니다. 진실로 이와같다면 그 말류의 폐단이 비록 어깨를 비틀어 빼앗은 음식과 적의 선물이라도 만일 제대로 조리되었거나 생선과 고기로 떡처럼 만든 것이 아니면 한결같이 먹는데 불가한 바가 없으니, 의리의 올바름에 해가 되는 것이 어찌 작겠습니까. 이로 말미암아 본다면 형과 중고가 스스로 의리에 부합하다고 말하는 것은 단지 심하게 의리에 부합하지 않은 것을 볼 뿐입니다.

사람은 음식에 대하여 단지 그 의리가 어떠하냐를 살펴야 할 뿐이니, 어찌 그 맛이 입에 맞는지 맞지 않는지 그 맛이 좋은지 나쁜지를 따지겠습니까. 부정한 음식을 먹지 않는 것뿐만 아니라, 이른바 '음란한 소리를 듣지 않는다〔不聽淫聲〕'거나 '부정한 색을 보지 않는다〔不視邪色〕'라는 것도 그 뜻이 모두 같습니다. 만약 중고의 설을 가지고 본다면 조화롭지 못한 소리는 바로 부정한 음란한 소리가 되니, 만약 그 소리가 조화롭다면 비록 정(鄭)나라와 위(衛)나라 음악처럼 의리에 맞지 않는 소리라도 들어도 될 것입니다. 만약 형의 설을 가지고 본다면 매우 조화로운 모든 소리는 바로 부정한 음란한 소리가 되니, 만약 그 소리가 매우 조화롭지 않으면 비록 정나라와 위나라 음악처럼 의리에 맞지 않는 소리라도 들어도 될 것입니다. 이를 가지고 미루어 본다면《열녀전(列女傳)》1편의 뜻이 이와 같지 않음이 없습니다. 다시 바라건대 이것으로 참고하여 보는 것이 어떻겠습니까?

이사수에게 답하다

答李士秀

형이 말씀하신, '음악을 배운다〔學樂〕'는 문장 주석에 오씨(吳氏)가 '악기〔器〕'로 '음악〔樂〕'을 풀이한 것[6]은 그 뜻이 반드시 우연이 아닐 것입니다. 더구나 이 어른은 평생 힘을 쏟은 것이 대부분 이 책에 있었으니, 비록 한 구절, 한 글자 해석이라도 반드시 경중을 헤아려 합당하도록 힘쓴 뒤에야 경문 아래에 써서 후세 사람들에게 보였을 것입니다. 그렇다면 우리들로서는 진실로 한결같은 뜻으로 존숭하고 믿어야지 함부로 헐뜯어서는 안 됩니다. 그러나 나의 앎이 혹 미치지 못한다면 또한 어찌 감히 내내 옛사람의 말이라고 핑계 삼아 알지 못한 채로 버려두고 감히 의심하지 않아 끝내 함께 강론하여 그 귀결을 강론하지 않을 수 있겠습니까.

지금 살펴보건대, 경문에 "열세 살에 음악을 배운다."고 하였습니다. 이미 음악을 배운다고 하였으니 그렇다면 음악의 성률(聲律), 기구(器具), 절문(節文), 도수(度數)가 어느 것인들 배워야 할 것이 아니겠습니까. 그런데도 지금 단지 '악기〔器〕'라는 한 글자만 집어내어 '음악〔樂〕'을 풀이하니, 그렇다면 이른바 배운다는 것은 음악을 배우는 것이 아니라 단지 악기를 배우는 것일 뿐입니다. 이것이 어찌 '음악〔樂〕'이라

6 오씨(吳氏)가……풀이한 것 : 오씨는 명(明)나라 학자 오눌(吳訥, 1372~1457)로, 저서에 《소학집해(小學集解)》가 있다. 오눌은 "음악을 배운다〔學樂〕"에 대하여 은 "음악은 팔음의 악기이다.〔樂, 八音之器.〕"라고 풀이하였다.

는 글자의 올바른 해석이겠으며 경문의 본뜻이겠습니까.

이른바 음악이란 그 성률, 절문, 기구, 도수를 통틀어 말한 것이고, 이른바 악기란 단지 그 기구만 들어 말한 것입니다. 음악과 악기는 그 명칭과 사물에 차이가 있으니, 경문에서 말한 음악을 배운다는 것은 별도로 다른 뜻을 구할 필요 없이 단지 음악을 배우는 것으로 보는 것이 좋습니다. 어찌 굳이 '악기〔器〕'라는 한 글자를 다시 보태어 악기를 배운다고 하겠습니까.

어린아이가 음악을 배우는 것과 성인이 음악을 배우는 것이 비록 대소(大小)와 천심(淺深)의 차이는 있지만 그 배우는 것이 모두 성률, 절문, 도수의 사이를 벗어나지 않습니다. 어린아이가 배우는 것은 거칠고 얕은 성률과 절문이고, 성인이 배우는 것은 이미 배운 거칠고 얕은 성률과 절문을 바탕으로 익히고 숙달하며 미루어 확대하여 넓고 크며 정밀하고 심오한 성률과 절문에 이르는 것입니다. 거친 수준에서 정밀한 수준에 이르고 얕은 수준에서 심오한 수준에 이르니, 이는 소학과 대학의 공부에서 힘을 쏟는 차례에 따로 순서가 있는 것입니다. "대학의 순서는 단지 소학에서 이미 이룬 공부를 따르는 것이다."라는 정자(程子)의 말씀과 "옛사람은 모두 소학을 통해서 배웠으니, 예악(禮樂) -생각건대 이 악(樂) 자는 음악을 배운다고 할 때의 악입니다.- 사어서수(射御書數)의 경우도 그 대강을 모두 배워서 장성해서는 다시 크게 배울 것이 없다."라는 주자(朱子)의 말씀은 대체로 이러한 부류를 가리켜 말한 것입니다. 지금 만약 어린아이가 음악을 배움이 단지 악기만 배우고 그 성률과 절문에는 미치지 않는다고 굳이 말한다면 이는 소학과 대학이 둘로 단절되어 본래 점차적인 공부가 없는 것이니, '단지 소학에서 이미 이룬 공부를 따른다.'는 것이 어디에 있으며, 또한 '그 대강을 모두 배워서 장성해서는 크게 배울 것이 없다.'는 것이 어디 있습니까.

이른바 악기란 금슬(琴瑟)이나 소관(簫管) 따위의 악기가 이것입니다. 만약 어린아이가 음악을 배우는 것이 단지 금슬과 소관 등의 악기를 배운다고 말할 뿐이라면 이는 바로 두세 살 아이가 말을 배울 때에 배울 수 있는 것이니, 어찌 열세 살이 되기를 기다려 비로소 배우겠습니까. 가령 경전을 지은 사람의 뜻이 과연 열세 살에 음악을 배우는 것이 단지 악기를 배우는 것일 뿐이라고만 말했다면, 반드시 다시 아래 문장의 '성동(成童)'이나 '이십(二十)' 아래에 다시 그 성률과 절문을 배운다는 한 조목을 말하여 악기를 배운 뒤에 또 그 성률을 배우는 공부 순서를 응당 보여야지, 이 한쪽으로 치우친 말을 해서 배우는 자들에게 단지 악기만 배우고 그 성률과 절문을 배우지 않게 해서는 안 됩니다. 그렇지 않다면 '열세 살에 음악을 배운다.'는 문장 아래에 응당 하나의 '기(器)' 자를 넣어서 열세 살에 배우는 것이 악기를 배우는 것임을 밝혀야지, 성률과 절문을 총칭하는 '악(樂)' 자를 범범하게 말해서는 안 됩니다.

또 살펴보건대, '음악을 배운다'는 문장 아래에 "시를 외우고 작(勺)에 맞춰 춤춘다.〔誦詩舞勺〕"라고 하였습니다. 사람이 열세 살 나이에 그 배운 것이 이미 시를 외우고 작에 맞추어 춤추는데 이르렀다면 또한 완전히 몽매하여 거칠고 얕은 성률과 절문을 알지 못하는 수준이 아니니, 어찌 한결같이 어린아이라는 핑계로 그 이른바 배우는 것이 단지 그 악기를 배울 뿐이라고 말해서야 되겠습니까. 소학의 교육에서 열세 살에 이르러 반드시 음악을 배우게 하는 것은 어린 시절부터 이미 성률을 배우고 절문을 익혀 장성했을 때에 쉽게 공부하게 하고, 또 그 혈맥(血脈)을 움직이고 그 정신을 소통시켜 더러운 마음을 씻어내고 치우친 기질을 구제하게 하려는 것입니다. 이것이 옛사람이 음악을 중시한 이유이고 또한 어린 시절에 배우고 익히게 한 이유입니다. 이로 말미암아 본다면, 음악을 배운 공효가 어린아이를 이와 같은데 이르게 할 수 있으니, 이것이 어찌 단지 악기만 배운 자가 도달할 수 있는 바이겠습니까. 일찍이 보건대, 율곡(栗谷)이 《성학집요(聖學輯要)》에 이 장을 수록하면서 오씨의 주석에서 "음악은 팔음의 기구이다〔樂者, 八音之器〕"라는 한 단락을 잘라 없앴으니, 율곡 또한 취사하는 사이에 깊은 뜻이 따로 있는 것이 아니겠습니까.

지금 또 주자(朱子)의 설을 가지고 살펴보면, 주자가 "옛사람은 어려서부터 음악을 가르쳤다. 사람이 손을 잡고 가르치다가 성인이 되면 함양이 이루어져 점차 자립할 수 있게 된다."라고 하자, 어떤 이가 "이는 음악을 연주하고서 듣게 하는 것입니까? 혹은 스스로 연주하게 하는 것입니까?"라고 묻자, "스스로 연주하게 한다."라고 대답하였습니다. '손을 잡고 가르친다.'는 주자의 말과 '음악을 연주하고서 듣게 한다.'는 어떤 이의 질문을 보면, 그 나이가 어릴지라도 손을 잡고 가르치고 또 스스로 연주시킨 것을 알 수 있으니, 그렇다면 어리다는 이유로 성률과 절문은 배우지 않고 단지 악기만 배우는 것이 아님을 여기에서도 알 수 있습니다. 그렇다면 어린아이가 배운다는 핑계로 악기로 풀이하는 것이 이미 의심스러운데, 심지어 이 '기(器)'라는 글자와 '어린아이〔童蒙〕'라는 글자 때문에 또 새로운 뜻을 도출하여 따로 한 의견을 세워 다시 용(用) 한쪽의 설을 만든다면 이는 꽉 막힌 제 식견으로 갑자기 깨달을 수 없습니다.

삼가 살펴보건대, 음악의 체용(體用)을 말한 옛사람이 많지만 악기를 음악의 용(用)으로 삼고 성률과 절문을 음악의 체(體)로 삼은 사람은 없는데, 지금 중고(仲固)가 이미 그 설을 발론하고 우리 형이 또 확대하니, 이것은 오늘날 처음 만든 설입니까? 아니면 옛사람으로부터 전해 받은 내력처가 있습니까?

이른바 넓고 크며 정밀하고 심오한 음악의 전체(全體)와 대용(大用)은 과연 어린아이가 갑자기 알 수 있는 바가 아닙니다. 그러나 어린아이가 배울 때에 음악의 체용을 또한 이미 대략 알고 있습니다. 그러므로 장성한 시절에 이르러 이 대략 안 것을 통하여 순서에 따라 점점 나아간다면 그 공부의 지극한 경지에 이르러선 끝내 넓고 크며 정밀하고 심오한 전체와 대용에 이를 것이니, 앞에서 말한 "단지 이미 이룬 공부를 따른다."는 정자의 말과 "대강을 모두 배웠다."는 주자의 설을 가지고 본다면 알 수 있습니다. 만약 그렇지 않고서 단지 용(用)을 어린아이의 학문으로 삼고 체(體)를 성인의 학문으로 삼는다면 이는 체용을 둘로 나누는 병폐에 가깝지 않겠습니까. 그렇다면 악기를 음악의 용으로 삼아 체용으로 소학과 대학을 나눈 형의 말은 경문의 뜻을 잃은 것일 뿐만 아니라, 또한 오씨의 설에도 어긋나는 것입니다. 오씨를 위해 변론한 것이 도리어 오씨에게 누가 될듯합니다. 질문을 주셨기에 감히 어리석은 의견을 다시 이렇게 여쭙니다. 우리 형께서는 어떻게 생각하는지요?

유도경[7]에게 답하다
答柳道卿

문 〈악기(樂記)〉의 "태만하고 사벽한 기운을 신체에 베풀지 말라.〔惰慢邪僻之氣, 不設於身體〕"는 주석에 "태만한 기운은 안에서부터 나오고, 사벽한 기운은 밖으로부터 들어오는 것이다."라고 하였는데, 이 설이 의심스럽습니다. 주자(朱子)는 〈악기〉의 "비루하고 속이는 마음이 안으로 들어오고 태만한 마음이 안으로 들어온다."[8]는 부분을 논하여 외부의 유혹이 그렇게 만들었다고 하였습니다.
답 그대의 말이 옳습니다. 저 또한 일찍이 주석에서 안과 밖을 나누어 소속시킨 것을 의심스럽게 여겼습니다.

7 유도경(柳道卿) : 유귀삼(柳貴三)으로, 본관은 진주(晉州), 호는 이고, 자가 도경이다. 박세채(朴世采)의 문인이다.

8 악기의……들어온다 : 《예기(禮記)》 〈악기(樂記)〉에 "마음속이 잠시라도 화평하고 즐겁지 않으면 비루하고 간사한 마음이 들어오고, 외모가 잠시라도 장엄하고 경건하지 않으면 소홀하고 태만한 마음이 들어온다.〔心中斯須不和不樂, 則鄙詐之心入之矣; 外貌斯須不莊不敬, 則易慢之心入之矣.〕"라고 하였다

유도경에게 답하다
答柳道卿

문 〈계고(稽古)〉편에서 명륜(明倫)을 논한 부분에[9] 임금과 신하의 의리에 이르러선 복수의 일을 인용한 것이 많습니다. 임금과 신하의 의리가 복수에만 그치지 않는데 유독 이것을 많이 인용한 것은 어찌 이로써 당시 신하들을 경계하고자 해서가 아니겠습니까.

답 기자(箕子)부터 그 이하에 인용한 사람이 여덟 사람인데, 그 중에 예양(豫讓)[10]과 왕손가(王孫賈)[11] 두 사람은 임금을 위해 복수한

9 계고(稽古)……부분에 : 〈계교〉편은 총 47장으로, 입교(立教)가 4장, 명륜(明倫)이 31장, 경신(敬身)이 9장, 통론(通論)이 3장이다.

10 예양(豫讓) : 전국 시대 진(晉)나라 사람으로, 자신이 모시던 지백(智伯)이 조양자(趙襄子)에게 죽임을 당하자 원수를 갚기 위해 목숨을 버린 자객이다.

11 왕손가(王孫賈) : 전국 시대 제(齊)나라 사람이다. 제나라 민왕(閔王)을 섬겼는데, 민왕이 연(燕)나라에 패하여 도망가는 바람에 왕손가가 민왕의 소재를 알지 못한 채 집에 돌아오니, 그의 어머니가 "너는 왕을 모시는 몸으로 왕이 패하여 도망갔는데, 어디 있는 줄도 모른 채 집에 돌아온단 말이냐."라고 하자, 마침내 무리를 이끌고서 민왕을 죽이 요치(淖齒)를 죽였다.

의리가 탁월하여 취할 만합니다. 그러므로 여기에 넣은 것이지, 다른 뜻이 있는 것은 아닌 듯합니다. 더구나 주자(朱子)의 이 책은 만세를 위해 가르침을 드리운 것이지, 한 시대에 유감이 있어 지은 것이 아닙니다. 그렇다면 당시 신하들을 경계하기 위해서 인용했다고 하는 것이 과연 어떨지 모르겠습니다.

박필부에게 답하다

答朴弼傅

문 "제육을 받는다〔受脤〕"라고 할 때의 '제육〔脤〕'은 무슨 뜻인지요?

답 신(蜃)은 대합(大蛤)이고, 신(脤)은 제육(祭肉)이니, 대합에 제육을 담기 때문에 신(脤)이라고 한 것이네. 《설문(說文)》의 이른바 "신(脤)은 사(社)의 제육이다. 대합에 담기 때문에 신(脤)이라고 하였다."는 것이 그 뜻이 매우 분명하니, 《소학》 본주(本註)에도 이러한 뜻이 있네.[12] '신(蜃)'은 '충(虫)' 자로 구성되고, '신(脤)'은 '육(肉)' 자로 구성되니, 사제(社祭)를 지낼 때 그 제육을 신기(蜃器)에 담기 때문에 신(脤)이라고 한 것이네.

12 소학……있네 : 소학 주석에 "신(脤)은 제사 고기이니, 신기(脤器)에 담기 때문에 신(脤)이라고 한 것이다."라고 하였다.

신명윤[13]에게 답하다
答申明允

성인이 배우는 도를 대학(大學)이라 하고, 성인이 입학한 학관(學館)을 또한 대학이라고 하니, 이를 또 몰라서는 안 되네.

13 신명윤(申明允) : 신경(申暻, 1696~1766)으로, 본관은 평산(平山), 호는 직암(直菴)이고 자가 명윤이다. 저자의 문인이자 박세채(朴世采)의 외손이다.

윤은수[14]에게 답하다

答尹殷叟

문 "지(智)는 마음의 신명(神明)함이니, 뭇 이치를 묘하게 운용하여 만물을 관장하는 것이다.〔智者, 心之神明, 所以妙衆理而宰萬物者也〕"[15]라는 부분에 대하여, 채청(蔡淸)[16]은 "운봉 호씨(雲峯胡氏)의 설은 분명히 명덕(明德)의 뜻이다."라고 하였는데, 이 말이 끝내 합당치 않은 듯합니다. 왜냐하면, 운봉 호씨의 설은 단지 '지(智)' 자만 풀이한 것이기 때문입니다. 만약 명덕을 풀이하였다면 반드시 "모든 이치를 갖추고 만사에 응한다.〔具衆理, 應萬事〕"라고 하였을 것입니다. 여기에서 말한 '뭇 이치를 묘하게 운용하여 만물을 관장한다.'는 것은 '뭇 이치를 갖추고 만사에 응한다.'라는 뜻과는 저절로 차이가 있으니, '묘(妙)' 자와 '재(宰)' 자가 '지(智)'에는 합당하지만, 명덕의 전체에 대해서는 실로 포괄하지 못합니다. 어떻게 생각하시는지요?

답 허재(虛齋)의 설이 과연 온당치 못하니, 그대가 바로잡은 것이 옳은 듯하네.

14 윤은수(尹殷叟) : 윤형로(尹衡老)로, 본관은 파평(坡平)이고, 자가 은수이다. 저자의 문인이다.

15 지(智)는……것이다 : 《대학혹문(大學或問)》에 나오는 운봉 호씨(雲峯胡氏)의 설이다. 운봉 호씨는 원(元)나라 유학자 호병문(胡炳文)이다.

16 채청(蔡淸) : 1453~1508. 명(明)나라 유학자, 자는 개부(介夫), 호는 허재(虛齋)이다.

우암 송 선생에게 올리다
上尤菴宋先生

저번에 여쭈었던 심(心)·성(性)·정(情)·의(意)의 설에 대해서는 저 또한 이 네 가지가 본래 구분하기 모호한 하나의 물사(物事)로 조금도 경계와 분별이 없다고 생각하는 것은 아닙니다. 다만 심(心)이 움직이면 성(性)도 동시에 따라 움직여 '저것이 발현하고 이것이 발현하는〔彼發此發〕' 차이가 없고, 정(情)이 발하면 의(意)가 이미 헤아리고 견주어 '먼저 생겨나고 나중에 생겨나는〔先生後生〕' 구분이 없다고 여길 뿐이었습니다. 이것은 저의 당초 선입견으로 그 설이 이미 잘못된 것인데, 근래에 한 부분이 이로 인하여 점차 어긋나 마침내 '심(心)과 성(性)의 발현에 이미 피차의 구분이 없으니 정(情)과 의(意)의 쓰임에 어찌 선후가 있겠는가.'라는 설이 되었습니다. 비록 즉시 깨닫고 바꾸었지만, 그 이른바 '심과 성은 저것이 발현하고 이것이 발현하는 차이가 없다.'는 것은 제가 또 반복하여 생각해보건대 큰 병통이 되지는 않는 듯합니다.

이(理)와 기(氣)가 서로 뒤섞이지 않고 각자 분별이 있지만 두 가지는 본래 간격이 없이 오묘하게 합하여 서로 떨어질 수 없으니, 어찌 저것이 발현하고 이것이 발현할 이치가 있겠습니까. 제가 일찍이 차기(箚記)에 정(情)과 의(意) 두 글자를 함부로 풀이하여, "정은 선할 수도 있고 악할 수도 있는 물사이고, 의에 이르러야 비로소 선이 있고 악이 있다."라고 하였더니, 혹자(或者)가 "이 설은 옳지 않다."라고 하면서 마침내 스스로 한 설을 만들어 호씨(胡氏)의 '심(心)이 발현하여 의(意)가 된다.', '성(性)이 발현하여 정(情)이 된다.' 및 '그 애초에는 불선이 없다.', '곧 선과 불선이 있게 된다.'는 등의 말[17]을 인용하였는데, 인용한 것 중에 또 '심이 발현하여 의가 된다.'와 '성이 발현하여 정이 된다.'는 부분은 옳지 않게 여기고-심과 성이 다르게 발현하는 병통이 있다고 여긴 것입니다.- '그 애초에는 불선이 없다.'와 '곧 선과 불선이 있게 된다.'는 부분은 옳게 여겨-정과 의는 선악의 구분이 있다고 여긴 것입니다.- 마침내 "정은 의보다 먼저 생기기 때문에 불선이 없고, 의는 정보다 뒤에 생기기 때문에 선악이 있다."라고 말하였습니다.-혹자의 주장은 단지 이 부분에 있을 뿐입니다.-

제가 이전의 설에서 논변했던 것은 그 뜻이 저 사람의 이 설을 발명하고자 했던 것인데 의견이 주밀하지 못한 탓에 말할 적에 어긋난 것이 많았습니다. 지금 선생의 말씀으로 인하여 다시 이전의 설을 살펴보니, 호씨의 심이 발현하고 성이 발현한다는 요지에 그다지 어긋나지 않는 듯합니다. 다만 호씨의 본뜻을 자세히 살피지 않고서 함부로 논하였으니,-저 또한 호씨의 설에 대하여 심과 성이 서로 다르게 발현하는 병통이 있다고 의심하

17 호씨(胡氏)의……말 : 운봉 호씨(雲峯胡氏)는 "성이 발현하여 정이 되니 그 애초에는 불선이 없지만, 심이 발현하여 의가 되니 곧 선과 불선이 있게 된다.〔性發爲情, 其初無有不善, 心發爲意, 便有善不善.〕"라고 하였다.

였기 때문에 이전의 설에서 이런저런 말을 했던 것입니다.- 이제와 생각하니 매우 두렵습니다. 그러나 '그 애초에는 불선이 없다.'는 말에 대해서는 선생께서 이미 호씨의 설이 옳지 않다고 하셨으니, 그렇다면 혹자의 말은 공격하기도 전에 이미 가루가 되어 부서질 것입니다.

그 가운데 이른바 정은 앞이고 의는 뒤라는 설은 즉시 선생의 가르침에 따라 벌써 고쳤습니다. 그런데 이곳에 이의를 제기하는 자가 말하기를,

"주자(周子)는 정(情)을 기(幾)라고 하고-《통서(通書)》에서 '발동할 때에 선악이 있다.〔幾善惡〕'라고 하였습니다.- 주자(朱子)는 의(意)를 기(幾)라고 하였다.-《대학》 주석에서 '그 기를 살핀다.〔以審其幾〕'라고 하였습니다.[18]- 기(幾)란 움직일 듯 말 듯 하는 즈음이니, 그렇다면 정과 의가 비록 계교(計較)하고 계교하지 못하는 차이는 있지만 아마도 모두 심(心)이 막 움직이려는 순간이 될 것이다."

라고 하고, 또 말하기를,

"《대학》 전(傳) 제6장 장구(章句)의 '그 기를 살핀다〔以審其幾〕'는 말 아래 소주(小註)에, 주자(朱子)가 '기(幾)란 동(動)의 은미함이다. 이는 움직일 듯 말 듯 하는 즈음으로 선악이 생기니 바로 여기에 나아가 알아야 한다. 만약 발현하여 나오는데 이른다면 더 이상 어떻게 할 수 있겠는가.'라고 하였고, 신안 진씨(新安陳氏) 또한 이에 대하여 '생각이 처음 싹터 움직여 선악(善惡)과 성위(誠僞)가 갈라지는 기미처(幾微處)이다.'라고 하였다. 지금 만약 의(意)를 움직일

18 대학……하였습니다 : 대본에는 없는데, 《송자대전(宋子大全)》 권140 〈답김직경(答金直卿)〉에 의거하여 보충하여 번역하였다.

듯 말 듯 하는 즈음에 두어 생각이 처음 싹트는 곳으로 삼는다면, 움직일 듯 말 듯 하기 이전과 생각이 처음 싹트기 이전은 바로 고요하여 움직이지 않는 때이니, 그 이전에는 정이 먼저 발현하여 나올 리 없을 듯하다. 이러한 몇 가지가 모두 의심스럽다."

라고 하였습니다.

제가 근래에 살펴보니, 주자는 "의(意)는 정(情)이 있음으로 말미암아 작용한다."라고 하였고, 율곡(栗谷) 선생은 "정은 사물에 감촉되어 처음 움직이는 것이고, 의는 정으로 말미암아 계교하는 것이다."라고 하고, 또 "심(心)이 처음 움직이는 것이 정(情)이고, 이 정으로 말미암아 헤아리는 것이 의(意)이다."라고 하였고, 선생의 말씀에도 "정(情)은 희로애락애오욕(喜怒哀樂愛惡欲)이니, 반드시 먼저 이러한 [illegible]사가 있은 뒤에 이것을 헤아리는 것을 의(意)라고 한다."라고 하였[illegible] 이러한 설들이 매우 분명하고 통쾌할 뿐만이 아니지만, 이 설을 가[illegible] 저 설을 비교하면 조금 어긋난 점이 있으니, 이 한 부분에 대해서는 아직도 조금 의심스러운 점이 있습니다.

그러나 저의 망령된 생각은 다음과 같습니다. 주자(周子)의 이른바 기(幾)는 정(情)을 말하는데, 이는 선할 수도 있고 악할 수도 있어 바르게 나오면 선하고 옆으로 나오면 악하니, 이것이 바로 선악이 말미암아 나누어지는 기미입니다. 그러므로 주자는 정(情)을 기(幾)라고 말한 것입니다. 주자(朱子)의 이른바 기(幾)는 의(意)를 말하는데, 이는 선할 수도 있고 악할 수도 있는 곳에 주장하는 물사가 있기 때문에 선을 주장하면 선해지고 악을 주장하면 악해지니, 이것이 바로 선이 되고 악이 되는 것이 말미암아 나누어지는 기미입니다. 그러므로 주자는 의(意)에 대해서도 기(幾)라고 말한 것입니다. 글자는 같지만 의미는 실로 다릅니다.

혹자의 설은 또 정과 의를 하나의 물사라고 여겨 "성(性)이 발현한 것도 의(意)라 할 수 있고, 심(心)이 발현한 것도 정(情)이라 할 수 있다."라고 하고, 또 "정이 곧 의이고 의가 곧 정이다."라고 하는데, 이 설 또한 폐단이 있는 듯합니다. 이유는 다음과 같습니다. 성(性)은 작위가 없는 물사이고, 심(心)은 운용하는 물사이고, 정(情)은 무의식 중에 갑자기 나오는 물사이고, 의(意)는 계교하고 꾀하는 물사입니다. 그러므로 그 가운데 서로 의미가 가까운 것을 나누어 소속시키면, 정은 성에 속하고 의는 심에 속하니, 그 조리와 맥락에 어지럽힐 수 없는 점이 있습니다. 이 때문에 주자(朱子)도 "정은 성이 발현한 것이고, 의는 심이 발현한 것이다."라고 하였으니, '성이 발현한 것도 의라 할 수 있고, 심이 발현한 것도 정이라 할 수 있다'고 범범하게 혼칭해서는 안 됨이 분명합니다. 더구나 정과 의 이 둘은 명칭이 다른데다 의미도 구별되어 그 주장하는 바에 따라 현격하게 다르니, 또한 어찌 뒤섞어 하나의 물사로 간주하여 '정이 곧 의이고 의가 곧 정이다'라고 말할 수 있겠습니까.

주자는 "정(情)은 배와 수레와 같고, 의(意)는 사람이 그 배와 수레를 부리는 것과 같다."라고 하였습니다. 비록 사람과 배·수레가 한 가지도 없어서는 안 되지만 이 둘은 절로 분별이 있습니다. 지금 만약 '사람이 곧 배와 수레이고, 배와 수레가 곧 사람이다.'라고 한다면 이는 말도 되지 않고 문리도 이루지 못합니다.

심·성·정·의 네 가지는 합하여 말하면 모두 심에 통솔되고 나누어 말하면 네 가지가 제각기 구별이 있습니다. 나누어 소속된 것으로 말하면 정은 성에 속하고 의는 심에 속하는데, 단지 정과 의만 가지고 말하면 의가 또 정에 속합니다. 일에 따라 작용이 다르고 제각기 뜻하는 바가 있으니, 억지로 끌어 붙여 하나의 물사로 만들어 '이것도 저것이고 저것도 이것이다.'라고 말해서는 안 됩니다.

근래에 선생의 말씀이 보니 거의 저의 견해와 일치하는데 오직 말단의 이 한 부분이 아직 부합하지 못하는 점이 있으니, 아울러 명확한 가르침을 구합니다.

이군보[19]에게 답하다

答李君輔

문 '격물(格物)'의 격(格)이 이미 '지(至)' 자이니 그렇다면 '물격(物格)'의 격 또한 응당 '지(至)'로 말해야 하는데 '지'를 바꾸어 '도(到)'라고 말한 것은 무슨 뜻입니까?

답 정자(程子)는 '격물(格物)' 두 글자를 논하여 "격은 이르는〔至〕 것이다. 물은 반드시 하나의 이치가 있으니 궁구하여 이르는 것이 이른바 격물이라는 것이다."라고 하였고, 주자(朱子)는 '물격(物格)' 두 글자를 논하여 "물격이란 사물의 이치가 각각 그 지극한 곳에 나아가 남음이 없는 것을 말한다."라고 하였습니다. 지금 정자가 말한 '궁구하여 이른다.〔窮而至之〕'와 주자가 말한 '각각 그 지극한 곳에 나아간다.〔各詣其極〕'는 여덟 글자를 자세히 음미한다면, 격물이란 내가 물의 이치에 나아가 이치의 지극한 곳에 이르는 것이기 때문에 여기에서는 '지(至)'라고 하고, 물격이란 물 각각 모두 하나의 이치를 갖추어 이르면 그 본래 갖춘 지극한 이치가 각각 스스로 그 지극한 곳에 나아가는 것이기 때문에 여기에서 '도(到)'라고 말한 것을 알 수 있으니, 이 '도(到)' 자가 바로 주자가 말한 '예(詣)' 자의 뜻입니다. 어떻게 생각하는지요?

19 이군보(李君輔) : 이세필(李世弼, 1642~1718)로, 본관은 경주(慶州), 호는 구천(龜川)이고, 자가 군보이다.

이군보에게 답하다
答李君輔

문 "격물(格物)의 격(格)은 궁리한다는 뜻이 많고, 물격(物格)의 격은 이른다는 뜻이 많다."[20]라고 운운한 것에 관하여

답 이 조목은 형의 변론이 정밀하고 정확하다고 할 수 있습니다. 다만 근래에 보니, 주자(朱子)가 왕 상서(汪尙書)에게 보낸 편지에, "격물은 단지 이치를 궁구하는 것이고, 물격은 이치가 분명한 것이다."라고 하였습니다. 그렇다면 율곡(栗谷)의 이 말은 과연 근거한 바가 있습니다. 다만 상하의 '많다〔多〕'라는 두 글자가 끝내 병통이 된다는 것은 형의 설과 같은 듯합니다. 위 '격물(格物)'의 '격' 자는 '궁리하는〔窮〕' 뜻을 겸하여 포함한다고 말하는 것이 옳은데 지금 도리어 '많다〔多〕'라고 하고, 아래 '물격(物格)'의 격 자는 '이른다〔至〕'는 뜻만 오로지 지니고 있고 애초에 '궁리한다'는 글자의 뜻이 없는데도, 여기에서 또 '궁리한다'와 '이른다'는 두 뜻의 많고 적음을 나누었으니, 모두 온당치 못한 듯합니다.

격물(格物)의 장구(章句)에는 "격은 이르는〔至〕 것이고, 물은 사(事)와 같으니, 사물의 이치를 궁구하여 그 지극한 곳에 이르지 않음이 없고자 하는 것이다."라고 하였고, 물격(物格)의 장구에는 "물격이란

20 격물(格物)의……많다 : 《율곡전서(栗谷全書)》 권32 〈어록 하(語錄下) 우계집(牛溪集)〉에 나오는 내용이다.

물리(物理)의 지극한 곳에 이르지 않음이 없는 것이다."라고 하였습니다. 지금 상하 장구의 말을 가지고 살펴보면, 아래 한 단락은 단지 '이른다〔至〕'는 글자의 뜻만 말했을 뿐이고, 위 한 단락은 중간에 '궁리한다〔窮〕'는 한 글자를 놓아 '궁리한다'와 '이른다'는 두 뜻을 겸하여 말하였으니, 어째서이겠습니까? 이곳이 바로 상세하게 완미할 부분입니다.

물격은 공효(功效)를 가지고 말한 것입니다. 그렇다면 이는 궁리한 뒤에 해당하니 사물의 이치가 각각 그 지극한 곳에 이른 것입니다. 이 때에는 '궁리한다'는 글자의 뜻과 관계가 없기 때문에 오로지 '이른다'고 한 것입니다. 격물은 공부를 가지고 말한 것입니다. 그렇다면 이는 아직 이르지 않은 때에 해당하니, 사물의 이치는 반드시 궁리한 뒤에야 그 지극한 곳에 이를 수 있습니다. 만약 궁리하는 일이 없다면 그 이른바 '이른다'는 것이 무엇으로부터도 이를 길이 없기 때문에 여기에서 부득이 궁리를 겸하여 말한 것입니다.

지금 또 하나의 설이 있습니다. 주자(朱子)는 단지 격(格) 자를 풀이하여 '이른다〔至〕'라고 하고, 물(物) 자를 풀이하여 '사(事)과 같다'고 하였습니다. 그러나 그 아래에선 합하여 해석하여 "사물의 이치를 궁리하여 이른다."라고 하였습니다. '이른다〔至〕'에 대해서는 '궁리한다〔窮〕'는 글자를 겸하여 말하여 반드시 '궁리하여 이른다〔窮至〕'라고 하였고, '사(事)'에 대해서는 '이치〔理〕'라는 글자를 겸하여 반드시 '사물의 이치〔事物之理〕'라고 하였으니, 이와같이 말한 뒤에야 비로소 완비되기 때문입니다. 지금 만약 "격은 단지 이르는 것이니 다시 '궁리하여 이른다'고 말해서는 안 된다."고 한다면, 이른바 '물은 일과 같다.〔物猶事〕'는 것도 단지 일〔事〕만 말해야 하고 다시 '일의 이치〔事之理〕'라고 말해서는 안 되는 것입니까? 이런 부분은 꽉 막히게 보아서는 안 될 듯합니다. 이로 말미암아 말한다면, 율곡의 '궁리한다는 뜻이 많다'라는 말은 그 병통이 '궁리한다〔窮〕'는 글자에 있지 않고, '많다〔多〕' 라는 한 글자에 있을 듯합니다. 우리 형이 이에 대하여 의심한 것이 과연 정밀한 듯하지만, 그 '궁리한다'는 글자까지 아울러 공격하는 것은 너무 지나친 듯합니다.

이군보에게 답하다

答李君輔

보내신 편지에서 "'격물(格物)' 위에 '궁리한다〔窮〕'는 한 글자를 보태어 격물하게 되는 이유를 밝혔다."라고 하고, 또 "이치를 궁구하는 것으로 격물을 풀이한 것이 아니다."라고 하고, 또 "이치를 궁구하여 물에 이른다."라고 하고, 또 "궁구하는 것이 먼저이고 이르는 것이 뒤이다."라고 하였습니다. 형의 논변이 매우 많지만 그 주된 핵심이 모두 여기에 있으니, 이에 대해 분변한다면 그 나머지는 분변하지 않아도 저절로 분변될 것입니다.

형이 말씀한 '궁구하는 것이 먼저이고 이르는 것이 뒤이다.'라는 것이 과연 경전에서 말한 '뜻이 성실해짐〔誠〕이 먼저이고 마음이 바루어짐〔正〕이 뒤이다.'와 '몸이 닦여짐〔修〕이 먼저이고 집안이 가지런함〔齊〕이 뒤이다.'라는 예와 같다면, 성인(聖人)이 여기에 응당 다시 "격물은 궁리에 달려있다.〔格物在窮理〕"라고 말하여, 후대 학자들로 하여금 격물 이전에 별도로 한 층 궁리의 일이 있음을 분명히 알고서 차례에 따라 공부하는 바탕으로 삼게 하는 것이 가한데, 무엇 때문에 그 말이 '격물'에만 그치고 다시 미루어 '궁리(窮理)'를 언급하지 않아 한창려(韓昌黎)의 '머리 없는 학문〔無頭之學〕'[21]처럼 공부의 순서를 빠뜨렸겠

21 한창려(韓昌黎)의……학문 : 한유(韓愈)가 〈원도(原道)〉에서 《대학》의 경문(經文)을 인용하면서 성의(誠意)·정심(正心)·수신(修身)·제가(齊家)에 대해서만 언급하고, 격물(格物)·치지(致知)를 언급하지 않은 것을 두고 주자(朱子)가 '머리가

습니까.

주자(朱子)는 "'궁리' 두 글자는 '격물' 만큼 절실하지 않다."라고 하였고, 또 "궁리를 말하지 않고 격물만 말한 것은, 이치를 말하면 잡아서 분명하게 알 수가 없고, 물(物)을 말하면 이치가 저절로 그 속에 있기 때문이다."라고 하였으니, 이것을 가지고 미루어본다면 궁리와 격물은 한 가지 일인데 명칭만 달리한 것이 분명합니다. 이 때문에 선유(先儒)들이 '격물'의 '격' 자를 풀이하여 어떤 이는 '궁구하는' 것으로 말하고 어떤 이는 '이르는' 것으로 말하고 더 이상 분별하지 않았습니다.

이를테면 "격은 이르는 것이니, 이치를 궁구하여 사물에 이르면 사물의 이치가 극진해진다.", "격은 이르는 것이니, 사물의 이치를 궁구하여 이르는 것을 말한다.", "격은 궁구하는 것과 같고 물은 이치와 같으니 그 이치를 궁구하는 것일 뿐이다.", "격물이란 사물의 이치를 궁구하여 이르고자 하는 것이다.", "격은 극지(極至)라는 말이다.", "격물은 궁리일 뿐이다.", "격은 다함이니, 사물의 이치를 다 궁구하는 것이다."라는 이런 종류의 말이 다 기록할 수 없을 정도로 많지만 그 대체가 이러하니, 그렇다면 지금 형이 선후의 순서를 나누어 실로 새로운 견해를 만든 것은 너무 심하게 분석한 데 가깝지 않겠습니까. 비록 장구(章句)에서 말한 '궁구하여 사물의 이치에 이른다.'는 말로 살펴보더라도 단지 '궁구하여 이른다〔窮至〕'고 말했을 뿐, '궁구한 뒤에 이른다'고 말하지 않았으니, 그렇다면 그 뜻이 어찌 더욱 뚜렷이 드러나지 않겠습니까.

형은 단지 '격은 이르는 것이다.〔格至也〕'라는 세 글자만 보고서 마침내 '격(格)' 자는 본래 '궁구한다〔窮〕'는 의미를 지니지 않는다고 여겼습

없는 학문〔無頭學問〕'이라고 평하였다.

니다. 이 때문에 이처럼 '궁구하는 것이 격물하는 이유이다.'라거나 '궁구하는 것이 먼저이고 이르는 것이 뒤이다.'라는 등의 설을 만든 것입니다. 그러나 지금 이 '이른다〔至〕'는 글자를 자세히 체인(體認)하여 본다면 훈고(訓詁)로 단순히 풀이해도 그 체가 자별합니다. 이 때문에 '궁구한다〔窮〕'는 글자를 겸하여 말하지는 않았지만, 그 아래에 곧바로 '사물의 이치를 궁구하여 이른다.〔窮至事物之理〕'라는 한 구절을 말하여, 그 이른바 '이른다〔至〕'는 것이 바로 '궁구하여 이르는〔窮至〕' 것임을 밝혔습니다. 이는 이 '궁구하여 이르는' 것 말고는 이른바 이를 것이 별도로 없기 때문입니다.

'궁격(窮格)'이 한 건의 물사(物事)이고, '궁지(窮至)'가 본래 동시의 공부입니다. 이 때문에 '이치를 궁구한다〔窮理〕'라고 말하면 비록 '이른다〔至〕'는 말을 하지 않아도 그 이른바 이치를 궁구하는 것이 바로 사물의 이치를 궁구하여 이르는 것을 말하고, '사물의 이치에 이른다〔格物〕'라고 말하면 비록 '궁구한다〔窮〕'는 말을 하지 않아도 그 이른바 '사물의 이치에 이르는' 것이 또한 사물의 이치를 궁구하여 이르는 것을 말하니, 이것을 어찌 선후로 보겠습니까. 더구나 경전의 뜻을 풀이한 옛사람들은 간혹 한 글자로 부족하면 반드시 다시 다른 글자를 겸하여 들어 해석하여 그 나머지 뜻을 채웠습니다. 경전에 이런 것이 다 열거할 수 없을 정도지만 지금 한두 가지를 대략 말해보면, 주자가 '어인(禦人)'[22]을 해석하여 "어(禦)는 막는〔止〕 것이니 사람을 막아서 죽이는 것이다."라고 하였고, '상우(尙友)'[23]를 해석하여 "상(尙)은 '상(上)' 자

22 어인(禦人) : 《맹자》 〈만장 하(萬章下)에 나오는 구절이다.

23 상우(尙友) : 《맹자》 〈만장 하(萬章下)에 나오는 구절이다.

와 같으니 나아가서 올라가는 것이다."라고 하였습니다. '막는다〔止〕'는 한 글자가 '어(禦)' 자를 풀이하기에 충분한데도 또 다시 '죽인다〔殺〕'라고 말하고, '올라간다〔上〕'는 한 글자가 '상(尙)' 자를 풀이하기에 충분한데도 또 다시 '나아간다〔進〕'라고 말한 것은, 어찌 그 '막는〔禦〕' 것이 '막는데〔止〕' 그치지 않고 '죽이는〔殺〕' 뜻까지 겸하였고, 그 이른바 '상(尙)'이라는 것이 '올라가는데〔上〕' 그치지 않고 '나아가는〔進〕' 뜻까지 겸하고 있다고 여겨서가 아니겠습니까. 그렇다면 단순히 한 글자만 풀이하는 것과 다른 글자를 겸하여 말하는 것이 경전의 뜻을 밝히기는 똑같으니, 이것이 어찌 말할 만한 선후의 분별이 있겠습니까.

대체로 독서하는 방법은 반드시 마음을 비우고 기운을 차분히 가라앉혀 깊이 연구하고 거듭 공부하여 먼저 본문(本文)을 고찰하고 그 다음에 훈석(訓釋)을 연구하여 서로 참고하여 완전히 관통해야만 비로소 폐단이 없습니다. 혹 그렇지 않고서 단지 훈고(訓詁)하는 사이에 한 두 글자가 같지 않은 것에 얽매여 대번에 장구(章句)를 찢고 갈라서 문의(文義)를 나누어 소속시키려 하고, 더 이상 주된 뜻이 무엇인지와 피차를 겸하여 통하기를 구하지 않는다면 이는 바로 《혹문(或問)》에서 말한 '구분하여 분변하는 것이 풍부한 듯하지만 의미는 혹 도리어 부족하다.'라는 것입니다. 질문을 받고 감히 숨길 수 없어 함부로 논함이 이에 이르렀습니다. 그대는 어떻게 생각하시는지요?

이군보와 다른 사람이 주고받은 격물설에 대해 답하다
答李君輔與人往復格物說

문 내 마음이 사물의 이치를 궁구하여 지극한 곳에 이르는 것을 격물(格物)로 여기는 것이 그대의 말씀이고, 내 마음이 사물의 이치를 궁구하여 사물의 이치로 하여금 지극한 곳에 이르게 하는 것을 격물로 여기는 것이 저의 의견입니다. 혹인(或人)

답 아래의 설이 대체로 옳지만 미진한 점이 있습니다. 이른바 '내 마음이 사물의 이치를 궁구한다.'는 것은 바로 격물 공부이고, 이른바 '사물의 이치로 하여금 지극한 곳에 이르게 한다.'는 것은 바로 격물의 공효(功效)입니다. 중간에 '사(使)' 자 한 글자를 놓아 비록 공부처럼 보이지만 이른바 '사물이 이치가 지극한 곳에 이른다.'는 것은 분명한 공효입니다. 지금 만약 사물의 이치가 지극한 곳에 이르는 것을 격물(格物)이라고 한다면 다시 무슨 일이 물격(物格)이 되겠습니까. 더구나 '사(使)' 자 한 글자를 삽입한 것 또한 격물의 올바른 해석이 아닙니다. 왜냐하면, 이미 사물의 이치를 궁구하여 지극한 곳에 이르면 사물에 있는 이치가 각각 스스로 그 지극한 곳에 나아간 것이지 애당초 사람이 시켜서 그렇게 된 것이 아니기 때문입니다. 원활하여 병폐가 없는 위의 설만 못한 듯합니다.

문 이미 '물을 격하다〔物乙格ㇾ夕〕'라고 말했으니, 그렇다면 사물의 이치를 그렇게 만드는 뜻이 있는 듯합니다. 혹인(或人)

답 '물을 격하다'라는 말은 바로 위의 설에서 말한 '내 마음이 사물의 이치를 궁구하여 지극한 곳에 이른다.'라는 것입니다. 보고 또 보아도 끝내 사물의 이치를 그렇게 만드는 뜻은 발견할 수 없습니다.

문 천하를 평치(平治)하면 천하가 평치되고 나라를 다스리면 나라가 다스려집니다. 그 아래 여러 조목이 모두 한 가지 뜻인데 어찌 유독 격물(格物)과 물격(物格)에 대해서는 '내가 이르는〔已格〕' 것과 '물이 이르는〔物格〕' 두 가지 뜻이 있겠습니까.-군보(君輔)-

답 천하를 평치하는 것은 공부이고, 천하가 평치되는 것은 공효입니다. 격물은 공부이고, 물격은 공효입니다. 그 유례(類例)를 구해보면 본래 한 가지 뜻이니 여기에만 두 가지 뜻이 있다고 하는 것은 본뜻을 잃은 듯합니다.

문 〈강의(講義)〉에 "나아가 궁구하여 그 정추와 은현을 남김없이 극처에까지 궁구하지 못하면 이치가 다 궁구되지 못하여 앎이 진실로 지극하지 못하다.〔不能卽而窮之, 使其精粗隱顯, 究極無餘, 則理所未窮, 知固不盡〕"라고 하였습니다. 혹인(或人)

답 〈강의〉의 이 설은 격물(格物)의 남은 뜻을 미루어 도리어 격물하지 못하는 것을 말한 것인데, 부연하여 설명할 때에 범연히 '사기(使其)' 두 글자를 놓았으니, 본래 격물을 올바로 해석한 것이 아닙니다. 장구(章句)의 해석이 매우 분명한데, 어찌 장구의 올바른 뜻을 버려두고 도리어 〈강의〉의 부연한 설을 증거로 삼아서야 되겠습니까.

신명윤에게 답하다

答申明允

문 명덕(明德)은 허령(虛靈)하고 어둡지 않은데, 허령한 것이 바로 심(心)입니다. 심(心)이 성(性)과 정(情)을 통솔하기 때문에 본체와 작용을 갖추어 말했으나 그 전체를 요약하면 단지 심으로 해석해야 할 뿐입니다.

답 명덕은 바로 심성정(心性情)의 총칭이네. 만약 심(心) 한쪽만 들어 말한다면 그 명칭을 '심'이라고 해야지 다시 '명덕'이라고 칭해서는 안 되네.

문 명덕(明德)은 장구(章句)에서 이미 본체와 작용을 포괄하여 말하였습니다. 그렇다면 경문(經文)의 '명덕을 밝힌다〔明明德〕'의 '밝힌다〔明〕'는 글자는 오로지 동(動)할 때의 공부를 가리킨 것입니까? 아니면 동정(動靜)을 겸하여 말한 것입니까?

답 단지 명덕이라고 말하면 이는 본체와 작용, 움직임과 고요함을 겸하여 말한 것이고, '명덕을 밝힌다'의 '밝힌다'는 글자를 가지고 말하면 이는 오로지 동(動)할 때의 공부를 가리켜 말한 것이네. 장구(章句)에서 "명(明)은 밝히는 것이다."라고 하고, 또 "그 발(發)하는 바를 인하여 마침내 밝힌다."라고 하였으니, 이것을 보면 알 수 있네.

주자(朱子)는 '정(定)' 자를 풀이하여 "뜻이 정해진 방향이 있다."라고 하고, 또 "정(定)은 그치는 바에 각각 정해진 이치가 있는 것을 말한다."라고 하였고, '정(靜)' 자를 풀이하여 "마음이 함부로 움직이지 않는 것이다."라고 하고, 또 "정(靜)은 사물이 왔을 때 능히 움직이지 않는 것을 이른다."라고 하였네. 이것으로 본다면 정(定)과 정(靜) 두 글자의 뜻은 마음이 고요하여 발하지 않았을〔寂然未發〕 때를 가리켜 말한 것이 아니네. 또 '적감(寂感)'[24]은 분명히 본체와 작용, 움직임과 고요함을 나누어 말한 것이고, '정정안려(定靜安慮)'[25]는 '지지(知止)' 한 구절 안에서 단지 공효(功效)의 깊이를 가지고 말한 것이니, 지금 호씨(胡氏)가 정(定)과 정(靜)을 '적연부동(寂然不動)'에 나누어 소속시키고 안(安)과 려(慮)를 '감이수통(感而遂通)'에 나누어 소속시킨 것은 본뜻을 잃은 듯하니 과연 온당치 못한 듯하네.

24 적감(寂感) : 적은 '적연부동(寂然不動)'으로 고요히 아무 움직임이 없는 본체를 말하고, 감은 '감이수통(感而遂通)'으로 감응하여 모든 이치에 통하는 작용을 말한다. 《주역》 〈계사전 상(繫辭傳上)〉10장에 "역은 사려가 없고 작위가 없어 고요히 움직이지 않다가 감응하여 마침내 천하의 일에 통한다.〔易, 无思也, 无爲也, 寂然不動, 感而遂通天下之故.〕"라고 하였다.

25 정정안려(定靜安慮) : 《대학장구》 경 1장에 "그칠 데를 안 뒤에 정함이 있으니, 정한 뒤에 능히 고요하고, 고요한 뒤에 능히 편안하고, 편안한 뒤에 능히 생각하고, 생각한 뒤에 능히 얻는다.〔知止而后有定, 定而后能靜, 靜而后能安, 安而后能慮, 慮而后能得.〕"라고 하였다.

신명윤에게 답하다

答申明允

문 명덕(明德)과 신민(新民)을 물(物)로 삼고, 지지(知止)와 능득(能得)을 일〔事〕로 삼은 것[26]에 대해 그 뜻을 알 수 없습니다.

답 사물(事物)은 나누어서 둘로 만들 수 없네. 그러므로 격물(格物)의 장구(章句)에 "물(物)은 일〔事〕과 같다."라고 한 것이니, 이것으로 본다면 '사물'이라는 글자는 호언(互言)[27]해도 괜찮네.

문 '도에 가까울 것이다〔則近道〕'[28]의 '도(道)'에 대하여 선유(先儒)들이 더러 "대학(大學)의 도에 가깝다."고 말하였는데, 이는 그렇지 않은 듯합니다. 대학의 도를 논하는 중이었다면 단지 그 '도(道)'라고만 말해야지, 또 무엇 때문에 '가깝다〔近〕'는 글자를 취했겠습니까. 현옹(玄翁 박세채)은 "이것은 일반적으로 말하는 방식이다."라고 하

26 명덕(明德)과……것 : 《대학》 경문 1장에 "물에는 본말이 있고 일에는 종시가 있다.〔物有本末, 事有終始〕"라고 하고, 그 장구에 "명덕(明德)은 본(本)이 되고 신민(新民)은 말(末)이 되며, 지지(知止)는 시(始)가 되고 능득(能得)은 종(終)이 된다."라고 하였으니, 명덕과 신민을 물(物)로 삼고 지지와 능득을 일〔事〕로 삼은 것이다.

27 호언(互言) : 글을 지을 적에 뜻이 같은 다른 말을 교차해서 사용함으로써 같은 글자가 중복되는 것을 피하는 수법을 말한다.

28 도에 가까울 것이다 : 《대학》 경문 1장 3절에 "사물에는 근본과 말단이 있고 일에는 시작과 끝이 있으니, 해야 할 일의 선후를 알면 도에 가깝다고 할 수 있다.〔物有本末, 事有終始, 知所先後, 則近道矣.〕"라고 하였다.

였는데, 어떨지 모르겠습니다.

답 이 한 구절은 분명히 위의 '명덕(明德)'과 '신민(新民)'에서부터 말해온 것이네. 명덕과 신민이 대학의 도가 아니겠는가. '먼저하고 뒤에 할 것을 안다〔知所先後〕'라는 네 글자를 보면, 이는 단지 먼저하고 뒤에 할 것을 아는 것일 뿐, 아직 '이르렀다〔到得〕'는 지위에 미치지 못한 것이네. 이 때문에 가깝다고 한 것이니, 이 '가깝다〔近〕'는 글자는 《중용》의 '삼근(三近)'[29]의 '근(近)' 자와 같은 듯하네. 소주(小註)의 인산(仁山)의 설[30]이 아마도 정밀한 듯한데, 선생께 질의하지 못한 것이 한스럽네.

"천하에 명덕을 밝힌다〔明明德於天下〕"의 위의 '명(明)' 자와 '명덕을 밝힌다〔明明德〕'의 위의 '명' 자는 다른 뜻을 발견할 수 없네. 명덕을 밝히는 것이 바로 '명덕(明德)'이고, 천하에 명덕을 밝히는 것이 바로 '신민(新民)'이네. "모두 이 구절 속에 갖추어져 있다."는 선사(先師 박세채)의 말씀이 정밀하고 합당하다고 하겠네.

29 삼근(三近) : 《중용장구》 제20장에 "배우기를 좋아함은 지에 가깝고, 힘써 행함은 인에 가깝고, 부끄러움을 앎은 용에 가깝다.〔好學近乎知, 力行近乎仁, 知恥近乎勇.〕"라고 하였다.

30 인산(仁山)의 설 : 인산은 송나라 말기와 원나라 초기의 학자인 김이상(金履祥)으로, 원나라가 들어서자 벼슬하지 않고 인산(仁山)에 은거하였기 때문에 '인산 선생'으로 불렸다. 소주에 있는 인산 김씨의 설은 다음과 같다. "'이것이 대학의 도이다.'라고 말하지 않고 '도에 가깝다.'라고 한 것은, 도란 마땅히 행해야 할 길이니 먼저 하고 뒤에 할 것을 알아야 비로소 본 것이 면전에 있는데 아직 도를 행하지 않았기 때문에 단지 도에 가깝다고 한 것이다. 그렇다면 '도에 가깝다'의 '도(道)' 자는 대학의 도가 아니겠는가."

신명윤에게 답하다
答申明允

문 채청(蔡淸)이 말하기를, "정심(正心)은 고요할 때에도 바르고 움직일 때에도 바른 것이다.", "심(心)은 성정(性情)을 통솔하니 어찌 동정을 겸하지 않겠는가."라고 하였습니다. 다만 생각건대, 팔조목(八條目)[31]은 모두 작용을 위주로 말했는데, 어찌 유독 정심에서만 본체를 겸할 수 있겠습니까. 진실로 이미 의심스럽습니다. 발현하지 않을 때에는 전체가 담허(湛虛)하니 공력을 붙일 곳이 없고, 발현한 때에는 심경이 분잡하니 비로소 잡아 지킬 수 있습니다. 허재(虛齋)의 설은 아마도 여기까지 조감하지 못한 듯합니다. 어떻게 생각하시는지요?

답 심은 본체를 위주로 말하기도 하고 작용을 위주로 말하기도 하는데, 이 경문(經文)의 '정심(正心)'의 '심'은 분명히 본체와 작용을 겸하여 말한 것이네. 그 아래 장구에 "심은 몸이 주인으로 삼는 바이다."라고 하였네. 몸이 주인으로 삼는 바라고 하였으니 이것이 어찌 본체와 작용을 겸하여 말한 것이 아니겠는가. 계신공구(戒愼恐懼)[32]가 발현하지 않았을 때의 공부이니 공력을 붙일 곳이 없다고 말해서

31 팔조목(八條目) : 《대학》의 팔조목으로, 격물(格物)·치지(致知)·성의(誠意)·정심(正心)·수신(修身)·제가(齊家)·치국(治國)·평천하(平天下)이다.

32 계신공구(戒愼恐懼) : 경계하고 근신하며 걱정하고 두려워한다는 뜻으로, 《중용장구》 제1장에 "보이지 않을 때에도 경계하고 근신하며, 들리지 않을 때에도 걱정하고 두려워한다.〔戒愼乎其所不睹, 恐懼乎其所不聞.〕"라고 한 데서 온 말이다.

는 안 될 듯하고, 이른바 '심경이 분잡하다'라는 것도 병통이 있는 듯하네.

문 정(情)과 의(意)의 설에 관하여 고봉(高峯 기대승(奇大升))은 운봉(雲峯)의 설이 매우 저열하다고 하였지만, 제 생각에는 운봉의 이른바 '심(心)이 발현하여 의(意)가 되고, 성(性)이 발현하여 정(情)이 된다.'는 것이 주자(朱子)의 '고요히 아무 움직임이 없는〔寂然不動〕것이 성(性)이고, 감응하여 모든 이치에 통하는〔感而遂通〕것이 정(情)이고, 감한 바에 따라 계교〔因所感而計較〕하는 것이 의(意)이다.'라는 뜻과 차이가 있다고 볼 수 없습니다. 심과 성이 두 가지 근원이 아니고 정과 의가 두 갈래는 아니지만 그 소종래(所從來)가 심에서 발현하고 성에서 발현하는 길이 있으니 위주로 삼아 말한 것이 부득이 이와같았던 것입니다.

답 그대의 변론이 명백하네. 성(性)은 심(心) 안에 갖추어진 이치이고, 정(情)은 성이 따라서 감하여 움직인 것인데 갑자기 발현할 뿐이고, 심(心)은 허령지각(虛靈知覺)한 물사(物事)이고, 의(意)는 마음이 움직인 것인데 움직이는 곳에 이미 주된 방향이 있네. 주자도 "의(意)는 이미 주된 방향이 있다."라고 하였네. 정(情)은 성(性)이 발현한 것이기 때문에 계교(計較)함이 없고, 의(意)는 심(心)이 발현한 것이기 때문에 계교함이 있으니, 율곡(栗谷)의 이른바 "의는 정을 운용할 수 있지만 정은 의를 운용할 수 없다."는 말은 흐름을 따라 근원을 거슬러 올라가면 알 수 있네.

신명윤에게 답하다
答申明允

문 경문(經文)의 장구(章句)에는 "반드시 스스로 만족하고 스스로 속이지 않는다.〔必自慊而毋自欺〕"라고 하고, 전문(傳文)의 장구에는 또 "자신에게 만족하고 구차하게 외면을 따르지 않는다.〔快足於己, 不可苟且徇外〕"라고 하였습니다. '자신에게 만족함〔快足於己〕'이 '스스로 만족한다〔自慊〕' 말이고, '구차하게 외물을 따르지 않음〔不可苟且徇外〕'이 '스스로 속이지 않는다〔毋自欺〕'는 뜻입니다. 경문과 전문의 주석의 뜻이 상하가 조응하니 의심스러울 것이 없는 듯합니다. 그런데 선유(先儒)는 '선에 한결같이 한다〔一於善〕'는 세 글자로 '스스로 만족한다〔必自慊〕'는 것을 바꾸어 대신하고자 하니, 그 뜻이 대체로 '스스로 만족하는 것은 바로 스스로 속이지 않는 뒤에 선에 한결같이 한 효과이므로 앞에 있어서는 안 된다.'라는 것이지만 실로 그렇지 않은 점이 있습니다. 선을 행하고 악을 제거하여 그 마음이 만족스러우면 스스로 속임이 없는 것일 뿐이니, 선후의 차례로 논해서는 안 됩니다. 더구나 '선에 한결같이 한다〔一於善〕'는 세 글자는 '그 마음이 발현하는 바를 성실히 한다〔實其心之所發〕'[33]라는 문장과 말뜻

33 그……한다 : 경문(經文) 장구에 나오는 말로, "성은 성실함이요, 의는 마음이 발현하는 바이니, 그 마음이 발현하는 바를 성실히 하여 반드시 스스로 만족하고 스스로 속임이 없고자 하는 것이다.〔誠, 實也; 意者, 心之所發也. 實其心之所發, 欲其必自慊而無自欺也.〕"라고 하였다.

이 중첩되니, 성현의 입언(立言)에 이처럼 쓸데없이 늘이지는 않았을 듯합니다.

답 변론한 바가 또한 좋네.

신명윤에게 답하다
答申明允

그대가 말한 '외물은 저기에 있고 내가 따르는 것이다.'라는 부분부터 '여전히 나에게 있다.'라는 부분까지는 전부 본뜻을 잃은 듯하네. 이른바 '물을 격하면 물이 격한다.〔格物而物格〕'라는 것은 내가 이치의 1분을 궁구하면 물에 있는 이치도 저절로 1분에 이르고, 내가 이치의 2분을 궁구하면 물에 있는 이치도 저절로 2분에 이르고, 내가 궁구하여 10분 지극한 곳에 이르면 이치도 저절로 10분 지극한 곳에 이른다는 말이니, 이 때문에 장구(章句)에서 "사물의 이치를 궁구하여 이르러 그 지극한 곳에 이르지 않음이 없고자 한다."라고 한 것이네. 이른바 '지극한 곳에 이르지 않음이 없다'는 것은 사물의 이치가 내가 궁구한 바에 따라 저절로 그 지극한 곳에 이른다는 말이네. 《혹문(或問)》과 율곡(栗谷)의 설이 분명하니, 다시 세심히 살피는 것이 어떻겠는가.

신명윤에게 답하다

答申明允

문 물격(物格)에 관한 설은 퇴계(退溪)가 기명언(奇明彦)에게 답한 편지가 바로 종지(宗旨)를 얻었습니다. 고봉(高峯 기대승(奇大升))은 비록 "도리가 스스로 존재하지 않는 오류가 있다"고 말하였지만 저는 그렇게 보이지 않습니다. 선생은 한결같이 주자(朱子)를 따랐기 때문에 정확하고 절실하여 다시 의심할 것이 없는데, 우옹(尤翁 송시열)이 여지없이 배척한 것은 무엇 때문인지요?

답 물격의 장구(章句)에 "물리(物理)의 지극한 곳이 이르지 않음이 없다.〔物理之極處, 無不到〕"라고 하였는데, 선배들이 이에 대한 소견이 각기 달라 어떤 사람은 '극처에〔極處厓〕' 라고 하고, 어떤 사람은 '극처를〔極處乙〕"이라고 하였네. '에'와 '을' 사이에서 이후 따라서 해석하는 자들이 또 지극히 분잡하지만 이것은 모두 정론(定論)이 될 수 없을 듯하네. 오직 율곡(栗谷)의 '극처가〔極處伊〕' 라는 말이 장구와 《혹문(或問)》의 본뜻을 얻은 것이네. 퇴계는 전후의 설이 비록 많지만 끝내 이 뜻이 부족했기 때문에 우장(尤丈)의 말씀이 이러했던 것이네.

이후이[34]에게 답하다
答李厚而

문 사계(沙溪 김장생(金長生))가 우재(尤齋 송시열)의 질문에 답하기를, "사물의 이치를 궁구할〔格物〕 때에 앎〔知〕이 저절로 지극해지는 것이지, 사물의 이치를 궁구하고 또 앎을 지극히 하는 것이 아니다. 이 때문에 '앎을 지극히 함은 사물의 이치를 궁구함에 있다.〔致知在格物〕'라고 한 것이다. 공효(功效)를 거둘 때에는 반드시 사물의 이치가 극진해진 뒤에야 그 앎이 지극해지니, 선후의 차례가 없을 수 없다. 이 때문에 '사물의 이치가 이른 뒤에야 그 앎이 지극해진다.〔物格而後知至〕'라고 한 것이다."라고 하였습니다. 제 생각에는 이 부분에 의심스러운 점이 있습니다.

사물의 이치를 궁구하는〔格物〕 것과 앎을 지극히 하는〔致知〕 것은 본래 두 시기의 일이 아닙니다. 비록 물을 위주로 할 때는 격물이라 하고, 앎을 위주로 할 때에는 치지라고 하지만 이는 한때의 일이니 서로 떼어서 말해서는 안 됩니다. 이 때문에 단지 '앎을 지극히 함은 사물의 이치를 궁구함에 있다.〔致知在格物〕'고 한 것이니, 단지 '재(在)' 자 한 글자를 보면 공력을 쓰는데 선후가 없음을 알 수 있습니다. 공력을 쓸 때에 이미 선후를 말할 수 없다면 공효를 거둘 때에 미쳐서 어찌 나눌 만한 선후가 있겠습니까. 비록 물을 위주로 하고 앎을 위주

34 이후이(李厚而) : 이민곤(李敏坤, 1695~1756)으로, 본관은 전주(全州), 호는 임은(林隱)이고, 자가 후이이다.

로 하는 차이 때문에 부득이 그 공효를 둘로 말하여 사물의 이치가 이르고 앎이 지극해진다고 말했지만, 실제로는 분명히 한때의 일이지, 사물의 이치를 궁구함이 앞에 있고 앎이 지극해짐이 뒤에 있는 것이 아니니, 성의(誠意), 정심(正心), 수신(修身), 제가(齊家)의 명목과는 조금 다른데, 사계는 마침내 선후의 순서가 없을 수 없다고 말했으니, 혹 너무 지나치지 않습니까.

또 '이후(而後)'와 '연후(然後)'는 차이가 있어 '이후'는 가볍고 '연후'는 무거운데, '이후(而後)'가 '격(格)'과 '지(至)' 사이에 놓인 것은 이미 비교적 무겁습니다. 그러나 이것은 문리상 부득이하여 나온 것이니 읽는 자들이 응당 가볍게 보아 넘겨야 하는데, 사계는 '사물의 이치가 극진해진 뒤에야 그 앎이 지극해진다.'라고 하였으니, '연후'라는 두 글자는 글자를 놓은 병폐를 면치 못할 듯합니다.

답 논한 바가 비록 좋지만 지나치게 명쾌한 듯하네. 사계의 설 또한 쉽게 타파할 수 없네. 지금 본문을 가지고 본다면, 공부에 대해 말할 때에는 단지 "앎을 지극히 함은 사물의 이치를 궁구함에 있다."라고 하였고, 공효에 대해 말할 적에는 "사물의 이치가 이른 뒤에 앎이 지극해진다."라고 하였으니, 그 뜻이 차이가 없을 수 없을 듯하네. '이후'와 '연후' 또한 크게 경중의 구별이 있는 줄 모르겠네.

신명윤에게 답하다
答申明允

문 '그 극을 쓰지 않는다〔不用其極〕'[35]의 소주(小註)에 실린 옥계 노씨(玉溪盧氏)의 설[36]이 정교하지 못한 듯한데 어떠합니까?

답 전문(傳文)의 '용(用)' 자는 그 뜻이 가벼운데 노씨가 말한 '용' 자는 그 뜻이 무겁네. 그렇다면 노씨가 말한 것은 본문의 뜻을 전적으로 잃은 듯하니 정교하지 못할 뿐만이 아니네.

35 그……않는다 : 《대학장구》 전2장에 "탕왕의 반명에 이르기를 '진실로 어느 날에 새로워졌거든 나날이 새롭게 하고, 또 나날이 새롭게 하라.' 하였으며, 〈강고〉에 이르기를, '새로워지는 백성을 진작하라.' 하였으며, 《시경》에 이르기를 '주나라가 비록 옛 나라이지만 그 명이 새롭다.' 하였다. 이 때문에 군자는 그 극을 쓰지 않는 바가 없는 것이다.〔無所不用其極〕"라는 내용이다.

36 옥계 노씨(玉溪盧氏)의 설 : 옥계 노씨의 설은 다음과 같다. "앞에서는 지선(至善)에 그침을 말하고 여기서는 그 극을 쓴다고 말하였으니, 두 뜻이 서로 발명된다. '그치면〔止〕'면 분잡하지 않고, '쓰면〔用〕' 마른 나무나 식은 재가 아니다."

신명윤에게 답하다
答申明允

문 이른바 '성덕(盛德)'[37]은 또한 '명덕(明德)'을 가리켜 말한 듯한데 그런지요? 편 안에서 덕(德)을 말하고 선(善)을 말한 것은 모두 명덕과 지선(至善)입니까? 또 주자(朱子)의 말에 "사람을 가지고 말하면 덕이라 하고, 이치를 가지고 말하면 선이라고 한다."라는 말이 있는데, 그 뜻을 들을 수 있겠습니까?

답 그대의 변론이 옳은 듯하네. 선은 이치의 본연이고, 덕은 사람이 마음에 얻은 것이네.

37 성덕(盛德) : 《대학장구》 전 3장의 "문채 나는 군자여 끝내 잊을 수 없다는 것은 성덕과 지선을 백성이 능히 잊지 못함을 말한 것이다〔有斐君子, 終不可諠兮者, 道盛德至善, 民之不能忘也.〕"는 부분이다.

신명윤에게 답하다
答申明允

문 장구(章句) 소주(小註)에 실린 주자(朱子)의 말에 "'송사를 없게 하는〔使無訟〕' 것은 근본이고, '송사를 다스리는〔聽訟〕' 것은 말단이다."라고 하였습니다. 살펴보건대, 두 말이 서로 호응하지 않은 듯하지만, '백성들로 하여금 송사함이 없게 한다.〔使民無訟〕'의 '사(使)'자는 나에게 달린 일이고, '명덕이 이미 밝아졌다〔明德旣明〕'[38]는 것과 상응하니, 똑같이 근본이라고 말해도 무방합니다. '백성의 마음을 두렵게 하여 복종시킨다〔畏服民之心志〕'는 것은 '송사를 없게 한다'는 뜻을 해석한 것이라, 비록 '송사를 다스리는' 것과는 차원이 다르지만 똑같은 신민(新民)의 일이니, 모두 말단이라고 말해도 무방합니다. 어떻게 생각하시는지요? 그 아래 쌍봉(雙峯)의 설[39] 또한 이러한 뜻

38 명덕이 이미 밝아졌다 : 전문4장의 장구에 나오는 말로, "자신의 명덕이 이미 밝아져서 저절로 백성의 마음을 두렵게 하여 복종시켰기 때문이다.〔我之明德旣明, 自然有以畏服民之心志.〕"라고 하였다.

39 쌍봉(雙峯)의 설 : 쌍봉 요씨의 설은 다음과 같다. "송사를 다스리는 것은 말단이고 송사를 없게 하는 것은 그 근본이다. 전하는 자들이 가벼운 것을 들어 무거운 것을

을 미루어 밝힌 것입니까?

답 그대의 설이 옳네.

밝혔으나 이처럼 단서만 제시하고 핵심을 말하지 않았으니, 그렇다면 명덕(明德)과 신민(新民)이 서로 본말이 됨을 알 수 있다."

박상보[41]에게 답하다
答朴尙甫

문 《혹문(或問)》의 이른바 "마음속에 온전히 갖추어져 있다가 감촉하는 대로 응하는데 각각 주재하는 바가 있어 어지럽힐 수 없다."는 것은 그 온전히 마음속에 갖추어져 있을 때에는 본체를 위주로 하고, 감촉하는 대로 응할 때에는 작용을 위주로 하여 그 경계를 어지럽힐 수 없다는 말입니다. 그런데 집주(輯註)에서 노씨(盧氏)는 '감촉하는 대로 응하는' 부분에만 나아가 설명하여 마침내 인의예지(仁義禮智)

40 보망장(補亡章) : 《대학장구》에서 주자(朱子)가 보충한 전 5장을 말한다. 《대학》의 맨 처음에 나오는 이른바 삼강령(三綱領) 바로 다음에 '지지이후유정(知止而後有定)……'의 소위 지지장(知止章)이 나오는데, 제유(諸儒)는 이것을 격물치지(格物致知)의 해설인 전문(傳文)으로 여긴 반면, 주자는 예전부터 전해오던 《대학》의 본문을 교정하고 순서를 뒤바꾼 뒤에 《대학》의 첫머리부터 205자(字)를 경문(經文)이라 하고, 그 이하는 이를 해설하는 전문(傳文)이라 하여 모두 10장(章)으로 나누었다. 그리고 격물치지의 경문에 대해 해설한 전문이 없어졌다고 하여 '보망장(補亡章)'을 만들어 끼워 넣었다.

41 박상보(朴尙甫) : 박필주(朴弼周, 1680~1748)로, 본관은 반남(潘南), 호는 여호(黎湖)이고 자가 상보이다.

가 각각 사단(四端)의 주인이 된다고 하였으니 그 본뜻을 잃은 듯합니다.

답 노씨의 설이 전혀 틀린 것은 아닌 듯하네. 더구나 인(仁)과 측은지심(惻隱之心), 의(義)와 수오지심(羞惡之心)을 들어 말하였으니 단지 감촉하는 부분에만 나아가 말한 것이 아님을 또한 알 수 있네. 다만 《혹문》의 이른바 '각각 주재하는 바가 있다'는 것은 측은지심은 인에서 나오고 수오지심은 의에서 나와 각각 조리가 있고 구조가 있어 서로 뒤섞이지 않는다는 뜻을 말한 듯하네. 이러한 뜻은 주부자(朱夫子)의 〈옥산강의(玉山講義)〉[42]에 자세히 보이네. 지금 노씨가 '주(主)' 자를 중시하여 인이 측은지심의 주인이 되고 의가 수오지심의 주인이 된다고 말한 것은 말에 병통이 있는 듯하네.

42 옥산강의(玉山講義) : 주자가 소명(召命)을 받고 조정에 나아갔다가 재상 한탁주(韓侂胄)의 미움을 사서 파면되어 고정(考亭)으로 돌아오는 길에 옥산(玉山) 수령의 요청으로 학당(學堂)에서 학자들의 물음에 대해 학문의 방향과 도(道)의 요체를 제시한 글이다.

박상보에게 답하다
答朴尙甫

문 '내면에 성실하면 외면에 나타난다.〔誠於中, 形於外〕'는 것은 소인(小人)이 속으로 악을 행하면서 겉으로 선한 체하더라도 내면에 찬 것이 외면에 나타나 저절로 가리고 숨길 수 없는 실상이 있다는 말입니다. 선을 하는 것도 이치가 이와같은 것을 미루어 알 수 있는데, 요씨(饒氏)는 곧바로 '선악(善惡)을 겸하여 설명한 것이다.'[43]라고 하였으니 온당치 않은 듯합니다.

답 아래 글 "열 눈이 보는 바이다.〔十目所視〕"라는 한 단락은 윗글의 '소인이 한가로이 거한다.〔小人閒居〕'는 뜻을 밝힌 것이지만, 그 아래 장구(章句)에서 "선악을 숨길 수 없음이 이와 같다."라고 하였으니,

43 요씨(饒氏)는……것이다 : 쌍봉 요씨의 설은 다음과 같다. "한가로이 지낼 적에 불선을 하는 것은 스스로를 속이는〔自欺〕 것인데, 슬쩍 감춘다면 스스로 떳떳하지 못한 것이다. 불선을 숨기고 선을 드러낸다면 그 선은 바로 또 남을 속인〔欺人〕 것이다. 스스로를 속이는 것과 남을 속이는 것은 항상 서로 따라서 시작하니, 스스로를 속이는 것이 결국 반드시 남을 속이는데 이른다. 이것을 일러 '내면에 성실하면 외면에 드러난다.'고 한 것이니, 이때의 '성(誠)' 자는 선악을 겸하여 말한 것이다."

요씨의 설이 여기에 근본한 듯하네. 다만 이른바 '선악을 겸했다〔兼善惡〕'는 세 글자는 어세(語勢)가 돌출하여 윗글과 이어지지 않네. 이것이 그대가 의심한 이유일세.

신명윤에게 답하다
答申明允

성(誠)이란 진실하고 거짓이 없는〔眞實無妄〕 것을 말하네. 지금 '성' 자만 가지고 말한다면 성의(誠意)의 '성(誠)'과 천도(天道)와 인도(人道)의 '성(誠)'이 그 진실하여 거짓이 없는 점은 다르지 않은 듯하네. 다만 《대학》의 '성의(誠意)'를 《중용》의 '성(誠)'에 짝지우면, 《중용》의 이른바 "성한 것은 하늘의 도이다.〔誠者天道〕"라는 것은 바로 성인(聖人)의 뜻이 저절로 성실하지 않음이 없어 극처에 이른 것이고, 이른바 "성하게 하는 것은 사람의 도이다.〔誠之者人道〕"라는 것은 바로 배우는 자들의 성의(誠意) 공부이니, 서로 같지 않은 점이 이 부분에 있는 듯하네.

문 사계(沙溪)와 고청(孤靑 서기(徐起))의 호오(好惡)와 선악(善惡)에 관한 설[44]을 우암(尤菴 송시열)은 단언하여 "본문에 이미 호색(好色)을 좋아하고 악취(惡臭)를 미워한다고 해석하였으니, 반드시 사계처럼 말해야만 그 뜻이 통한다."라고 하였는데, 현옹(玄翁 박세채)은 "사계처럼 단지 '좋아하고 미워하는〔好惡〕' 것을 '의(意)'라고 하는 것도 온당하지 못한 듯하다. 좋아하고 미워하는 것은 정(情)이고, 호색을 좋아하고 악취를 미워하는 것은 의(意)이다. 《혹문(或問)》의

44 사계(沙溪)와……설 : 서고청(徐孤靑)은 선악(善惡)을 의(意)라고 하고, 사계는 호오(好惡)를 의(意)라고 하였다.

'선을 좋아하되 성실하지 못하면 선을 행하기에 부족할 뿐만 아니라 도리어 선을 해치고, 악을 미워하되 성실하지 못하면 악을 제거하지 못할 뿐만 아니라 도리어 악을 조장한다.'라는 말을 가지고 단정하면 그 뜻이 매우 분명하다. 사계의 설은 이러한 뜻이 부족한 채 단지 '좋아하고 미워하는 것이 의이다'라고만 하였으니 말이 통창하지 못하다."라고 하였습니다. 그렇다면 우암이 따른 것 또한 사계의 말을 꼭 옳게 여긴 것은 아니겠지만 현옹의 설이 끝내 알맞게 헤아린 것입니다.[45]

답 선사(先師 박세채)의 설이 지극히 분명하네.

45 사계(沙溪)와……것입니다 : 이 부분은 생략된 곳이 많다. 《직암집(直菴集)》 권7 〈상후제선생(上厚齋先生)〉에 나오는 전문은 다음과 같다. "사계 선생이 서고청(徐孤青)의 '선악(善惡)이 바로 의(意)이다'라는 설을 옳지 않게 여겨 '좋아하고 미워하는 것이 의(意)이니, 선은 진실하게 좋아하고 악은 진실하게 미워하는 것이다.'라고 하였는데, 우암(尤菴) 선생이 그 설을 따라 '본문에 이미 호색(好色)을 좋아하고 악취(惡臭)를 미워하는 것으로 성의(誠意)를 해석하였으니, 반드시 사계의 설과 같아야 그 뜻이 비로소 통한다.'라고 하였고, 현석(玄石) 선생은 '서고청이 선악을 의라고 논한 것은 진실로 잘못된 점인데 사계가 좋아하고 미워하는 것을 의(意)라고 한 것 또한 온당하지 못한 듯하다. 좋아하고 미워하는 것은 정(情)이고 호색을 좋아하고 악취를 미워하는 것은 의(意)이다. 이는 바로 선을 좋아하여 반드시 하고자 하고, 악을 미워하여 반드시 제거하고자 하는 것을 말한다. 《혹문(或問)》의 『선을 좋아하되 성실하지 못하면 선을 하지 못할 뿐만 아니라 도리어 선을 해치고, 악을 미워하되 성실하지 못하면 악을 제거하지 못할 뿐만 아니라 도리어 악을 조장한다.』는 것으로 단정하면 그 뜻이 매우 분명하다.'고 하였습니다. 사계의 '좋아하고 싫어하는 것이 의이다'라는 것은 이러한 뜻이 부족합니다. 이 때문에 현옹이 부득이 정과 의를 변별한 것뿐이니, 더욱 정밀함을 볼 수 있습니다. 어떻게 생각하시는지요?"

문 장구의 '거듭 경계한다〔重以爲戒〕'[46]의 '중(重)' 자를 사계는 '후(厚)' 자의 뜻으로 간주하였습니다. 제가 보건대 '홀로 있을 때 삼가한다〔愼其獨〕'는 세 글자가 전문(傳文)에 거듭 나왔으니, 그렇다면 '재(再)' 자의 뜻으로 보는 것이 적절할 듯합니다.
답 그대의 설처럼 보는 것이 또한 좋네.

문 윗글의 '스스로 속인다〔自欺〕'는 공부에 착실하지 못한 병통이고, 아래 글의 '소인이 한가로이 거할 적에〔小人閒居〕'는 형편없는 소인의 행위입니다. 주자(朱子) 또한 일찍이 이에 대하여 두 단락으로 나누어 말씀하셨는데, '부는 집안을 윤택하게 한다〔富潤屋〕'는 글의 소주(小註)에선 "'소인이 한가로이 거할 적에'는 스스로 속이는 정상이다."라고 한 것은 어째서입니까?
답 '소인이 한가롭게 거할 적에' 아래의 소주에, 주자는 "진실한 악은 스스로를 속여서 남을 속인다."라고 하였네. 그렇다면 이 단락에서 말한 것이 위 단락의 '스스로 속인다'는 것과는 깊이의 차이가 있지만 또한 스스로 속이는 것이라고 말하지 않을 수 없네. 이로써 본다면 이른바 "'한가로이 거할 적에' 이하는 스스로 속이는 정상을 형용한 것이다."라는 말에 대해 또 어찌 의심하겠는가.

46 거듭 경계한다 : "이것이 군자가 거듭 경계하여 반드시 그 홀로 있을 때를 삼가는 까닭이다.〔此君子所以重以爲戒而必愼其獨也〕"라는 내용이다.

이군보에게 답하다
答李君輔

그대가 말씀한 "경문(經文)의 '정심(正心)'이 이미 본체와 작용을 겸하였으니, 전문(傳文)의 정심 또한 본체와 작용을 겸해야 한다."는 것은 그 설이 매우 정밀하고 상세하니, 팔자타개(八字打開)[47]라고 할 수 있습니다. 그러나 주자(朱子)는 경문의 장구(章句)에서 "마음은 몸의 주재자이다."라고 하고, 전문의 장구에서 "이 네 가지[48]는 모두 마음의 작용이다."라고 하였습니다. 지금 경문 장구의 문세(文勢)와 어의(語意)를 가지고 본다면, 위에서 이미 "마음은 몸의 주재자이다." 라고 일반적으로 말하였으니, 이는 반드시 본체와 작용을 겸하여 통합하여 본 뒤에야 비로소 알 수 있습니다. 아래에서 이미 "네 가지는 마음의 작용이다."라고 하였으니 이는 작용 한쪽만 들어서 말한 것이 분명합니다. 이것이 본체와 작용을 겸하여 말한 것이라면 주자가 여

47 팔자타개(八字打開) : 좌우의 획이 분명한 팔(八) 자의 모양처럼 논리를 명확하게 전개하여 분명하게 설명하는 것을 말한다.

48 네 가지 : 분치(忿懥), 공구(恐懼), 희로(喜怒), 애락(哀樂)을 말한다.

기에서 어찌 단지 '마음의 작용이다.'라고만 말했겠습니까. 그렇다면 경문과 전문의 '정심'은 각자 피차에 드러나 있는 뜻에 따라 한편으로는 본체와 작용을 겸한 것으로 보고 한편으로는 작용 한쪽으로만 보는 것이 그 뜻이 저절로 평이하고 정당하여 자연히 까다롭고 막히는 근심이 없습니다. 전문의 '정심'이 비록 경문의 정심에서 온 말이지만, 경문에서는 단지 '정심' 두 글자를 평이하게 말하였고, 주자도 장구에서 '마음의 주인이다'라고 일반적으로 말했을 뿐이니 본체와 작용을 겸했다고 말해도 괜찮습니다. 그러나 전문의 경우는 이미 '분치(忿懥)', '공구(恐懼)' 등을 설명하였고 주자도 장구에서 '마음의 작용이다.'라고만 말하였으니, 작용 한쪽만 들어서 말한 것을 알 수 있습니다. 그러나 전문을 쓴 사람이 경문의 본체와 작용을 겸한 '정심' 이외에 작용 한쪽의 '정심'을 별도로 말한 것이 아니라, 경문에서 본체와 작용을 겸한 것에 나아가 그 작용 한쪽을 끄집어내어 설명한 것뿐입니다. 아래 단락 장구의 이른바 "경으로 내면을 곧게 한다.〔敬以直之〕"[49]는 것과 "이 마음이 항상 보존된다.〔此心常存〕"는 것은 그 뜻이 자별하니, 이 정심전(正心傳) 한 장은 처음부터 끝까지 단지 정심하지 못하는 뜻을 말하였을 뿐, 정심할 수 있는 공부 방법에 대해서는 언급한 것이 하나도 없습니다. 그러므로 본문에 언급하지 않은 뜻을 주자가 여기에서 미루어 넓혀 이런 한 층의 설을 만들어 후세 학자들에게 정심의 요법(要法)을 보인 것이니, 애당초 전문의 본뜻을 바로 해석한 것이 아닙니다. 주자가 경전을 해석함에 있어 이와 같은 부분

49 경으로……한다 : 대본에는 '敬以直內'로 되어 있는데, 《대학장구(大學章句)》에 의거하여 '敬以直之'로 바로잡아 번역하였다.

이 또한 많으니, 이것을 끌어와 증거로 삼아서는 안 될듯합니다.

"일개 '부재지심(不在之心)'[50]이 마음으로 하여금 그 본체를 잃게 하고 또 그 작용을 잃게 한다."는 그대의 말씀은 매우 타당하지 못합니다. 이 마음의 본체와 작용은 본래 스스로 바른데, 단지 부재(不在)의 병통이 있기 때문에 그 바름을 잃은 것입니다. 지금 만일 그대의 말씀과 같다면 이 마음의 본체와 작용 이외에 또 별도로 일개 부재지심이 있어서 이 마음의 본체와 작용으로 하여금 그 바름을 얻지 못하게 하는 것이니, 마음을 가지고 마음을 해치는 병통에서 면치 못할 듯합니다.

또 그대가 여섯 가지 마음의 병통을 논하면서 성찰(省察)에 대해서만 말하고 '경으로 내면을 곧게 하는〔敬以直內〕' 공부를 말하지 않고, 마음이 있지 않는 병통을 논하면서 단지 '경으로 내면을 곧게 하는' 것만 말하고 성찰 공부를 말하지 않으니, 이 또한 고르지 못하고 치우친 잘못이 있는 듯합니다.

세 개의 '살핀다〔察〕'는 글자[51]를 경중으로 구분한 데 이르러선 너

50 부재지심(不在之心) : 《대학장구》 전(傳) 7장에 "마음이 있지 않으면, 보아도 보이지 않고 들어도 들리지 않고 먹어도 그 맛을 모른다.〔心不在焉, 視而不見, 聽而不聞, 食而不知其味.〕"라는 구절에서 온 말이다.

51 세……글자 : 전문 장구에 '찰(察)' 자가 세 번 나온다. 첫 번째 '찰(察)'은 "하나라도 있는데 살피지 못하면 욕심이 움직이고 정이 우세하여 그 용이 행하는 바가 올바름을 잃지 않을 수 없다.〔一有之而不能察, 則欲動情勝, 而其用之所行, 或不能不失其正矣.〕"는 것이고, 두 번째 '필찰(必察)'은 "군자는 반드시 이를 살펴서 경으로 마음을 곧게 하니, 그러한 뒤에야 이 마음이 항상 보존되어 몸이 닦여지지 않음이 없다.〔君子必察乎此, 而敬以直之, 然後此心常存, 而身無不修也.〕"는 것이고, 세 번째 '밀찰(密察)'은 "성

무 심하게 분별한 것이 아니겠습니까. 이른바 '치밀하게 살핀다〔密察〕'라는 것은 살핌이 응당 정밀해야 한다는 것이고, 이른바 '살피지 않는다〔不察〕'라는 것은 치밀하게 살피는 것과 상반된 것이고, 이른바 '반드시 살핀다〔必察〕'라는 것은 살피지 않아서는 안 된다는 것입니다. 이 셋은 그 글 뜻에 따라 각각 가리키는 바가 있지만, '살핀다〔察〕'는 글자의 뜻은 같지 않은 적이 없습니다. 이미 '살피지 않는다'라고 하였으니 그렇다면 치밀하게 살피지 않음을 알 수 있고, 이미 '반드시 살핀다'라고 하였으니 그렇다면 살핌이 응당 치밀하다는 것을 알 수 있으니, 어찌 '치밀하게 살핀다〔密察〕'의 '치밀하다〔密〕'는 한 글자를 가지고 대번에 경중을 나누어 보아서야 되겠습니까. 제 생각에는 장구의 뜻이 이렇지 않을 듯한데, 어떻게 생각하시는지요?

의만 알고 이 마음의 보존 여부를 치밀하게 살피지 못한다면 안을 곧게 하여 몸을 닦을 수가 없다.〔或但知誠意, 而不能密察此心之存否, 則又無以直內而修身也.〕"는 것이다.

이군보에게 답하다
答李君輔

그대의 설을 자세히 살펴보건대, 그 설이 비록 많지만 그 대지(大旨)를 요약하면, '분치(忿懥)'가 오기 이전의 '유소(有所)'과 '시식(視食)'이 오기 이전의 '부재(不在)'[52] 가지고 본체가 그 바름을 얻지 못한 것이라고 하고, 분치가 왔을 때의 '유소'와 시식이 왔을 때의 '부재'를 가지고 작용이 그 바름을 얻지 못한 것이라고 하는 두 가지에 불과할 뿐입니다. 지금 제 어리석은 의견으로 논하자면, "분치와 시식이 오기 이전에 이미 '유소'와 '부재'의 병통이 있다."는 형의 말씀은 그 설이 정밀하지만, 오지 않았을 때의 '유소'와 '부재'를 본체 한쪽의 병통으로 삼고, 왔을 때의 '유소'와 '부재'를 작용 한쪽의 병통으로 삼는 것은 온당하지 못합니다. 그 이유는 다음과 같습니다. 마음에 털끝만큼이라도 움직임이 있다면 이를 '작용'이라고 하니, '유소'와 '부재'는 모두 마음의 작용입니다. 그러므로 그 분치와 시식이 왔을 때의 '유소'와 '부재'의 마음이 마음의 작용일 뿐만 아니라, 분치와 시식이 오기

52 분치(忿懥)가……부재(不在) : 《대학장구》 전(傳) 7장에 "마음에 성내는 바가 있으면 그 바름을 얻지 못하며, 두려워하는 바가 있으면 그 바름을 얻지 못하며, 좋아하고 즐기는 바가 있으면 그 바름을 얻지 못하며, 근심하는 바가 있으면 그 바름을 얻지 못한다.〔心有所忿懥, 則不得其正; 有所恐懼, 則不得其正; 有所好樂, 則不得其正; 有所憂患, 則不得其正.〕"라고 하고, "마음이 있지 않으면 보아도 보이지 않으며, 들어도 들리지 않으며, 먹어도 그 맛을 알지 못한다.〔心不在焉, 視而不見, 聽而不聞, 食而不知其味.〕"라고 한 것을 말한다.

이전의 '유소'와 '부재'의 마음 또한 마음의 작용이 됩니다. 이미 이것이 마음의 작용이라면 이른바 '유소'와 '부재'는 똑같이 작용 한쪽의 병통이 되니, 어찌 오지 않았을 때와 왔을 때에 차이가 있다고 하여 혹은 본체의 병통이라고 하고 혹은 작용의 병통이라고 하겠습니까.

지금 형은 시식이 오기 전에 있기 때문에 본체에 소속시킬 줄만 알고, 이른바 '유소'와 '부재'라는 것이 모두 마음이 작용이라는 것은 알지 못한 것입니다. 더구나 분치와 시식이 왔을 때의 '유소'와 '부재'의 마음은 바로 오기 이전의 '유소'와 '부재'의 마음이니, 오기 전에 이미 '유소'와 '부재'의 마음이 있다가 왔을 때에 이 '유소'와 '부재'의 마음으로 응하기 때문에 성내어 그 바름을 얻지 못하고, 보아도 보이지 않고 들어도 들리지 않는 것입니다. 그렇다면 오지 않았을 때에 이 마음의 작용이 이미 전적으로 이것을 주재하기 때문에 왔을 때에 저것을 제대로 살피지 못하여 이렇게 그 바름을 얻지 못하고 들을 수 없고 볼 수 없게 된 것을 알 수 있으니, 지금 본체와 작용에 나누어 소속시키려는 것은 불가하지 않겠습니까.

주자(朱子)가 말하기를, "일이 오기 전에 성내고〔忿懥〕 두려워하고〔恐懼〕 좋아하고〔好樂〕 걱정하는〔憂患〕 마음이 먼저 그 속에 있다가 성내고 두려워하고 좋아하고 걱정할 일이 도래했을 때에 또 이 마음과 서로 혼합하여 그 바름을 잃는다."라고 하였고, 또 말하기를, "일이 오기 전에 자신에게 먼저 기대하는 마음이 있다."고 하였습니다. 이 두 부분에서 말한 '일이 오기 전'이라는 것이 분치와 시식이 오기 전을 말하는 것이 아니겠습니까. "먼저 성내고 두려워하고 좋아하고 걱정하는 마음이 있다"고 한 것과 "먼저 기대하는 마음이 있다"고 한 것이 어찌 모두 마음의 작용이 아니겠습니까. 이로 말미암아 본다면, 주자 또한 '유소'의 병통을 사물이 오기 전에 이미 말했지만 단지 그 작용 한쪽의 병통에 따라서만 말하였지, 본체 한쪽까지 언급하지는 않았습니다. 지금 "분치와 시식이 올 때의 '유소'와 '부재'의 병통이 오기 이전의 유소와 부재의 병통에 근본하였다."라고 한다면 괜찮지만, "분치와 시식이 오기 전에 있기 때문에 본체가 그 바름을 잃고, 왔을 때에 있기 때문에 작용이 그 바름을 잃었다."고 한다면 온당치 못한 것이 아니겠습니까.

살펴보건대, 《어류(語類)》 정심장(正心章)에서 논한 여러 설이 모두 40조목인데 16조목에서 논한 것이 모두 사물이 오기 전의 병통을 말하였습니다. 그렇다면 이른바 '유소'와 '부재'의 병통이 모두 분치(忿懥)와 시식(視食)이 오기 전부터 있는 것이 또한 매우 분명합니다. 분치와 시식이 오기 전에는 이 마음이 고요히 움직이지 않아야 하는데, 단지 '유소'와 '부재'의 병통이 있기 때문에 혼매하여 다른 데로 달려가고 주재하는 바가 없어 고요해야 하는데 움직여 마침내 그 체의 바름을 잃습니다. 분치와 시식이 올 때에 미쳐서는 이 마음이 감응하여 마침내 통해야 하는데, 이 유소와 부재의 마음으로 응하기 때문에 성내어 그 바름을 얻지 못하고 보아도 보이지 않고 들어도 들리지 않으니, 그 작용의 운행이 또한 그 바름을 잃지 않을 수 없습니다. 이 때문에 군자는 이러함을 살펴서 반드시 경(敬) 공부로 그 내면을 곧게 하고 본원을 함양하여 허명(虛明)하고 정일(靜一)하게 하니, 오기 이전에는 고요히 움직이지 않아 본체가 그 바름을 얻고, 올 때에 이르러선 감응하여 마침내 통하여 작용이 그 바름을 얻으니, 움직일 때나 고요할 때에 이 마음이 항상 보존되고 본체와 본용이 각각 그 바름을 얻어 유소와 부재의 병통이 없는 것입니다. 지금 만약 이것을 마음의 본체와 작용에 나누어 소속시켜 '유소'는 본체 한쪽의 병통으로 삼고 '부재'는 작용 한쪽의 병통으로 삼는다면 《어류》의 여러 설과 상치되고 전문(傳文)의 본뜻과 괴리되지 않겠습니까.

전문의 '정심(正心)'의 심(心)이 본래 본체와 작용을 겸하였다는 것에 대해서도 드릴 말씀이 있습니다. 주자(朱子)는 장구(章句)에서 "경으로 곧게 한다.〔敬以直之〕"고 하였습니다. 경으로 곧게 하는 공부는 오기 전이나 온 뒤를 통틀어 말할 수 있으니, 오기 전에 경으로 곧게 하면 고요해야 할 때에 고요하여 절로 '유소'와 '부재'의 병통이 없고, 올 때에 경으로 곧게 한다면 움직여야 할 때에 움직여 또한 '유소'와 '부재'의 병통이 없습니다. 오기 이전이 본체이고, 올 때가 작용이니, 이것을 가지고 구한다면 본체와 작용을 겸하여 말한 것임은 허다한 변론이 없어도 자명할 듯합니다. 만약 "이 장의 심(心) 자는 전적으로 작용 한쪽을 가리킨 것이다."라고 한다면, 주자가 장구에서 단지 작용 한쪽 공부만 말해야지, 무엇 때문에 '경으로 곧게 하는 공부'를 반복하여 극진히 말하여 반드시 본체와 작용을 겸하는 공부를 제시했겠습니까.

이군보에게 답하다

答李君輔

문 이 장은 단지 마음의 병통을 말한 듯하지만, 옛사람 또한 '마음을 바르게 하는 방법〔正心之法〕'으로 말한 자가 있습니다.

답 제 의견도 일찍이 이와 같을 뿐입니다.

이군보에게 답하다

答李君輔

《서경》에 "인심은 위태롭고 도심은 은미하니 오직 정밀하고 전일해야 그 중도를 잡을 수 있다.〔人心惟危, 道心惟微, 惟精惟一, 允執厥中〕"고 하였는데, 주자(朱子)가 이를 해석하여 "'정(精)'은 인심과 도심 사이를 살펴서 섞이지 않는 것이요, '일(一)'은 그 본심의 바름을 지켜서 떠나지 않는 것이다."라고 하였습니다. 이른바 '정'이라는 것이 어찌 성찰 공부(省察工夫)가 아니겠으며, 이른바 '일'이라는 것이 어찌 주경 공부(主敬工夫)가 아니겠습니까. 요순(堯舜) 이래 허다한 의론이 없던 때에 이미 성찰과 주경을 정심 공부(正心工夫)로 삼았으니, 이는 실로 우리 유학이 만세토록 전할 심법(心法)이니, 하나를 취하고 하나를 버려서는 안 될 듯합니다. 지금 "작용 한쪽의 성찰 공부로 여섯 가지 마음의 병통을 다스리면 위태로운 인심이 안정되고 은미한 도심이 드러난다."는 그대의 말씀은 성찰만 말하고 주경 공부를 빠트린 것입니다. 과연 이러하다면 순(舜)임금이 여기에서 단지 '유정(惟精)' 한마디만 해도 이미 충분한데, 무엇 때문에 '유일(惟一)'까지 겸하여 말했겠습니까. 그대의 설이 충분치 못한 듯한데, 어떻게 생각하실지 모르겠습니다.

김숙함[53]에게 답하다

答金叔涵

마음이 발현하지 않아 고요한 것을 본체라고 하고, 발현하여 움직이는 것을 작용이라고 하니, 이 발현하지 않아 고요한 것 이외에 어찌 다시 별다른 마음의 본체가 있겠습니까. 고요할 때에는 마치 물에 물결이 일지 않고 거울에 먼지가 없는 것처럼 맑아서 누(累)가 없고 혼연하여 흔적이 없으니, 이른바 "귀신이라도 그 즈음을 엿볼 수 없다."는 것이 바로 이것입니다. 그 본체는 중도에 맞아 치우치지 않고, 순일하여 섞이지 않고, 완전하게 선하여 악이 없으니, 이 때에 어찌 다시 이른바 병통이라는 것이 있겠습니까. 발현하여 움직일 때에 미쳐서 이 마음의 작용이 혹 그 바름을 잃는다면 이른바 병통이라는 것이 모두 이로부터 생겨나니, 바로 주자(周子)의 이른바 "발동할 때에 선악이 있다.〔幾善惡〕"[54]는 것입니다. 그 병통이 비록 많지만 그 대략을 요약하면, 혼매하여 빠지지 않으면 반드시 어지럽게 치달리니, 진실로 내 마음에서 능히 징험하면 알 수 있습니다. 그런데 지금 형은 혼매하고 치달리는 것을 본체와 작용, 움직임과 고요함으로 나누어 소

53 김숙함(金叔涵) : 김재해(金載海, 1658~1720)으로, 호는 쌍호(雙湖)이고, 자가 숙함이다. 박세채(朴世采)의 문인이다.

54 발동할……있다 : 주돈이(周敦頤)의 《통서(通書)》에 "성은 작위가 없으나 발동할 때에는 선과 악이 있다.〔誠無爲, 幾善惡.〕"라고 하였다. 이 부분을 주자(朱子)는 "기라는 것은 처음 발동할 때의 미세한 움직임이니, 선과 악이 이때부터 나누어지게 된다.〔幾者動之微, 善惡之所由分也.〕"라고 해석하였다. 《近思錄 卷1 道體類》

속시켜 마침내 혼매한 것을 본체의 병통으로 삼았습니다. 과연 이 말과 같다면 이는 발현하지 않을 때에 그 본체에 이미 치우침이 있는 것이니 어찌 중(中)이라고 할 수 있겠으며, 이미 섞임이 있는 것이니 어찌 전일하다고 할 수 있겠으며, 이미 악이 있는 것이니 어찌 완전하게 선하다고 할 수 있겠습니까. 예로부터 성현(聖賢)들이 마음의 본체를 논하여 "고요히 움직이지 않는다.〔寂然不動〕"라고만 말하고, "허령하여 어둡지 않다.〔虛靈不昧〕"라고만 말했으니, 어찌 일찍이 혼매를 말한 적이 있겠습니까. 이 마음이 발현하지 않아 담연허정(湛然虛靜)할 때에 만일 참으로 혼매한 병통이 있다면, 수많은 경전(經傳) 속에 어찌하여 이에 대해 한마디 언급이 없겠습니까. 주자(朱子) 또한 어찌하여 본문의 장구(章句)에서 이것을 마음의 본체와 작용으로 나누어 소속시켜 후세 사람들로 하여금 발현하기 이전에 이런 병통이 있음을 분명히 알게 하지 않은 것입니까.

형은 《대학》의 "마음이 있지 않다〔心不在〕"는 구절을 미루어 혼매한 병통으로 여기고, 또 혼매를 미루어 본체의 병통으로 삼아 스스로 층절(層節)을 만들어 중언부언하니, 그 뜻은 정성스럽다고 하겠습니다. 그러나 전문(傳文)을 살펴봐도 이미 이런 말이 없고 장구(章句)를 찾아봐도 또 이런 뜻이 없으니, 그렇다면 형의 이 설은 창시한 의견에 가깝지 않겠습니까. 그러므로 장구에서 "작용이 행하는 바가 혹 바름을 잃는다."라고 하고, 《혹문》에서 "이 마음의 작용이 그 바름을 얻지 못한다."라고 하여, 단지 작용만 말하고 본체를 말하지 않는 것이 어찌 그 사이에 깊은 뜻이 없겠습니까. 만약 마음의 동정(動靜)에 모두 병통이 있다고 말한다면 이는 동(動)이 아니고 정(靜)이 아닌 곳에 장차 별도로 병통이 없는 마음이 있는 것이니, 이것이 어찌 이치이겠습니까.

또 형은 성인(聖人)과 중인(衆人)으로 나누어 말씀하시니, 그 뜻이 대체로 "중인의 분수에 있어서는 비록 고요할 때라도 병통이 없을 수 없다"는 것이니, 그 말이 타당한 듯합니다. 하지만 이는 실로 그렇지 않은 점이 있습니다. 성인의 마음은 항상 고요하여 움직일 때에도 능히 절도에 맞아 어긋나지 않지만, 중인의 마음은 그 이른바 고요함이란 것이 전혀 없거나 조금 있고, 이른바 움직임이란 것이 또 모두 혼란하여 방종하니, 만약 이런 점을 가지고 본다면 성인과 중인의 다른 점이 과연 형의 말씀과 같습니다. 그러나 중인의 마음 또한 한순간의 고요함이 없을 수는 없으니, 지금 이 한순간의 고요함을 가지고 살펴본다면 그 고요하여 움직이지 않는 본체가 성인과 어찌 다르겠습니까. 다만 그 고요할 때가 한순간에 불과하고 곧바로 동요할 뿐입니다. 물에 비유하면, 위수(渭水)는 그 체성(體性)이 항상 맑고, 하수(河水)는 그 체성이 항상 탁합니다. 그러나 하수도 하루아침 맑을 때가 있고, 하루 동안 맑을 때가 있고, 혹 3일 동안 맑을 때가 있으니, 그 맑을 때에는 위수의 맑음과 어찌 다름이 있겠습니까.

형이 전문(傳文)의 '유소(有所)'와 '부재(不在)'[55]의 두 병통을 가지고 혼매하고 치달리는 것으로 나누어 본 것은 부연한 설인데, 혼매한

55 유소(有所)와 부재(不在) : 《대학장구》 전(傳) 7장에 "마음에 성내는 바가 있으면 그 바름을 얻지 못하며, 두려워하는 바가 있으면 그 바름을 얻지 못하며, 좋아하고 즐기는 바가 있으면 그 바름을 얻지 못하며, 근심하는 바가 있으면 그 바름을 얻지 못한다.〔心有所忿懥, 則不得其正; 有所恐懼, 則不得其正; 有所好樂, 則不得其正; 有所憂患, 則不得其正.〕"라고 하고, "마음이 있지 않으면 보아도 보이지 않으며, 들어도 들리지 않으며, 먹어도 그 맛을 알지 못한다.〔心不在焉, 視而不見, 聽而不聞, 食而不知其味.〕"라고 한 것을 말한다.

것을 본체의 병통이라고 말하고 치달리는 것을 오로지 작용의 병통이라고 한 것은 형의 탐색 공부가 비록 매우 정밀하지만, 본문의 뜻을 구해보면 점점 더 멀어지니, 밝은 견해의 하나의 오류가 되지 아니겠습니까.

○살펴보건대, 《맹자》의 '구방심장(求放心章)'[56] 주석에, 정자(程子)는 "마음은 본래 선한데 불선한 데로 흐르니 이것이 이른바 방(放)이란 것이다."라고 하였고, 주자(朱子)는 "방심(放心)은 단지 달아나는 것만을 방(放)이라고 부르는 것이 아니요, 조금이라도 어두워지고 조는 것도 방이다."라고 하였으니, 정자는 불선한 데로 흐르는 것을 '방'이라 하고, 주자는 어두워지고 조는 것도 '방'이라고 하였습니다. 이른바 어두워지고 조는 것이 바로 형이 말한 혼매이니, 그렇다면 놓친 뒤에 흘러서 불선을 하는 것을 알 수 있습니다. 지금 형은 혼매한 것을 발현하기 이전의 일로 여기니, 발현하기 이전에 어찌 이른바 '방'이라는 것이 있겠으며, 또한 어찌 이른바 불선한 데로 흐르는 것이 있겠습니까.

○주자는 "혼침(昏沈)은 마음을 놓아 혼미해지는 때이다."[57]라고 하였

56 구방심장(求放心章) : 《맹자》 〈고자 상(告子上)〉의 "인(仁)은 사람의 마음이요, 의(義)는 사람의 길이다. 그 길을 버리고 따르지 않으며 그 마음을 잃고 찾을 줄을 모르니, 애처롭다. 사람들은 닭과 개가 도망가면 찾을 줄을 알지만 마음을 잃고서는 찾을 줄을 알지 못하니, 학문하는 방법은 다른 것이 없다. 그 놓친 마음을 찾는 것뿐이다."라고 하였다.

57 혼침(昏沈)은……때이다 : 주자가 석씨(釋氏)의 마음에 관한 말을 인용하여, "저들이 '도거(跳擧)하지 말고, 혼침하지 말라.'라고 하였으니, 저들은 이 마음에 단지 두 가지만 있음을 본 것이다. 도거는 마음이 딴 데로 달려가는 때이고, 혼침은 마음을 놓아서 혼미해지는 때이니, 오직 경(敬)하면 이런 병통이 전혀 없게 된다."라고 하였다.

습니다. 주자가 이미 혼침을 마음을 놓아 혼미해지는 것으로 여겼으니, 그렇다면 이 마음이 발현하기 이전에 어찌 놓아버려 혼미해지는 병통이 있겠습니까. 만약 이미 놓아버려 혼미해졌다면 이는 발현한 뒤의 병통이니, 발현하지 않았다고 말할 수 없습니다.

나중에 율곡의(栗谷)의 《성학집요(聖學輯要)》를 보니, "보통 사람들은 함양하고 성찰하는 공부가 없기 때문에 그 마음이 어둡지 않으면 어지럽다. 다행히 잠시 동안 어둡거나 어지럽지 않으면 그 발현하지 않는 중〔未發之中〕이 또한 성현과 구별이 없다."라고 하였습니다. 또 살펴보건대, 주자가 말하기를, "발현하지 않은 중은 성인을 논한 것이 아니라,[58] 중인도 이것을 가진 것이 성인과 모두 마찬가지라는 것을 일반적으로 논한 것이다."라고 하였고, 혹자가 "중인이 발현하지 않은 상태가 성인과 다른 듯하다."-이것은 바로 숙함(叔涵)의 말이다.-라고 말하자, "발현하지 않은 것은 단지 발현하지 않은 것일 뿐이다. 그렇지 않다면 이는 큰 근본이 없어서 도리(道理)가 끊어진다."라고 답하였고, 혹자가 "중인은 발현하지 않았을 때에 어두울 듯하다."라고 말하자, "이 속에는 어둡고 밝음이 없으니, 만약 본원을 논한다면 발현하지 않은 상태는 모두 똑같다."라고 답하였습니다. 또 말하기를, "발현하지 않았을 때에는 요순(堯舜)부터 길가는 사람까지 똑같다."라고 하였습니다. 이것이 제 설과 우연히 부합하니, 비로소 저의 협소한 견해가 대단히

《心經 敬以直內章》

58 성인을……아니라 : 대본에는 '未始論聖人'으로 되어 있는데, 《朱子語類 卷62》에 의거하여 '未是論聖人'으로 바로잡아 번역하였다.

잘못되지 않았고, 숙함의 설이 누누이 변론하지 않아도 분명함을 알았습니다.

김숙함에게 답하다

答金叔涵

문 중인(衆人)의 경우는 그 마음이 반드시 잡은 뒤에야 보존되니 잡지 않으면 보존되지 않습니다. 보존되지 않는다고 한다면 이른바 본체의 병통입니다.

답 공자(孔子)는 "잡으면 보존되고 놓으면 잃는다.〔操之則存, 舍之則亡〕"라고 하였고, 집주(集註)에는 "잡으면 여기에 있고, 놓으면 잃어버린다.〔操之則在此, 舍之則失去〕"라고 하였고, 소주(小註)에 나오는 주자(朱子)의 설에는 "잃어버린다는 것은 없는 것이 아니라, 사물을 좇아 달아나는 것일 뿐이다.〔亡不是無, 只是走作逐物去了〕"라고 하였습니다. 지금 형이 말한 "잡지 않으면 보존되지 않는다."라는 것은 바로 공자의 이른바 '놓으면 잃는다〔舍亡〕'와 집주의 이른바 '잃어버린다〔失去〕'와 소주의 이른바 '사물을 좇아 달아난다〔走作逐物去〕'는 것입니다. 지금 이 '놓으면 잃는다'·'잃어버린다'·'사물을 좇아 달아난다'는 등의 말을 가지고 본다면, 이것이 과연 발현하기 이전의 고요하여 움직이지 않는 마음의 체입니까? 만약 잃어버리고 사물을 좇아 달아는 것을 참으로 본체의 병통이라고 한다면 이는 우리 형이 홀로 터득한 견해이니, 실로 천루한 식견을 지닌 제가 미칠 수 없는 바입니다.

문 마음과 성(性)은 다르지 않을 수 없습니다. 성은 이치이니 이치는 선악이 없고, 마음은 기운이니 기운은 똑같지 않습니다.

○ 마음 속에 갖춘 바의 이치가 성이며, 이러한 이치를 갖추고서 이 이치의 주인이 되는 것이 마음입니다. 발현하지 않을 때에는 갖춘 바의 이치가 참으로 순수하고 흠이 없지만, 주인이 되는 점을 가지고 말한다면 어찌 성인(聖人)과 중인(衆人)의 구별이 없겠습니까.

답 이른바 '성은 이치이고 마음은 기운이다."라는 것은 그대의 말씀이 옳습니다. 비록 그렇지만 마음과 성이 본래 틈 없이 융화되어 서로 떨어질 수 없는 만큼 각자 하나의 별개가 아니며, 움직임과 고요함, 본체와 작용은 본래 서로 연관이 없습니다. 이 때문에 마음과 성 두 가지는 고요하면 모두 고요하고 움직이면 모두 움직이는 것이요, 마음이 움직이는데 성 혼자 고요하고 마음이 어두운데 성 혼자 밝지는 않습니다. 이 이치는 매우 명백하여 의심할 것이 없습니다. 그런데 지금 형의 설과 같다면 중인의 마음은 비록 고요히 움직이지 않을 때라도 모두 혼매하고 혼탁한데 오직 마음에 갖춘 성(性)만 홀로 청명(淸明)하고 통철(洞徹)한 것이니, 결코 있을 수 없는 이치입니다. 형의 정밀한 견해로 이런 말을 하는 것은 어째서입니까?

문 이른바 '맑아서 티가 없다〔洞然無累〕' 것과 이른바 '담연하여 허정하다〔淡然虛靜〕'는 것과 이른바 '순일하여 섞이지 않고, 완전하게 선하여 악이 없다〔一而不雜, 純善而無惡〕'는 것은 바로 성인(聖人)의 마음을 가지고 말한 것이고 또 성(性)을 가지고 말한 것이니, 여기에서 병통을 구하는 것은 참으로 그 형세상 어렵습니다.

답 이른바 '맑아서 티가 없다'는 것과 '담연하여 허정하다'는 것과 '순일하여 섞이지 않고, 완전하게 선하여 악이 없다.'는 것은 바로 고요하여 움직이지 않을 때입니다. 이러한 때에는 성(性)만 그럴 뿐만 아니라 마음도 그러하며, 성인(聖人)만 그럴 뿐만 아니라 중인(衆人)도 그러합니다. 지금 만약 "그 고요할 때에 이른바 성(性)만이 섞이지 않고 악이 없음이 되고, 마음은 섞이고 악하다."라고 말하고, 또 "성인의 마음만 홀로 맑고 담연하고 중인의 마음은 어둡고 동요한다."라고 말한다면, 이는 성(性)은 고요할 때가 있고 마음은 고요할 때가 없는 것이며, 성인만 고요할 때가 있고 중인은 본래 고요할 때가 없는 것이니, 이는 말이 되지 않고 의리가 성립되지 않습니다.

문 주자(周子)가 말하기를, "발동할 때에 선악이 있다.〔幾善惡〕"라고 하였으니, 기(幾)는 참으로 움직임의 단서입니다. 그러나 주자(朱子)는 '성무위(誠無爲)'의 '성(誠)'에 대한 주석에서 '실리자연(實理自然)'이라고 하였습니다. 이른바 '실리(實理)'라는 것은 어찌 성(性)을 말하는 것이 아니겠습니까. 그렇다면 '발동할 때에 선악이 있다.'는 것은 실로 '성(誠)' 한 글자를 이어 말한 것으로,[59] 성(誠)은 바로 성(性)입니다.

답 본문 주석에서 주자(朱子)가 "성(誠)은 당연하고 누구에게나 있는 도리이니, 이른바 고요히 움직이지 않는 것이다. 기(幾)가 움직이면 선으로 향하기도 하고 악으로 향하기도 한다."라고 하였습니다. 지금 주자의 이 말을 가지고 본다면 이른바 고요히 움직이지 않는다는 것이 이 마음이 발현하지 않을 때가 아니겠으며, 이른바 기가 움직인다는 것이 이 마음이 발현한 곳이 아니겠습니까. 성(誠)과 기(幾)는

59 발동할……것으로 : 주자(周子)의 《통서(通書)》에 "성(誠)은 무위이고 발동할 때에는 선악이 있다〔誠無爲, 幾善惡.〕"라고 하였다.

움직이지 않음과 움직임의 구분이 있는데, 지금 형이 "발동할 때에 선악이 있다는 것은 실로 '성(誠)' 한 글자를 이어 말한 것이다."라고 하여 이미 움직인 기(幾)를 발현하지 않은 성(性)으로 삼고자 하니, 이는 명목(名目) 상에 오히려 투철하지 못한 바가 있는 듯합니다.

문 공자(孔子)가 "경으로 내면을 곧게 한다〔敬以直內〕"라고 말씀하였으니, 이는 곧지 못한 것을 병통으로 삼고 경(敬)을 약으로 삼은 것이고, 자사(子思)가 "보이지 않는 것을 조심하고, 들리지 않는 것을 두려워하라.〔戒愼乎所不睹, 恐懼乎所不聞〕"라고 하고, 또 "중화의 경지에 이른다.〔致中和〕"라고 하였으니, 이는 불중(不中)을 병통으로 삼고 계구(戒懼)를 약으로 삼은 것입니다. 그렇다면 마음의 본체가 병통이 없을 수 없다는 이치 또한 분명합니다.

답 이른바 "경으로 내면은 곧게 한다는 것은 단지 경으로써 내면을 곧게 한다는 말일 뿐, 발현하기 이전에 곧지 못한 병통이 있어 그러한 뒤에 비로소 경으로 내면을 곧게 한다는 것이 아닙니다. 이른바 '보이지 않는 것을 조심하고 들리지 않는 것을 두려워한다.'는 것과 이른바 '중화의 경지에 이른다.'는 것은 단지 보이지 않고 들리지 않는 가운데 능히 경계하고 두려워하면 그 공효의 극치가 중화의 경지에 이른다는 말일 뿐, 또한 발현하기 이전에 불중(不中)의 병통이 있어 그러한 뒤에 비로소 조심하고 두려워한다는 것이 아닙니다. '경으로 내면을 곧게 한다.'는 말에 본래 '곧지 않음〔不直〕'을 말하지 않았는데도 지금 형이 '곧지 않다'는 글자를 보태 넣고, '조심하고 두려워한다.〔戒愼恐懼〕'는 말에 본래 '불중(不中)'을 말하지 않았는데도 지금 형이 '불중'이라는 글자를 보태 넣어서 마침내 이것을 가지고 발현하기 이전 마음의 본체에 병통이 있다는 증거로 삼으니, 이는 진실로 어린 어린아이의 견해입니다. 발현하기 이전에 마음의 본체에 과연 병통이 있다고 한다면 이는 순자(荀子)의 성악설(性惡說)과 끝내 일치할 것이니 어찌 잘못되지 않겠습니까. 이하 인용한 제유(諸儒)의 설은 모두 천착하여 견강부회하고 억지로 끌어 모은 것으로 명백하고 평이하고 정직하고 간단명료한 뜻은 없고 그 까다롭고 매우 막한 것이 이 조목보다 심하기에 다시 변론하지 않겠습니다.

유도경에게 답하다
答柳道卿

경전(經傳)을 볼 때에는 반드시 먼저 본문의 주된 뜻이 어디에 있는지 보고서 다른 설로 그 사이에서 동요되지 않아야만 비로소 이리저리 치달리고 뻗어나가 진실을 잃는 병통에서 벗어날 수 있습니다. 이것이 실로 독서하는 중요한 방법이니 소홀히 해서는 안 됩니다. 작년에 함우(涵友 김재해(金載海))가 《대학》을 읽을 때에 정심장(正心章)의 '유소(有所)'와 '부재(不在)'[60] 두 단락에 대하여 '유소'를 치달리는 것으로 간주하여 움직일 때의 병통이라고 하고, '부재'를 혼매(昏昧)한 것으로 간주하여 고요할 때의 병통이라고 하면서 전후로 말한 것이 매우 세세할 뿐만이 아니었습니다. 그의 병통의 뿌리를 살펴보면 이리저리 뻗어나가 진실을 잃는 병통에서 나온 것입니다. '유소'를 치달리는 것으로 여기고 치달리는 것을 움직일 때의 병통으로 여긴 것은 진실로 마땅하다고 하겠습니다. 그러나 '부재'를 혼매한 것으로 여기고 또 혼매를 고요할 때의 병통으로 여긴 것은 과연 본문의 주된 뜻을 잃지 않았다고 할 수 있겠습니까. 지금 《대학》 본문(本文)과 전문(傳文)을 가지고 처음부터 이해하여 보고 또 본다면 애당초 이런 생각의 싹이 생기지 않을 것입니다. 형이 만약 자세히 완미한다면 다시 다른 사람의 변설을 기다리지 않더라도 스스로 함우의 말이 그 본뜻을 잃었음을 알 수 있을 것입니다.

60 유소(有所)와 부재(不在) : 315쪽 주55 참조.

주자(朱子)의 이른바 '고요할 때에 혼매하지 않다.〔靜時不昏昧〕'에 대해서는, 지난번에 보니 함우가 인용하여 자신의 설에 대한 분명한 증거로 삼은 것이 오로지 이 다섯 글자에 있었습니다. 그러나 주자의 이 설은 단지 이 마음이 발현하지 않았을 때에 나아가 그 허명(虛明)하고 어둡지 않은 본체를 평이하게 말한 것일 뿐, 이외에 별도의 다른 뜻은 없습니다. 그런데 지금 함우는 여기에서 꺾고 굴리고 미루어 나가서 새로운 견해를 창출하여 "여기에서 이미 '고요할 때 어둡지 않다'고 말했으니 이는 반드시 고요할 때에 혼매함이 있는 것이다."라고 하면서 마침내 이러한 뜻을 지나치게 주장하여 자신함이 지나치고 부연함이 또 깊으니 어찌 잘못된 것이 아니겠습니까.

옛 사람들이 발현하지 않은 본체를 논하여 어떤 이는 '허령하여 어둡지 않다〔虛靈不昧〕'라고 하고, 어떤 이는 '완전하게 선하여 악이 없다〔純善無惡〕'라고 하였습니다. 지금 함우의 이 설을 가지고 비겨본다면 또한 "발현하기 이전에 또 허령불매(虛靈不昧)하지 않은 것이 있고, 순선무악(純善無惡)하지 않은 것이 있다."라고 말해야 하니, 이 설이 과연 통하겠습니까? 통하지 않겠습니까? 옛사람이 입언(立言)한 본뜻을 강구하지 않고 그 한두 어구(語句)를 절취하여 자신의 설을 보조하니 이는 실로 학문의 큰 병통입니다.

또 이른바 '중인(衆人)이라 하더라도 혹 한순간의 고요함이 없을 수 없으니 고요할 때에는 성인(聖人)과 같다.'라는 것은 바로 율곡(栗谷)의 설입니다. 그 말이 《성학집요(聖學輯要)》에 상세히 드러나 있는데도 함우는 율곡의 설까지 아울러 심하게 배척하였으니, 그렇다면 이는 또 우리들의 구구하게 타일러서 힘을 얻을 수 있는 바가 아닙니다. 대체로 이 마음의 발현 이전이 바로 고요히 움직이지 않는 경계이니,

마치 거울에 먼지가 없고 물에 물결이 일지 않는 것과 같습니다. 이 때문에 주자가 "감(感)하지 않았을 때에는 지극히 허정(虛靜)하여 진실로 문제삼을 만한 득실이 없다."고 하였습니다.[61] 지금 과연 함우의 설과 같다면 이는 발현하기 이전에 이미 혼매한 병통이 있는 것이니 이른바 '진실로 문제 삼을 만한 득실이 없다'는 것이 어찌 허언(虛言)이 되지 않겠습니까. 듣건대 선사(先師 박세채)에게도 일찍이 이에 대해 정성스럽게 깨우쳐 주었는데 함우가 옳다고 여기지 않았다고 하니, 그렇다면 끝내 어찌할 수 없습니다. 한탄스러운 것은 형의 정밀하고 치밀한 견해로 어찌하여 이것을 깨닫지 못하는가 하는 점입니다. 이 뜻은 주자가 《대학혹문(大學或問)》에 상세하게 논했으니, 부디 형이 다시 취하여 정밀하게 더욱 실마리를 찾아 끌어내기를 바랍니다.

61 주자가……하였습니다 : 《대학혹문》에 "감하지 않았을 때는 지극히 허정하여 이른바 거울처럼 비어있고 저울처럼 공평한 체이니, 귀신이라도 그 즈음을 엿볼 수 없음이 있으니 진실로 문제 삼을 만한 득실이 없다.〔其未感之時, 至虛至靜, 所謂鑑空衡平之體, 雖鬼神有不得窺其際者, 固無得失之可議.〕"라고 하였다.

박상보에게 답하다

答朴尙甫

문 정심장(正心章) 장구의 "작용이 행하는 바가 혹 올바름을 잃지 않을 수 없다."는 부분에 대하여 운봉 호씨(雲峯胡氏)는 또 '정기(正其)'와 '기정(其正)'을 가지고 본체와 작용으로 나누었는데,[62] 퇴계(退溪)가 매우 옳지 않게 여겼습니다. 본체로부터 작용으로 가면 본체가 비록 올바르더라도 그 작용처에 이르러 꼭 그 올바름을 잃지 않는 것은 아니며, 작용으로부터 본체로 거슬러 올라가면 작용이 그 올바름을 잃지 않아야 본체가 그 바름을 얻습니다. 장구에서는 힘을 쓸 곳에서 말했기 때문에 그 설이 응당 이러하였지만, 《혹문(或問)》에서 "그 본체의 올바름을 얻지 못한다."라고 하고, 또 "마음의 본체는 사물이 움직일 수 없다."라고 하였습니다. 퇴계는 오로지 작용만 가지고 말하였으니 또한 십분 온당하지는 못한 듯합니다.

답 집주(輯註)는 전문(傳文)을 바로 해석한 장구(章句)와는 그 체제

62 운봉 호씨(雲峯胡氏)는……나누었는데 : 《대학》 전문 7장의 "이른바 '몸을 닦는 방법은 먼저 그 마음을 바르게 하는 데에 있다.'는 것은 마음에 성내는 바가 있으면 그 바름을 얻지 못하며, 두려워하는 바가 있으면 그 바름을 얻지 못하며, 좋아하고 즐기는 바가 있으면 그 바름을 얻지 못하며, 걱정하는 바가 있으면 그 바름을 얻지 못한다.〔所謂修身在正其心者, 心有所忿懥, 則不得其正, 有所恐懼, 則不得其正, 有所好樂, 則不得其正, 有所憂患, 則不得其正.〕"라고 한 부분에서, '그 마음을 바르게 하는 데 있다〔在正其心〕'의 '정기(正其)'는 작용으로 보고, '그 바름을 얻지 못한다〔不得其正〕'의 '기정(其正)'은 본체로 보았다.

가 다르니, 본체와 작용을 겸하여 말한 호씨(胡氏)의 설이 불가하지 않을 듯하네. 다만 '기정'과 '정기'를 나누어 소속시킨 것은 과연 온당하지 않은 듯하네. 마음이 발현하지 않은 상태를 본체라고 하고 이미 발현한 상태를 작용이라고 하니, 이른바 발현하지 않았다는 것은 바로 고요히 움직이지 않는 경계이니, 이 때에는 완전하게 선하여 악이 없을 뿐이네. 발현함에 이르러서는 선악이 여기에서 나뉘어 허다한 병통이 모두 여기에서부터 나오네. 이 때문에 예로부터 성현들이 마음의 공부를 말할 적에 대부분 발현한 부분에서 말하였으니, 이 전문을 보면 또한 알 수 있네. 이 때문에 정심(正心)의 전문(傳文)을 논한 후세의 여러 유자들이 모두 작용을 위주로 말하였고, 퇴계의 설도 전적으로 작용을 위주로 말했으며, 근래에 우장(尤丈 송시열) 또한 작용을 위주로 말하는 것을 옳게 여겼네. 오직 벗 이군보(李君輔)만 "경문과 전문의 정심(正心)은 본시 한 꿰미에서 온 것이다. 경문에서 이미 본체와 작용을 겸하여 말했으니 전문에서 본체를 말하지 않았더라도 본체가 그 속에 있지 않음이 없다."라고 하였으니, 이는 우리들이 응당 다시 생각해야 할 부분이네.

문 본체와 작용의 설에 대해서는, 다만 생각건대 전문에서 말한 정심(正心)은 작용이 그 올바름을 얻을 수 없다는 것이 분명합니다. 이 때문에 장구(章句)에서도 전문의 뜻만 바로 해석한 것입니다. 이것이 본체를 말하지 않은 이유지만, 이미 작용이 그 올바름을 얻을 수 없다면 본체 홀로 그 올바름을 얻을 수 없다는 사실을 또 말하지 않은 가운데 은연중에 알 수 있습니다.

답 이 마음이 발현하기 전에는 그 본체가 본래 허명(虛明)하고 통철

(洞徹)하여 거울처럼 비어있고 저울처럼 공평하네. 이러한 때에는 단지 조존(操存)하고 함양(涵養)할 뿐, 애당초 거론할 말한 올바르지 못한 것이 없네. 발현할 때에 미쳐서 그 작용이 모두 차질 없이 절도에 맞아 어그러짐이 없다면 기뻐하고 성내고 걱정하고 두려워함이 각각 그 법칙에 맞을 것이니, 여기에서 또한 어찌 일찍이 그 바름을 얻지 못함이 있겠는가. 다만 외물이 오고 감응할 때에 혹 그 기미를 성찰하지 못하여 도리어 사욕에 가려지게 되면 이에 기뻐하고 성내는 병통이 있고 걱정하고 두려워하는 병통이 생겨 이 마음의 작용이 애초에 그 바름을 얻지 못하는 것일 뿐이니, 기뻐하고 성내고 걱정하고 두려워함이 있어서 그 올바름을 얻지 못하는 것은 분명코 마음이 발현한 이후의 일이네. 발현하기 이전에는 '부정(不正)'이라는 글자를 놓을 수 없으니 그렇다면 전문의 이른바 '그 마음을 올바르게 하는데 달려있다〔在正其心〕'는 것은 그 마음의 본체를 바르게 함을 말하는 것이 아니라, 그 마음의 작용을 바르게 하는 것이며, 이른바 '그 올바름을 얻을 수 없다〔不得其正〕'는 것은 마음의 본체가 그 올바름을 얻지 못함을 말하는 것이 아니라, 마음의 작용이 그 올바름을 얻지 못한 것이네. 장구의 이른바 '그 작용이 행하는 바가 혹 올바름을 잃지 않을 수 없다.'는 것을 보면 저절로 알 수 있네. 대개 마음의 본체는 본래 올바르니, 지금 만약 "기뻐하고 성내고 걱정하고 두려워함이 있을 때에 그 본체의 올바름을 잃는다."라고 한다면 괜찮지만, "본체가 그 올바름을 얻지 못한다."라고 한다면 불가하네. 만약 혹 그 올바름을 얻지 못했다면 이는 발현하지 않은 본체가 아니네. 가령 호씨(胡氏)가 여기에서 그 본문의 남은 뜻을 미루어 본체와 작용을 범연히 말했다면 무슨 불가할 것이 있겠는가. 그러나 지금 그렇지 않아

'정기(正其)'를 작용에 소속시키고 '기정(其正)'을 본체에 소속시켰으니 전문(傳文)을 쓴 사람의 본뜻과 어긋나지 않겠는가. 더구나 이른바 그 올바름을 얻지 못했다는 것은 바로 그 위의 '그 마음을 올바르게 하는데 달렸다〔在正其心〕'는 네 글자를 해석한 것이니, 본체와 작용에 나누어 소속시키는 것이 어찌 미안하지 않겠는가.

문 '그 바름을 얻지 못한다〔不得其正〕'는 것도 본체를 겸하여 말해서는 안 된다면 아래에서 '반드시 이를 살핀다〔必察乎此〕'와 '경으로 마음을 곧게 한다〔敬以直之〕'는 것을 본체와 작용 공부로 나눈 것이 부당하지 않습니까. '반드시 이를 살핀다.'와 '경으로 마음을 곧게 한다.' 사이에 '이(而)' 한 글자를 놓아 이른바 '병을 살펴서 약을 준다.〔察病而加藥〕'는 것처럼 그 뜻이 이어지니, '경으로 마음을 곧게 하는' 것을 오로지 존양 공부로 삼아서는 안 됩니다. 남계대부(南溪大父 박세채)의 《독서기(讀書記)》에도 주자(朱子)의 말을 인용하여 "마음을 곧게 하는 것은 지키는 공부로서, 본체만을 가리킨 것이 아니니, 《주역》의 '고요하여 움직임이 없는〔寂然不動〕' 것과 《중용》의 '발현하지 않은 상태를 중이라고 한다〔未發謂中〕'는 따위와 같다."라고 하였습니다. 어떻게 생각하는지요?

답 호씨는 전문(傳文)에서 단지 작용에 대해 말한 부분을 가지고 그 상하의 문자를 잘라 어떤 것은 본체로 간주하고 어떤 것은 작용으로 간주하였기 때문에 그 설이 병통이 있는데서 면치 못하였네. 주자는 전문에서 말하지 않은 부분에 나아가 그 빠진 뜻을 보충하여 '반드시 이를 살펴서 경으로 마음을 곧게 한다.'라고 겸하여 말하여 본체와 작용 공부를 갖추었네. 피차 말한 바가 본래 같지 않은데 어찌 저것을 의심하고 이것을 문제로 여겨서야 되겠는가. 전문에서 말하지 않은 것을 주자가 특별히 들어서 보충하여 본체와 작용 공부를 하나도 빠트려서는 안 됨을 보였으니, 바로 이른바 '공자(孔子)가 말하지 않은 것을 맹자(孟子)가 말하였다.'라고 한 것과 같네. 지금 만약 그대의 말처럼 "장구의 설은 단지 작용 공부를 말하였고 본체 한쪽의 공부는 말하지 않았다."라고 한다면, 주자가 여기에서 '반드시 이를 살핀다〔必察乎此〕'는 네 글자만 말해도 이미 충분한데 무엇 때문에 '반드시 이를 살핀다.'라고 말하고 나서 또 '경으로 마음을 곧게 한다.'라고 말하여 이렇게 뒤섞고 중복하여 절실하지 않는 불필요한 말을 끌어다 그 아래에 넣었겠는가. 선사(先師)가 인용한 '지킨다〔持守〕'는 것은 본문에 보이지 않으니, 비록 그 주된 뜻이 무엇인지 알 수 없지만 이른바 '지킨다'는 것은 바로 '보존하여 기르는〔存養〕' 것이네. 지키는 것과 보존하여 기르는 것이 본래 한 가지 일이니, 또 어찌 두 가지 일로 볼 수 있겠는가. 상문 장구는 이 마음이 올바름을 잃는 이유가 성내고 두려워하고 좋아하고 근심함에서 기인하였음을 말한 것이니, 이른바 성내고 두려워하고 좋아하고 근심함이 있는 것은 그 병통이 모두 살피지 않아 그런 것이네. 이 때문에 여기에서 단지 '살피지 않는다〔不能察〕'는 세 글자만 말한 것이네. 하문 장구는 마음의 본체와 작용 공부를 갖추어 말하여 전문의 빠트린 뜻을 보충하였네. 이 때문에 여기에서 반드시 '이를 살펴서 경으로 마음을 곧게 한다.'는 두 구절을 겸하여 말한 것이네. 이는 모두 상하 병통의 경중에 대하여 말한 것이 아닌 듯하니, 어떻게 생각하는가? 정심전(正心傳)은 처음부터 끝까지 모두 마음을 바르게 할 수 없는 병통을 말하였고, 마음을 바르게 하는 방법을 말한 것이 하나도 없네. 이 때문에 장구에서 여기에 '반드시 이를 살펴서 경으로 마음을 곧게 한다.'라고 말하여 전문에서 말하지 않은 뜻을 보충하여 후학들에게 공부하는 방법을 밝게 제시하였네. '반드시 이를 살피는' 것이 바로 움직일 때의 성찰 공부이고, '경으로 마음을 곧게 하는' 것이 바로 고요할 때의 존양 공부네. 장구에서 본체와 작용 공부를 보충하여 갖추어놓지 않음이 없으니, '성의장(誠意章)에 이미 갖추어져 있기 때문이다.'라는 요씨(饒氏)의 말[63]은 과연 타당하지 못한 듯하네.

63 성의장(誠意章)에……말 : 쌍봉 요씨(雙峰饒氏)의 말은 다음과 같다. "네 가지가 그 바름을 얻지 못한다는 것은 마음이 바르지 않음을 말한 것이고, '보아도 보이지 않는다.'는 말의 이하는 몸이 닦이지 않음을 말한 것이다. 이것을 말하면서 정심하고 수신하는 바를 말하지 않는 것은 이미 성의장에 갖추어져 있기 때문이다."

신명윤에게 답하다

答申明允

문 어떤 사람이 정심장(正心章)의 심(心) 자가 본체인지 작용인지 묻자, 황강(黃江 권상하(權尙夏))이 답하기를, "이 장의 네 가지 유소(有所)의 병통[64]은 모두 마음의 작용이지만 그 끝을 요약하면 그 네 가지의 병통이 없애려는 것이니, 이 네 가지 병통이 없다면 바로 이 마음이 발현하기 이전이다."라고 대답하였습니다. 어떻게 생각하시는지요?

답 주자(朱子)가 말하기를, "외물에 접응하지 않을 때에 거울이 밝고 저울이 공평한 것처럼 담연허정(湛然虛靜)하여야 외물에 접응할 때에 이르러 비로소 착오가 없어 기뻐해야 할 때 기뻐하고 성내야 할 때 성내고 근심해야 할 때 근심하고 두려워해야 할 때 두려워하여 정당한 곳에 그치고 다시 지나침이 없다."라고 하였네. 이것을 가지고 본다면 발현하지 않았을 때에 이 네 가지 병통이 없을 뿐만 아니라, 발현한 뒤에도 이 네 가지가 있어서는 안 되네. 지금 치도(致道 권상하)가 "이 네 가지 병통이 없다면 바로 이 마음이 발현하지 않았을 때이다."라고 하니, 과연 그렇다면 발현한 이후에는 유독 이 네 가지 병통이 없어서는 안 된다는 말인가. 어폐(語弊)가 될 듯하네.

문 서응(瑞膺 윤봉구(尹鳳九))이 말하기를, "사유(四有)[65]는 마음 안의

64 유소(有所)의 병통 : 315쪽 주55 참조.

65 사유(四有) : 네 가지 유소(有所)의 병통을 말한다. 유소(有所)의 병통 참조.

병통이기 때문에 정심(正心)과 관계되고, 오벽(五辟)[66]은 일에 드러난 것이기 때문에 수신(修身)과 관계된다."라고 하였고, 또 "성의(誠意)는 실로 그 마음이 발현한 것이니 발현한 이후의 일이고, 정심(正心)은 사유의 병통을 제거하는 것이니 발현하지 않았을 때의 공부이다."라고 하였습니다. 이 설이 어떠합니까?

답 주자(朱子)가 말하기를, "성냄〔忿懥〕 등은 마음이 외물과 접했을 때의 일이고, 사랑함〔親愛〕 등은 몸이 외물과 접했을 때의 일이다." 라고 하였네. 이것을 가지고 본다면 서응(瑞膺)이 말한 위 단락은 옳은 듯하지만, 아래 단락의 이른바 '정심은 사유의 병통을 제거하는 것이니 발현하지 않았을 때의 공부이다.'라는 말은 잘못 된 듯하네. 이 마음이 발현하지 않은 때가 고요히 움직이지 않는 때이니 중도에 맞아 치우지지 않고 순일하여 섞이지 않고 완전하게 선하여 악이 없네. 이러한 때의 공부는 단지 가볍게 존심양성(存心養性)할[67] 뿐이니, 어찌 제거해야 할 네 가지 병통이 있겠는가.

66 오벽(五辟) : 《대학장구》 전(傳) 8장에 "이른바 그 집안을 가지런히 함이 몸을 닦음에 있다는 것은 사람들이 친애하는 바에 편벽되며, 천히 여기고 미워하는 바에 편벽되며, 두려워하고 존경하는 바에 편벽되며, 가엾게 여기고 불쌍히 여기는 바에 편벽되며, 거만하고 태만히 하는 바에 편벽된다.〔所謂齊其家, 在修其身者, 人之其所親愛而辟焉, 之其所賤惡而辟焉, 之其所畏敬而辟焉, 之其所哀矜而辟焉, 之其所傲惰而辟焉.〕"라고 한 데서 나온 말로, 지나치게 사랑함〔親愛〕, 지나치게 천시하고 미워함〔賤惡〕, 지나치게 두려워하고 존경함〔畏敬〕, 지나치게 슬퍼하고 불쌍히 여김〔哀矜〕, 지나치게 오만하고 게으름〔敖惰〕이다.

67 가볍게 존심양성(存心養性)할 : 존심양성하는 방법으로, 밖으로 치달리는 마음을 살며시 챙기는 것을 말한다. 만일 방심(放心)하는 것을 억제하기 위하여 무겁게 다스리려고 하면 이것 자체가 마음의 안정을 빼앗아 도리어 해가 된다고 하였다.

송기손에게 답하다
答宋基孫

문 마음의 유소(有所)에 대하여 '유(有)' 자를 집착하는 병통으로 여기는 것이 선유(先儒)들이 이어받아 이미 정론(定論)이 되었으니, 그렇다면 '유(有)' 한 글자가 바로 이 장의 골자입니다. 훈고(訓詁)에서는 어찌 자세하게 풀이하지 않고 '일유지(一有之)'라는 세 글자로 간략하게 말한 것이 의심스럽습니다. 또 '일유지'는 《대학》과 《중용》에 쓰인 것이 한둘이 아닙니다. 《대학》 서문(序文)의 '일유총명(一有聰明)'의 '일유(一有)'와 《중용》 주석의 '일유불성(一有不誠)'의 '일유'는 단지 유무(有無)의 '유(有)' 자 뜻이고 본래 다른 뜻이 없는데, 어찌 굳이 이곳에서만 이전의 범례를 바꾸어 깊은 뜻을 많이 포함한 것입니까?

또 《혹문(或問)》에, "만약 사유(四有)가 병통이 된다면 반드시 고목과 식은 재처럼 하는 것이 정심(正心)입니까?"라고 묻자, "네 가지가 병통이 아니라 능히 살피지 못하는 것이 병통이다. 대의(大意)가 이와같습니다."라고 대답하고, 끝내 '유(有)'라는 한 글자가 병통이 된다는 말이 없으니, 이것이 어찌 더욱 의심스럽지 않겠습니까. 퇴계(退溪)는 본문의 '유' 자에 대해서는 병통으로 보았으나, 주석의 '일유지'의 '유' 자에 대해서는 단지 '유무'의 '유' 자로 해석하였습니다. 우옹(尤翁 송시열(宋時烈))은 본문과 주석을 아울러 조금 집착하는 뜻이 있는 것으로 풀이하여 〈심경변의(心經辨疑)〉에 실었습니다. 오직 농암(農巖 김창협(金昌協)) 형제의 의론은 "본문과 주석의 두 '유' 자는 모두 병통이 되지 않는다. 단지 이 네 가지가 있기 때문에 사람들이 살피지 못할까 늘 걱정하는데, 욕(欲)이 발동하고 정(情)이 우세할 때에 이르러 그 올바름을 얻지 못하니, 비유하면 음식을 먹고 남녀 관계하는 것이 본래 욕이 아니지만 사람이 반드시 이 때문에 절도를 잃고 방탕해지는 것과 같다."라고 하였습니다. 이것이 비록 신기한 설이지만 반복하여 깊이 생각해보니 본뜻에 부합하는 듯합니다. 가르침을 주신다면 매우 다행이겠습니다.

답 '유소(有所)'와 '일유(一有)'의 두 '유' 자는 그 뜻이 같지 않은 듯합니다. 지금 만약 반드시 합하여 하나의 뜻으로 만들려고 한다면 끌어 붙이는 병통이 있지 않겠습니까. 퇴계의 설에 대해서는 제가 일찍이 옳은 듯하다고 여겼습니다. 《혹문(或問)》의 이른바 '살피지 않는다〔不察〕'는 것이 이미 유소의 병통을 포함하고 있으니, 어찌 '일유' 자가 없는 것을 의심할 수 있겠습니까. 농암의 설은 의심스럽습니다. 성냄〔忿懥〕 등 네 가지는 모두 마음의 작용으로, 없을 수 없는 바이니, 이 네 가지를 가지고 병통이 되지 않는다고 말하는 것은 괜찮습니다. 그러나 '유소'는 이미 그 올바름을 얻지 못한 것이니, 유소를 가지고 병통이 되지 않지 않는다고 말한다면 본뜻을 크게 잃은 듯합니다. '유소' 아래에 곧바로 '그 올바름을 얻지 못한다.〔不得其正〕'라고 하였으니 그렇다면 이것이 병통이 아니고 무엇이겠습니까. 이른바 '음식을 먹고 남녀 관계하는 것이 본래 욕이 아니다.'라는 것은 장구의 '사람이 없을 수 없는 것이다.〔人所不能無〕'라는 말과 같고, 이른바 '절도를 잃어 방탕해진다.'는 것은 장구의 '살피지 못한다.〔不能察〕'이라는 말과 같으니, 달리 신기한 점이 보이지 않습니다. 고명께서는 어떻게 생각하는지요?

박상보에게 답하다
答朴尙甫

이 단락의 인(仁)・양(讓)・탐려(貪戾)에 대한 말[68]은 단지 교화가 온 나라에 이루어지는 효과를 범범하게 말한 듯하니, 위 문장의 효(孝)・제(悌)・자(慈) 세 가지[69]로 건건이 분배할 필요가 없을 듯하네. 또 '요순이 천하를 인으로써 거느렸다.〔堯舜率天下以仁〕'는 아래 문장을 살펴보면, 여기에서 단지 인(仁)만 말하고 또 양(讓)은 말하지 않았으니, 이 상하 두 단락이 모두 교화가 온 나라에 이루어지는 효과를 범범하게 말한 것이고, 일일이 위 문장의 효・제・자에 대응

68 인(仁)……말 :《대학장구》 전문 9장의 "한 집안이 인하면 한 나라가 인을 흥기하고, 한 집안이 사양하면 한 나라가 사양함을 흥기하고, 한 사람이 탐하고 어그러지면 한 나라가 난을 일으키니, 그 기틀이 이와 같다.〔一家仁, 一國興仁; 一家讓, 一國興讓; 一人貪戾, 一國作亂, 其幾如此.〕"라고 한 부분을 가리킨다.

69 위……가지 :《대학장구》 전문 9장의 "효는 군주를 섬기는 것이요, 제는 윗사람을 섬기는 것이고, 자는 백성을 부리는 것이다.〔孝者, 所以事君也; 弟者, 所以事長也; 慈者, 所以使衆也.〕"라고 한 부분이다.

하지 않은 것을 알 수 있네. 그렇다면 요씨(饒氏)와 노씨(盧氏)의 설은 지나치게 정교한 듯하네. 그대가 또 "위 문장의 '적자를 보호하듯이 한다.〔如保赤子〕'는 것이 이미 자(慈)을 말한 것이기 때문에 여기에서 더 이상 말하지 않았다"라고 한 것 또한 반드시 그런 줄 모르겠네. 그러나 요씨와 노씨의 두 설이 또 각자 하나의 뜻이 되어 참고하여 보기에 좋으니, 굳이 깊이 공격할 필요가 있겠는가.

김숙함에게 답하다
答金叔涵

늙은이를 늙은이로 대우하고, 윗사람을 윗사람으로 대우하고, 고아를 불쌍하게 여기는 것은 모두 자신이 집안에 시행하는 것에 나아가 말한 것이니, 바로 '집안이 가지런해지는〔家齊〕' 일입니다. 효를 일으키고 공경을 일으키고 저버리지 않는 것은 남이 보고서 느껴 홍기하는 부분에 나아가 말한 것이니 '나라가 다스려지는〔國治〕' 일입니다. 그러므로 장구(章句)에서 "이 세 가지는 이른바 집안이 가지런해짐에 나라가 다스려진다는 것이다."라고 한 것입니다. 다만 장(章)의 첫머리에 시작한 말이 '천하를 평치하는 것은 그 나라를 다스리는데 있다.〔平天下在治其國〕'라고 하였는데, 지금 이 세 가지는 단지 '나라를 다스리는 것이 그 집안을 가지런하게 하는데 있다.'라고만 말하고, '천하를 평치하는 것이 그 나라를 다스리는데 있다.'라고는 말하지 않은 듯하니, 장의 첫머리에 시작한 말과는 다릅니다. 이 점은 의심스러운 듯합니다. 형이 말씀한 "이 구절을 이어 말하였다."는 것과 "반드시 나라와 천하를 들어서 그 다스림에 선후가 있음을 말한 것이다."라는 말은 과연 옳습니다. 그러나 《혹문》을 살펴보건대, "위 9장에서 집안을 가지런하게 하고 나라를 다스리는 도를 논하면서 이미 효(孝)·제(弟)·자(慈)를 말하였는데, 여기에서 나라를 다스리고 천하를 평치하는 도를 논하면서 다시 이것을 말한 것은 어째서입니까?"라고 묻자, "세 가지는 인도(人道)의 큰 단서로 모든 사람들이 함께 얻은 것이니, 집안에서부터 나라에 미치고 나라에서부터 천하에 미침이 비록 대소의 차이는 있지만 그 도가 이와같은데 불과할 뿐이다."라고 답하였습니다. 지금 《혹문》의 설을 가지고 장구(章句)에 미루고, 장구의 설을 가지고 전문(傳文)에 맞춘다면, 전문에서 말한 세 가지가 비록 '천하를 평치하는 것이 그 나라를 다스리는데 있다.'고 분명히 말하지는 않았지만, 나라로부터 천하에 미치는 뜻을 말함이 이미 그 속에 들어있으니, 의심의 여지없이 분명하며 앞장과 아울러 일례(一例)가 됨을 저절로 알 수 있습니다.

지금 형이 늙은이를 늙은이로 대우하고 윗사람을 윗사람으로 대우하는 것을 수신(修身)의 일로 삼은 것에 대해 제 생각은 옳지 못한 듯합니다. 심지어 이 장이 일반적으로 경전을 해석하는 예와 다르다고 생각하여 마침내 "늙은이를 늙은이로 대우하는 것은 남의 늙은이를 늙은이로 대우하는 것이고, 윗사람을 윗사람으로 대우하는 것은 남의 윗사람을 윗사람으로 대우하는 것이다."라고 하니, 이는 더욱 온당치 못한 듯합니다. 그 이유는 다음과 같습니다. 지금 만약 형의 말씀대로 늙은이를 늙은이로 대우하고 윗사람을 윗사람으로 대우하는 것을 수신의 일로 본다면 이는 제8장에서 말한 '집안을 가지런히 하는 것이 몸을 닦는데 있다.'는 것과 그 뜻이 중복되고 그 순서가 어긋납니다. 늙은이를 늙은이로 대우하는 것을 남의 늙은이를 늙은이로 대우하는 것으로 여기고, 윗사람을 윗사람으로 대우하는 것을 남의 윗사람을 윗사람으로 대우하는 것으로 여긴다면, 이 세 가지는 단지 미루어 남에게 미치는 것에 나아가 말한 것이니, 애초에 자신부터 솔선한 뒤에 미루어서 남에게 미치는 뜻이 없습니다. 이와 같다면 장구(章句)의 뜻을 잃었을 뿐만 아니라, 또한 앞장의 집에서부터 시작하여 나라에 미루어 나가고 자신에서부터 시작하여 집안에 미루어 나가는 것과 그 유례(類例)가 같지 않습니다. 지금 장구와 《혹문》의 설을 가지고 미루어보면 경전을 해석하는 예(例)가 전후로 똑같고, 우리 형의 설로 보면 서로 어긋나니, 이 어찌 온당치 못한 것이 아니겠습니까. 예전에 재경(才卿 진문울(陳文蔚))이 묻기를, "윗사람이 늙은이를 늙은이로 대우함에 백성이 효에 흥기한다는 것은 여러 사람의 노인까지 이어서 말한 듯합니다." 바로 형이 말한 '남의 늙은이를 늙은이로 여긴다.'는 것입니다. 라고 하자, 주자(朱子)가 "그렇지 않다. 여기에서 늙은이를 늙은이로 대우하고 윗사람을 윗사람으로 대우하고 고아를 불쌍하게 여긴다는 것은 자신의 몸에 매우 가까운 부분에 나아가 말한 것이니 이른바 집이 가지런해진다는 것이고, 효를 일으키고 공경을 일으키고 저버리지 않는다는 것은 백성이 감발하여 흥기하는데 나아가 말한 것이니 나라를 다스림에 나라가 다스려지는 일이다."라고 하였습니다. 이것이 또 장구와 《혹문》의 설과 서로 발명되니, 부디 형께서 다시 이것을 참고하여 연구하여 다시 알려주신다면 매우 다행이겠습니다.

박상보에게 답하다

答朴尙甫

문 혈구(絜矩)의 도는 단지 싫어하는 것들에 대해서만 말하고 좋아하는 것에는 미치지 않았습니다. 좋아하고 미워하는 것이 비록 상대적 개념이지만 또한 정자(程子)의 이른바 '사를 막으면 성이 저절로 보존된다〔閑邪則誠自存〕'는 것과 같으니, 윗사람이 진실로 능히 자신을 미루어 상대를 헤아려서 자신이 싫어하는 바를 베풀지 않는다면 백성의 마음이 기뻐하고 정사의 교화가 충만하여 별도로 좋아하는 바를 구하지 않아도 그 좋아하는 것이 이미 여기에 있을 것입니다. 전문(傳文)을 쓴 사람의 뜻이 여기에서 나온 듯하니 어떻게 생각하시는지요?

답 그대의 설이 지극히 옳네. 하단에서 시를 인용하여 말하기를, "백성이 좋아하는 것을 좋아하며 백성이 싫어하는 것을 싫어한다."고 하였으니 윗글에서 논한 혈구의 도가 비록 호(好) 한쪽은 말하지 않았지만 호오(好惡)의 뜻을 겸하여 말한 것을 혹 미루어 알 수 있네.

신명윤에게 답하다

答申明允

문 이군보(李君輔) 어른이 “위 구절의 늙은이를 늙은이로 대우하고 윗사람을 윗사람으로 대우하는 것은 모두 집을 가지런하게 하는 것에서 말하고, 고아를 불상하게 여기는 것에 대해서는 유독 백성의 고아를 불쌍하게 여긴다고 말한 것은 어째서입니까?”라고 묻자, 황강(黃江 권상하(權尙夏))이 “고아 또한 우리 집안 안의 고아를 불쌍히 여기는 것입니다. 나의 자식뿐만 아니라, 형제의 고아와 숙질(叔姪)의 고아도 우리 가속(家屬)이니, 나의 사랑과 연민이 부모가 있는 자보다 우선한다면 이를 본 백성이 고아를 불쌍히 여기는 일을 저버리지 않아 각자 자신의 고아를 불쌍히 여길 것입니다.”라고 대답하였습니다. 이 설이 어떠한지요?

답 군보(君輔)의 이른바 ‘백성의 고아를 불쌍히 여긴다.’는 설은 아마도 위 장의 ‘자(慈)는 여러 백성을 부리는 것이다.’라는 말 때문에 그런 듯하네. 주자(朱子)가 “늙은이를 늙은이로 대우하고 윗사람을 윗사람으로 대우하고 고아를 불쌍하게 여긴다는 것은 자신의 몸에 매우 가까운 부분에 나아가 말한 것이니 이른바 집이 가지런해진다는 것이다.”라고 하였으니, 이것으로 본다면 치도(致道 권상하)의 설이 더 나은 듯하네.

후재집

제9권

답문 경의 答問 經義

답문 경의 答問 經義

신명윤에게 답하다
答申明允

문 다른 사람은 공자(孔子)를 보고서 매우 고원하다고 여기는데 안회(顏回)는 우러러 바라봄에 앞에 있고 뒤에 있었습니다.[1] 다만 중간(中間)에 있지 못한 것은 1칸을 도달하지 못했기 때문인데, 그렇다면 이 중간은 어떠한 지위입니까?
답 중간은 지나치거나 미치지 못함이 없는 중간이니, 즉 이른바 중(中)이다. 지위로써 말하면 성인(聖人)의 지위이다.

1 안회(顏回)는……있었습니다 : 《논어》 〈자한(子罕)〉에서 나오는 내용으로, 안연이 공자에 대하여 "선생님의 도는 우러를수록 더욱 높고 뚫을수록 더욱 견고하며 바라보면 앞에 있다가 홀연히 뒤에 있도다."라고 하였다.

신명윤에게 답하다
答申明允

문 "만일 나를 써 주는 자가 있다면 나는 동쪽 주(周)나라를 만들 것이다.〔如有用我者, 吾其爲東周乎!〕"라는 구절에 대하여 일반적으로 주나라에 천명(天命)이 끊어지지 않아 부자(夫子)의 마음이 왕실을 높이는데 있었다고 말합니다. 그런데 근래에 이천(伊川)의 설을 보니, "주나라의 도가 쇠하고 미약하여 군신(君臣) 상하 간에 더는 윤기(倫紀)가 없었기 때문에 부자께서 이런 탄식을 발하여 동주(東周)를 만들지 않겠다고 말한 것이다."라고 하였는데, 지금 이천의 설을 따라야 합니까?

답 동주를 만들지 않겠다는 것은 이천의 설만 이런 것이 아니라, 제가(諸家)의 설 또한 그러하네. 다만 고주(古註)에 "동방에 주나라의 도를 일으키기 때문에 '동주'라고 한 것이다."라고 하였고, 소(疏)에 "동방에 주나라의 도를 일으켜 노(魯)나라를 주나라처럼 만든다."라고 하였으니, 주자(朱子)는 이천의 설을 쓰지 않고 한결같이 고주를 따랐네. 경원 보씨(慶源輔氏)는 "노나라가 주나라의 동쪽에 있기 때문에 그렇게 말한 것이다. 만일 등용된다면 주나라의 도를 일으켜 문왕(文王)과 무왕(武王)을 계승하지 않고는 그만두지 않았을 것이다." 라고 하였으니, 이것으로 본다면 이른바 동주라는 것은 평왕(平王)이 동천(東遷)한 이후의 동주가 아니니, 문왕과 무왕의 도를 동방에 일으켜 노나라로 하여금 동주로 만들겠다는 말이네.

문 이천(伊川)이 말한 '동주를 만들지 않겠다.'는 것과 주자(朱子)가 말한 '노나라를 동주로 만들겠다.'는 것은 모두 주나라를 만들겠다는 것이 아닙니다. 다만 선유(先儒)들은 대부분 "부자(夫子) 때에는 주나라의 천명이 아직 끊어지지 않았기 때문에 부자의 뜻이 주나라를 높이는데 간절하였다."라고 말합니다. 이 뜻은 이 장의 뜻과 크게 상반되니, 이것이 제가 의심이 생기는 이유입니다.

답 이 단락에 대한 말은 고주(古註)와 소(疏) 및 주자와 경원 보씨의 설만 이런 것이 아니네. 《사기(史記)》〈공자세가(孔子世家)〉를 살펴보니, 공자 나이 50세에 공산불뉴(公山不狃)가 비읍(費邑)을 가지고 반란을 일으켜 사람을 시켜 공자를 불렀다. 공자가 "주나라 문왕과 무왕은 풍호(豐鎬)에서 일어나 왕이 되었으니, 지금 비읍이 비록 작지만 거의 가능할 것이다."라고 하면서 가고자 하니, 자로(子路)가 기뻐하지 않았다. 공자가 "나를 부르는 자가 어찌 공연히 부르겠느냐. 만일 나를 쓴다면 동쪽의 주나라가 될 것이다."라고 하였다. 지금 "주나라 문왕과 무왕은 풍호에서 일어나 왕이 되었으니, 지금 비읍이 비록 작지만 거의 가능할 것이다.'는 말과 '만일 나를 쓴다면 동쪽의 주나라가 될 것이다.'라는 등의 말을 가지고 살펴보면 이른바 동주란 평왕이 동천한 동주가 아니고 동방에 문무의 도를 일으켜 동주로 만들겠다는 뜻이 더욱 명백하네. 이른바 '천명이 끊어지지 않아

부자의 뜻이 주나라를 높이는데 간절하였다'라는 것은 본문 속에 함축된 뜻인 듯하네.

최사손[2]에게 답하다
答崔士遜

문 곡속장(觳觫章) 주석에 "소는 보았으니 이 마음이 이미 발현하여 억누를 수 없고, 양은 보지 못했으니 이 이치가 아직 드러나지 않아 해로운 바가 없다."라고 하였으니, 위 구절에선 '마음'이라고 말하고 아랫 구절에선 '이치'라고 말하였습니다. 이미 발현한 것은 마음이라고 말하고 드러나지 않은 것은 이치라고 말하는지요?

또 해로운 바가 없다는 말은, 양을 보지 못했으니 측은(惻隱)의 이치가 드러나지 않아 마음에 거리낄 것이 없다는 말입니까? 단지 양을 보지 못했으니 죽여도 무방하다는 말입니까?

답 마음이라고 하고 이치라고 한 것은 또한 각각 주장함이 있네. 소는 이미 보았으니 이 마음이 이미 발현하여 억누를 수 없고, 양은 보지 못했으니 그 이치가 고요히 잠겨 있어 아직 드러나지 않았네. 이 때문에 이미 발현한 곳에는 마음이라고 말하고, 아직 드러나지 않은 곳에는 이치라고 말한 것이네.

2 최사손 : 최민학(崔敏學, 1661~1711)으로, 본관은 전주(全州)이고, 자가 사손이다.

무방(無妨)은 해가 없는 것이네. 양을 보지 못한 만큼 그 이치가 아직 드러나지 않았기 때문에 양으로 소를 바꾸어도 인(仁)에 해가 없다는 말이네.

족질 재로에게 답하다

答在魯族姪

문 "큰 가뭄에 구름과 무지개를 바라는 듯이 하였다.〔若大旱之望雲霓〕"는 문장의 주자(朱子) 주석에 "구름이 합하면 비가 내리고 무지개가 보이면 비가 그친다."라고 하였으니, 구름을 바라는 것은 비가 내리기를 바라는 것이고, 무지개를 바라는 것은 비가 내리지 않은 것을 두려워하는 것이 아닙니까. 아니면 '무지개〔霓〕'라는 글자는 단지 따라 붙인 것인 듯합니다.

답 비가 내리지 않으면 무지개가 없으니, 무지개라고 말한다면 비가 내렸음을 알 수 있네. 이러한 부분은 그저 가볍게 보아야 하네.

최사손에게 답하다
答崔士遜

문 "이것이 없으면 줄어든다〔無是餒也〕"라는 것은 이 호연지기(浩然之氣)가 없으면 도의(道義)가 줄어든다는 것입니까?

답 이른바 '줄어든다〔餒〕'는 것은 도의가 줄어든다는 말이 아니라, 즉 이 호연지기가 충만하지 않아 본체가 줄어든다는 것이네. 어떤 이가 "'이것이 없으면 줄어든다〔無是餒也〕'에서 '이것〔是〕'이란 의(義)를 가리킵니까? 기(氣)를 가리킵니까?"라고 묻자, 주자(朱子)가 "기를 말하는 것이다."라고 하였고, 집주(集註)에서도 "뇌(餒)란 주리고 결핍되어 기가 몸에 충만하지 못한 것이다."라고 하였으니, 이러한 말을 가지고 본다면 도의를 가리켜 말한 것이 아님을 알 수 있네.

문 "경축씨에게 가서 유숙하였다.〔之景丑氏宿焉〕"[3]는 것은 단지 중

3 경축씨에게 가서 유숙하였다 : 《맹자》 〈공손추 하(公孫丑下)〉에 나오는 내용이다. 맹자가 제왕(齊王)을 만나러 가려다가 제왕이 병을 핑계로 외출하지 못한다고 알려오자, 맹자도 똑같이 병을 핑계로 조회에 갈 수 없다고 대답하였다. 이튿날 맹자는 동곽씨

자(仲子)의 말을 실증하려고 한 것입니까? 만약 그렇다면 이리저리 꾸며서 인정(人情)에 부응한 것으로 시원하고 밝은 기상이 없는 듯 합니다.

답 예전에 남강(南康)의 한 선비가 "성인(聖人)도 진실하지 못한 부분이 있으니, 공자(孔子)가 비파를 퉁기며 노래한 것[4]과 맹자(孟子)가 동곽씨(東郭氏)에게 조문한 것 같은 따위이다. 진실을 말하는 것이 중도에 맞게 말하는 것만 못하다."라고 하자, 주자(朱子)가 말하기를, "진실하면서 중도에 맞는 것은 군자로서 때에 맞게 하는 것이고, 진실하지 못하면서 중도에 맞는 것은 소인의 거리낌 없는 행동이다."라고 하였네. 주자의 이 말을 가지고 미루어 본다면 맹자가 경축씨에게 유숙한 것 또한 진실하면서 중도에 맞는 것이니, 어찌 이리저리 꾸며서 부응하여 밝고 시원한 기상이 없다고 말할 수 있겠는가. 부디 다시 상세히 살피는 것이 어떻겠는가.

(東郭氏)를 조문하러 갔는데, 왕이 사람을 보내어 문병하고 어의를 보냈다. 이에 맹중자(孟仲子)가 맹자가 조정에 나아갔다고 둘러대고는 사람을 보내어 맹자에게 집으로 돌아오지 말고 조정으로 나아가라고 말하자, 맹자가 부득이 경축씨 집에 가서 잤다.

4 공자(孔子)가……것 : 《논어》 〈양화(陽貨)〉에 "유비(孺悲)가 공자를 만나려고 했는데, 공자가 병으로 사양하고서 명을 전하는 자가 방을 나가자 비파를 가져다 노래하여 그로 하여금 듣게 하였다."라고 하였는데, 이는 병 때문에 만나지 않은 것이 아니라, 그 사람에게 잘못이 있어 만나지 않음을 넌지시 깨우친 것이다.

신명윤에게 답하다

答申明允

기(氣)는 있지 않은 적이 없지만 의(義)를 축적하지 않았을 때에는 호연지기(浩然之氣)라고 할 수 없네. 의를 축적하면 곧바로 이 호연지기가 생기니, 어찌 유독 의만 있고 기가 없을 리가 있겠는가.

족질 재로에게 답하다

答在魯族姪

문 “모두 확충시킬 줄 안다면〔知皆擴而充之〕”의 ‘안다〔知〕’에 대해 주자(朱子)도 두 가지 설이 있습니다. “지(知) 자는 그저 확충에 겸하여 말한 것이다.”라는 설은 중시하는 것이 ‘확충’에 있고, “능히 알아서 확충시키는 것이 그 형세가 매우 순조롭다.”라는 설은 중시하는 것이 ‘안다〔知〕’는 글자에 있습니다. 장하주(章下註)와 본주(本註)는 그 어의(語意)를 음미해보면 앞의 설을 따른 것이 분명한데, 언해(諺解)에서는 ‘안다〔知〕’를 먼저 해석하고 ‘모두 확충한다〔皆擴而充〕’을 나중에 해석하였으니 본주의 뜻이 아닙니다.

답 아랫 문장의 “진실로 제대로 확충한다면〔苟能充之〕”과 “확충하지 못한다면〔苟不充之〕”이라는 등의 말을 가지고 보면, 이 단락에서 중시하는 바가 ‘모두 확충한다’에 있네. 다만 이는 반드시 먼저 알아야만 확충할 수 있으니, 언해에서 ‘안다’를 먼저 해석하고 ‘모두 확충한다.’을 나중에 해석한 것은 문세(文勢)에 따라 해석한 듯하네.

문 ‘지개확충(知皆擴充)’의 설에 관하여 근래 《경서변의(經書辨疑)》를 보니, 율곡(栗谷)이 논한 것이 명백하고 정확하여 《어류(語類)》의 주자(朱子)의 설과 부합합니다. 언해의 해석이 비록 퇴계(退溪)에서 나왔지만 끝내 그 본뜻이 아닌 듯합니다. 어떻게 생각하시는지요?

답 율곡의 설이 과연 명백하네.

최사손에게 답하다
答崔士遜

문 제1장 제2절[5]의 이천(伊川)의 소(疏)에 "불해회불선인주(不解會不善人做)" 이하[6]를 잘 모르겠습니다.

답 이는 이천의 설이 아니고 주자(朱子)의 설이네. 이곳은 어록(語錄)을 많을 써서 구절을 끊기 어렵네. 혹 문장을 줄여 정리하느라 오류가 있을지 모르니 천천히 주서(朱書)의 본문을 살펴야 하네. 그러나 그 대의(大意)는 아마도 "이치는 본래 공공(公共)의 물사(物事)로, 불선(不善)을 알지 못한다. 다만 사람이 불선을 행하기 때문에

5 제1장 제2절 : "맹자는 인간의 본성이 선하다고 말하면서 그때마다 반드시 요순을 일컬었다.〔孟子道性善, 言必稱堯舜.〕"는 구절이다.

6 불해회불선인주(不解會不善人做) 이하 : 이 부분은 소주(小註)에 있는 주자(朱子)의 말로, 그 내용은 다음과 같다. "이천(伊川)이 말한 '성(性)이 곧 이치이다.'는 한 구절은 공자(孔子) 이후로 오직 이천의 설이 극진하니, 이 한 구절이 바로 천만 년 동안 성(性)을 설명하는 근본이다. 이치는 공공(公共)의 물사(物事)로, 불선(不善)을 알지 못하니, 사람들이 불선을 행하여 성(性)을 잃는 것이지 성이 무너진 뒤에 닦는 것이 아니다.〔伊川說性卽理也一句, 直自孔子後惟伊川說得盡, 這一句便是千萬世說性之根基, 理是箇公共底物事, 不解會不善, 人做不是, 自是失了性, 却不是壞了著修.〕"

사람이 스스로 그 성(性)을 잃는 것이지, 이른바 '이치'라는 것이 스스로 무너진 뒤에 닦는 것이 아니다."라는 뜻인 듯하네. 다만 이는 나의 억견이니 어찌 감히 단정해서 말하겠는가.

문 "나를 알아주고 나를 죄준다〔知我罪我〕"에서 '알아주고〔知〕' '죄준다〔罪〕'는 두 글자는 후인(後人)에게 속하는 말입니까? 《춘추(春秋)》에 속하는 말입니까? 집주(集註)의 호씨(胡氏)의 설에서 '사난신(使亂臣)' 이하는 아마도 죄주는 뜻이 아닌 듯합니다. 어떻게 생각하시는지요?

답 위의 설이 더 나은 듯하네. 호씨가 말한 "난신적자(亂臣賊子)로 하여금 그 욕심을 금하여 마음대로 하지 못하게 하였다."는 내용이 바로 제왕(帝王)이 죄를 꾸짖고 악을 징계하는 법인데, 부자(夫子)께서 필부(匹夫)로서 행하였으니, 어찌 나를 죄주는 뜻이 없다고 하겠는가.

최사손에게 답하다
答崔士遜

문 "불인자(不仁者)와 함께 말할 수 있겠는가." 장(章)의 제3절[7]의 뜻은 "물에 갓을 씻고 발을 씻는 것은 그 청탁이 스스로 취한 것이다."라는 뜻에 불과한데, 경원 보씨(慶源輔氏)의 소(疏)에서 비유를 취한 것[8]이 이와는 다른 듯합니다. 이 또한 한 가지 뜻을 갖춘 것인지요?
답 한 가지 뜻을 갖추었다는 것이 옳은 듯하네.

7 제3절 : "소자들아! 저 노래를 들어라. 맑으면 갓끈을 씻고 흐리면 발을 씻는다고 하니, 물 스스로 취한 것이다.〔孔子曰 小子聽之, 淸斯濯纓, 濁斯濯足矣, 自取之也.〕"라는 구절이다.

8 경원 보씨(慶源輔氏)의……것 : 경원 보씨의 설을 다음과 같다. "불인(不仁)한 사람은 비록 충성스런 말과 지극한 의론이라도 들어갈 곳이 없고, 성인(聖人)의 인(仁)은 비록 일상적인 말과 비속한 말이라도 소리가 들어오면 마음으로 통하니 스스로 취한 것 아님이 없다."

이대이 양대 에게 답하다
答李大而 養大

맹자(孟子)가 말한 "요(堯)임금도 그의 부모에게 알리면 딸을 시집보낼 수 없을 것을 아셨기 때문이다.〔帝亦知告焉則不得妻也〕"라고 부분은 지금 많은 변론이 필요 없이 단지 맹자의 이 말을 상세히 완미해보면 거의 알 수 있네. 요임금은 천자(天子)이고 고수(瞽瞍)는 신하이니, 신하로서 감히 천자의 명을 거역할 수 없다는 것은 상중(喪中)에 있는 그대의 말이 혹 옳은 듯하네. 다만 고수는 아버지이고 순(舜)은 자식이니, 만약 고한 뒤에 완악한 성품의 고수가 아버지라는 존엄을 끼고서 그 혼인을 막고 그 일을 그르친다면 순이 어찌 감히 아버지의 명을 어기고 아내를 취하겠으며, 요임금 또한 어찌 순에게 그 아버지의 명을 어기고 자신의 딸을 아내로 맞도록 시킬 수 있겠는가. 순이 감히 고수의 명을 어길 수 없는 것은 고수가 감히 요임금의 명을 어길 수 없는 것과 같으니, 일이 여기에 이르면 요임금이라도 어찌할 수 없었을 것이네. 이것을 가지고 미루어 보면, 요임금이 알리지 않은 것은 그 뜻을 생각해보건대 이와 같은데 불과합니다. 맹자의 이른바 "요임금도 그의 부모에게 알리면 딸을 시집보낼 수 없을 것을 아셨기 때문이다."라는 말은 여기에 이르러 더욱 분명하네. 요임금은 위대한 성인(聖人)인데, 요임금 같은 성인으로 천자의 지위에 있으면서도 오히려 고할 수 없었고, 순임금 또한 위대한 성인인데, 순임금 같은 성인으로 고수의 친자식이면서도 오히려 감히 고할 수 없었으니, 당시의 형세와 사리에 필시 이처럼 할 수 밖에 없는 이유가 있었을 것이네. 지금 대이(大而)가 수천 년 뒤에 태어나 당시 형편을 상세히 살피지도 않고 의리가 어떠하냐를 따지지도 않은 채 단지 한때의 사견(私見)을 가지고 대번에 요임금과 순임금이 대처한 일과 맹자가 이미 변론한 설에 의심을 품으니, 그렇다면 그 누가 믿는 자가 있겠는가.

독서의 방법은 새로운 견해를 별도로 세워서는 안 되는 것이 가장 중요하네. 지금 마음속에 있는 자신의 생각은 우선 접어놓고서 만장(萬章)이 질문한 것을 오늘날 직접 물어보는 것으로 간주하고, 맹자가 대답한 것을 오늘날 직접 면전에서 가르침을 받는 것처럼 여기고, 또 그 당시의 형편과 의리를 가지고 순임금이 이에 대처한 것이 어떠하였는지, 요임금이 이에 대처한 것이 어떠하였는지 참고하여 따져본 뒤라야 비로소 맹자의 말이 요임금과 순임금의 마음을 깊이 알았다는 것을 알 수 있을 것이네.

신명윤에게 답하다
答申明允

문 '식색장(食色章)' 주석에서 "학자들은 다만 인(仁)에 힘을 써야 하고……"라고 한 것은 고자(告子)의 본뜻이 아닌 듯합니다. 식욕과 성욕을 성(性)으로 삼은 것이 이미 대지(大旨)가 어긋났기 때문에 인(仁)과 의(義)를 말하면서 거친 곳부터 말한 것이지, 본래 공부를 말하지 않았습니다. 또 주자(朱子)가 "고자가 또한 인(仁)을 성(性)의 소유로 여기지는 않았지만, 의(義)에 비해 조금 내면에 있다고 여긴 것뿐이다."라고 한 것도 의심스러운 듯합니다. 내면에 있다고 말했다면 이는 성(性)을 가리킨 것이기 때문입니다. 모두 어떻게 생각하시는지요?

답 사랑[愛]은 인(仁)의 일인데 고자는 색을 좋아하고 음식을 좋아하는 마음이 내면에서 생긴다고 여겼기 때문에 인을 안에 있는 것으로 여긴 것이네. 의(宜)는 의(義)의 일인데 고자는 사물의 마땅함을 제재(裁制)하는 것이 외부에 있다고 여겼기 때문에 의를 밖에 있다고 여긴 것이네. 그 마음이 마침내 "학자들이 다만 내면에 있는 인에 힘을 써야지 외면에 있는 의에 부합되기를 구할 필요가 없다."라고 말한 것이네. 이것이 본래 고자의 병통이니 그렇다면 주석에서 말한 것은 바로 고자의 본뜻에서 나온 말이네.

이른바 '의에 비해 조금 내면에 있다고 여겼다.'는 것은 또한 인은 내면에 있고 의는 외면에 있다고 여긴 고자의 병통을 말한 것이네. 고자는 애초에 사람의 본성은 본래 인의가 없고 반드시 바로잡기를 기다린 뒤에 이루어진다고 여겼다가 맹자의 밝은 변론을 들은 뒤에야 인이 내면에 있다는 것을 대략 알았네. 다만 그 내면에 있다는 것이 의에 비해 조금 내면에 있다고 여겼을 뿐이네.

문 '재(才)'와 '정(情)'은 어떻게 구별됩니까? 김이정(金而精) 극성(克誠)이 "사단(四端)으로 '재'의 의미를 풀이할 수 있다."고 하였는데, 이 설이 어떠한지요?

답 사단은 '재'가 아닌 듯하네. 측은하게 여길 수 있고 부끄러워할 수 있는 것이 '재'인 듯하네.

문 호연지기(浩然之氣)가 비록 의를 축적하여 생기는 것이지만 사람이 받아서 태어난 이후로부터 본다면 형체는 기운을 축적하고 기운은 이치를 축적하니, 형체가 아니면 기운이 없고 기운이 아니면 이치가 없습니다. 이 때문에 모든 기운이라고 말하는 것은 비록 야기(夜氣)나 호기(浩氣)[9]라도 혹 기질(氣質)의 범주 속에서 벗어날 수 없는 듯합니다. 어떻게 생각하시는지요?

9 야기(夜氣)나 호기(浩氣) : 야기는 사물을 접하지 않는 한밤중의 맑고 고요한 기운이고, 호기는 정대하고 강직한 기운으로 호연지기를 말한다.

답 그대의 설이 옳은 듯하네. 다만 '기질' 두 글자는 말이 신기(新奇)한 듯하니, 차분하게 다시 생각해보게.

이군보[10]에게 답하다

答李君輔

문 "학문의 도는 다른 것이 없다.〔學問之道無他〕"는 조목에 대하여 율곡(栗谷)은 "그 잃어버린 마음을 찾는 것이 바로 학자들의 공부의 극처(極處)이다."라고 하였습니다. 제 생각에는 이 단락은 기록의 오류인 듯합니다. 퇴계(退溪)는 "잃어버린 마음을 구하는 것은 천근한 수준에서 말하면 실로 첫 번째로 손을 대고 발을 디딜 곳이지만, 심원한데 나아가 극론(極論)하면 한 생각이 약간 어긋나는 것도 잃어버린 것이다."라고 하였습니다. 천근한 수준과 심오한 수준을 통틀어 말하는 것은 괜찮지만, 단지 극처만 가리켜 말하는 것은 안 됩니다.
답 이른바 '뿐이다〔而已〕'[11]라는 것은 학문의 길은 오직 잃어버린 마음을 구하는 외에 다시 다른 길이 없다는 것을 말한 것뿐입니다. 율곡의 공부의 극처라는 설은 기록의 오류인 듯합니다. 퇴계의 천근한 수준과 심오한 수준이라는 말 또한 부연한 말로, 맹자(孟子)의 본문의 뜻이 아닙니다.

10 이군보 : 이세필(李世弼, 1642~1718)로, 본관은 경주(慶州), 호는 구천(龜川)이고, 군보가 자이다. 송시열과 박세채의 문인이다.

11 뿐이다〔而已〕 : 《맹자》 〈고자 상(告子上)〉의 "학문의 길은 다른 것이 없다. 그 잃어버린 마음을 다시 찾는 것일 뿐이다.〔學文之道無他, 求其放心而已矣〕"라는 구절이다.

최사손에게 답하다
答崔士遜

문 "지혜로운 자는 알지 못하는 것이 없다.〔無不知也〕"[12]는 장(章)에서 '알지 못하는 것이 없다〔無不知〕'는 말은 알지 않아서는 안 된다는 말이 아니라, 알지 못하는 것이 없다는 말입니다. 이미 '지혜로운 자〔知者〕'라는 두 글자를 그 위에 두었으니 더욱 분명합니다. 어떻게 생각하시는지요?

답 옳은 듯하네.

12 지혜로운……없다 : 《맹자》 〈진심 상(盡心上)〉의 "지혜로운 자는 모르는 것이 없으나 힘써야 할 일부터 서두르고, 어진 자는 사랑하지 않는 것이 없으나 현자를 가까이 하는 일을 급선무로 여긴다. 요순의 지혜로도 모든 일을 두루 알지 못한 것은 먼저 힘써야 할 일부터 서둘렀기 때문이고, 요순의 인으로도 사람을 두루 사랑하지 못한 것은 현자를 가까이 하는 일부터 서둘렀기 때문이다."라는 부분이다.

신명윤에게 답하다

答申明允

문　양지(良知)는 지각에 속하고, 양능(良能)은 재능에 속합니까?

답　그런 듯하네.

신명윤에게 답하다
答申明允

문 천명지성(天命之性)은 전적으로 이치를 말한 것이고, 그 아래 솔성지도(率性之道)는 거슬러 올라가 천리(天理)의 성(性)을 따라야만 비로소 도(道)라고 할 수 있으니, 그렇다면 전적으로 이치를 말한 뜻이 명백한 정도가 아닙니다. 그런데도 천명지성에 대하여 기질(氣質)을 겸한 것이라고 말하는 자가 있으니, 자사(子思)가 말을 세우고 주자(朱子)가 뜻을 풀이한 본뜻을 잃은 듯합니다.

또 이른바 '솔성지도'의 이 '도(道)' 자는 본래 성(性)의 영역 안에 갖추어져 있어 애당초 성 밖의 물사(物事)가 아닙니다. 그러므로 그 성을 따르는〔循其性〕 것을 도라고 하니, 성 안에서 저절로 흘러나오는 것을 도(道)라고 말하는 것과 같습니다. 이 '순(循)' 자는 저절로 흘러나온다는 뜻으로 사람이 힘쓰기를 기다릴 필요가 없습니다. 그렇다면 도가 바로 이치이고 이치가 바로 도이니, 공부를 가지고 '순' 자에 견주어서는 안 됩니다. 반드시 이른바 도를 닦아 품절(品節)하는데 이르러야 비로소 공부가 됩니다. 그러나 이른바 도를 닦는다는 것은 단지 고유한 성을 따르고 행해야 할 도를 통하여 단속하고 유지하여 그 기품의 과불급(過不及)의 차이를 품절하여 도에 부합하고 성을 회복하는 것입니다. 그렇다면 '기질' 두 글자가 '교(敎)'를 말할 때 처음 보이고, '성'과 '도'를 말할 때에는 참여하지 않음을 비로소 알 수 있으니, 지금 천명지성을 가지고 기질과 섞어 말하는 것은 과연 잘못이며, 또 '순(循)' 자와 '수(修)' 자를 똑같이 공부로 간주하는 것 또한 옳지 못합니다.

답 기질을 겸했다는 혹자의 설은 본뜻을 잃은 듯하니 따라서는 안 되고 그대가 바로잡은 것이 참으로 옳네. 솔성(率性)에 대한 설은 그대의 설이 옳은 듯하네.

문 '한번 음이 되고 한번 양이 되는〔一陰一陽〕' 것을 도(道)라고 하는데, 이미 '소이(所以)'라는 글자를 붙였으니[13] 형이상(形而上)이라는 것을 의심할 수 없습니다. 그러나 솔성지도(率性之道)는 장구(章句)에 이미 "솔(率)은 따르는〔循〕 것이다."라고 하였고, 또 "도(道)는 길〔路〕이다."라고 하였으니, 길은 볼 수 있는 형상입니다. 더구나 일상 생활하는 사이에 마땅히 행해야 할 길이라고 말하였으니, 모두 가리킬 만한 사물이 있고 절문(節文)과 의칙(儀則)이 있는 만큼 형체도 없고 조짐도 없는 물이 될 수 없습니다. 그렇다면 이 '도' 자는 도의 작용이라고 하는 것은 괜찮지만 도의 본체라고 하는 것은 불가하니, 한번 음이 되고 한번 양이 되는 도와 같은 영역에 두어서는 안 될 듯

13 한번……붙였으니 : 정이(程頤)가 "한 번 음이 되고 한 번 양이 되는 것을 도라고 한다. 도는 음양이 아니라, 한 번 음이 되고 한 번 양이 되는 것이 도이다.〔一陰一陽之謂道, 道非陰陽也, 所以一陰一陽道也.〕"라고 하였다.

합니다. 삼가 논증하여 가르침을 주십시오.

답 《주역》에 "한번 음이 되고 한번 양이 되는 것을 도라고 한다."라고 하였고, 《중용》에는 "성(性)을 따르는 것을 도라고 한다."라고 하였으니, 한번 음이 되고 한번 양이 되는 것과 성을 따르는 것이 비록 다르지만 도라고 말하는 것은 똑같으니, 나누어 두 가지 물사로 간주해서는 안 될 듯하네. 더구나 자세하게 미루어 본다면 한번 음이 되었다가 한번 양이 되는 것은 또한 모두 음양자연(陰陽自然)의 도를 따르는 것이니 '순(循)' 자 때문에 의심해서는 안 될 듯하네. 장구의 이른바 '도는 길과 같다.〔道猶路也〕'라는 말은 단지 '도(道)' 자라는 이름을 얻은 뜻을 말한 것이니, 중간에 '유(猶)' 자 하나를 놓은 데서 그 뜻을 알 수 있네. 어찌 '길〔路〕'이라는 한 글자를 때문에 '형이하(形而下)'로 간주해서야 되겠는가.

도의 작용이라고 운운한 그대의 말은 또 '순(循)' 자에서 말이 나온 듯하네. 그러나 주자(朱子)가 이미 '솔(率)' 자에 대해서 "힘을 쓰는 것이 아니다."라고 말하였으니, 그렇다면 이것은 본래 자연의 본체인 만큼 작용이라고 말해서는 안 될 듯하네. 일찍이 이 '도' 자가 본체인지 작용인지 우장(尤丈 송시열)께 여쭈었더니 본체라고 하였고, 이전에 《여헌집(旅軒集)》을 보았을 때에도 이것을 본체라고 하였네. 부디 이에 대하여 다시 자세히 생각하여 회답해 주게.

신명윤에게 답하다
答申明允

계구(戒懼)는 일반적으로 말하면 진실로 동정(動靜)을 겸하여 말한 것이네. 그러나 지금 이 장에 나아가 계구를 신독(愼獨)에 상대하여 말한다면 계구는 고요할 때의 존심양성(存心養性) 공부이고, 신독은 움직일 때의 성찰(省察) 공부이니, 주자(朱子)의 여러 설을 살펴보면 알 수 있네. 다만 장구(章句)에 나오는 '상존(常存)'[14]의 '상(常)' 한 글자 때문에 말하는 자들이 더러 동정을 겸하여 말하니, 사계(沙溪)의 《경서변의(經書辨疑)》에도 이러한 설이 있네. 그러나 이른바 '항상 공경하고 두려워하는 마음을 보존하다〔常存敬畏〕'는 것은 '보이지 않는 곳이나 들리지 않는 때에도 항상 공경하고 두려워하는 마음을 보존한다.'는 말이니, '상' 자 한 글자 때문에 동정을 겸하는 것으로 간주해서는 안 될 듯하네. 심지어 신독마저도 동정을 겸하는 것으로 말하는 것은 더욱 온당하지 못한 듯하네. '독(獨)' 자에 대해서는, 장구에서 "자취가 비록 나타나지 않았으나 기미가 이미 동하였고 남은 비록 알지 못하나 자신이 홀로 알고 있다."라고 하였네. 기미가 이미 움직이고 자신이 홀로 알고 있다고 이미 말하였으니, 그렇다면 이는 움직일 때의 일이 분명하니, 고요할 때의 경계를 겸하여 말했다고 해

14 상존(尙存) : 《중용장구》 제1장 주석에 "군자의 마음은 항상 공경하고 두려워하는 마음을 지녀 비록 보고 듣지 않을 때라도 또한 감히 소홀히 하지 못한다.〔君子之心, 常存敬畏, 雖不見聞, 亦不敢忽.〕"이라고 하였다.

서는 안 될 듯하네.

문 어떤 이가 말하기를, "'천하의 달도이다〔天下之達道〕'라고 할 때의 '도(道)' 자와 '성을 따르는 것을 도라고 한다.〔率性之謂道〕'라고 할 때의 '도' 자는 조금 다름이 있다. '솔성지도(率性之道)'의 '도' 자는 성(性)과 교(敎)에 상대해서 말한 것으로 의리의 총칭이고,[15] '달도(達道)'의 '도' 자는 '대본(大本)'과 상대하여 말한 것으로 '화(和)'자를 형용한 말이다.[16]"라고 하였습니다. 이 말이 어떠한지요?

또 '치(致)' 자는 미루어 극치에 나아가 더는 갈 곳이 없는 것을 말합니다. 중(中)과 화(和)의 극치에 이르렀을 때 그 효과가 즉시 천지가 안정되고 만물이 생육하는 것으로 나타난다면 이 '치' 자의 공효는 계구(戒懼)와 근독(謹獨)에 비하여 선후(先後)와 생숙(生熟)의 차이가 있는 듯합니다. 그렇습니까?

답 솔성지도의 '도'와 달도의 '도'는 애초에 두 가지 도가 아니네. 단지 솔성지도의 도는 사람과 물이 각각 그 성(性)을 따르는 것을 가지고 말한 것이고, 달도의 도는 천하 고금이 함께 말미암는 것을 가지고 말한 것이네. 그 말은 비록 조금 다르지만 그 이치는 같지 않은 적이 없네. 계구와 근독이 바로 중과 화를 지극히 하여 천지가 안정

15 솔성지도(率性之道)의……총칭이고 : 《중용장구》 제1장 경문(經文)에 "하늘이 명한 것을 성이라고 하고, 성을 따르는 것을 도라고 하고, 도를 닦는 것을 교라고 한다.〔天命之謂性, 率性之謂道, 修道之謂教.〕"라고 하였다.

16 달도(達道)의……말이다 : 《중용장구》 제1장 경문에 "중이라는 것은 천하의 큰 근본이며, 화라는 것은 천하의 공통된 도이다.〔中也者, 天下之大本也; 和也者, 天下之達道也.〕"라고 하였다.

되고 만물이 생육되는 공부이고, 중과 화를 지극히 하여 천지가 안정되고 만물이 생육되는 것이 바로 계구와 근독의 공효이네. 이는 응당 공부와 공효로 말해야 하니, 생숙으로 구분하여 말할 필요가 없네.

송기손에게 답하다

答宋基孫

문 '천명지성(天命之性)'의 장구(章句)의 내용을 가지고 본다면, 사람과 물이 모두 오상(五常)의 덕을 받은 것이 의심의 여지가 없으니, 하늘이 만물을 낳음은 단지 혼연한 하나의 이치입니다. 통틀어 말하면 일리(一理)이고 나누어 말하면 오상(五常)으로, 애당초 건수(件數)와 면모(面貌)가 같지 않음이 없습니다. 그렇다면 하늘이 만물을 낳고 만물이 품부 받을 적에 어찌 그 우열과 귀천을 가려서 차이를 둠이 있겠습니까. 단지 태어난 뒤에 형기(形氣)에 구애되어 사람은 기운이 맑아 이치가 온전하고, 동물은 기운이 막혀 이치도 치우치게 된 것입니다. 외면에서 보자면 벌과 개미의 군신(君臣)의 의리나 범과 승냥이의 부자(父子)의 의리가 각각 일리(一理)의 한쪽을 얻은 듯하지만, 그 본원을 논한다면 어찌 정해진 분수에 많고 적음이 있겠습니까. 주자(朱子)의 이른바 "만물의 동일한 근원을 논하면 이치는 같고 기운은 다르다."라는 것이 바로 이것을 가리킵니다. 근래 제가(諸家)들이 모두 '사람은 오상의 성을 받았고 동물은 단지 하나의 이치만 받았다.'라고 하는데, 분명한 가르침을 듣고 싶습니다.

답 그대의 말이 매우 옳으니, 근래의 일종 분분한 설을 격파하기에 충분하네.

이여회 곽 에게 답하다
答李汝恢 廓

문 '천명을 성이라고 한다〔天命之謂性〕'의 주석에 "사람과 물(物)이 각각 부여받은 이치를 얻어 건순(健順)·오상(五常)의 덕을 삼는다."라고 하였습니다. 그렇다면 초목금수(草木禽獸)도 오상의 덕이 있습니까?

답 천지 사이에 사람과 물(物)이 태어날 적에 천지의 기운을 받아 형체를 이루고 천지의 이치를 받아 성(性)을 이루지 않음이 없네. 이 점은 사람과 동물이 똑같으니 애초에 어찌 차이가 있겠는가. 다만 사람은 맑은 기운을 받기 때문에 그 마음이 허령(虛靈)하여 그 품부 받은 이치에 환하게 통하여 가려지는 바가 없네. 이것이 알지 못함이 없고 능하지 못함이 없는 이유이네. 금수는 탁한 기운을 받기 때문에 그 마음이 어둡고 막히니, 그 중에 조금 지각이 있는 것은 그 품부 받은 이치에 조금 한줄기 통하는 것에 불과하네. 이를테면 범과 승냥이가 부자지간의 사랑은 있지만 그 나머지는 가려지고 막혀서 통하지 않으며, 벌과 개미가 군신의 의리는 있지만 그 나머지는 가려지고 막혀서 통하지 않는 따위가 이런 것이네. 초목의 경우는 그 받은 기운이 또 탁한 것 중에서 탁한 것이기 때문에 그 마음이 완전히 막혀서 그 품부 받은 이치에 일체 가려지고 막혀 통하지 않고 그저 깜깜하고 막막할 뿐이네. 그렇다면 금수가 조금 한줄기 통하는 것과 초목이 완전히 가려지고 막힌 것은 기질에 가려져서 그런 것이니, 당초 품부 받는 이치라면 어찌 사람과 물이 다르겠는가. 이러한 뜻은 주부자(朱夫子)가 이미 상세하게 말하였네.

최사손에게 답하다
答崔士遜

문 장하주(章下註)에 "중용의 중〔中庸之中〕"이라고 하였는데, 이 '중(中)' 자를 중간이라는 뜻으로 가볍게 말하는 것은 어떠한지요?

답 이 단락은 그 현토(懸吐)에 따라 문의(文義)가 완전히 달라지니, '중용의 중-이-'라고 보면 '중' 자가 실자(實字)이고, '중용의 중-에-'라고 보면 '중' 자가 허자(虛字)가 되네. 얼마 전에 사직(士直 김유(金楺))의 〈독중용차기(讀中庸箚記)〉를 보았는데 그 또한 '중-에-'라고 보았으니 이는 기뻐할 만한 신기한 견해인 듯하네. 다만 주자(朱子)는 "중용의 '중'은 본래 과불급(過不及)이 없는 '중'이니, '중' 자는 중화(中和)를 겸하여 말한 것이다."라고 하였고, 또 "중용의 '중'은 발현하여 절도에 맞아 과불급이 없는 것까지 겸하여 이름을 얻은 것이다."라고 하였네. 그러므로 주자(周子)는 "중은 화(和)이며 절도에 맞는〔中節〕 것이다."라고 하고, 또 "중화(中和)의 '중'은 그 뜻이 비록 정밀하지만 중용(中庸)의 '중'은 실로 본체와 작용을 겸한 것이다."라고 하고, 율곡 선생(栗谷先生)도 "중이 중화(中和)의 뜻을 겸했다는 것은 덕행(德行)이 성정(性情)을 겸한 것으로 말한 것이다."라고 하였네. 그렇다면 여기의 '중' 자는 '중용의 중-이-'로 보는 것이 옳을 듯하네.

신명윤에게 답하다

答申明允

문 “중(中)을 가지고 용(庸)에 상대하여 보면, 용(庸)이 본체이고 중(中)이 작용이다”라는 주자(朱子)라는 설이 있습니다. 용(庸)이 본체가 되고 중(中)이 작용이 되는 이유를 사리를 밝혀 가르쳐주십시오.

답 용(庸)이 본체이고 중(中)이 작용이라는 설에 대해 논하자면, 주자가 “ 중(中)으로 화(和)를 상대하여 말하면 ‘중’이 본체가 되고 ‘화’가 작용이 된다.”라고 하였으니, 이것은 이발(已發)과 미발(未發)을 가리켜 말한 것이네. 중(中)을 용(庸)에 상대하여 말하면 또 꺾어 돌려서 ‘용’이 본체가 되고 ‘중’이 작용이 되니, 이천(伊川)이 말한 “중(中)은 천하의 올바른 도이고, 용(庸)은 천하의 정해진 이치이다.”라는 것이 이것이네. 중화(中和)로 중용(中庸)을 상대하여 말하면 중화가 또 본체가 되고 중용이 또 작용이 되네. 이것은 주자가 중화와 중용을 씨줄과 날줄로 서로 뒤섞어 말하여 그 각각 본체와 작용이 됨을 밝힌 것이니, 그 뜻을 또한 대략 알 수 있네. 지금 내 생각을 가지고 말한다면, 용(庸)은 사물이 본래 지니고 있는 평상의 정해진 이치이고, 중(中)은 행사(行事)에 드러나 각각 그 중도를 얻은 올바른 도이니 즉 시중(時中)이네. 본래 지니고 있는 평상의 정해진 이치이기 때문에 본체라고 한 것이고, 행사에 드러난 올바른 도이기 때문에 작용이라고 한 것이 아니겠는가. 감히 단정해서 말할 수는 없네.

신명윤에게 답하다
答申明允

문 "한 가지 선을 얻는다.〔得一善〕"라는 말은 남에게서 취하여 선을 한다는 뜻입니까? 도를 행하여 마음에 얻는다는 뜻입니까?

답 남전 여씨(藍田呂氏)가 "안자(顔子)는 그 상황에 따라 그 얻음을 극진히 하였으며 잡아 지킬 때에는 가슴에 꼭 새기고 잃지 않았다." 라고 하였는데, 주자(朱子)가 여씨의 설이 친절하고 확실하다고 하였네. 이것으로 본다면 마음의 측면에서 말하는 것이 나을 듯하네.

신명윤에게 답하다
答申明允

이른바 "용에 힘입지 않고도 충분한 자이다.〔不賴勇而裕如者〕"라는 것은, 경문(經文)의 "오직 성인만이 능하다.〔惟聖者能之〕"라는 글로 인하여 중용의 성덕처(成德處)를 가지고 말한 것이네. 그러므로 장구(章句)은 설은 단지 글에 따라 해석하여 이렇게 말한 것이네. 만약 현인(賢人)에게만 용(勇)을 말하고 성인(聖人)에게는 용을 말해서는 안 된다고 한다면, 증자(曾子)의 "내가 일찍이 부자(夫子)에게 큰 용맹에 대해 들었다."는 말과 맹자의 "이것은 문왕(文王)의 용맹이다."라는 말은 성인의 용이 아닌 것인가? 꽉 막히게 보아서는 안 될 듯하네.

최사손에게 답하다
答崔士遜

문 "천하가 능히 싣지 못하고 능히 깨트리지 못한다."라는 것은 도가 지극히 커서 밖이 없고 도가 지극히 작아서 안이 없다는 것을 극도로 논한 것입니다. 그러므로 큰 천하를 범연히 거론하여 그 지극히 크고 지극히 작은 부분에 상대하여 천하가 능히 싣지 못하고 능히 깨트리지 못한다고 말한 것입니다. 그런데 읽는 자들이 대부분 이것을 천하의 힘과 천하의 무리 등으로 말하여 너무 무겁게 누릅니다. 어떻게 생각하시는지요?
답 이른바 '능히 싣지 못하고 능히 깨트리지 못한다.'는 것은 단지 지극히 크고 지극히 작은 형상을 형용한 것뿐이니, 혹자의 설은 본뜻을 잃은 듯하네.

문 장구(章句)에서 인용한 정자(程子)의 "긴요하게 사람들을 위한 곳〔喫緊爲人處〕"이란 말은 자사(子思)가 솔개와 물고기를 거론하여 화육(化育)의 오묘한 유행을 밝혀서 사람들을 위해 알려준 것이 매우 긴요하고 절실하다는 것이며, 또 "생동감이 넘치는 곳〔活潑潑地〕'이

란 말은 화육이 유행하는 본체가 한 모퉁이에 막히지 않고 활발하게 움직이는 뜻을 전적으로 논한 것입니다. 또 두 구절 사이에는 구(句)만 끊고 현토는 하지 말고, 아랫 구절 아래에 '라 하시니〔亽ソ寸ヒ〕'라고 현토하여 읽으면 순탄할 듯합니다. 어떻게 생각하시는지요?

답 옳은 듯하네.

신명윤에게 답하다
答申明允

문 비은(費隱)[17]에 대해서는, 도의 본체와 작용으로 말하면 순수한 이치로서 기운에 섞이지 않습니다. 그러므로 비와 은이 모두 형이상(形而上)의 영역에 속하고 형이하(形而下)의 기(機)에 떨어지지 않습니다. 태극(太極)으로 말하면 '무극이면서 태극이다.〔無極而太極〕'는 것이 은(隱)이고 '만물이 각각 하나의 태극을 갖추었다.〔萬物各具一太極〕'는 것이 비(費)이며, 성명(性命)으로 말하면 솔성지도(率性之道)가 비(費)이고, 천명지성(天命之性)이 은(隱)이며, 일관(一貫)으로 말하면 '만 가지 다른 것〔萬殊〕'이 비(費)이고 '하나의 근본〔一本〕'이 은(隱)입니까?

답 그대의 말이 옳은 듯하네.

문 한 사물에서 말하면 그 성(性)이 은(隱)이 되고 하나의 이치〔理一〕가 되며, 그 움직이고 발현하여 성(性)이 곧장 이루어지는 것이 비(費)가 되고 다른 현상〔分殊〕이 됩니다.

답 성(性)의 미묘하고 보기 어려운 부분을 가리켜 '은'이라고 하니, 더 이상 은미할 수 없기 때문에 단지 성(性)이라고 한 것이네. 작용이 있지 않은 곳이 없음을 가리켜 '비'라고 하니, 더 이상 광대할 수

17 비은(費隱) : 《중용장구》 제12장에 "군자의 도는 광대하면서도 은미하다.〔君子之道, 費而隱.〕"라는 부분이다.

없기 때문에 단지 작용이라고 한 것이네. 이 한 단락은 정밀함이 부족한 듯하네.

문 "그 지극함에 이르러〔及其至也〕"라고 할 때의 '이르다〔至〕'는 자는 장구(章句)에서 이미 전체에 해당시키고서 그 아래에 "성인(聖人)이 알지 못하는 것은 공자(孔子)가 예(禮)를 묻고 관제(官制)를 물은 것 같은 따위이고, 성인이 능하지 못한 것은 공자가 지위를 얻지 못하고 요순이 널리 은덕을 베풂을 부족하게 여기는 것 같은 따위이다."라고 하였습니다. 이는 성인이 알지 못하고 능하지 못한 것이 도리어 도(道) 가운데 한 가지 일이지 전체에 관계되는 것이 아닌데, 이른바 전체를 들어서 말했다는 것은 무엇을 가리킨 것입니까? 장구의 이른바 "전체를 들어 말한 것이니 성인도 진실로 다하지 못하는 바가 있다."라는 말은 끝내 성인이 그 전체에 대하여 마치 부족하고 빠트림이 있다는 것과 같습니다.

또 부부(夫婦)가 아는 것과 능한 것은 혹은 가정에서의 일상생활을 가지고 말하고, 혹은 남녀의 교감을 가지고 말하는데, 장구와 《혹문(或問)》의 설을 둘 다 보아야 모두 통할 수 있습니다. 대체로 부부가 아는 것과 능한 것은 남녀의 교감에서 완전히 이탈할 필요가 없습니다. 《혹문》의 이른바 "《예기》에서는 혼인을 신중하게 여겼고[18] 《시경》에서는

18 《예기》에서는……여겼고 : 《예기》 〈애공문(哀公問)〉에 "옛날의 정사는 사람을 사랑하는 것을 중시하였고, 사람을 사랑하는 바를 다스리는 데에는 예를 중시하였고, 예를 다스리는 데에는 공경을 중시하였는데, 공경이 지극한 것으로는 혼인이 으뜸이다."라고 하였다. 곧 '혼인을 신중히 여긴다.'는 것은 혼인에 대해 공경하는 마음으로 임한다는 의미이다.

음란함을 경계하였다."라는 것도 이러한 뜻을 빠트린 것입니다. 만약 가정에서의 일상생활을 가지고 말한다면 가정의 일상생활이란 부모를 봉양하고 사물을 접하며 먹고 쉬고 기거하는 것에 허다한 분수가 있으니 어찌 부부에게만 전적으로 해당시킬 필요가 있겠습니까.

답 전체 운운한 것은 그대의 견해가 정밀하네. 다만 이른바 '전체를 들어 말했다'는 것은 성인이 도의 전체에 대하여 모두 알지 못하고 능하지 못하는 말이 아니니, 이는 '전체를 들어 말하면 성인도 혹 알지 못하고 능하지 못한 바가 있다.'라는 말이네. 그 아래 소주(小註)에 나오는 주자(朱子)의 두 단락 말[19]이 지극히 분명하니 다시 살펴보는 것이 어떻겠는가?

장구의 '부부가 한방에 거처하다.〔夫婦居室〕'는 말과 《혹문》의 '《예기》에서는 혼인을 신중하게 여겼다.'는 등의 말은 또한 남녀의 교감 한 가지 일만 전적으로 가리켜 말한 것이 아닌 듯하네. 또 반드시 '부부'라고 말한 것은 그 뜻이 '비록 어리석은 부부라 할지라도 참여하여 알고 능히 행할 수 있다.'는 것일 뿐이니, 남녀의 교감을 위주로 이 부부 측면에 나아가 말한 것은 아닌 듯하네.

19 그……말 : 주자(朱子)의 두 단락의 말은 다음과 같다. "군신(君臣)과 부자(父子)가 인륜(人倫)의 일상생활에 포함되지 않음이 없지만 특별히 부부를 들어서 말한 것은 더욱 가까운 곳을 드러낸 것이다." "부부는 지극히 친밀한 인륜 관계이다. 사람이 한 일은 그 부형에게는 고할 수 없고 그 아내에게는 모두 고하는 경우가 있다. 인사(人事)의 지극히 비근한 것이지만 도가 그 사이에 유행하니, 기미를 알고 신독(愼獨)하는 군자가 아니면 그 누가 능히 체득하겠는가."

신명윤에게 답하다
答申明允

문 군자(君子) 한 구절[20]에서 '용덕지행(庸德之行)'부터 '호불조조(胡不慥慥)'까지는 윗글과 어의(語意)가 혹 이어지지 않으니, 부자(夫子)가 스스로 말씀한 것이 아닌 듯합니다. 용덕(庸德) 이하는 부자를 찬미한 말이 아니겠습니까.

또 이 장은 도(道)의 광대함의 작은 것이고, 이른바 '나는 한 가지도 능하지 못하다.〔丘未能一〕'는 말은 겸손한 뜻이니, 어찌 참으로 미치지

20 군자(君子) 한 구절 : 《중용장구》 13장의 "군자의 도는 네 가지가 있는데, 나는 하나도 능하지 못하다. 자식에게 바라는 것으로 어버이 섬기기를 능히 하지 못하고, 신하에게 바라는 것으로 임금 섬기기를 능히 하지 못하고, 아우에게 바라는 것으로 형 섬기기를 능히 하지 못하고, 벗에게 바라는 것으로 먼저 베풀기를 능히 하지 못한다. 떳떳한 덕을 행하며 떳떳한 말을 삼가하여, 행실에 부족한 점이 있으면 감히 힘쓰지 않음이 없고 말에 남음이 있어도 감히 다 하지 않아, 말은 행실을 돌아보고 행실은 말을 돌아보아야 하니 군자가 어찌 독실하지 않겠는가.〔君子之道四, 丘未能一焉. 所求乎子以事父, 未能也; 所求乎臣以事君, 未能也; 所求乎弟以事兄, 未能也; 所求乎朋友先施之, 未能也. 庸德之行, 庸言之謹, 有所不足, 不敢不勉, 有餘, 不敢盡. 言顧行, 行顧言, 君子胡不慥慥爾?〕"라는 구절이다.

못하는 일이 있었겠습니까. 그런데 장하주(章下註)에서는 '성인(聖人)도 능하지 못한 것이다.'라고 하였으니, 어떠할지 모르겠습니다.

답 이 한 구절은 처음부터 끝까지 모두 부자의 말씀이네. 부자께서 먼저 네 가지에 능하지 못하다고 겸손하게 말하고 이어 '용덕이하'를 말하여 그 군자의 언행이 이와 같음을 찬미한 것이니지, 자사(子思)가 부자를 찬미한 말은 아닌 듯하네. 소주(小註)에서 운봉 호씨(雲峯胡氏)가 요씨(饒氏)의 말을 인용하여 "이것은 부자께서 자신을 책하여 남을 면려한 것이니, 앞 네 말은 자신을 책한 것이고, '용덕이하'는 남을 면려한 것이다."라고 하였네. 그렇다면 옛사람들이 이미 이 한 구절을 모두 부자의 말씀으로 여긴 것이네. 만약 이 구절이 자사가 부자를 찬미한 말이라면 장구(章句)에서 이 부분에 반드시 한번 전환하는 말을 놓아, 《맹자(孟子)》의 '강한이탁(江漢以濯)[21]' 주석에 "이 세 구절은 맹자가 증자(曾子)를 찬미한 말이다."라고 한 것처럼 했을 것인데, 지금 장구를 살펴보면 이러한 뜻을 볼 수 없네. 또 '내가 한 가지도 능한 것이 없다.'라는 말은 과연 부자가 스스로 겸손하게 한 말이지, 성인이 참으로 할 수 없는 것이 아니네. 그러나 부자가 감히 스스로 능하다고 여기지 못하는 뜻은 볼 수 있네. 부자가 이미 스스로 할 수 없다고 하였으니, 장하주의 말에 대해 의심해서는 안 될 듯하네.

21 강한이탁(江漢以濯) : 《맹자》 〈등문공 상(滕文公上)〉의 "강수와 한수에 씻고 가을볕에 말린 것처럼 깨끗하여 더할 나위 없다.〔江漢以濯之, 秋陽以暴之, 皜皜乎不可尙已.〕"는 구절이다.

송기손에게 답하다

答宋基孫

문 '군자의 도가 네 가지인데 나는 하나도 능하지 못하다.〔君子之道四, 丘未能一〕'는 한 구절에 대하여 지금 언해(諺解)에서는 자(子)·신(臣)·제(弟)·우(友) 및 부(父)·군(君)·형(兄)·우(友)에 모두 구두를 끊었는데, 제가《혹문(或問)》을 보니, 부(父)·군(君)·형(兄)·우(友)에 구두를 끊는 것은 구두를 제대로 떼지 못한 것이라고 여기고 문의(文義)에 통하지 못하는 바가 있다고 하였습니다. 이것은 무슨 뜻입니까?

답 이 단락은 "남에게 바라는 네 가지를 가지고 용덕(庸德)과 용언(庸言) 사이에서 자신을 책한 것인데, 지금 혹 구두를 제대로 떼지 못하여 부(父)·군(君)·형(兄)·제(弟) 네 자로 구두를 끊고 용덕과 용언 이하로 구두를 끊어 서로 연결시키지 않는다면 본문의 문의(文義)에 통하지 못하는 바가 있다."고 말한 것이네. 허재 채씨(虛齋蔡氏)가 "아들과 신하와 아우와 벗의 도리가 용덕이고, 이 도리를 말에 드러내는 것이 용언이다."라고 하였으니, 그 설이 명백하네.

윤서응[22]에게 답하다

答尹瑞膺

문 "귀신의 덕〔鬼神之爲德〕"[23] 한 구절은 귀신은 기(氣)이고 그 덕은 성(誠)이라는 내용이니, 주자(朱子)가 여동래(呂東萊)에게 답한 편지의 내용도 이러한 뜻입니다. 후사성(侯師聖)이 "귀신은 형이하(形而下)로 성(誠)이 아니고, 귀신의 덕이 성이다."라고 하였는데, 주자가 《혹문(或問)》에서 그가 두 가지 물사(物事)로 여긴 것을 배척하였습니다. 후씨의 설은 주자가 여동래에게 보낸 편지의 내용과 똑같을 뿐만이 아니고 그 의의를 구해보아도 잘못 된 점을 모르겠는데, 주자가 옳지 않게 여긴 것은 도리어 무슨 뜻입니까?

답 질문하신 말에 어찌 감히 어리석은 견해로 경솔하게 대답하겠습니

22 윤서응 : 윤봉구(尹鳳九, 1683~1768)로, 본관은 파평(坡平), 호는 병계(屛溪), 구암(久菴)이고, 자가 서응이다.

23 귀신의 덕 : 《중용장구》 16장의 "귀신의 덕이 그 지극하다. 보아도 보이지 않고 들어도 들리지 않지만, 사물의 본체가 되므로 이를 빼놓고는 존재할 수 없다. 천하 사람들로 하여금 재계하고 정결히 하며 성대하게 제복(祭服)을 차려 입고서 제사를 받들게 하고서 양양(洋洋)하게 위에 있는 듯하고 좌우에 있는 듯하다."는 부분이다.

까. 다만 주 선생(朱先生)이 후씨의 설을 논박한 것을 살펴보니, 그 뜻이 '귀신의 덕이 성이다〔德則誠〕'라는 세 글자에 있지 않고, 귀신과 덕을 나누어 형이상(形而上)과 형이하(形而下)로 삼는 것에 전적으로 있었습니다. 지금 혹문(或問)의 본문을 살펴보면, "귀신이 덕이 성대한 까닭은 그 성(誠) 때문일 뿐이다."라고 하였으니, 성(誠)이 따로 하나의 물사가 되어 별도로 귀신의 덕이 되는 것이 아닙니다. 그런데 지금 후씨는 마침내 귀신과 그 덕을 나누어 두 가지 물사로 삼고 형이상과 형이하로 말하였으니, 경문(經文)의 사리로 상세하게 구해보면 크게 어긋납니다. 그 아래 소주(小註)에 주자가 또 끌어서 비유하기를, "이를테면 '중용의 덕〔中庸之爲德〕'에 대하여 중용은 형이하이고 중용의 덕은 형이상이라고 말할 수 없는 것과 같다."라고 하였습니다. 주자의 이러한 말이 매우 분명하니, 후씨의 형이상과 형이하의 잘못을 변별한 것이 곡진하여 의심할 것이 없다고 하겠습니다.

○귀신의 성(誠處)를 귀신의 덕이라고 하는 것은 성(性)의 선처(善處)를 성의 덕이라 말하고 정(情)의 화처(和處)를 정의 덕이라고 말하는 것과 같습니다. 지금 만약 귀신과 덕을 구분하여 두 가지 물사로 삼는다면 성(性)과 선(善), 정(情)과 화(和)도 나누어 두 가지 물사로 삼아야 합니까. 덕이란 별건의 물사가 아니라, 단지 본래 물사에서 그 선한 것이 바로 이 덕입니다. 그렇다면 귀신이 모이고 흩어지는 실처(實處)가 바로 귀신의 덕입니다. 본래 귀신이 따로 한 물사가 되고 귀신의 실처가 따로 한 물사가 되는 것이 아닙니다. 이는 성정(性情)의 선처가 성정의 덕이 되는 것과 같은데, 성정이 하나의 물사가 되고 정성의 선처가 하나의 물사가 된다고 말할 수는 없습니다. 부디 이것을 다시 생각하여 말씀해주기 바랍니다.

신명윤에게 답하다
答申明允

편지에서 말한 '귀신은 형이상과 형이하의 사이이다.'라는 말은 그대가 혹 잘 살피지 못한 듯하네. 형이상은 도(道)를 말하고 형이하는 그릇〔器〕을 말하는데 주자(朱子)는 기운〔氣〕를 그릇으로 여겼고, 요씨(饒氏)도 "귀신은 형이하이다."라고 하였네. 이것을 가지고 본다면 후씨(侯氏)가 귀신의 덕을 가지고 나누어 두 가지 물사로 삼은 것이 참으로 잘못인데 그대는 귀신을 형이상과 형이하의 중간에 있는 물사로 여기니 더욱 의심스럽네. 귀신은 기운이고 귀신의 이치는 도(道)이며, 기운은 형이하의 그릇이고 이치는 형이상의 도이네. 어찌 도(道)도 아니고 그릇도 아닌 별도의 귀신이 있어 도와 그릇 사이에서 올연히 그 중간에 처하겠는가.

혹자(或者)의 이른바 '보이지 않고 들리지 않는 것이 성(性)이고, 사물의 본체가 되어 빠뜨릴 수 없는 것이 정(情)이다.'라는 말도 주자의 설과 같지 않네. 주자는 "보아도 보이지 않고 들어도 들리지 않는 것이 성정(性情)이고, 사물의 본체가 되어 빠뜨릴 수 없는 것이 공효(功效)이다."라고 하였네. 주자는 성과 정을 합쳐서 보이지 않고 들리지 않는 부분에 소속시켰는데, 지금 혹자는 성과 정을 나누어 성은 보이지 않고 들리지 않는 것에 소속시키고 정은 사물의 본체가 되어 빠뜨릴 수 없는 것에 소속시켰네. 또 주자는 사물의 본체가 되어 빠뜨릴 수 없는 것을 공효로 삼았는데, 혹자는 또 양양하게 옆에 있는 것으로 공효를 삼았으니 모두 주자의 설과 어긋나는 듯하네.

귀신은 바로 기운이네. 정자(程子)·장자(張子)·주자(朱子) 세 분의 설[24]이 모두 기운 위주로 말했지만, 이치 또한 그 속에 있지 않은 적이 없으니, 혹 이치 한 쪽을 빠트리고 혹 기운 한쪽을 빠트렸다고 해서는 안 될 듯하네.

그대가 말한 '양능(良能)과 영(靈)은 서로 떨어질 수 없다.'는 설은 옳은 듯하네. 이 때문에 주자가 "양능이 바로 영처(靈處)이다."라고 한 것이네. 주자의 '귀(鬼)는 양(陽)의 영(靈)이고, 신(神)은 음(陰)의 영이다.'라는 말은 아마도 두 기운이 굴신(屈伸)하여 저절로 그렇게 된 것을 평이하게 말한 것이지, 장자(張子)의 말을 보완하려는 의도에서 나온 것이 아닌 듯하네. "조(造)는 무(無)에서 유(有)가 되는 것이고, 화(化)는 유에서 무가 되는 것이다."라는 혹자의 말은 어리석은 견해로 알 수 있는 바가 아니네.

문 인용한 시[25] 한 구절에 대하여 어떤 이가 말하기를, "제사의 귀신을 가리켜 말한 것이 아니다. 사람이 제사를 받들 때에는 귀신이 있음을 알지만 옥루(屋漏)[26]에 있을 때에는 싫증나서 귀신이 있음을 알지 못

24 정자(程子)……설 : 정자 "귀신은 천지의 공용(功用)이요 조화(造化)의 자취이다."라고 하였고, 장자는 "귀신은 음양(陰陽) 두 기운의 양능(良能)이다."라고 하였고, 주자는 "두 기운으로써 말하면 귀(鬼)는 음(陰)의 영(靈)이요, 신(神)은 양(陽)의 영(靈)이며, 한 기운으로써 말하면 이르러 펴짐은 신(神)이 되고 돌아가 되돌아감은 귀(鬼)가 되니 그 실제는 한 물건일 뿐이다."라고 하였다.

25 인용한 시 : "신의 이르는 것을 예측할 수 없는데, 하물며 신을 싫어할 수 있겠는가.〔神之格思, 不可度思, 矧可射思?〕"라는 내용으로, 《시경》〈억(抑)〉의 구절이다.

26 옥루(屋漏) : 집안에서 남의 눈에 띄지 않는 가장 깊숙한 곳으로, 방의 서북쪽

할까 염려하였기 때문에 또 시에 나아가 귀신이 어느 곳이든 있지 않음이 없음을 가리킨 것이다."라고 하였습니다. 제 생각에는 귀신이 어디에나 있다는 것이 바로 사물의 본체가 되어 빠뜨릴 수 없다는 한 구를 다 설명한 것이고, 또 '옥루에 있을 때〔屋漏時〕'라는 세 글자는 자사(子思)의 말 밖의 뜻이니 따라서는 안 되고 단지 위 구절에 붙여서 말해야 비로소 알 수 있을 듯합니다. 어떻게 생각하시는지요?

'성을 가릴 수 없다〔誠不可掩〕'는 말은 귀신의 덕의 실리(實理)를 통틀어 말한 것입니다. 천지의 생성(生成)의 공과 조화(造化)의 굴신(屈伸)의 자취는 단지 하나의 실리로서 밝게 드러나 가릴 수 없으니 모두 성(誠)입니다.

답 그대의 "위 구절에 붙여서 말해야 한다."는 말은 옳은 듯하네. '성(誠)을 가릴 수 없다'는 부분에 대하여 통틀어 말한 것으로 여긴 것도 잘 파악한 듯하네.

구석을 말한다. 《시경》 〈대아(大雅) 억(抑)〉에 "네가 방 안에 있는 것을 보건대, 거의 옥루에 부끄럽지 않을지어다.〔相在爾室, 尙不愧于屋漏.〕"라고 한 데서 온 말이다.

신명윤에게 답하다
答申明允

덕(德)은 성인(聖人)이 되고 존귀함은 천자(天子)가 되고 부유함은 사해(四海)를 소유하여, 종묘의 제사를 흠향하며 자손을 보존하였으니, 이 다섯 가지를 갖춤이 바로 대효(大孝)가 된다는 말일 뿐이네. 만약 "효 때문에 성인의 경지에 이르고, 효 때문에 존귀함이 천자가 되고, 효 때문에 부유함이 사해를 소유하고, 효 때문에 종묘의 제사를 흠향하고 자손을 보존하였다."라고 말한다면 '효(孝)' 자의 뜻에는 비록 혹 가깝더라도 이 구절 본문의 뜻을 강구하면 그렇지 않은 듯하네.

신명윤에게 답하다

答申明允

이 장은 위 장의 순(舜)임금의 대효(大孝)를 이어 말하고, 아랫 장에 또 무왕(武王)과 주공(周公)의 달효(達孝)를 말하였으니 이장의 본 뜻 또한 효(孝)를 위주로 말한 것이네. 그렇다면 비록 문왕(文王)에 대하여 '효'한 글자를 말하지 않았더라도 효가 저절로 그 속에 들어있네. 그러므로 아래 소주(小註)에 신안 왕씨(新安王氏)의 "주공이 문왕의 효와 무왕의 뜻으로 인하여 태왕(太王)과 왕계(王季)를 왕으로 추존하였다."라는 말이 있는 것이니, 문왕의 효성을 말한 것임을 또한 알 수 있네.

이군보에게 답하다
答李君輔

형이 면재(勉齋 황간(黃榦))가 질문한 상례(喪禮)와 제례(祭禮)를 초고(草稿)라고 하면서 이것으로 주자(朱子)가 미처 주소(註疏)를 감정(勘定)하지 못한 증거로 삼았습니다. 처음부터 끝까지 누누이 말하여 차례로 항목을 열거한 것이 서너 가지에 이르니 그 말이 참으로 그럴 듯한 점이 있습니다. 다만 〈도식서(圖式序)〉를 살펴보건대, "돌아가신 스승께 여쭈니 스승이 기뻐하시며 내게 '그대가 세운 상례와 제례는 규모가 매우 좋다.'라고 하였고, 또 주자가 황상백(黃商伯)에게 준 편지를 살펴보건대, "예서(禮書)는 근래에 황직경(黃直卿)을 얻어 비로소 착수하여 정돈하였다."라고 하였으니, 이것으로 살펴보면 주자가 생존했을 때에 상례와 제례가 비록 초고 상태였지만 그 규모의 훌륭함과 정돈한 공에 대하여 이미 주자의 말이 있었음이 속일 수 없는 분명한 사실입니다. 다만 주자가 훌륭하게 여긴 규모가 과연 형의 말과 같은지는 모르겠습니다. 이는 대체적인 격식(格式)만을 가지고 말한 것입니까? 아니면 그 경기(經記)[27]의 주소(註疏)를 분류하여 편입시킨 규모까지 아울러 말한 것입니까? 단지 대체적인 격식만 가지고 말했다면 이 두 예의 규모는 엉성하고 미비되었으니, 주자가 어찌 미비된 것을 훌륭하다고 했겠습니까. 이 경기의 주소를 분류하여 편입시킨 것까지 아울러 말했다면 주부자(朱夫子)의 이렇게 큰 식견과 역량으로 그가 질문했을 때에 함께 상의하고 감정하는 것이 필연적인 일입니다. 주자가 애당초 감정하지 않았다고 한다면 그만이지만, 이미 감정하였다면 초고에 함께 있던 주소(註疏)를 어찌 유독 빠뜨렸겠습니까. 그런데 지금 형이 초고라는 이유로 감정하지 않았다고 말하고 또 미칠 겨를이 없었다고 말하는 것은 어째서입니까?

또 주자의 《의례경전통해(儀禮經傳通解)》[28] 규모를 가지고 살펴보면, 《의례경전통해》가 미처 탈고하지 못한 책이지만 모든 전기(傳記)의 주소(註疏)가 각 조목 아래에 일일이 편입되었습니다. 이러한 규모를 면재의 상례와 제례에 미루어보면, 질문할 때에 비록 이것이 초고지만 전기의 주소에 대해서도 모두 각 조목 아래 일일이 편입하였음을 알 수 있습니다. 이미 각 조목에 편입되었다면 면재가 질문한 것이 이것이고 주자가 감정한 것도 이것이니, 초고이기 때문에 주소에 미칠 겨를이 없었던 것이 아님이 또한 분명합니다. 더구나 이 초고는 문목(門目)이 이미 나뉘어지고 주소(註疏)가 종류별로 편집되었으니 또

27 경기(經記) : 경(經)은 《의례》의 경문(經文)을 말하고, 기(記)는 《의례》 각 편의 말미에 붙어 있는 별도의 글을 말하는데, 주로 경문에 나오는 의례(儀禮)의 의의(意義)와 행의(行儀)에 대해 보충한 글이다.

28 의례경전통해(儀禮經傳通解) : 주희(朱熹)가 지은 의례에 관한 책으로 37권이다. 《의례(儀禮)》를 경(經)으로 삼아 여러 책에서 예(禮)에 관한 내용을 뽑아 덧붙이고 주소(注疏)하였다. 책을 완성하지 못하고 죽어 문인 황간(黃榦) 등이 산개(刪改)하지 않고 그대로 간행하였다.

어찌 장(章)마다 편(編)마다 감정하기에 어려웠겠습니까. 지금 형이 만일 근거할 만한 명백한 증거를 별도로 얻어서 말했다면 진실로 따라야하겠지만, 단지 초고이기 때문에 감정할 겨를이 없었다고 한다면 감히 믿지 못하겠습니다.

또《의례경전통해》의 상례와 제례가 모두 탈고되지 못한 것이지만,《의례경전통해》은 주자가 스스로 편찬한 책입니다. 그렇다면 전기의 주소를 따르거나 고치고 취하거나 버릴 때에 이미 스스로 감정함이 있었을 것이고, 상례와 제례는 면재가 편찬한 것이기 때문에 질문하던 날에 그 초고를 가지고 감정한 바가 있었을 것입니다. 이 일이 서로 방해됨이 없는데, 또 어찌《의례경전통해》가 탈고되지 못했다는 이유로 도리어 초고까지도 감정하지 않았다고 의심할 수 있겠습니까.

또 한 가지 의견이 있습니다. 설사 형의 말처럼 주자가 초고의 주소를 미처 감정하지 못했다고 하더라도 주자가 평소에 논했던 주소가 비록 평범한 부분조차도 대부분 있습니다. 지금 우제(虞祭) 이후에 교대(絞帶)를 삼베로 만드는 것은 변제(變除)의 큰 절목입니다. 가령 가소(賈疏)[29]가 과연 큰 오류라면 어찌 큰 절목의 큰 오류에 대해 한 마디도 언급하지 않은 것입니까. 아마도 우제 이후 교대를 삼베로 바꾸는 것이 변제의 예법상 당연한 일이기 때문에 말하지 않은 것이 아니겠습니까.

29 가소(賈疏) : 당(唐)나라 가공언(賈公彦)의 소(疏)를 말한다.《의례(儀禮)》에는 주공(周公)이 지었다는 경문(經文)이 있고, 이 경문을 해설한 자하(子夏)의 전문(傳文)이 있고, 이 전문을 해설한 한(漢)나라 정현(鄭玄)의 주(註)가 있는데, 이 주를 해설한 것이 가소이다.

또 가소의 이 조목은 면재가 이미 〈상복(喪服)〉 본장(本章)에 편입하였고, 또 〈상복변제(喪服變除)〉에 편입하였고, 또 〈상복도식(喪服圖式)〉 편입하였으니, 그 분류의 상세함과 채록의 부지런함을 보면 결코 아득히 시비(是非)를 모르는 자가 아닙니다. 가령 면재가 과연 잘못이라는 것을 모르고서 함부로 그 사이에 편입하였다면 양씨(楊氏 양복(楊復))가 이에 대하여 무엇 때문에 정밀하고 전일하게 고쳤다고 말했겠으며, 또 무엇 때문에 진(秦)나라와 한(漢)나라 이후로 없는 책이라고 말했겠습니까.

또 형은 우재(尤齋 송시열)의 헌의(獻議)에서 "정자(程子)와 주자의 교감을 거치지 못했다."는 한 구절을 끌어와 주소를 미처 감정하지 못했다는 증거로 삼았습니다. 그러나 이 헌의의 뜻을 살펴보면, 가소(賈疏)의 '또한 장자(長子)라고 칭한다〔亦名長子〕'[30]라는 설에 대하여 정자와 주자가 일찍이 그 설을 간파하지 못하여 "가씨(賈氏)의 이 소는 그 뜻이 이와 같다."라고 말한 것일 뿐이니, 어찌 '초고이기 때문에 미처 감정할 겨를이 없었다.'는 우리 형의 말과 같겠습니까. 어떤 이가 주자에게, "상례와 제례의 제도를 어떻게 알 수 있습니까?"라고 묻자, "주소를 보면 저절로 알 수 있다."라고 하였고, 호백량(胡伯量)이 요질(腰絰)과 교대(絞帶)의 제도를 묻자, "주소에서 말한 것이 매우 상세하니 어찌 깊이 살피지 않는가."라고 하였고, 두문경(竇文卿)이 "자식이 어머니를 위해 복을 입을 경우 아버지를 만날 때에 어떤 복장을 해야

30 또한 장자(長子)라고 칭한다 : "첫 번째 아들이 죽으면, 적처 소생의 두 번째 연장자를 취하여 세우는데, 그를 또한 장자라고 칭한다.〔第一子死, 則取嫡妻所生第二長子立之, 亦名長子.〕"라는 내용이다.

합니까?"라고 묻자, "〈문상(問喪)〉에 '아버지가 살아있으면 상장을 짚지 않는다〔父在不杖〕'는 설이 있으니, 다시 소의(疏議)를 점검하여 참고하라."라고 하였고, 여정보(余正甫)에게 답한 편지에 "지금 편찬한 예서(禮書) 안에는 고경(古經)에 누락된 곳이 있으니 반드시 주소를 가지고 보완해야지, 전적으로 고경만 따라 곧장 전주(傳註)를 폐해서는 안 된다."라고 하였습니다. 그렇다면 주자가 주소에 대해 추중(推重)한 것이 또 어떠하겠습니까.

삼가 상례와 제례에 편입된 주소의 설을 살펴보건대, 어떤 것은 그 본뜻을 바로 풀이하였고, 어떤 것은 그 나머지 뜻을 미루어 말하였고, 어떤 것은 빠진 부분을 추후에 보충하였으니, 그 말이 경문(經文)에 대해 발명할 것 아님이 없습니다. 만약 당시에 주소가 없었다면 예경(禮經)의 뜻이 은미하여 후세에 드러나지 못했을 것이 분명하니, 그 공이 크지 않겠습니까.

주자가 비록 "《의례》의 소(疏)는 그다지 분명하지 않다."라는 말을 하였지만, 또 "《의례》의 소는 말이 매우 상세하다."라고도 하였습니다. 편집한 《의례경전통해》에 이르러서도 일체 주소를 또 모두 종류별로 편입하였으니, 그 경중을 나누고 취사한 뜻을 알 수 있습니다.

지금 또 여러 말 필요 없이 분변할 수 있는 명확한 증거가 하나 있습니다. 살펴보건대, 〈상복(喪服)〉 부장기조(不杖朞條)의 '남의 후사가 된 자가 그 부모를 위해 입는 상복 조항'에서 기록한 자가 "다른 사람의 후사가 된 자의 아내는 본생 시부모를 위하여 대공복(大功服)을 입는다."라고 하였고, 소(疏)에 "하순(賀循)이 말하기를, '만약 아들이 출계할 당시 결혼하지 않았고, 후사로 들어간 집에서 결혼을 했다면 본생 시부모에 대해서 상복을 입지 않는다.'라고 하였다."는 내용이 있는데,

면재가 그 아래에 다음과 같이 썼습니다. "돌아가신 스승 주문공(朱文公)께서 직접 교본(稿本) 교본이 바로 초고입니다. 아래에 '남편이 본생 부모를 위해 기년복을 입기 때문에 그 아내는 1등을 내려 대공복을 입는 것이다. 이는 남편을 따라서 복을 입는 것이니 이전에 시부모를 알았는가의 여부는 따지지 않는다. 하순의 논의는 옳지 않다.'라고 쓰셨다."

또 살펴보건대, 〈상복〉 대공조(大功條)의 '남편의 조부모와 백숙부모를 위해 입는 상복 조항' 및 '시집간 딸과 시집가지 않은 딸이 백숙부모, 고모, 자매를 위해 입는 상복 조항' 및 '군(君)이 고모와 자매의 딸로서 국군(國君)에게 시집간 자를 위해 입는 상복 조항'에 모두 "돌아가신 스승 주문공이 직접 교본 아래에 썼다."는 말이 있습니다. 이것을 가지고 본다면 주자가 상례와 제례의 교본 주소의 설에 대하여 그 잘못된 곳에 따라 구절구절 직접 감정하였음을 분명히 의심할 수 없습니다.

주소를 감정했느냐의 여부가 애당초 교대(絞帶)의 설과 무관한데도 오늘날 우리들이 서로 힘껏 변론하는 것은 단지 '교대를 삼베로 만든다."는 가씨(賈氏)의 소(疏)도 감정을 거쳤는지 감정하지 않았는지 알고자 해서입니다. 주자가 직접 교본에 쓴 것이 상복편(喪服篇) 안에 네 번 보이니, 상복편의 주소가 감정을 거쳤음을 알 수 있습니다. 그런데 또 '교대를 삼베로 만든다.'는 가소(賈疏)는 바로 〈상복편〉 제1장 참최교대(斬衰絞帶)의 소(疏)입니다. 그렇다면 이 소 또한 감정을 거쳤음을 단연코 알 수 있으니, 우리 형의 이른바 '초고이기 때문에 미처 감정하지 못했다.'라는 말이 모두 허사로 돌아가지 않겠습니까.

말단에서 인용한 세 조목의 설은 가소(賈疏)에 의심할 만한 점이 많음을 거듭 배척한 것에 불과합니다. 그러나 또 반드시 모두 그렇지는 않습니다. 〈상복〉 참최조(斬衰條)의 '아버지가 장자(長子)를 위해 입는 상복 조항'에서 가소의 이른바 "적처(適妻)가 낳은 첫째 아들이 죽으면 둘째 연장자를 취하여 또한 장자라고 칭한다."라는 말은 지금 경문(經文)과 소설(疏說)을 가지고 살펴보면, 경문의 이른바 '아버지가 장자를 위한다.〔父爲長子〕'라는 말은 첫째 아들을 평이하게 말한 것이고, 가소의 이른바 '또한 장자라고 칭한다.〔亦名長子〕'라는 말은 장자 이외에 또 이처럼 장자라고 칭하는 장자가 있음을 미루어 평이하게 말한 것입니다. 대체로 첫째 아들이 일찍 죽으면 이는 상(殤)[31]이니, 상은 참최복(斬衰服)을 입을 수 없습니다. 그런데 지금 또한 장자라고 칭할 수 있는 둘째 아들에게 또 참최복을 입지 않는다면 이는 첫째 아들과 둘째 아들 모두에게 참최복을 입지 않는 것이니, 아버지가 장자를 위해 참최복을 입는 예가 모두 폐해질 것입니다. 지금 만약 '첫째 장자를 위해 참최복을 입는다.'라고만 말하고, 첫째 아들이 일찍 죽으면 그 둘째 장자에 대해서도 참최복을 입어야 한다는 뜻을 말하지 않으면, 사람들이 단지 첫째 장자에게는 의례 참최복을 입을 줄 알지만, 첫째 아들이 일찍 죽을 경우 또한 장자라고 칭하는 그 둘째 아들에게도 참최복을 입어야 함을 알지 못할 것입니다. 이것은 경문의 빠진 부분입니다. 이 때문에 가씨(賈氏)가 경문의 뜻을 미루어 말하여 그 빠진 부분을 보충한 것입니다. 또 가소의 이른바 '첫째 아들'·'둘째 아들'은 단지 태어난 순서를 가지고 말했기 때문에 부득이 '첫째 아들'·'둘째 아들'이라고 말한 것입니다. 그러나 실제로는 첫째 아들이 요절하여 둘째

31 상(殤) : 성인(成人)이 되기 전에 죽는 것을 말하는데, 19세 이하 16세까지의 죽음을 장상(長殤), 15세 이하 12세까지를 중상(中殤), 11세 이하 8세까지를 하상(下殤)이라 한다.

아들이 이미 장자가 된 만큼 이른바 '또한 장자라고 칭하는' 자가 참으로 첫 번째 장자인 것이니, 이 밖에 다시 별도의 장자는 없습니다. 그렇다면 형이 말한 "첫째 장자를 위해 참최복을 입는 것에 빠진 부분이 있다."는 것은 염려할 바가 아닙니다. 만약 그렇지 않고서 이미 첫 번째 장자를 위해 참최복을 입고 또 둘째 장자를 위해 참최복을 입는다면 이는 장자가 둘인 것이니. 아래 글 사종(四種)의 소설(疏說)[32]과 매우 상반됩니다. 어찌 지척의 문장을 한 사람이 말하였는데 이처럼 모순될 리가 있겠습니까. 윗글에서 이미 "첫 번째 아들이 죽으면 둘째 연장자를 취하여 또한 장자라고 칭한다."라고 하고, 그 아래에 또 "비록 승중(承重)하였더라도 삼년복을 입을 수 없는 네 가지 경우가 있다."고 하였으니, 이것으로 보완한 뒤에야 경문의 '아버지가 장자를 위하여 입는 복'의 뜻이 비로소 털끝만큼의 빠짐도 없게 될 것입니다.

일찍이 그간의 선배들의 논의를 보니, 피차간에 모두 가소(賈疏)에 나아가 각각 그 자신의 주장을 가지고 다툴 뿐, 가소까지 아울러 배척한 자는 없었습니다. 지금 형이 하루아침에 설을 세워 그 전체를 들어서 여지없이 공격하니 지나치게 경솔한 것이 아니겠습니까.

자최조(齊衰條)의 '아버지가 죽었을 경우에 어머니를 위해 입는 상복 조항'에 관해 가소에서 말한 것을 또 어찌 경솔하게 논의할 수 있겠습니까. 사계(沙溪 김장생(金長生))가 《상례비요(喪禮備要)》[33]와 《의례

32 사종(四種)의 소설(疏說) : 가공언(賈公彦)의 소(疏)에 비록 승중(承重)하였더라도 승중한 아들을 위해 삼년복을 입을 수 없는 네 가지 경우를 언급하였는데, 이것이 사종설이다. 첫째는 적장자가 폐질(廢疾)이 있어 종묘를 주관할 수 없는 경우이고, 둘째는 서손(庶孫)이 후사가 된 경우이고, 셋째는 서자가 후사가 된 경우이고, 넷째는 적손(嫡孫)이 후사가 된 경우이다. 《儀禮注疏 卷29 喪服》

문해(疑禮問解)》[34]에서는 의심하여 결정하지 못한 말이지만, 일찍이 교리 홍방(洪雱)의 질문에 답한 말에 "아버지가 죽고 나서 3년 내에 어머니가 죽으면 그대로 기년복(朞年服)을 입고, 11개월에 연제(練祭)를 지내고, 13개월에 상제(祥祭)를 지내고, 15개월에 담제(禫祭)를 지내고서 상복을 벗고 마음으로 슬퍼한다. 이는 고례(古禮)가 그러하니 누가 비난할 자가 있겠는가."라는 내용이 있습니다.-《가례집람(家禮輯覽)》 병유상조(幷有喪條)에 보인다.-

또 일찍이 선사(先師 박세채)를 뵙고서 '아버지가 죽은 뒤에 조부나 어머니를 위해 다르게 입는 상복'을 논의하여 "《통전(通典)》에서 하순(賀循)은 '아버지가 죽어 빈(殯)하기 전에 조부가 죽으면 조부를 위해 기년복을 입고, 빈을 한 뒤에 조부가 죽으면 조부를 위해 삼년복을 입는다.'라고 하였고, 《의례통해(儀禮通解)》〈상복(喪服)〉 소(疏)에는 '아버지가 죽고 나서 3년 내에 어머니가 죽으면 그대로 기년복을 입고, 반드시 아버지의 삼년복을 벗은 뒤에 어머니가 죽었을 경우라야 삼년의 상기(喪期)를 다 펼 수 있다.'고 하였으니, 이는 모두 자식이 그 아버지를 차마 죽은 것으로 여기지 못하는 뜻입니다. 그런데 조부를 위해서는 빈을 한 뒤에는 삼년의 상기를 펴고, 어머니를 위해서는 아버지의 상복을 벗어야 삼년의 상기를 펴니, 이처럼 같지 않은 이유가 무엇입니까?"라고 물으니, "조부를 위해서는 비록 아버지가 막 죽었더라도 중요한 것이 승중(承重)에 있기 때문에 빈(殯)의 여부를 기준으

33 상례비요(喪禮備要) : 사계(沙溪) 김장생(金長生)이 지은 것으로, 주희(朱熹)의 《가례(家禮)》를 참작하여 상례(喪禮)의 요점을 집대성한 책이다.

34 의례문해(疑禮問解) : 김장생이 예(禮)에 관한 문답을 엮은 책이다.

로 삼고, 어머니를 위해서는 비록 아버지가 죽은 지 오래 되었어도 중요한 것이 아버지를 높이는데 있기 때문에 복을 벗는 것을 기준으로 삼는다. 이는 어떤 것은 중하고 어떤 것은 가벼우니 정의(情義)가 곡진하다."라고 하였습니다.

또 사직(士直)의 질문에 답하기를, "〈상복(喪服)〉의 '아버지가 죽었을 경우에 어머니를 위해 입는 상복'의 소(疏)에 나오는 '아버지가 죽고 나서 3년 내에 어머니가 죽으면 기년복을 입고, 반드시 아버지의 삼년복을 벗은 뒤에 어머니가 죽었을 경우라야 삼년의 상기를 펼 수 있다.'는 말은 경문(經文)에 근원하여 소의(疏義)에 이루었고, 《통해속(通解續)》에 확정하고 〈상복도(喪服圖)〉에 증명하여 모두 다른 말이 없으니, 사계의 정해지지 않은 설을 가지고 폐하기는 어려울 듯하다."라고 하였습니다.

또 말씀하기를, "아버지의 존엄으로도 자식을 위해 삼년복을 입은 뒤에 아내를 얻는데, 비천한 자식으로서 아버지의 삼년복을 벗기를 기다리지 않고 먼저 어머니에게 복을 다하는 것은 혹 도리어 아버지를 높이는데 부족함이 있다."라고 하였습니다. 지금 살펴보건대, 사계가 이 부분에 대해 비록 두 조항의 설이 있지만, 돌아가신 스승이 논한 말이 매우 명백하며 통쾌하고 엄정하니, 참으로 백세(百世) 뒤에 성인(聖人)이 나온다 하더라도 의심하지 않을 것이라 말할 수 있습니다.

제가 일찍이 우장(尤丈 송시열)에게 여쭙기를, "지금 아버지가 죽어서 막 빈소를 차렸는데 그 어머니가 뒤이어 죽은 자가 있습니다. 어떤 사람은 '어머니가 죽은 것이 아버지의 죽음 뒤에 있으니 의당 삼년의 상기를 펴야 한다.'라고 하고, 어떤 사람은 '바로 아버지가 죽은 지 3년 이내의 일이니 평상시 살아있는 것과 똑같이 여겨 기년복을 입어야 한다.'라고 합니다. 두 사람의 말이 어느 것이 옳습니까?"라고 하니, "고례(古禮)에서 상고할 수 있다. 《의례》 〈상복(喪服)〉 자최조(齊衰條)의 '아버지가 죽었을 경우에 어머니를 위해 입는 상복 조항〔父卒則爲母條〕'의 소(疏)에 "'즉(則)' 자를 쓴 것은, 아버지가 죽은 지 3년 이내에 어머니가 죽었을 경우 그대로 기년복을 입는 것을 드러내 보이고자 해서이다. 반드시 아버지의 삼년복을 벗은 뒤에 어머니가 죽었을 경우라야 삼년의 상기를 다 펼 수 있다.'라고 하였으니, 이것으로 본다면 마땅히 기년복을 입어야 한다."라고 답하였습니다. 이 우장(尤丈)의 대답을 보면 그 뜻을 또한 알 수 있습니다.

또 형이 〈소기(小記)〉의 "어머니가 죽었을 경우에는 복을 입지 않는다.〔母卒則不服〕"[35]는 설의 한 단락을 인용하여 이 '어머니가 죽었을 경우〔母卒則〕'라는 글자가 다른 뜻이 없는 것을 가지고, 〈상복〉의 '아버지가 죽었을 경우〔父卒則〕'라는 글자도 다른 뜻이 없다는 것을 증명하니, 그 말이 그럴듯하지만 또한 그렇지 않은 점이 있습니다. 〈상복〉의 이른바 '아버지가 죽었을 경우에 어머니를 위해 입는 상복'은 아버지를 높이는 뜻이 매우 중하지만, 〈소기〉의 이른바 '어머니가 죽었을 경우에는 복을 입지 않는다.'는 것은 단지 '어머니가 죽었을 경우에는 복을 입지 않는' 뜻을 말한 것일 뿐이니, 이는 문세(文勢) 같지만 의의(意義)가 다릅니다.

35 어머니가……않는다 : "어머니의 군모(君母)를 위해서는 어머니가 죽으면 복을 입지 않는다.〔爲母之君母, 母卒則不服.〕"라는 내용이다. 군모(君母)는 어머니의 적모(適母)로, 어머니가 생존하여 적모를 위해 복을 입으면 자신도 복을 입지만, 어머니가 죽으면 복을 입지 않는다는 뜻이다.

경전 가운데 상고해보면 또한 이러한 예가 있습니다. 이를테면 "임금이 바르면 바르지 않은 사람이 없다.〔君正, 莫不正〕"는 말이 《맹자》에 거듭 나오는데 그 뜻이 다릅니다.[36] '임금이 바르면 바르지 않음이 없다.'는 것은 전체 문장이 같은데도 오히려 뜻이 다른데, 어찌 '죽었을 경우〔卒則〕'라는 두 글자가 같다고 하여 그 본뜻에 차이가 있음을 강구하지 않을 수 있겠습니까.

이를테면 '후사가 술잔을 들어 마신다.〔嗣擧奠〕'는 조목의 정씨(鄭氏) 주석에 "사(嗣)는 주인으로, 장차 후사가 된 자이다.〔主人將爲後者〕"라고 하였는데, 그 아래 가소(賈疏)에 "적자(適者)라고 하지 않고 '장차 후사가 된 자'라고 한 것은 장적(長適)이 없을 경우에 서자(庶子) 및 동종(同宗)을 세워 후사로 삼는 것이 모두 옳음을 보이기 위함이다."라고 하였으니, 이는 '술잔을 들어 마시는 것은 본래 장적(長適)으로 후사가 된 자의 일이지만, 만약 장적이 없다면 비록 장차 후사가 된 서자와 동종이라도 응당 술잔을 들어 마신다.'라는 뜻입니다. 이는 또한 경문의 뜻을 미루어 말하면서도 끝내 또 정씨 주석의 '장차 후사가 되다〔將爲後〕'라는 본뜻도 잃지 않았습니다.

또 형이 어떤 사람의 말을 인용하여 "면재가 《속해(續解)》를 편차할 때에 본문과 주소의 잡다하고 쓸데없는 말을 이외에는 경솔하게 산삭

36 임금이……다릅니다 : 이 부분은 오류가 있는 듯하다. 《맹자》에 "임금이 바르면 바르지 않은 사람이 없다.〔君正, 莫不正〕"는 것은 〈이루 상(離婁上)〉에 한번 밖에 나오지 않는다. 다만 "임금이 어질면 어질지 않은 사람이 없고, 임금이 의로우면 의롭지 않는 사람이 없다.〔君仁, 莫不仁; 君義, 莫不義.〕"가 〈이루 상〉과 〈이루 하〉에 두 번 나오는데, 〈이루 상〉은 신하가 임금을 바로잡는 것을 급선무로 여겨야 한다는 뜻이고, 〈이루 하〉는 임금을 경계한 말이다.

하고 싶지 않아 이전에 있는 대로 기록하였기 때문에 이처럼 의심스러운 부분이 있는 것이다."라고 하니, 이는 또 그렇지 않습니다.

살펴보건대, 양씨(楊氏)가 지은 서문에 "선생-면재(勉齋)이다.-이 가정(嘉定) 기묘년(1219년)에 건업(建鄴)에서 돌아와 상례(喪禮) 고본(稿本)을 취하여 정밀하고 전일하게 수정하였다."라고 하였고, 또 "선생이 두 책에 대하여 문왕(文王)과 주공(周公)의 법을 미루어 밝혀 제유(諸儒)의 각기 다른 논의를 변론하여 바로잡아 천하 후세에 보였다."라고 하였습니다. 또 살펴보건대, 주자가 "직경(直卿)이 삼산(三山)에 우거하면서 양지인(楊志仁)-양씨의 자(字)이다.-과 함께 반복하여 수정한 예서(禮書)가 본말을 자세하게 갖추었다."라고 하였으니, 이것을 본다면 그 공부가 상세하고 치밀하여 거칠고 구차하지 않았음을 알 수 있습니다. 더구나 양씨는 바로 면재의 동문(同門)이자 또 함께 수정한 사람입니다. 그렇다면 그가 말한 "정밀하고 전일하게 수정하였다."·"미루어 밝혔다."·"변론하여 바로잡았다"라는 등의 말은 모두 직접 그 일을 보고 직접 쓴 것이니, '이전에 있는 대로 기록하였기 때문에 이렇게 의심스러운 것이 있는 것이다.'라는 어떤 사람의 말은 근거할 바가 없는 설입니다. 지금 형이 직접 보고 직접 쓴 양씨의 말을 버리고 어떤 사람의 근거 없는 설을 따르고자 하는 것은 어째서입니까?

형이 처음에는 가씨(賈氏)의 '교대를 삼베로 만든다.'는 한 단락을 공격함으로 인하여 가소(賈疏)의 다른 몇 조항의 설로 돌려 공격하여 가소가 믿을 수 없다는 증거로 삼고, 또 이 가소를 공격함으로 인하여 나머지 예봉을 황(黃)과 양(楊) 두 선생에게 돌려서 상례와 제례에서 가소를 잘못 취한 증거로 삼아 침을 뱉거나 코를 풀듯이 한꺼번에 배척하고 점점 뻗어나가면서 조금도 돌아보지 않으니, 어찌 주자의 이른바

'일 없는 가운데 일을 만든다.'는 것과 퇴계(退溪)의 이른바 '허물이 없는 데서 허물을 찾아내려 한다.'는 것이 아니겠습니까. 부디 형이 이에 대해 다시 더 헤아리신다면 매우 다행이겠습니다.

후재집

제10권

답문 경의
答問 經義

이군보에게 답하다
答李君輔

《율곡별집(栗谷別集)》〈태극문답(太極問答)〉의 "묻기를, 역에는 태극이 있다.……없다고 말할 수 없다는 것이 이것이다."에 대해 여쭙니다.

율곡이 답하기를, "이것이 바로 주자(朱子)가 말한 '이치를 가지고 말하면 있다고 할 수 없고, 물을 가지고 말하면 없다고 할 수 없다.〔以理言之則不可謂有, 以物言之則不可謂無.〕'는 것이다."라고 하였는데, 이 '유무(有無)' 두 글자는 경중(輕重)이 같지 않습니다. 이른바 '태극이 있다.〔有太極〕'는 것은 단지 음양이 변역(變易)하는 가운데 태극의 이치가 있다는 말이지, 태극이 형체가 있다는 말이 아닙니다. 이른바 '무극(無極)'이라는 것은 단지 태극이 형체가 없다는 말이지, 본래 태극이 없다는 말이 아닙니다. 주자의 이른바 '이치를 가지고 말하면 있다고 할 수 없다.'는 것은 형체가 없는 이치를 위주로 말한 것이니, 이것은 '무극(無極)'의 '무(無)'에 증거가 될 수 있습니다. 그러나 이른바 '물을 가지고 말하면 없다고 할 수 없다.'는 것은 자취가 드러난 물을 위주로 말한 것이니, 이것이 어찌 '역에 태극이 있다.〔易有太極〕'고 할 때의 '유(有)'에 증거가 될 수 있겠습니까.

'역에 태극이 있다.'고 할 때의 '있다'는 글자는 태극이 형체가 있다는 말이 아닙니다. 이는 음양이 변역하는 가운데 이러한 태극이 있다는 것이니, 형의 변설이 옳습니다. 주자의 이른바 '이치를 가지고 말하면 있다고 할 수 없고, 물을 가지고 말하면 없다고 할 수 없다.'는 것은 바로 '이치를 가지고 말하면 형체가 있다고 할 수 없고, 물을 가지고 말하면 이 물이 없다고 할 수 없다.'는 말입니다. '물(物)' 자는 두 가지 뜻이 있으니, 형체로 말하는 경우가 있고 명칭으로 말하는 경우가 있습니다. 천지 사이에 명칭할 수 있는 것은 모두 물이라고 말할 수 있기에 비록 형체가 없더라도 그 명칭이 있다면 이 또한 물입니다. 이른바 태극이라는 것이 비록 형체는 없다고 하지만 태극이라고 지명하였으니 없다고 할 수 없습니다. 지금 물을 가지고 말하여 있다고 말하는 것은 또한 이 태극이 있다는 말이지, 그 형체가 있다는 말이 아닙니다. 그렇다면 여기에서의 이른바 '있다'는 것은 '역에 태극이 있다'고 할 때의 '있다'는 글자와 그 뜻이 서로 부합하는데, 어찌하여 증거가 될 수 없다고 말하는 것입니까?

김숙함에게 답하다

答金叔涵

문 〈태극도(太極圖)〉의 체재를 분석하여 '수(水)는 음(陰)이 성하기 때문에……왼쪽에 자리한다.'[1]라고 한 것에 대한 질문

○천지(天地)의 동쪽이 왼쪽이 되고 서쪽이 오른쪽이 되니, 이른바 '양(陽)이 왼쪽이고 음(陰)이 오른쪽이다.'라는 것은 모두 천지의 좌우를 따른 것입니다. 그러므로 양은 동쪽에 거하고 음은 서쪽에 거한다고 말합니다. 그런데 지금 이 그림의 음정(陰靜)과 양동(陽動)의 위치는 천지와 그 좌우가 바뀌었으니, 무슨 뜻인지 모르겠습니다.

답 퇴도(退陶)의 설에 따라 수립하여 본다면 그림의 좌우와 천지의 좌우가 합치될 것입니다. 어떻게 생각하시는지요?

문 '그 본체〔其本體〕'의 주석에 '태극의 본체'라고 한 것에 대한 질문

○태극은 바로 음양(陰陽)의 본체입니다. 그러므로 '그 본체〔其本體〕'의 '기(其)' 자는 이미 음양을 가리켜 말한 것인데, 무엇 때문에 태극의 본체라고 하였습니까?

답 주설(註說)에서 ◯를 태극의 본체로 삼은 것은 바로 태극의 본래 체단(體段)이 이와같음을 말한 것입니다. ◯은 태극이고, ☽☾은 음양입니다. 태극과 음양은 서로 떨어질 수 없지만 또한 섞일 수도 없

1 수(水)는……자리한다 : "수는 음이 성하기 때문에 오른쪽에 자리하고, 화는 양이 성하기 때문에 왼쪽에 자리한다.〔水陰盛故居右, 火陽盛故居左.〕"는 내용이다.

습니다. 지금 형은 '태극이 바로 음양의 본체이다.'라고 하니, 만약 ○으로 음양의 본체로 삼는다면 다시 어떠한 물로 태극의 본체를 삼을 것입니까? 도(道)와 기(器)를 분별하지 않은 병통이 있는 듯합니다. 어떻게 생각하시는지요?

문 '본래 무극이다〔本無極〕'[2]의 주석에서 "태극의 이치는 무극에 근본하다.〔太極之理, 本於無極〕"라고 한 것에 대한 질문
○태극 외에 다시 무극이 있는 것이 아니니, 어찌 태극이 무극에 근본할 수 있겠습니까.
답 '어(於)' 자에 과연 병폐가 있는 듯하네.

문 '여기에서 확립한다〔於是乎立〕'의 주석에 "사람의 도가 이로부터 확립된다."고 한 것에 대한 질문
○윗글에서는 "인극(人極)이 여기에 있다."라고 하고, 여기에서는 "여기에서 확립한다."라고 하였는데, 구해(句解)에서 위 문장에는 "인심(人心)이 바로 태극이다."라고 하고, 이 단락에는 "사람의 도가 이로부터 확립된다."라고 하였습니다. 사람의 도가 어찌 인극(人極)을 말하는 것이겠습니까. 주자가 입언(立言)한 본뜻과 어긋나는 듯합니다.
답 위 단락은 '그 빼어난 것을 얻어 가장 신령하다.'고 말했기 때문에 주석에서 '인심이 바로 태극이다'라고 한 것이니, 이 '인심(人心)'이라는 글자는 가장 신령하다는 측면에서 말한 것입니다. 아래 단락은 '중정인의(中正仁義)'를 말했기 때문에 주석에서 "사람의 도가 이로부터

2 본래 무극이다 : "태극이 본래 무극이다.〔太極本無極〕"는 내용이다.

터 확립된다."고 한 것이니, 이 '인도(人道)' 자는 '중정인의' 측면에서 말한 것입니다. 글에 따라 해석한 것이 각각 마땅한 바가 있습니다. 더구나 이른바 '중정인의'는 즉 도(道)로서 태극의 체용(體用)이 온전히 갖추어져 있으니, 도를 가지고 인극(人極)이라고 한 것이 어찌 서로 어긋난다고 하겠습니까.

문 "무극이면서 태극이다.〔無極而太極〕"에 대한 질문

○주자(朱子)는 태극을 말할 때에 이치가 있다고 반드시 말하였고, 무극을 말할 때에 형체가 없다고 반드시 말하였습니다. 무극이 이미 형체가 없는 것을 이르니, '극(極)' 자는 형체가 있는 것이 될 듯합니다. 그러나 태극(太極)의 '극(極)'에 대해서도 형체가 있다고 말한다면 이것은 안 됩니다. 무극은 이미 태극이 형체가 없는 까닭을 해석한 것이니, 두 '극' 자가 서로 같지 않은 만큼 억지로 하나의 뜻으로 간주해서는 안 될 듯합니다.

답 태극은 하나의 이치 이외에 별도의 물사(物事)가 있는 것이 아니고, 무극은 태극 이외에 별도의 물사가 있는 것이 아닙니다. 단지 형체가 없고 모양이 없는 태극이 바로 무극이니 그렇다면 태극과 무극의 '극'은 본시 똑같은 '극'이니 어찌 다르다고 말할 수 있겠습니까.

김숙함에게 답하다

答金叔涵

주자(朱子)가 말하기를, "태극이 움직여서 양(陽)을 낳고 고요하여 음(陰)을 낳으니, 음과 양이 나뉘어져 양의(兩儀)가 형성된다. '고요함이 극에 달하면 다시 움직인다.' 이후는 혼벽(混闢)의 무궁한 묘미[3]를 밝힌 것이다."라고 하였으니, 주자의 이 말이 지극히 분명합니다. 그런데 지금 형은 "중간에 반드시 무한한 움직임과 고요함이 있다."라고 하고, 또 "한번 움직이고 한번 고요하여 음과 양이 나눠지고, 또 움직이고 또 고요하여 음과 양이 또 나뉘어 수많은 움직임과 고요함이 쌓인 뒤에야 양의가 형성된다."라고 말하니, 과연 형의 말대로라면 도대체 몇 번의 움직임과 몇 번의 고요함이 쌓여서 움직임과 고요함이 어떠한 때에 도달해야 양의가 형성되지 모르겠습니다. 제 생각에는 그렇지 않은 듯합니다. 어떻게 생각하시는지요?

3 혼벽(混闢)의 무궁한 묘미 : 주돈이(周敦頤)의 《통서(通書)》에 "합하였다가 나누어지는 것이 다함이 없다.〔混兮闢兮, 其無窮兮.〕"라고 한 데에서 온 말로, 혼연한 전체와 그것의 나뉨을 의미하니, 끊임없이 반복하는 우주의 무궁한 운동을 말한다.

김숙함에게 답하다
答金叔涵

문 '양이 변하고 음이 합한다.〔陽變陰合〕'는 것은 이어지는 것과 이루어진 것[4]을 말하는 듯합니다. 오행(五行)이 생겨날 적에 흘러 움직여서 아직 형체를 이루지 못한 것이 양이 변하는 것이고, 엉기고 굳어서 이미 형체를 이룬 것이 음이 합한 것입니다.

답 본문을 가지고 살펴보면, 이른바 '변합(變合)'이란 단지 음양의 측면에서 말했을 뿐이고 아직 오행에는 말이 미치지 않았으니, 이는 음양이 한번 변하고 한번 합한 뒤에야 비로소 오행이 생긴다는 말입니다. 그런데 지금 형은 '음이 합한다〔陰合〕'는 두 글자를 '엉기고 굳어서 이미 이루어졌다.'는 글 뒤에 말하였으니, 본뜻이 아닌 듯합니다. 어떻게 생각하는지요?

문 '피차 차이가 없다.〔無彼此〕'의 주석에 "똑같은 하나의 이치이다."고 한 것에 대한 질문

○"정추(精粗)와 본말(本末)이 피차의 차이가 없다."라는 말은 '음양은 하나의 태극이다.'라는 부분을 해석한 것입니다. 음양은 기운이기 때문에 추(粗)와 말(末)로 말하고, 태극은 이치이기 때문에 정(精)과

4 이어지는……것 : 《주역》 〈계사 상(繫辭上)〉에 "한 번 음이 되고 한 번 양이 되는 것을 도라고 하니, 계속 이어지는 것이 선이고 이루어진 것이 성이다.〔一陰一陽之謂道, 繼之者善也, 成之者性也.〕"라고 하였다.

본(本)으로 말한 것이고, 이치와 기운이 두 가지 물사(物事)가 아니기 때문에 '피차의 차이가 없다.'고 한 것입니다. 지금 주석을 낸 사람이 '피차의 차이가 없다.'는 한 구절을 해석하여 "똑같은 하나의 이치라서 피차의 간극이 없다."라고 하였는데, 형은 주석을 낸 사람의 뜻을 해석하여 "음양 속에 갖추어진 이치가 바로 태극이기 때문에 똑같은 하나의 이치라고 한 것이다."라고 하니, 저는 이에 대해 이해할 수 없습니다.

답 이치와 기운은 분명 두 가지 물사이니, 이점은 이미 주자(朱子)의 정론(定論)이 있어 매우 명백합니다. 그런데 지금 형은 "이치와 기운이 두 가지 물사가 아니기 때문에 '피차의 차이가 없다'고 말한 것이다."라고 하고, 또 "음양이 바로 태극이다."라고 하니, 이것은 바로 이치와 기운이 하나의 물사라는 설이니, 어찌 입언(立言)의 흠이 되지 않겠습니까. 태극은 형이상(形而上)이니 즉 이른바 이치이고, 음양은 형이하(形而下)이니 즉 이른바 기운입니다. 태극과 음양을 가지고 말하면 태극이 별도의 태극이고 음양이 별도의 음양이니, 뒤섞어 하나의 물사로 간주해서는 안 됨이 분명합니다. 다만 이것이 하나의 물사는 아니지만 본래 서로 떨어질 수 없고 한데 뭉쳐 틈이 없으니 즉 이른바 '둘이면서도 하나'인 것입니다. 지금 오로지 형이상만 들어서 말하면 태극은 음양에 섞일 수 없으니, 〈태극도(太極圖)〉의 첫 번째 동그라미 ○이 이것입니다. 한데 뭉쳐 틈이 없는 것을 가지고 말하면 태극이 음양 속에 떨어져 있으니,〈태극도〉의 두 번째 동그라미 ◎이 이것입니다. 이것은 음양에서 그 가운데 하나의 동그라미를 가리켜 말한 것이니 바로 첫 번째 동그라미인 음양과 섞이지 않은 태극입니다. 그렇다면 주석에서 똑같은 하나의 이치라고 말한 것이 무슨 불가할 것이 있겠습니까. 주자가 "음양과 태극은 두 가지 이치가 있다고 말할 수 없다."고 하였으니, 이른바 '두 가지 이치가 있다고 말할 수 없다.'는 것이 바로 똑같은 하나의 이치라는 말이니, 형은 어찌 이리 심하게 질책하십니까. 태극은 이치이고 음양은 기운이니, 이치와 기운이 어찌 하나의 물사가 될 수 있겠습니까. 이른바 '음양이 하나의 태극이다.'라는 것은 단지 태극과 음양이 두 가지 이치가 아니라는 말입니다. 오행이 음양에서 생겼지만 음양이 오행 속에 있기 때문에 '오행이 하나의 음양이다.'라고 말하며, 음양이 태극에서 생겼지만 태극이 음양 속에 있기 때문에 '음양이 하나의 태극이다.'라고 말하는 것입니다. 우리 선생의 이른바 "정(精)과 본(本)의 오묘한 이치와 추(粗)와 말(末)의 도(道)는 두 가지 이치가 없다."는 것이 참으로 정밀하고 확고하여 바뀔 수 없는 논입니다. 옛사람의 문자를 볼 때에는 단지 평이하고 명백한 곳에서 그 지당한 뜻을 구해야 하니, 새로운 뜻을 만들어 그 사이에 끼워 넣어서는 안 됩니다. 그러므로 주자가 "차라리 얕을지언정 깊이 파고들지 말며, 차라리 대충할지언정 교묘하게 하지 말라."고 한 것입니다. 지금 형이 주석의 말을 의심하는 것은 깊이 파고들고 교묘한 병통이 있는 것이 아니겠습니까.

문 오늘 논한 바가 "음양이 하나의 태극이다.〔陰陽一太極〕"라는 한 구절에서 벗어나지 않는데, 형은 음양을 이치로 간주하고 저는 음양을 기운으로 간주하였습니다.

답 음양을 이치 한쪽으로 간주하는 것이 본래 제 뜻이 아닌데, 아마도 형이 제 말을 미처 상세히 살피지 않아 그렇게 여긴 듯합니다. 이른바 "음의 이치가 바로 양의 이치이다. 음양이 하나의 이치이기 때문에 하나의 태극이라고 한 것이다."라는 말은 그 설이 비록 신기한 듯하지만, 본문의 문세(文勢)와 어의(語意)로 구해보면 그렇지 않습니다. "태극이면서 무극이다〔無極而太極〕"부터 "양이 변하고 음이 합하여 수화금목토를 낳는다.〔陽變陰合而生水火金木土〕"까지는 흐름을 따라 내려가는 설이고, "오행이 하나의 음양이다.〔五行一陰陽〕"부터 "태극이 본래 무극이다.〔太極本無極〕"까지는 근원을 거슬러 올라가는 설입니다. 이는 《대학》의 순추(順推)·역추(逆推)[5]와 그 어세(語勢)가 서로 비슷합니다. 흐름을 따라 내려가는 설은 태극의 오묘한 이치가 이 음양을 만드는 뜻을 설명한 것이고, 근원을 거슬러 올라가는 설은 음양의 이치가 바로 태극이라는 뜻을 설명한 것이니, 대의(大意)가 이와같은데 불과할 뿐, 애초에 음의 이치와 양의 이치가 같기 때문에 '음양이 하나의 태극이다.'라고 말한 적은 없습니다.

이른바 '음양은 자리가 다르고 동정은 때가 다르다.〔陰陽異位, 動靜異時〕'는 것은 음과 양이 자리가 다르고 동과 정이 때가 다르다는 말이고, 이른바 '정추와 본말이 피차의 차이가 없다.〔精粗本末, 無彼此〕'는 것은 정추와 본말의 이치가 본래 피차의 다름이 없다는 말입니다. 한편에서는 음과 양, 동과 정이 그 기운이 다르다고 말하고, 한편에서는 정과 추, 본과 말이 그 이치가 본래 같다고 하였으니, 주장하는

5 대학의 순추(順推)·역추(逆推) : 역추는 거슬러 올라가는 것으로 '고지욕명명덕어천하자(古之欲明明德於天下者)'에서부터 '치지재격물(致知在格物)'까지를 말하고, 순추는 순리적으로 나아가는 것으로, '물격이후지지(物格而後知至)'에서부터 '국치이후천하평(國治而後天下平)'까지를 말한다.

뜻도 이미 다르고 말한 바도 다릅니다. 만약 자리가 다르고 때가 다르다고 하여 '피차의 차이가 없다〔無彼此〕'는 세 글자에 대해 의심한다면 꽉 막혀서 통하지 못함이 심합니다. 부디 형이 다시 상세하게 살펴서 다시 말씀해 준다면 매우 다행이겠습니다.-이후 재동(才洞)으로 숙함(叔涵)을 찾아가 서로 변론하자, 숙함이 마침내 자신의 견해가 그릇된 것을 깨닫고 나의 설을 따랐다.-

김숙함에게 답하다
答金叔涵

문 주자(朱子)는 남자를 이루고 여자를 이루는 것을 기화(氣化)로 여기고, 교감(交感)하여 화생(化生)하는 것을 형화(形化)로 여겼습니다.[6] 또 말하기를, "남녀의 입장에서 보면 남녀가 각각 그 성(性)을 하나씩 간직하고, 만물의 입장에서 보면 만물이 각각 그 성을 하나씩 간직하였다."라고 하였습니다. 만약 남녀를 기화에서 생겨난 사람과 사물로 여긴다면 남녀가 바로 만물입니다. 범범하게 말하면 만물이고 나누어 말하면 남녀이니, 어찌 남녀 이외에 다시 이른바 만물이란 것이 있겠습니까. 주자의 뜻은 기화 속에 있을 때에는 남녀라고 하고, 형화 속에 있을 때에는 만물이라고 한 것입니다. 그러나 기화와 형화는 똑같은 물인데, 한편으로는 남녀의 측면으로 보고 한편으로는 만물의 측면에서 보니, 또 무엇 때문에 이처럼 분별한 것입니까? 삼가 소주(小註)를 살펴보건대, 장남헌(張南軒)이 말하기를, "양(陽)으로서 굳센 것이 아버지의 도이니 오행(五行)이 그 기운을 펴는 것이고, 음(陰)으로서 순한 것이 어머니의 도이니 오행이 그 바탕을 이루는 것이다. 이것이 바로 천지(天地)가 베풀고 낳는[7] 근본이니, 남

6 주자(朱子)는……여겼습니다 : 기화(氣化)는 천지자연의 기운에 의하여 사물이 저절로 생겨나는 것을 말하고, 형화(形化)는 형체가 생긴 뒤 교미에 의해 태어나는 것을 말한다. 주희는 〈태극도설〉의 '만물을 변화시켜 생성한다.〔化生萬物〕'는 구절을 설명하면서 "사람과 사물은 처음에는 기화하여 생겨나고, 기운이 모여 형체를 이루면 형체가 교접하고 기운이 감응하여 마침내 형화한다."라고 하였다. 《性理大全 卷1 太極圖》

녀를 남녀라고 말한 것은 남녀의 몸을 가리켜 말한 것이 아니다."라고 하였습니다. 이에 근거하여 증명하는 것이 어찌 분명하지 않겠습니까. 다만 주자의 뜻을 얻지는 못했습니다.

답 지금 〈태극도〉를 가지고 본문을 참고하면, 이 묘합권(妙合圈) 위의 세 그림이 이미 나누어 소속됨이 있으니, 아래 두 그림도 필시 소속될 곳이 있을 것입니다. 무극(無極)의 진리(眞理)와 이기오행(二氣五行)의 정기(精氣)가 묘하게 합하여 각각 그 부류로써 엉기고 모여 형체를 이루는데, 그 양(陽)으로 굳센 것이 남자를 이루고 그 음(陰)으로 순한 것이 여자를 이룹니다. 그러므로 주자가 '건도가 남자를 이룬다.〔乾道成男〕'와 '곤도가 여자를 이룬다.〔坤道成女〕'는 것을 묘하게 합쳐진 동그라미 밑의 위의 동그라미에 소속시키고 '남녀가 하나의 태극이다.'라고 한 것입니다. 남자를 이루고 여자를 이루어 남녀가 이미 생겨나면 이에 만물에 각각 남녀가 있어 형체가 교접하고 기운이 교감하여 만물을 화생(化生)하니, 그러므로 주자가 묘하게 합해진 동그라미 밑의 아래 동그라미에 소속시키고 '만물이 하나의 태극이다.'라고 한 것입니다. 이른바 '만물이 낳고 낳아 변화가 무궁하다.'는 것은 사람과 물이 끝없이 낳고 변화하여 다함이 없다는 것을 범범하게 말한 것에 불과하니, 그 조리가 지극히 분명하고 그 나누어 소속시킴이 또 바뀔 수 없습니다. 지금 만약 '건도가 남자를 이루고 곤도가 여자를 이룬다.'는 한 단락을 버려두고, 단지 '두 기운이 교감하여 만물을 화생한다.'는 단락만 잘라서 곧장 위의 동그라미에

7 천지(天地)가 베풀고 낳는 : 《주역》 〈익괘(益卦)〉에 "하늘이 베풀고 땅이 낳아 그 유익함이 일정한 방소가 없다.〔天施地生, 其益無方.〕"라고 하였다.

소속시키고, 오로지 만물만 거론하여 '만물이 하나의 태극이다.'라고 한다면 위의 동그라미 하나만으로도 충분합니다. 그 아래의 동그라미는 소속될 곳이 없고 명칭할 만한 이름도 없으니, 어찌 쓸데없는 군더더기를 끌어온 것이 되지 않겠습니까. 주자의 이 주석은 단지 〈태극도〉의 체재를 살피고 〈태극도설〉에 근거하여 각각 나누어 소속시켜 구절구절 부합시킨 것이니 털끝만큼도 차이가 있어서는 안 됩니다. 더구나 주자가 〈태극도〉 속에서 남녀와 만물을 나누어 말한 것이 이곳뿐이 아닙니다. 이를테면 '이른바 선악(善惡)이란 남녀가 나뉘어지는 것이다.'라는 것과 '이른바 만사(萬事)란 만물의 상이다.'라는 것도 건건이 분배하고 뒤섞어 말한 적이 없습니다. 이런 부분은 애초에 우연히 나누어 소속시킨 것이 아니라 필시 각각 깊은 뜻이 있을 것입니다. 그렇다면 또한 무엇 때문에 굳이 범범하게 남녀를 만물이라고 똑같이 칭하여 마침내 분별하여 말한 것에 의심을 초래하겠습니까. 주자의 주설(註說)은 모두 근거한 바가 있어 명백할 뿐만이 아닙니다. 지금 주자의 설을 위주로 하면서 남헌(南軒)의 설을 참고하는 것은 괜찮지만, 반드시 남헌의 설을 취하고 주자를 의심하려 한다면 불가하지 않겠습니까.

문 '양의 선과 음의 악이 또 부류에 따라 나뉜다.〔陽善陰惡, 又以類分〕'는 것은 선의 일이 비일비재하되 똑같이 선에 귀결되고, 악의 일이 비일비재하되 똑같이 악에 귀결된다는 말입니다. 그러나 선은 온전히 양에서 나온 것이 아니고 악은 온전히 음에서 나온 것이 아닙니다. 양 가운데의 선은 온화(溫和)와 같은 따위이고, 양 가운데의 악은 혼약(昏弱)과 같은 따위입니다. 음 가운데의 선은 엄위(嚴威)와 같은 따위이고, 음 가운데의 악은 잔포(殘暴)과 같은 따위입니다. 이미 양이 모두 선하고 음이 모두 악한 것이 아닌데도 그렇게 말하는 것은 어째서입니까?

답 세분하면 형의 설도 옳습니다. 다만 선악 두 가지를 음양에 분배하면 선은 본시 양의 부류이고 악은 본시 음의 부류인 것을 또 어찌 의심하겠습니까.

신명윤에게 답하다
答申明允

문 우옹(尤翁 송시열)이 말씀하기를, "〈태극도〉의 '태극이 움직여서 양을 낳고 고요하여 음을 낳는다.〔動而生陽, 靜而生陰〕'는 말에 대해 알 수 없는 점이 있다. 태극이 움직인 것이 양(陽)이고 태극이 고요한 것이 음(陰)이니, 어찌 생겨나기를 기다리겠는가. '생(生)' 자가 쓸데없는 글자라고 늘 생각하였는데, 주자(朱子) 주석에서 '태극이 움직여서 양이 되고 고요하여 음이 된다.〔太極動而陽, 靜而陰〕'는 글을 보고나서 가슴이 후련하였다. 어찌 주자도 여기에 문제가 있다고 생각하여 '생' 자를 없앤 것이 아니겠는가."라고 하였습니다. 이 설이 어떠한지요?
답 우암(尤庵) 어른이 주자의 설을 끌어서 말씀한 것이니, 나처럼 몽매한 사람이 어찌 감히 따지겠는가. 다만 〈태극도〉 아래의 크고 작은 주석과 주자의 설을 가지고 살펴보면, "태극이 움직여서 양을 낳고 고요하여 음을 낳는다."고 말한 것이 기록할 수 없을 정도로 많으니, 이것이 어찌 모두 오류이겠는가. 이 한 설을 가지고 여러 설을 모두 폐해서는 안 될 듯하네. 어떻게 생각하시는가?

내 생각에는 이 '생(生)' 자에 집착할 필요가 없을 듯하네. 양이 생겨나기 전에 이미 양을 낳는 이치가 있고, 음이 생겨나기 전에 이미 음을 낳는 이치가 있으니, 이치가 이른바 태극이네. 이 때문에 태극이 움직이면 양이 여기에서 생겨나고, 태극이 고요하면 음이 여기에서 생겨나는 것이네. '생' 자가 과연 쓸데없는 글자라면 주자가 도설(圖說)을 지을 때 반드시 말하였을 것이네.

신명윤에게 답하다
答申明允

문 원(圓)은 본래 갖추어진 체(體)이니, 어떤 것은 전부 희고, 어떤 것은 한쪽만 희고, 어떤 것은 전부 까맣습니다. 발현하는 곳에서 본다면 이런 차이가 있으니, 이른바 '완전히 다르다'[8]는 것입니다.

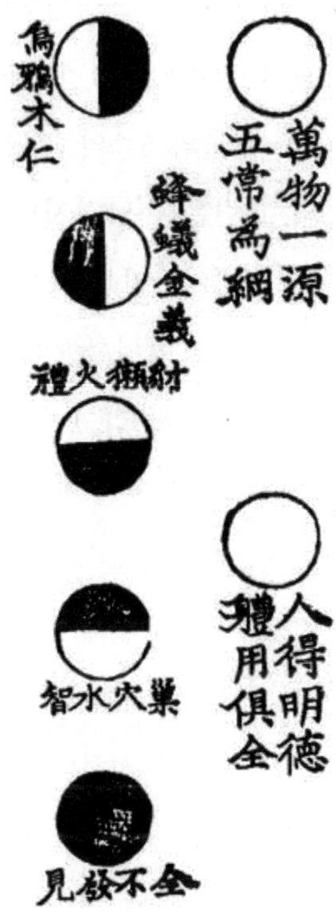

혼연한 태극의 전체가 각각 갖추어지지 않음이 없다면 즉 갖추어지고 온전한 것이니, 우리 사람의 통체(統體)는 더할 나위가 없습니다. 만일 "인의예지(仁義禮智)의 본성을 받음이 어찌 물(物)이 얻어서 온전히 할 수 있는 것이겠는가."라고 한다면 비록 갖추었더라도 온전하지 못함이 있는 것입니다. 그러나 이른바 온전하지 못하다는 것은 발용처(發用處)에서 말한 것입니다. 물(物)은 기질에 얽매여 이치가 전부 드러나지 않

8 완전히 다르다 : 《주자어류(朱子語類)》 권4 〈성리 1(性理一)〉에 "만물의 동일한 근원을 논하면 이치는 같고 기운은 다르다. 그러나 만물의 다른 체를 살펴보면 기운은 오히려 비슷하고 이치는 완전히 다르다.〔論萬物之一原, 則理同而氣異, 觀萬物之異體, 則氣猶相近, 而理絶不同.〕"라고 하였다.

으니, 그 발현(發現)[9]하는 바에 온전하고 치우치며 넓고 좁음이 무한합니다. 그렇다면 이치가 갖추어지지 않은 것이 아니라, 여전히 기가 다르기 때문입니다. 이 그림은 상(象)을 세워 동그라미를 나누고 단지 의(義)에 나아가 상상하여 묘사하였지만, 새롭고 기이하여 염계(濂溪) 노 선생에게 죄를 얻을 듯합니다.

답 위쪽의 5층의 그림은 옳은 듯하고, 아래쪽의 4층의 그림은 온당하지 못한 듯하네. 이유는 다음과 같네. '하늘이 명한 성이 하나의 근본〔大本一原〕'이라는 측면으로 이치를 말하면 '전체가 하나의 태극이다.〔統體一太極〕'라고 하고, 사람과 물(物)이 부여받은 측면으로 이치를 말하면 '각기 하나의 태극을 갖추었다.〔各具一太極〕'라고 말하네. 그러나 그 본체를 가지고 말하면 전체가 진실로 완전히 둥글 뿐만이 아니라, 이른바 '각기 갖추었다'는 것도 하나하나 모두 둥글어 십분 완전하네. 다만 기품(氣稟)에 얽매여 마침내 통하고 막히며 열리고 닫히는 다름이 있는 것이지, 그 본체는 진실로 흠결이 있은 적이 없네. 지금 보내온 그림을 가지고 본다면, 위의 5층의 그림은 그 동그라미에 어떤 것은 그 반을 희게 하고, 어떤 것은 그 반을 검게 하고, 어떤 것은 그 동그라미를 전부 검게 하여 그 치우치고 온전하고 열리고 막히는

9 발현(發現) : 대본에는 '動現'으로 되어 있는데, 《삼연집(三淵集)》 권21 〈답이현익(答李顯益)〉에 근거하여 '發現'으로 바로잡아 번역하였다.

각기 다름을 보였네. 이 때문에 옳다고 한 것이네. 아래의 4층 그림은 단지 그 반만 묘사하여 부여받은 전체의 동그라미를 드러내지 않았네. 비록 보잘것없는 저 금수초목(禽獸草木)이라도 어찌 당초에 품부받은 이치가 그 반은 얻고 그 반은 결여될 리가 있겠는가. 이 때문에 온당치 못하다고 한 것이네. 그대는 어떻게 생각하는가?

이후이에게 답하다

答李厚而

문 태극은 이치이고 음양은 기운입니다. 기운은 함이 있고 이치는 함이 없는데, 《태극도설》에 "태극이 움직여서 양을 낳고 고요하여 음을 낳는다.〔太極動而生陽, 靜而生陰〕"라고 하였습니다. 문리(文理)로 보면, 고요함과 움직임이 태극에 있고 음양에 있지 않은 듯합니다. 어떻게 생각하시는지요?

답 이치가 함이 없다는 것은 소리도 없고 냄새도 없는 측면에서 말한 것이네. 만약 이치와 기운의 선후 순서를 가지로 말하면 분명히 이치가 먼저이고 기운이 나중이니, 움직이기 전에 먼저 움직이는 이치가 있고, 고요하기 전에 먼저 고요한 이치가 있네. 이 때문에 주자(朱子)가 "이치에 움직임과 고요함이 있기 때문에 기운에도 움직임과 고요함이 있는 것이다. 만약 이치에 움직임과 고요함이 없다면 기운이 무엇으로 말미암아 움직이고 고요하겠는가."라고 하였네.

문 평암 섭씨(平巖葉氏 섭채(葉采))가 " 만약 하나의 양(陽)이 처음 움직이는 곳과 만물이 생겨나지 않은 때를 잘라서 말한다면 음양이 아직 생겨나지 않았다고 말해도 괜찮다."라고 하였는데, 이것이 의심스럽습니다. 하나의 양이 처음 움직인 곳이 바로 양(陽)이고, 하나의 양이 움직이지 않은 때가 바로 음인데, 이것을 가지고 음양이 생겨나지 않은 증거로 삼을 수 있겠습니까.

답 평암의 설은 과연 병통이 있네. 내가 일찍이 우암(尤庵) 어른께 질의하였는데, 우암 어른도 잘못이라고 하셨네.

어떤 사람에게 답하다

答或人

문 고요하여 조짐이 없는 가운데에 만상(萬象)이 이미 빽빽하게 갖추어졌으니, 하늘과 땅이 덮어주고 실어줌, 해와 달의 비춤, 강과 시내의 흐름, 귀신의 그윽함, 바람과 우레의 변함, 성명(性命)의 바름, 윤리의 밝음은 태극이 하는 바가 아님이 없습니다.

답 '하는 바〔所爲〕'라는 글자가 병통이 있는 듯합니다. 태극은 이치입니다. 이치는 단지 주재할 뿐, 본래 헤아리고 조작함이 없으니, 어찌 하는 바가 있겠습니까. 지금 '덮어주고 실어주는 것이 태극이 아님이 없다.'고 한다면 괜찮지만, 태극이 하는 바가 아님이 없다고 한다면 불가합니다.

신명윤에게 답하다
答申明允

문 《통서(通書)》에 "이(理)를 예(禮)라고 한다." 하였는데,[10] 주자(朱子)가 해석하여 "이(理)는 조리가 있음을 말한다."라고 하였네. 예라는 것은 찬란하게 조리가 있는 물사(物事)이니, 주자의 해석이 지극히 명백하네. 정자(程子)는 극기복례(克己復禮)의 '예(禮)'를 가지고 '이(理)'로 간주하고자 하였는데, 내 생각에는 이것과는 조금 다른 듯하네. 주자의 '예(禮)는 천리(天理)의 절문(節文)이다.'는 말과 '조리가 있다.〔有條理〕'는 세 글자는 문자는 다르지만 뜻은 같은 듯하네.

통(通)과 수(守)가 '별(別)' 자·'실(實)' 자와 다르다는 것은 그대의 설이 그럴 듯하네. 다만 주자가 "통(通)은 통달함을 말하고, 수(守)는 확실함을 말한다."라고 하였네. 통달한 뒤에 분별(分別)이 있을 수 있고, 확실은 본래 실(實)이니, 의심할 필요가 없을 듯하네.

10 통서(通書)에……하였는데 : "덕이라는 것은 사랑함을 인이라고 하고, 마땅함을 의라고 하고, 조리 있음을 예라고 하고, 통달함을 지라고 하고, 확고하게 지킴을 신이라고 한다.〔德, 愛曰仁, 宜曰義, 理曰禮, 通曰智, 守曰信.〕"는 내용이다.

〈서명(西銘)〉에 "천지의 장수가 나의 성이 되었다.〔天地之帥, 吾其性〕"라고 하였습니다. '수(帥)' 자는 주재하는 뜻이 있는데, 심(心)이라고 말하지 않고 성(性)이라고 말한 것은 어째서입니까?
답 주자(朱子)가 "천지의 장수가 내 성이 되었다."에 주석하기를, "건(乾)은 굳세고 곤(坤)은 순하니 이것이 천지의 뜻이니, 기(氣)의 장수가 되어 사람과 물(物)이 얻어서 성으로 삼았다."라고 하였네. 이것을 가지고 보면 심(心)을 말하지 않고 성(性)을 말한 뜻을 알 수 있네.

문 존양편(存養編) 16판 주석에 '발현하기 이전에도 지각이 있다.'는 주자의 설이 있습니다. 보고 듣기만 하고 이 마음이 아직 발현하지 않았다면 발현하지 않았을 때의 지각이라고 할 수 있습니까? 그러나 《중용》에서는 보이지 않고 들리지 않아야 비로소 정(靜)이라고 하였으니, 그렇다면 보고 듣는 것은 또 움직임에 관계되니, 발현하지 않았을 때에는 끝내 지각이라고 말할 수 없습니다.
답 어떤 사람이 희로애락(喜怒哀樂) 이전에 '동(動)' 자를 놓는지 '정(靜)' 자를 놓는지 물으니, 정자(程子)가 답하기를, "정(靜)이라고 하는 것이 괜찮지만, 고요함 가운데 반드시 물(物)이 있어야 비로소 된다."라고 하였네. 이에 대해 주자가 "고요함 가운데 물이 있다는 것은 단지 지각이 어둡지 않은 것이다."라고 하였네. 어떤 사람이 정자의 말을 인용하여 지각이 있게 되면 곧 동(動)이냐고 묻자, 주자가 답하기를, "만약 추위를 알고 더위를 느낀다고 말한다면 이는 지각이 이미 움직인 것이지만, 지금 사물에 관계하지 않고 지각만 있다면 정(靜)이 되는데 무슨 문제가 되겠는가. 정좌(靜坐)가 단지 눈을 감고 조는 것이겠는가."라고 하였네. 이것을 가지고 보면 발현하기 이전에 지각이 있다는 설을 알 수 있네.

우암 선생에게 올리다
上尤庵先生

"사물이 밖에서 접하거든 막아서 안을 범하지 않게 한다.〔物接于外, 閑之而不干乎內〕"에 대한 질문

○성인(聖人)의 마음은 확연히 크게 공평하여 외물이 오면 따라서 응하니, 어찌 사물이 밖에서 접할 때에 막아서 안을 범하지 않게 할 리가 있겠습니까. 이는 우리 유가(儒家)의 법이 아닌 듯합니다. 또 나누어서 사무사(思無邪)는 성의(誠意)에 소속시키고[11] 한사(閑邪)는 정심(正心)에 소속시켜[12] 두 종류의 공부로 삼은 것은 온당하지 않은 듯합니다. 어떻게 생각하시는지요?

11 사무사(思無邪)는 성의(誠意)에 소속시키고 : 오징(吳澄)이 "간사함이 없으면 망령되지 않으며 망령되지 않은 것을 성(誠)이라고 하니, 《대학》의 조목으로 말하면 성의의 일이다."라고 하였다. '사무사'는 《논어》 〈위정(爲政)〉에 나오는 내용으로, "《시경》 삼백 편을 한마디로 요약하면 생각에 사악함이 없는 것이다.〔詩三百, 一言以蔽之, 曰思無邪.〕"라고 하였다.

12 한사(閑邪)는 정심(正心)에 소속시켜 : 오징이 "사물이 밖에서 접하거든 막아서 안을 범하지 않게 하여 안의 마음이 두 갈래로 가지 않고 잡되지 않아 성(誠)이 저절로 보존되니, 《대학》의 조목으로 말하면 정심의 일이다."라고 하였다. '한사'는《주역》 〈건괘(乾卦) 문언전(文言傳)〉에 나오는 내용으로, "사특함을 막아 그 성을 보존한다.〔閑邪存其誠.〕"라고 하였다.

우암 선생에게 올리다
上尤庵先生

서산 진씨(西山眞氏)가 말한 "공자(孔子)가 말한 '기(己)'[13]는 순(舜) 임금이 말한 '인심(人心)'[14]이다."-25판(板) 소주(小註)-에 대한 질문
○공자가 말한 '기'는 한 몸의 사욕(私欲)을 가지고 말한 것이니 응당 제거해야 할 것입니다. 순임금이 말한 '인심'은 없을 수 없는 지각을 가지고 말한 것이니, 애초에 오로지 사욕을 가리킨 것이 아닙니다. 그런데 지금 서산 진씨는 '기'를 '인심'으로 삼았으니 본뜻을 잃은 듯 합니다. 어떻게 생각하시는지요?

13 공자(孔子)가 말한 기(己) : 《논어》 〈안연(顔淵)〉에 "자신의 사욕을 이기고 예로 돌아가는 것이 바로 인이다.〔克己復禮爲仁〕"라고 부분을 말한다.

14 순(舜)임금이 말한 인심(人心) : 《서경》 〈대우모(大禹謨)〉에 "인심은 위태롭고 도심은 미약하다.〔人心惟危, 道心惟微.〕"라는 부분을 말한다.

이군보가 우암(尤庵) 어른과 주고받은 설에 답하다
答李君輔與尤丈往復說

문 '이목(耳目)의 욕심으로 성명(性命)의 올바름을 한다.'에 대한 질문-우암 어른은 황돈(篁墩 정민정(程敏政))의 이른바 '명을 이목에 맡긴다.〔寄命于耳目〕'[15]의 이목(耳目)에 대하여 이목의 욕심이라고 하였다.-

답 이 단락은 '이목(耳目)' 자를 '욕(欲)' 자의 뜻으로 보고, '기(寄)' 자를 '위(爲)' 자로 보았습니다. 그러나 본문을 상세히 따져보면 애초에 이런 생각이 싹트지 않을 것입니다. 이른바 뜻이 중첩된다고 말하는 것은-우암 어른이 이목을 이목의 욕심으로 여겨 말하기를, "이와 같이 하지 않으면 아래 글 '입과 혀로 이치를 말한다〔騰理于口舌〕'와 그 뜻이 중첩된다."라고 하였다.- 더욱 마땅하지 않습니다. 경전의 문자 가운데 이런 것이 한둘이 아니니, 《논어》의 이른바 '이루어진 일이라 말하지 않으며, 끝난 일이라 말하지 않는다.〔成事勿說, 遂事勿言〕'와 《맹자》의 이른바 '작은 나라는 큰 나라를 대적할 수 없으며, 적은 사람은 많은 사람을 대적할 수 없으며, 약한 자는 강한 자를 대적할 수 없다.〔小固不可以敵大, 寡固不可以敵衆, 弱固不可以敵强〕'는 따위가 이런 것입니다. 또 황돈의 본문을 가지고 보면, 그 아래에 "진실로 이른바 냇물을 막는 지주

15 명을 이목에 맡긴다 : 〈심경부주서(心經附註序)〉에 "성리학이 밝지 못하므로 사람들의 마음이 빠져서 성명의 올바름을 이목에 맡기고 입과 혀로만 이치를 말하고 있으니, 이것이 선생이 깊이 슬퍼하여 《심경》을 지은 이유이다.〔性學不明, 人心陷溺, 寄命于耳目, 騰理于口舌, 此先生之所深悲而心經所由述也.〕"라고 하였다.

산(砥柱山)이요, 남쪽을 가리키는 수레요, 어둠을 밝히는 거울이란 것이다."라고 하였는데, 이 연이은 세 구절이 모두 같은 뜻이니, 이것도 중첩된다고 할 수 있습니다.

이군보가 최석정과 주고받은 설에 답하다

答李君輔與崔錫鼎往復說

문 '도심은 무엇인가? 성명에 근원한다.〔道心伊何, 根於性命〕'[16]에 대한 질문

답 이것은 최령(崔令 최석정)의 설이 타당하지 않지만 우리 형의 변론도 미진한 듯합니다. 문자를 볼 때에는 먼저 그 본문의 출처를 보아야 합니다. 주자(朱子)가 〈중용서(中庸序)〉에 "인심과 도심의 다름이 있는 것은 혹 형기의 사사로움에서 생기고, 혹 성명의 바름에 근원하기 때문이다.〔有人心道心之異者, 以其或生於形氣之私, 或原於性命之正〕"라고 하였는데, 서산(西山)의 찬설(贊說)이 여기에 뿌리를 두었습니다. 찬설의 '근(根)' 자가 바로 주자의 이른바 '원(原)' 자이고, 찬설의 '인의중정(仁義中正)'가 바로 주자의 이른바 '성명(性命)'입니다. 만약 서산이 곧장 '인의중정'을 도심으로 간주하여 말했다면 최령의 의심이 과연 마땅하지만, 지금 '성명에 근원하였다.'라고 말하여 하나의 '근(根)' 자를 놓았습니다. 그렇다면 주자의 '원(原)' 자의 뜻과 꼭 부합하니, 무슨 불가할 것이 있겠습니까.

이른바 인(仁)이니 의(義)니 중(中)이니 정(正)이니 하는 것은 그 도심이 뿌리를 둔 것이 이 네 가지라는 것을 상세히 말한 것에 불과하니, 어찌 일찍이 '인의중정'을 곧바로 도심이라고 했겠습니까. 서산의

16 도심은……근원한다 : 《심경부주》 〈심경찬(心經贊)〉에 "도심은 무엇인가? 성명(性命)에 근원하니, 의(義)와 인(仁)이고 중(中)과 정(正)이다."라는 내용이다.

찬설은 주자의 말을 그대로 썼습니다. 다만 주자는 통째로 말했기 때문에 '성명의 올바름〔性命之正〕'이라고 말한 것일 뿐이고, 서산은 나누어 말했기 때문에 그 명목을 차례차례 들어서 아울러 '인의중정'까지 아울러 말한 것입니다. 이는 실로 주자의 뜻을 미루어 근본하여 단지 상세하게 말했을 뿐이니, 어찌 이것을 가지고 서산의 병통을 삼을 수 있겠습니까. 성명과 인의중정이 본래 두 가지 물사(物事)가 아닙니다. 만일 서산이 곧장 "도심이 무엇인가? 인의중정에 근원한다."라고 말했다면 어찌 다시 오늘의 의심이 있겠습니까. 단지 찬설은 행문(行文)과 다르기 때문에 네 구씩 끊어서 이어가며 말해야 하므로 이런 분쟁의 실마리를 초래한 것뿐입니다. 어찌 구작(句作)에 집착하여 도리어 그 본뜻에 어두워서야 되겠습니까.

이군보에게 답하다

答李君輔

문 인심도심장(人心道心章)에 대하여, 동춘(同春 송준길)의 《경연강의(經筵講義)》에 "주자(朱子)가 '자정(子靜 육구연(陸九淵))의 설 또한 옳습니다.〔子靜之說亦自是〕'라고 아뢰었는데, 그 이른바 '또한 옳다〔亦自是〕'라는 세 글자는 부족하게 여기는 뜻이 있습니다."라고 하였습니다. '인심(人心)은 인욕(人欲)이 아니다.'라는 설이 바로 주자의 후년(後年) 정론(定論)인데, 상산(象山 육구연)의 설이 이와 같으니, 주자가 이에 대하여 폄하하는 뜻은 없을 듯합니다. '또한 옳다.'라는 세 글자는 '자정의 설도 좋다.'라고 말한 것에 불과하니, 깊은 뜻은 없는 듯합니다.

답 퇴계(退溪)가 말하기를, "자정의 다른 설은 대부분 옳지 않지만 이 설은 옳다. 그러므로 '또한 옳다.'라고 한 것이다."라고 하였습니다. 그대의 설이 이와 대략 같으니 참으로 좋습니다. 다만 우리나라 학자 가운데 '또한 옳다〔亦自是〕'라는 세 글자에 함축된 뜻이 있다고 말하는 자가 있으니 이는 다시 생각해야 할 것입니다. 제가 일찍이 생각하기엔, 주자가 초년(初年)에는 이천(伊川)의 '인심이 인욕이다.'라는 설을 옳게 여겼는데, 지금 자정은 인욕으로 여기지 않으니 그 말도 옳았습니다. 그러므로 '또한 옳다.'라고 한 것이니, 자정의 설도 옳다고 여긴 것입니다. 후년에 지은 〈중용서(中庸序)〉는 자정의 설과 같으니,[17] 부족하게 여기는 뜻이 없음을 알 수 있습니다. 어떻게 생각하시는지요?

문 동춘(同春)의 《경연강의(經筵講義)》를 보면, '주일무적(主一無適)'을 강(講)할 적에 주자의 '한 가지 일을 끝내기 전에 또 한 가지 일을 하려고 한다.'라는 말에 대하여 동춘 어른이 아뢰기를, "이 말은 사람이 한 곳에 마음을 전일하게 두지 못하는 병통을 말한 것입니다. 임금의 경우는 하루에 만기(萬機)를 처리하니 어찌 일이 끝나지 않았다는 핑계로 다른 할 일을 생각하지 않겠습니까."라고 하였습니다. 이른바 마음이 한 곳에 전일하지 못하다는 것은 일을 맡아 마음에 보존하여 전적으로 정밀하게 해나가고 그 마음이 두세 가지로 분산되지 않는 것을 말하는 것이지, 한 가지 일을 고집하여 다른 일을 할 수 없는 것을 말하는 것이 아닙니다. 지금 "임금의 경우는 하루에 만기를 처리하니 어찌 일이 끝나지 않았다는 핑계로 다른 할 일을 생각하지 않겠습니까."라고 하는 것은 어의(語意) 사이에 끝내 병통이 있는 듯하니, 이는 혹 기록의 오류인 듯합니다.

답 주자의 이른바 '한 가지 일을 끝내기 전에 또 한 가지 일을 하려고 한다.'는 것은 마음이 한 곳에 전일하지 못하여 어지럽고 분잡하여 이 일을 끝내기 전에 또 다른 일을 하려고 한다는 말입니다. 이 '끝내기 전에〔未了〕'라는 글자와 '또 하려한다〔又要〕'는 글자를 보면 알 수 있습니다. 만약 마음이 한 곳에 전일하다면 비록 여러 일이 답지하여

17 후년에……같으니 : 〈중용서〉의 이 부분은 다음과 같다. "형체를 가지지 않은 사람이 없으므로 상지(上智)라도 인심(人心)이 없을 수 없고, 또한 이 성(性)을 갖지 않은 사람이 없으므로 하우(下愚)라도 도심(道心)이 없지 않다. 이 두 가지가 마음에 섞여 있어 다스릴 바를 알지 못하면 위태로운 것이 더욱 위태로워지고 은미한 것이 더욱 은미해져서 천리(天理)의 공변됨이 끝내 인욕(人慾)의 사사로움을 이기지 못할 것이다."

천 가지 만 가지라도 응당 하나하나 차례로 해나갈 뿐입니다. 이것은 임금과 일반 사람이 어찌 다르겠습니까. 이것은 '한 가지 일을 끝내기 전에 또 다른 일을 하려고 한다.'는 것과는 같지 않습니다. 지금 동춘 어른의 "임금의 경우는 하루에 만기(萬機)를 처리하니 어찌 일이 끝나지 않았다는 핑계로 다른 할 일을 생각하지 않겠습니까."라는 말은 주자가 말한 한 곳에 전일하지 못하는 병통과 다름이 없으니, 과연 온당치 못한 듯합니다. 그대의 변론이 지극히 명백합니다.

신명윤에게 답하다

答申明允

문 연평(延平 이동(李侗))이 '정좌(靜坐)하여 희로애락(喜怒哀樂)이 발현하기 전의 기상을 본다.'고 하였는데, 이 설은 온당하지 못한 듯합니다. 그 생각하여 보기를 구할 때엔 이미 발현한 상태이니, 어찌 발현하기 전의 기상을 볼 수 있겠습니까. 또 발현하기 전의 기상과 발현하지 않은 중〔未發之中〕은 같은 것입니까? 다른 것입니까?

답 소계명(蘇季明 소병(蘇昞))이 "희로애락이 발현하기 전에 중(中)을 구한다."라고 말하니, 정자(程子)가 중을 구하는 것이 이미 발현한 것이라고 하였네. 이로 말미암아 본다면 연평의 이 설 또한 온당하지 못한 듯하네. 다만 이른바 '기상을 본다.'는 것과 '중을 구한다.'는 것은 같지 않은 점이 있네. 퇴계(退溪)가 "아침에 일어나 사물을 접하지 않았을 때에 단정히 공수(拱手)하고 정좌(靜坐)하면 기상이 절로 다르니, 상상해보건대 발현하기 전의 기상이 또한 이러할 듯하다."라고 하였는데, 본문을 상세히 기억하지 못하지만 대의가 이러하였네. 지금 퇴계의 이 말을 가지고 본다면, 또한 병통이 되지는 않을 듯하네. '중'은 발현하지 않았을 때를 체단(體段)을 형상한 것이고 기상(氣像)은 본래 발현하지 않았을 때의 기상이니, 또한 조금 분별이 있는 듯하네.

신명윤에게 답하다

答申明允

문 ‘의관을 바르게 하고 시선을 존엄하게 한다.〔正其衣冠, 尊其瞻視〕’는 이 한 구절에 대하여 근래에 삼연(三淵) 어른이 “내가 이미 의관을 바르게 했다면 나를 바라보는 남들의 시선이 존엄하지 않을 수 없다.”라고 하였습니다. 이 뜻은 어떻게 생각하시는지요?

답 삼연의 설은 본뜻을 잃은 듯하네.

이군보가 우암 어른과 주고받은 설에 답하다
答李君輔與尤丈往復說

> '기운을 탄 이치〔乘氣之理〕'와 '본연의 이치〔本然之理〕'는 같은 것이다.-우암 어른-

근년에 우암 어른을 찾아뵈었을 적에 우암 어른이 "기운을 탄 이치와 본연의 이치는 같은가? 다른가?"라고 물었는데, 제가 "이치가 기운을 탄 것을 가지고 말하면, 기운이 만 가지로 다르기 때문에 이치 또한 따라서 같지 않습니다. 만약 이 기운을 타는 측면에서 그 이치 한쪽만 집어내어 말하면 이 기운을 탄 이치가 바로 본연의 이치입니다."라고 대답하니, 우암 어른께서 옳다고 하였습니다.

신명윤에게 답하다

答申明允

문 양의(兩儀)는 천지(天地)가 형성되는 부분을 가지고 말해야 합니까? 아니면 음(陰)과 양(陽)의 상대적인 부분을 가지고 말해야 합니까? 우암(尤庵)은 "태극(太極)이 음양을 낳고 음양이 양의를 낳으니 양의가 바로 천지이다."라고 하였는데, 이 설은 어떠한지요?

답 《주역》〈계사전(繫辭傳)〉에 "역(易)에는 태극이 있으니, 이것이 양의를 낳고, 양의가 사상(四象)을 낳는다."고 하였으니, 이것을 가지고 보면 음양이 양의가 되는 것은 의심할 것이 없네.

문 형이상(形而上)과 형이하(形而下)에 대하여 우옹(尤翁 송시열)은 "마땅히 '형(形)' 자를 중심으로 삼아 도(道)와 기(器)를 '형'의 상하에 두어 형·도·기를 세 가지 물사(物事)로 삼아야 한다."라고 하였습니다. 망령된 제 생각에는 '형' 자와 '기' 자는 뜻이 중첩되는 듯합니다. '형'과 '기'는 응당 하나이고 '형(形)'과 '도(道)'라야 둘이 되는데, 우옹의 '세 가지 물사'라는 말을 이해할 수 없습니다.

답 우암 어른의 형·도·기가 세 가지 물사라는 설은 나의 어리석은 견해로 쉽게 이해되지 않네. '기'가 바로 '형'이니, 어찌 '형' 아래에 다시 이른바 '기'라는 것이 있겠는가. 지금 '형'을 '도'와 '기'의 사이에 둔다면 이른바 그 '형'이라는 것은 다시 어떤 물사를 가리켜 말한 것인가. 주자(朱子)가 '형이상은 도(道)이고 형이하는 기(器)이다.'를 해석하여 "이를테면 불〔火〕이 바로 기(器)인 것과 같으니 저절로 도가 그 속에 들어있다."라고 하였고, 또 "이치는 하나일 뿐이니, 그 형(形)이란 것은 기(器)를 말한다."라고 하였고, 또 "도(道)는 도리(道理)이고 기(器)는 형적(形跡)이다."라고 하였고, 진북계(陳北溪)는 "인사(人事)에 형상이 있는 곳을 모두 기(器)라고 하고, 인사 속의 이치가 도(道)이니 도는 형상이 없다."라고 하였네. 이것을 가지고 보면, 이른바 '형'이란 '기'를 가리켜 말한 것임을 알 수 있으니, 그대의 설이 옳은 듯하네.

문 '형기(形器)는 이미 갖추어져 있으나 그 이치는 조짐이 없다.'에 대한 질문

답 이른바 '그 이치는 조짐이 없다.'라는 것은 '고요하여 조짐이 없다〔沖漠無眹〕'는 네 글자를 해석한 것이니, '형기(形器)' 자와 합쳐서 보아서는 안 되네. 이는 형기의 이치가 이미 고요하여 조짐이 없는 속에 갖추어져 있음을 말한 것이네. 이 부분에 '동(動)' 자와 '발(發)' 자를 붙이는 것은 모두 병통이 있는 듯하네. 주자(朱子)가 "그 은미한 측면에서 보면 고요하여 조짐이 없지만, 동정과 음양의 이치가 이미 그 속에 모두 갖추어져 있다."라고 하였고, 또 "고요하여 조짐이 없기 때문에 끝내 상면(上面)에 형상이 없지만 실로 이러한 이치가 있다."라고 하였으니, 이것을 가지고 참고하여 보는 것이 어떻겠는가?

족제 사직에게 답하다
答士直族弟

문 오행(五行)의 이치를 오성(五性)의 덕으로 삼는 것은 괜찮지만, 조습강유실(燥濕剛柔實)[18]의 성질을 인의예지신(仁義禮智信)의 이치로 삼는 것은 불가합니다.

답 '오행의 이치〔五行之理〕'라고 말하고, '조습강유실의 성질〔燥濕剛柔實之性〕'이라고 말하네. 이 '이(理)' 자와 이 '성(性)' 자는 명칭은 비록 다르지만 실제로는 하나의 물사(物事)이니, 이른바 조습강유실의 성질이 어찌 이른바 오행의 이치가 아니겠는가. 만약 그대의 말과 같다면 이치는 여기에 있고 성질은 저기에 있어 이른바 조습강유실의 성질 이외에 또 별도로 이른바 '성의 이치'라는 것이 있는 것이니, 어찌 온당하겠는가. 수화금목토(水火金木土)가 생기기 이전에 이미 그 이치가 있기 때문에 수화금목토가 생긴 뒤에 곧바로 이런 성질이 있는 것이네. 성과 이치는 애초에 두 가지 물사가 아니니, 어찌 오행

18 조습강유실(燥濕剛柔實) : 화(火)의 건조함, 수(水)의 습함, 금(金)의 강함, 목(木)의 부드러움, 토(土)의 충실함을 말한다.

의 이치와 오행의 성을 분별해서 논할 수 있겠는가. 이 부분에 대해서는 부디 지팡이를 한번 탁 내리쳐서 칠통(漆桶)을 깨트리길 바라니 그렇게 하면 의견이 하나로 합치될 수 있을 것이네.

○오행은 그 기운으로 말하면 춘하추동(春夏秋冬)이고, 그 덕으로 말하면 원형이정(元亨利貞)이고, 그 위치로 말하면 동서남북(東西南北)이고, 그 성질로 말하면 조습강유실이니, 이는 오행이 형질(形質)을 가진 이후만 가지고 보아서는 안 되네. 어떻게 생각하는가?

문 또 이치가 다섯 가지라는 의심이 없을 수 없습니다.

답 '하늘이 명한 성(性)이 하나의 근본〔大本一原〕'이라는 측면으로 이치를 말하면 '하나의 이치〔一理〕'라고 하고, 흩어져 만물에 산재하는 측면으로 이치를 말하면 수많은 이치〔萬理〕라고 하네. 그러나 만물에 산재하는 이치가 바로 하늘이 명한 성이 하나의 근본이라는 이치이네. 만물에 산재하기 때문에 수많은 이치라고 한 것이지, 애초에 실제로 수많은 이치가 있는 것이 아니네. 지금 이른바 '오행의 이치'라는 것도 이처럼 본다면 어찌 다시 이치가 다섯 가지라는 의심이 생기겠는가. 선유(先儒)가 말하기를, "오행이 하늘에 있어서는 수화금목토의 기운이 되고, 땅에 있어서는 수화금목토의 성질이 된다."라고 하였네. 지금 조습강유실의 성질을 말하면서 단지 땅에 있는 성질만 말한다면 하늘에 있는 기운은 홀로 조습강유실의 성질이 없단 말인가?

○나의 지난날 소견이 또한 그대의 설과 같아서 우암(尤庵) 어른과도 전후로 이에 대해 논쟁한 것이 많았네. 내가 "지금 태극의 이치를 가지고 말하면 이것이 본래 혼연한 전체지만, 오행의 기질(氣質) 속에 떨어져 있는 것을 가지고 말하면 그 기질의 다름에 따라 다섯 가

지가 각각 하나의 성(性)이 되니, 이른바 '조습강유실'이 이것입니다. 그러나 저 기질 속의 성이 바로 태극의 혼연한 전체의 이치이니, 기질 속에 별도로 한 물사(物事)가 있어 하나의 성이 되는 것은 아닙니다. 비유하면 한 개의 둥근 진주가 깨끗한 곳에 떨어져 있으면 깨끗하고, 혼탁한 곳에 떨어져 있으면 더럽고, 뜨거운 곳에 떨어져 있으면 뜨겁고, 차가운 곳에 떨어져 있으면 차가운 것과 같습니다. 이것이 하나의 둥근 진주인데 그 있는 바에 따라 각기 다름이 있는 것은 기질에 구애되어 한정되었기 때문에 불과합니다."라고 하였네. 나중에 우암 어른이 말씀하기를, "이것은 굳이 다섯 가지에 형질(形質)이 생긴 뒤를 가지고 말할 필요가 없다."라고 하셨네. 당시의 문답이 대략 이와 같았는데, 이 때에 이르러 나의 설이 마침내 굴복하였네.

○지난번에 초려(草廬 이유태(李惟泰)) 어른을 뵙고 이야기를 나누다가 이 부분에 말이 미쳤는데, 대답하시기를, "내 견해가 처음에는 그대의 설과 같았네. 그 후 우재(尤齋)와 여러 해 동안 쟁론한 뒤에야 비로소 내 주장이 잘못되었음을 깨달았네."라고 하셨네. 다만 두 어른이 쟁론한 말을 듣지 못한 것이 한스러울 뿐이네.

이군보에게 답하다

答李君輔

근자에 권치도(權致道 권상하(權尙夏))가 사람과 물(物)이 당초 하늘에서 받은 이치가 다르기 때문에 부여받은 성(性) 또한 각기 다르다고 말하는 것을 들었는데, 그 말에 "벼룩과 이〔蝨〕의 성(性)이 어찌 성인(聖人)의 성과 같겠는가. 어찌 사람과 물이 하나의 이치를 똑같이 받았다고 말해서야 되겠는가."하고 하였습니다. 권치도의 이 말은 단지 사람과 물의 기질(氣質)이 생긴 이후에는 말할 수 있지만, 당초 사람과 물의 동일한 근원의 이치를 가지고 논하면 크게 옳지 않습니다. 과연 권치도의 설과 같다면《중용》1장 장구(章句)의 설과 주자(朱子)가 김방숙(余方叔)과 엄시형(嚴時亨)에게 답한 편지와 남헌(南軒)이 오회숙(吳晦叔)과 호백봉(胡伯逢)에게 답한 편지를 모두 따를 수 없을 것입니다.

윤서응에게 답하다

答尹瑞膺

문 성(性)은 즉 이치입니다. 그런데 '성'이라고 말하여 구별한 것은 또한 형기(形氣) 속에 떨어져 있는 이치를 가지고 말한 것입니다. 성(性)은 동일하지만, 그 형기에 나아가 그 속의 이치만 가리켜서 '본연의 성〔本然之性〕'이라고 하고, 형기까지 아울러 가리켜서 '기질의 성〔氣質之性〕'이라고 합니다. 지금 음양(陰陽)과 건순(健順), 금목(金木)과 인의(仁義)를 가지고 말하면, 건순과 인의는 본연의 성이지만 전적으로 가리킨 것입니다. 그러나 비록 본연의 성에 있기는 하지만 건(健)과 순(順)이 다르고 인(仁)과 의(義)가 다릅니다. 이것은 기운에다가 이름을 붙였기 때문이니 본래 다른 기운과 섞인 것은 아니지만 각각[19] 따로 다릅니다. 그러나 또 비록 다르더라도 이것은 실로 이치의 동일한 본색입니다. 그러므로 건(健)으로서 음(陰)에 있으면 능히 순(順)이 되고, 순(順)으로서 양(陽)에 있으면 능히 건(健)이 되며, 인(仁)으로서 금(金)에 있으면 능히 의(義)가 되고, 의(義)로서 목(木)에 있으면 능히 인(仁)이 됩니다. 이것이 이른바 '이치가 통한다.'는 것이니, 형기가 한 번 고정되면 국한되어 통할 수 없는 것과 같지 않습니다. 이것을 가지고 보면, 사람과 물의 성(性)이 비록 이 하나의 이치는 같지만, 그 지분(地分)과 전적으로 가리키는 바에 따

19 각각 : 대본에는 '名'으로 되어 있는데, 《병계집(屛溪集)》 권9 〈상후재(上厚齋)〉에 의거하여 '各'으로 바로잡아 번역하였다.

라 또한 같지 않습니다. '물이 받은 것을 성이라고 한다.〔物所受爲性〕'[20]와 '각각 성명을 바르게 한다.〔各正性命〕'[21]의 두 '성(性)' 자가 모두 본연의 성을 말한 것이지만 이미 같다고 말할 수 없으니, 어찌 다름이 있다고 하여 대번에 기질지성이라고 귀결시킬 수 있겠습니까. 이와같다면 《중용》의 '물성(物性)을 다하고 인성(人性)을 다한다.'라는 말은 반드시 꿈틀거리는 물(物)로 하여금 사람이 어버이를 친하게 여기고 어른을 공경하는 것처럼 하게 만들어야 물성을 극진히 했다고 말할 수 있으니 이것이 되겠습니까. 돌아가신 스승의 평소의 강론이 대체로 이 부분을 위주로 하였는데 이공거(李公擧 이간(李柬))와 현언명(玄彦明 현상벽(玄尙璧))의 견해가 이와 다른 점이 있었습니다. 이 때문에 설왕설래하여 그 설이 매우 많아지다 보니 곁에서 보는 자들이 늘어나 한번 전해지고 두 번 전해지는 사이에 간혹 그 뜻을 잃은 것이 많습니다. 그대가 전하는 자에게 들은 것도 필시 다소 놀랄 만한 것이 있을 것입니다. 지금 그대의 질문으로 인하여 그 대략을 간략하게 아뢰니다.

답 이치의 한 근원을 가지고 말하면 사람과 물이 애초에 다른 적이 없고, 기질에 떨어져 있는 것을 가지고 말하면 사람과 물의 성(性)이 만 가지로 다르네. 그 기질에 따라 각자 성(性)을 이루어 서로 빌려줄 수 없고 빼앗을 수 없으니, 사람은 사람의 성이 있고 소는 소의

20 물이……한다 : 《주역》 〈건괘(乾卦) 단사(彖辭)〉 본의(本義)에 "물이 받은 것을 성이라 하고, 하늘이 부여한 것을 명이라 한다.〔物所受爲性, 天所賦爲命.〕"라고 하였다.

21 각각……한다 : 《주역》 〈건괘(乾卦) 단사(彖辭)〉에 "건도가 변화하여 각각 성명을 바르게 한다.〔乾道變化, 各正性命.〕"라고 하였다. 대본에는 '各定性命'으로 되어 있는데, 《주역》에 의거하여 '各正性命'으로 바로잡아 번역하였다.

성이 있고 말은 말의 성이 있네.-물(物)은 이루 다 셀 수 없으니 우선 이것을 들어 그 나머지를 보였다.- 이 사람과 소와 말의 성분(性分)에 나아가 참찬위육(參贊位育)[22]의 공을 지극히 하여 각각 성을 따르게 한다면 곧 바로 그 성을 다할 것이네. 이른바 어버이를 친하게 여기고 어른을 공경한다는 설은 여기에 붙일 수 없을 듯하네. 사람은 바르고 통하는 기운을 받았기 때문에 어버이를 친하게 여기고 어른을 공경하는 도를 능히 알고 능히 행할 수 있지만, 물은 치우치고 막힌 기운을 받았기 때문에 어버이를 친하게 여기고 어른을 공경하는 도에 어둡고 가려진 바가 있어 알지 못하니, 당초 사람과 물이 구분됨이 전적으로 여기에 있네. 그런데 지금 "어찌 다름이 있다고 하여 대번에 기질지성으로 귀결시킬 수 있겠는가."라고 하니, 이는 내가 이해할 수 없네. 이른바 '인(仁)으로서 금(金)에 있으면 능히 의(義)가 되고, 의(義)로서 목(木)에 있으면 능히 인(仁)이 된다.'는 말에 이르러서는 더욱 온당치 못한 듯하네. 오행(五行)의 목화금토(木火金水)는 즉 사성(四性)의 인예의지(仁禮義智)이네. 인은 목에 속하는데 목은 금이 될 수 없고, 의는 금에 속하는데 금은 목이 될 수 없네. 이는 실로 털끝만큼도 바뀔 수 없는 것인데, 지금 "인으로서 금에 있으면 능히 의가 되고, 의로서 목에 있으면 능히 인이 된다."라고 하니, 과연 그렇다면

22 참찬위육(參贊位育) : 참찬은 하늘과 땅에 참여하여 돕는 것이며, 위육은 하늘과 땅이 안정되고 만물이 길러지는 것이다. 《중용장구》 제1장에 "중화의 극치에 이르면 천지가 제자리에 안정되고 만물이 잘 길러진다.〔致中和, 天地位焉, 萬物育焉.〕"라고 하였고, 제22장에 "사물의 성을 다하면 천지의 화육을 도울 수 있고, 천지의 화육을 도우면 천지와 더불어 참여할 수 있다.〔能盡物之性, 則可以贊天地之化育, 可以贊天地之化育, 則可以與天地參矣.〕"라고 한 데서 온 말이다.

목을 금으로 만들 수 있고 금을 목으로 만들 수 있어 인과 의도 따라서 변하는 것이니, 이것이 어찌 이치이겠는가. 스승과 제자 사이에 주고받은 것이 과연 이와 같은가? 그대의 말이 간곡하지만 감히 동의할 수 없으니 송구하네.

신명윤에게 답하다

答申明允

작년 10월 즈음에 한덕소(韓德昭 한원진(韓元震))가 찾아와서 내게 묻기를, "사람과 물(物)의 성(性)은 하나의 이치를 부여받은 초기부터 이미 같지 않다."라고 하고, 또 그 스승의 설을 끌어 증거로 삼았네. 내가 대략 그를 위해 변론하였으나 뜻이 부합하지 못했네. 최후에 한덕소가 "양(陽)의 성은 굳세고 음의 성은 순하니, 이 이치를 받아 태어난 것이 어찌 그 성이 다르지 않겠습니까."라고 하기에, 내가 "이 이치가 양의 기운 속에 떨어져 있기 때문에 이 성이 굳센 것이고, 음의 기운 속에 떨어져 있기 때문에 그 성이 순한 것이지, 애초에 굳센 성으로 양에 참여하고 순한 성으로 음에 참여한 것이 아니네."라고 하였네. 이에 이르러 한덕소가 귀가 문득 밝아져서 대번에 말하기를, "이 설이 과연 옳고 나의 견해가 잘못입니다."라고 하였네.

신명윤에게 답하다
答申明允

문 사람의 본성은 인의예지(仁義禮智)가 그 당연한 것이고, 소와 말의 본성은 밭 갈고 달리는 것이 그 당연한 것입니다. 닭이 새벽을 알리는 일을 맡고 개가 밤을 지키는 일을 맡는 것도 모두 본성의 당연함입니다.

답 말이 달리고 소가 밭을 갈고 닭이 새벽을 알리는 일을 맡고 개가 밤을 지키는 일을 맡은 것은 '기질의 성〔氣質之性〕'이지 '본연의 성〔本然之性〕'이 아니네. 《맹자(孟子)》의 "개의 본성이 소의 본성과 같고, 소의 본성이 사람의 본성과 같단 말인가."라는 말도 '기질의 성'을 가리켜 한 말이네. 만약 '하늘이 부여한 성〔天命之性〕'을 가지고 말한다면 사람과 물이 모두 같네. 그러므로 선유(先儒)가 "성(性)은 만물의 하나의 근원이니, 생명을 지닌 존재가 각기 하늘에서 얻은 것이 본디 조금도 차이가 없다."[23]라고 말한 것이네. 그렇다면 지금 소가 밭을 갈고 말이 달리고 닭이 새벽을 알리고 개가 밤을 지키는 것을 '본연의 성'으로 삼는 것은 온당치 못한 듯하네. 어떻게 생각하는가?

23 성(性)은……없다 : 이것은 황간(黃幹)의 말인데, 그 내용은 다음과 같다. "성(性)은 만물의 하나의 근원이니, 생명을 지닌 존재가 각기 하늘에서 얻은 것이 본디 조금도 차이가 없다. 그러나 부여받은 기운은 맑고 흐리며 아름답고 추악한 차이가 있다. 이 때문에 부여받은 이치가 통하고 막히며 치우치고 온전한 차이가 있는 것이니, 이것이 사람과 금수가 구분되는 지점이다."

문 사람이 밭을 갈고 달리지 못하는 것을 가지고 본성이 없다고 말해서는 안 되지만, 또한 소와 말과 닭과 개에게 반드시 인의예지를 찾은 뒤에 그것을 본성이라고 말해서도 안 됩니다. 이 타고난 대로 따르는 천성은 다름이 없을 수 없지만, 이것이 달라진 된 이유가 본성이 동일하다는 사실에 해가 되지 않습니다. 사람이 인의예지에 능하고 소가 밭을 잘 갈고 말이 잘 달리고 닭이 새벽을 잘 알리고 개가 밤을 잘 지키는 것이 비록 다른 듯하지만, 물(物)에 따라 처한 환경에 따라 각각 본성의 당연함이 있는 것은 똑같습니다. 이 태극의 전체가 천 갈래 만 갈래 나누어지더라도 본색(本色)의 모습은 진실로 그대로이니, 바로 모든 물이 각각 하나의 태극을 갖추고 있기 때문입니다. 지금 온양(溫陽)과 예산(禮山)의 여러 벗들의 논의가 "사람에게 이미 이러한 이치가 있어 인의예지의 성(性)으로 명명하였다. 물 또한 이러한 이치를 똑같이 지니고 있으니, 그 성이 인의예지가 아니고 무엇인가. 고목이나 거름에 이르러서도 그 성은 반드시 인의예지이다."라고 하니, 이는 성리(性理)와 오상(五常)을 다르지 않다고 보기 때문입니다. 서응(瑞膺 윤봉구(尹鳳九))의 논의는 "사람과 물의 성(性)은 매우 분수가 다르지만 오상은 똑같이 부여받았다."라고 하니, 이것이 성리(性理)의 변론에는 부합하는 듯하지만, 이치와 오상의 명색(名色) 사이에 한 겹의 가림이 있는 것입니다.

답 이치를 가지고 말하면 사람과 물이 하나의 근원이지만, 기운을 가지고 말하면 그 성(性)이 또한 그 기운에 따라 같지 않네. 이 때문에 이미 기질에 얽매이고 한정되면 이에 만물이 각각 하나의 성(性)을 지녀 서로 빌려주고 빼앗을 수 없는 것이네. 말과 소는 말과 소의 성이 있고, 닭과 개는 닭과 개의 성이 있고, 고목과 거름은 고목과 거름의 성이 있으니. 이는 다름이 아니라, 말과 소와 닭과 개와 고목과 거름의 기질이 각기 다르기 때문에 그 속에 갖춘 성도 그 기질에 따라 모두 다른 것이네. 지금 만약 당초 부여받은 이치가 본래 하나의 근원이라고 하여 마침내 말과 소와 닭과 개와 고목과 거름의 본성이 동일하다고 말한다면 꽉 막혀 통하지 못함이 심하네. 반드시 당초에 부여받은 부분에 나아가 그 이치가 하나의 근원임을 알고, 기질이 각각 다른 부분에 나아가 그 성(性)이 같지 않음을 알아야 하니, 단지 부여받은 이치가 하나의 근원이라는 것만 알고 그 성이 같지 않음을 모르는 것도 잘못이며, 단지 성이 같지 않다는 것만 알고 부여받은 이치가 하나의 근원임을 모르는 것도 옳지 않네. 지금 그대의 설을 가지고 살펴보면, 온양과 예산의 여러 사람의 말은 당초에 부여받은 하나의 근원에만 나아가 논하고 기질 한쪽은 버린 것이네. 그대의 말은 그들의 병통을 깊이 보고서 이렇게 말한 것이지만, 또 억지로 끌어 말하여 반드시 통하기를 구하는 병통에서 면치 못한 듯하네. 이 부분은 어리석은 나의 생각에 모두 의심이 없을 수 없네. 어떻게 생각하는가?

문 온양과 예산의 벗들이 "사람에게 이미 이러한 이치가 있어……이는 성리(性理)와 오상(五常)을 다르지 않게 보기 때문이다."라는 설에 대해 여쭙니다.-위 조목에 상세히 보인다.-

답 이는 성리와 오상을 다르지 않게 보기 때문이 아니라, 단지 부여받은 기운이 이미 다르다는 것을 알지 못하기 때문이네. 그 어둡고 밝음과 열리고 막힘이 제각각 모두 달라 그 밝고 열린 것은 그 부여받은 성에 통하지 않음이 없고, 어둡고 막힌 것은 어떤 것은 조금 한

길에 통하고 어떤 것은 완전히 막혀 통하지 않네. 저 고목과 거름은 바로 완전히 막혀 통하지 않는 것으로 단지 깜깜하고 막막할 뿐이니, 어찌 다시 인의예지의 성이 있는 줄 알겠는가. 당초 부여받은 이치는 똑같은 하나의 근원이지만 그 이치가 이미 고목과 거름 속에 떨어져 있다면 그 고목과 거름의 기질에 따라 고목과 거름의 성이 되네. 혹자의 설은 생각이 여기까지 이르지 못한 듯하네.

신명윤에게 답하다
答申明允

소가 밭을 갈고 말이 달리고 개가 밤을 지키고 닭이 새벽을 알리는 것처럼 각각 그 성(性)이 다른 것은 분명히 기질(氣質) 이후의 일이네. 당초 하늘이 명한 부분을 가지고 말하면 본래 하나의 이치이니 어찌 다른 것이 있겠는가. 다만 소의 기질과 말의 기질이 다르고 개의 기질과 닭의 기질이 다르기 때문에 이에 부여받은 이치가 그 기질에 따라 각각 하나의 성을 이루어 처음부터 같지 않음이 있는 것이네. 대체로 이치가 약하고 기운이 강할 경우에는 이치는 행위가 없고 기운이 행위가 있네. 이 때문에 기운이 이와 같으면 이치 또한 이와 같이 되는 것이네. 그렇다면 성(性)이 같지 않은 것은 모두 기운 때문이지 이치 때문이 아니네. 이것을 가지고 본다면, 소와 말과 닭과 개의 성(性)이 같지 않은 것은 모두 기질에 나아가 논해야 하네. 맹자(孟子)가 개와 소와 사람의 세 성(性)이 같지 않다고 말한 것 또한 기질의 성〔氣質之性〕이 분명하니, 또 무엇을 의심하겠는가. 주자(朱子)가 말하기를, "만물에게 처음 부여할 때에는 천명(天命)의 유행이 한결같기 때문에 이치가 같고, 만물이 이미 얻은 뒤에는 그 어둡고 밝으며 열리고 막힘이 현격히 다르기 때문에 이치가 전혀 같지 않다. 이를테면 벌과 개미의 군신(君臣) 관계는 단지 그 의(義)에만 조금 밝음이 있고, 범과 승냥이의 부자(父子) 관계는 단지 그 인(仁)에만 조금 밝음이 있을 뿐, 다른 것에는 다시 미루어 나가지 못한다."라고 하였으니, 주 선생(朱先生)의 이 말씀이 지극히 명백하네. 범이 인

(仁)에 능하지만 의(義)에 능하지 못한 것은 소가 밭갈이에 능하지만 달리기에 능하지 못하고, 개가 밤을 지키는 일에 능하지만 새벽을 알리는 일에 능하지 못한 것과 같네. 이는 모두 받은 기질이 각각 국한되어 그런 것이니, 부디 이에 대하여 더욱 상세히 추구하는 것이 어떻겠는가?

문 사람과 물(物)의 오상(五常)에 대한 설이 근래 사우(士友)들의 분쟁의 실마리가 되었습니다. 그러나 '이치는 통하고 기운는 국한된다.〔理通氣局〕'는 네 글자를 분명히 본다면 이 뜻이 알기 어렵지 않습니다.

답 그대의 이른바 '이치는 통하고 기운은 국한된다.'는 말이 바로 정확하네. 진기수(陳幾叟 진연(陳淵))의 '달이 수많은 물에 떨어짐에 하나하나 모두 둥글다.'는 비유를 본 적이 있는가? 그 말이 가장 분명하네. 달은 하늘에 있지만 물의 대소(大小)와 청탁(淸濁)에 상관없이 그 속에 떨어져 있을 때에 하나하나 모두 둥글지 않음이 없네. 다만 물이 맑으면 떨어진 달의 전체가 밝게 드러나고, 물이 흐리면 전부 보이지 않은 것일 뿐, 애초에 맑은 물에만 떨어지고 흐린 물에 떨어지지 않은 것이 아니네. 그러므로 주자(朱子)가 "혼연한 태극의 전체가 한 물(物)에 각각 갖추어지지 않음이 없다."라고 한 것이네.

이군보가 우암 어른과 주고받은 설에 답하다

答李君輔與尤丈往復說

문 만약 허령(虛靈)의 뜻을 논한다면 오로지 본체로만 보아서는 안 된다.-군보(君輔)-

답 허령(虛靈)은 전적으로 마음의 본체입니다. 《대학》의 장구는 명덕(明德)이 본체와 작용을 갖추었음을 일반적으로 논한 것이니, 저것을 끌어서 이것을 증명해서는 안 될 듯합니다. 형의 설이 너무 세세한 것이 아니겠습니까.

문 지금 선생이 또 두 조항의 주석으로 말씀하였다.-군보-

답 우암 어른의 이른바 "허(虛)는 받아들일 수 있는 이유이고, 영(靈)은 감응할 수 있는 이유이다."라는 말씀이 비록 두 조항으로 나누어 말했지만 어의(語意)가 좋으니, 깊이 공격해서는 안 될 듯합니다. 어떻게 생각하시는지요?

문 기운이 용사한다.-군보-

답 '기운이 용사한다〔氣用事〕'는 세 글자는 과연 말이 무거운 듯합니다. 그러나 인심(人心)과 도심(道心)은 이치를 위주로 하고 기운을 위주로 한 구분이 있으니, 이른바 '기운이 용사한다.'는 것은 기운을 위주로 하는 뜻으로 보면 또한 해가 없는 듯합니다.

문 기운이 용사할 듯 말 듯하는 경계에 있다.-군보-

답 만일 이와 같다면 이른바 인심(人心)이란 것을 기운이 용사할 듯 말 듯하는 사이에서만 구해야 하니, 그 설이 지나치게 고착된 것이 아니겠습니까.

문 상지(上智)의 인심(人心)은 본래 안정되어 위태롭지 않다.-우암 어른-

답 이 단락은 형이 발명한 것이 매우 좋습니다. 인심(人心)을 일반적으로 말하면 본래 위태로운 물사(物事)입니다. 그러므로 비록 상지(上智)의 인심이라 하더라도 위태롭다가 도심(道心)에게 명을 받은 뒤에야 비로소 안정됩니다. 그러므로 〈중용서(中庸序)〉에 '위태로운 인심이 안정된다.'라고 말하고 '본래 안정되었다.'라고 말하지 않은 것입니다. 성인(聖人)의 인심 또한 형기(形氣)에서 발현하였으니, 어찌 홀로 안정되어 위태롭지 않겠습니까. 오직 도심에게 명을 받았기 때문에 안정된 것뿐입니다. 〈중용서〉에 "비록 상지(上智)라 하더라도 인심이 없을 수 없다."라고 하였으니, 이 인심이 바로 '인심은 오직 위태롭다.〔人心惟危〕'라고 할 때의 '인심'입니다. 인심이 이미 이렇게 위태롭다면 본래 안정되었다는 것이 어찌 온당하겠습니까.

문 그 마땅히 하고 싶어 해야 할 것을 하고 싶어 하는 것이 인심 본연의 체단(體段)이다.-우암 어른-

답 그 마땅히 하고 싶어 해야 할 것을 하고 싶어 하는 것은 인심이 도심에게 명을 받은 뒤의 일이지, 애초에 인심의 체단이 아닙니다. 만약 그 마땅히 하고 싶어 해야 할 것을 하고 싶어 하는 것을 가지고 인심 본연의 체단으로 여긴다면 이는 인심이 본래 위태로운 뜻이 없는 것이니, 순(舜)임금이 무엇 때문에 '인심은 오직 위태롭다'고 말했겠습니까.

문 위태로운 것이 그 본연의 체단이다.-군보-

답 '위태롭다〔危〕'는 글자를 인심 본연의 체단으로 삼은 것은 말이 지극히 정밀하니, 이전 사람이 말하지 못한 것을 말했다고 이를 만합니다.

문 율곡(栗谷)이 말하기를, "인심은 선악(善惡)을 합친 칠정(七情)이다."라고 하였는데, 이 한 단락이 지극히 의심스럽습니다.……선악을 나누어 소속 시킬 때 저절로 선(善) 한쪽으로 귀결되지 않을 수 없기 때문입니다.-군보-

답 지금 그대의 편지를 보면 '합(合)' 자가 비록 의심스러운 듯하지만, 인심을 오로지 선(善) 한쪽에만 소속시킨 것이 더욱 온당치 못합니다. 주자(朱子)가 "인심은 형기(形氣) 측면에서 말한 것이니, 범범하여 정해진 방향이 없다. 그러므로 위태롭다고 한 것이다."라고 하였습니다. 지금 만약 오로지 선 한쪽에만 소속시킨다면 이미 정해진 방향이 있으니, 어찌 정해진 방향이 없다고 할 수 있겠습니까. 인심은 선할 수도 있고 악할 수도 있는 물사(物事)입니다. 그러므로 정해진 방향이 없다고 하는 것뿐입니다.

문 칠정(七情)의 선이 바로 인심과 도심이다.-군보-

답 이 단락은 옳지 않습니다. 통틀어 말하면 칠정이 과연 인심과 도심의 총칭이지만, 나누어 말하면 칠정의 선한 것이 도심이고, 칠정의 악한 것이 인욕(人欲)이고, 칠정의 선할 수도 있고 악할 수도 있는 것이 인심입니다. 율곡(栗谷)의 이른바 '선악을 합하였다.'는 것도 이것을 가리키는 듯하니, 경솔하게 배척해서는 안 될 듯합니다. 선할 수 있기 때문에 도심에게 명을 받으면 선해지고, 악할 수 있기 때문에 흘러서 인욕이 되면 악해집니다. 지금 만약 인심을 전적으로 선한쪽에만 소속시킨다면 도심은 쓸데없는 물사가 되어 다시 소속될 곳이 없으니 온당치 못한 듯합니다.

문 이것은 응당 〈중용서(中庸序)〉의 '미묘(微妙)'[24]를 올바른 해석으로 삼아야 한다. 그러나 미매(微昧)와 미세(微細) 또한 각각의 일설이긴 하지만 서로 참작하여 봐도 된다. 도심(道心)은 미묘하기 때문에 보통 사람은 이 도심에 대하여 '미매'하지 않을 수 없고, '미세'는 본래 '거칠고 큰〔麤大〕' 것과 반대되는 뜻이니 이 또한 '미매'와 함께 참고하여 봐도 된다.-우암 어른-

답 도심에 대한 올바른 해석이 아니라는 말은 과연 형의 말씀대로입니다. 그러나 이 또한 따로 하나의 설이 되어 서로 발명하니 폐해서는 안 될 듯합니다.

문 문순공(文純公 이황)과 문성공(文成公 이이)은 모두 사단(四端)을 완전한 선(善)으로 삼았지만 주자(朱子)의 설을 살펴보면 측은(惻隱)과 수오(羞惡)에도 절도에 맞는 것이 있고 맞지 않는 것이 있

24 중용서(中庸序)의 미묘(微妙) : 〈중용서〉의 "도심은 미묘하여 보기 어렵다.〔微妙而難見〕"라고 한 부분을 말한다.

다…… 두 현인의 설이 정론(定論)이 될 수 없다.-우암 어른-

답 주자(周子)의 "성인이 중정인의로써 정하였다.〔聖人定之以中正仁義〕"는 말에 대하여, 어떤 이가 "주자가 예(禮)와 지(智)를 말하지 않고 중(中)과 정(正)을 말한 것은 어째서입니까?"라고 묻자, 주자(朱子)가 답하기를, "예(禮)와 지(智)는 말이 오히려 느슨하다. 예(禮)라고 하면 오히려 혹 절도에 맞는 것도 있고 맞지 않는 것이 있지만, 중(中)이라고 하면 과불급(過不及)이 없으니 마침내 절문(節文)이 매우 합당하다. 지(智)라고 하면 오히려 바른 것도 있고 바르지 않는 것도 있지만, 정(正)이라고 하면 옳고 그름이 분명하니 마침내 지(智)의 실제이다."라고 하였습니다. 예와 지가 성(性)이지만, 주자도 절도에 맞는 것도 있고 맞지 않는 것도 있으며, 바른 것도 있고 바르지 않은 것도 있다고 하였으니, 그렇다면 이것은 이 측은과 수오가 절도에 맞는 것도 있고 맞지 않는 것도 있다는 말과 어의(語意)가 똑같습니다. 이러한 곳은 응당 융통성 있게 봐야지 꽉 막혀서는 안 될 듯합니다. 어떻게 생각하는지요?

이군보에게 답하다

答李君輔

문 율곡(栗谷)의 〈인심도심도설(人心道心圖說)〉에 "인심 가운데 또한 인욕(人欲)이 있다."고 하였습니다. 인욕은 본래 인심 속에 있는 것이 아니라, 인심이 흘러서 그 중도(中道)를 얻지 못한 것입니다. 만약 인심 가운데 인욕이 있다고 한다면 인심이 흐르기 전에 이미 인욕이 있는 것입니다.

답 이 단락은 그대가 논한 것이 옳으니, 율옹(栗翁)이 미처 살피지 못한 듯합니다. 만약 인심이 흘러서 악이 된 이후를 가지고 말한다면 인욕이라고 하더라도 혹 가할 듯합니다.

문 율곡이 "인심(人心)에서 발현하여 도심(道心)이 되는 경우가 있고, 도심에서 발현하여 인심이 되는 경우가 있다.〔有發於人心而爲道心者, 有發於道心而爲人心者.〕"고 하였습니다. 인심과 도심은 모두 발현한 것입니다. 만일 '인심에서 발현하고 도심에서 발현한다.'라고 한다면 언뜻 보면 인심과 도심이 본체가 되고 그 발현한 것이 작용이 되니, 이 단락이 의심스럽습니다.

답 '발어(發於)'의 '어(於)' 자를 '이(以)' 자로 바꾸어 "인심으로 발현하여 도심이 되는 경우가 있다."고 한다면 혹 가할 듯한데, 어떻게 생각하시는지요?

이후이에게 답하다
答李厚而

문 율곡(栗谷)의 "나정암(羅整庵)이 인심(人心)과 도심(道心)을 본체와 작용으로 나누어 보아[25] 비록 그 명분과 의리를 잃었지만 대본(大本)[26]에는 크게 틀리지 않았다."라는 말은 필시 뜻이 있을 것입니다. 제 생각에는, 인심과 도심은 모두 발현한 부분에서 말한 것이니 도심을 본체로 보아서는 안 되지만, '하나에 근원하는 대본〔大本一原〕'이 바로 완전한 선이고 지금 이 도심을 또한 오로지 선 한쪽으로만 말하였으니, 나정암이 도심을 본체로 삼은 것은 이 이치가 본래 선함을 보았기 때문입니다. 이는 '이치와 기운이 서로 발한다〔理氣互發〕'는 설이 '하나의 근본으로 섞임이 없다〔一本無雜〕'는 설을 해치는 것에 비해 조금 나으니, 율곡이 '대본에는 크게 틀리지 않았다.'라고 한 것은 이 때문인 듯합니다.

답 인심과 도심은 모두 발현한 부분에서 말한 것이네. 지금 발현한

25 나정암(羅整庵)이……보아 : 나정암은 명(明)나라 학자 나흠순(羅欽順, 1465~1547)으로, 정암이 그 호이다. 나흠순은 《곤지기(困知記)》에서 "도심은 성이요, 인심은 정이다. 마음은 하나인데 두 가지로 말하는 것은 곧 동과 정의 나뉨과 체와 용의 구별이 있기 때문이다.〔道心, 性也; 人心, 情也. 心一也而兩言之者, 動靜之分, 體用之別也.〕"라고 하였다.

26 대본(大本) : 하늘이 명한 성(性)을 말한다. 《중용장구》 제1장 주석에 "대본은 하늘이 명한 성(性)이니, 천하의 이치가 모두 여기에서 나오니 도의 본체이다."라고 하였다.

이후의 도심을 가지고 본체를 삼는다면 발현하기 이전의 성(性)은 무슨 물사로 삼을 것인가. 삼가 율곡의 말을 살펴보건대, 아마도 '퇴계(退溪)의 설을 주장하기보다는 차라리 나정암의 설을 따르는 것이 낫다.'는 뜻일 뿐이니, 나정암의 설을 매우 지당하다고 여긴 것이 아니네.

신명윤에게 답하다

答申明允

이른바 "마음은 기운의 신령하고 밝은 정채(精彩)이니, 성인(聖人)과 범인(凡人)을 막론하고 함께 얻은 것이다."라는 말은 비록 대단한 착오는 아니지만 십분 명쾌하지는 않은 듯하네. 마음은 과연 기운의 신령하고 밝은 정채이네. 다만 기운이라고 이미 말했으니 맑고 흐리며 순수하고 박잡한 차이가 있네. 이 때문에 그 지각이 어둡고 밝으며 통하고 막히는 차이가 없을 수 없는 것이네. 이러한 부분에 나아가 본다면 어찌 성인과 범인이 함께 얻어 조금도 분별이 없다고 범범하게 말할 수 있겠는가. 이에 대해 다시 생각하고 따져서 말해주기 바라네.

기질(氣質)과 체용(體用)·동정(動靜)을 합하여 통틀어 마음이라고 하네. 기질에는 맑고 흐리며 순수하고 박잡함이 있기 때문에 발용처(發用處)에 선이 있고 악이 있는 것이니, 오로지 기질만 가리켜 홀로 마음이라고 해서도 안 되고, 또한 그 기질을 놓아두고 밖에서 마음을 구해서도 안 되네. 어떻게 생각하는가?

신명윤에게 답하다
答申明允

발현하기 이전에 이미 악의 조짐이 있다는 것은 한원진(韓元震)의 설이 대단히 잘못되었네. 그 병통이 필시 기운을 이치로 삼고 도적을 자식으로 오인하여 끝내 순경(荀卿)의 성악설(性惡說)과 맥락이 같게 될 것이니, 신군(申君)이 논박한 설이 마땅하다고 하겠네. 또 한원진이 적자(赤子)의 마음을 발현하지 않은 것으로 간주한 것 또한 나누어 소속시킴이 정밀하지 못한 듯하네.

윤군(尹君)의 이른바 "중인(衆人)이 발현하지 않았을 때와 성인(聖人)이 발현하지 않았을 때는 본래 같지 않다."는 말은 또 감히 따를 수 없네. 지난번에 벗 김숙함(金叔涵)이 이런 말을 하였는데, 당시에 대략 그와 강변(講辨)하였네. 일찍이 보니 율곡 선생(栗谷先生)이 "보통 사람은 함양하고 성찰하는 공부가 없기 때문에 그 마음이 어둡지 않으면 어지럽다. 다행이 잠시 동안 어둡지 않고 어지럽지 않으면 그 발현하지 않은 중〔未發之中〕이 또한 성인과 차이가 없다."라고 하였네. 이것을 가지고 본다면, 비록 중인(衆人)이라도 발현하지 않은 경계를 논하면 성인과 차이가 없음을 알 수 있으니, 윤군(尹君)의 설은 따를 수 없을 듯하네.

다만 성인의 마음은 거울처럼 맑고 물처럼 고요하여 발현하기 이전이나 발현한 뒤에도 혼연한 천리(天理)이고, 중인은 사욕에 이미 빠져서 잠깐의 고요함이 종일의 어둡고 어지러움을 구제할 수 없으니, 성인과 중인이 차이나는 이유가 전적으로 여기에 있네. 지금 단지 발현하지 않은 때만 가지고 말한다면 어찌 성인과 범인의 차이가 있겠는가. 내 생각은 이러한데 그대는 어떻게 생각하는지 모르겠네.

윤은수에게 답하다

答尹殷叟

'덕(德)' 자의 뜻을 질문한 데서 그대가 이치를 봄이 정밀한 것을 깊이 우러르네. 다만 이 부분은 이처럼 많은 말이 필요 없으니, 지금 쉽게 분별할 수 있는 하나의 설이 있네.

《중용》에 "희로애락(喜怒哀樂)이 발현하지 않은 것을 중(中)이라 하고, 발현하여 모두 절도에 맞는 것을 화(和)라고 한다."고 하였는데, 주자(朱子)가 "발현하지 않은 것은 성(性)이니, 편벽되고 치우는 바가 없으므로 중(中)이라고 한 것이다. 발현하여 모두 절도에 맞는 것은 정(情)의 올바름이니 어그러지는 바가 없으므로 화(和)라고 한 것이다."라고 하였고, 그 아래 소주(小註)에 "중(中)이 성(性)의 덕이 되고, 화(和)가 정(情)의 덕이 된다."라고 하였네. 이것을 가지고 보면, 발현하지 않은 것이 성의 덕이 아니라 발현하지 않은 중이 성의 덕이며, 발현한 것이 정(情)의 덕이 아니라 발현한 뒤의 화(和)가 정의 덕이니, 중과 화가 성과 정의 선한 부분이 아니겠는가. 그러나 발현하지 않은 중이 바로 발한한 화이니, 애초에 두 가지 물사(物事)가 아니네.

지금 그대는 "품부하여 마음에 얻은 것은 천하 사람들이 다함께 얻은 것이고, 도를 행하여 그 이치를 얻음은 내가 홀로 얻은 것이니 두 뜻을 혼합할 수 없다."라고 말하니, 이는 나누어서 두 가지 물사로 삼은 것이 분명하니 온당치 못한 듯하네. 도를 행하여 그 이치를 얻음은 본래 품부하여 마음에 얻은 것에서부터 나온 것이니, 어찌 갈라서 두 가지로 볼 수 있겠는가. 마음에 얻은 것과 그 이치를 얻은 것은 모두 선에 나아가 말한 것이니, 지금 이것을 가지고 유를 미루어 본다면 '덕(德)' 자의 뜻을 알 수 있고, 이른바 인(仁)이 마음의 덕이라는 것은 그 뜻이 분명하여 의심할 것이 없네. 또 인(仁)을 말한 부분이 더러 같지 않지만 그 이치는 일찍이 다르지 않았으니, 이른바 '사욕이 모두 제거된다〔私欲盡去〕',[27] '사심이 없다〔無私心〕',[28] '온전히 체득하여 그치지 않는다〔全體不息〕'[29]라는 것이 바로 본심의 온전한 덕이 되는 이유이네. 어떻게 생각하는가?

27 사욕이 모두 제거된다 : 《논어》 〈술이(述而)〉 제6장 집주에 "인은 사욕이 모두 제거되어 마음의 덕이 온전한 것이다.〔仁則私欲盡去而心德之全也〕"라고 하였다. 대본에는 '私欲盡祛'로 되어 있는데, 《논어》에 근거하여 '私欲盡去'로 바로잡아 번역하였다.

28 사심이 없다 : 《논어》 〈공야장〉 제18장 집주에 "이치에 합당하고 사심이 없으면 인이다.〔當理而無私心, 則仁矣〕"라고 하였다.

29 온전히……않는다 : 《논어》 〈공야장〉 제4장 집주에 "인의 도는 지극히 커서 온전하게 체득하여 그치지 않은 자가 아니면 해당될 수 없다.〔仁道至大, 非全體而不息者, 不足以當之.〕"라고 하였다.

후재집

제11권

答問禮疑
답문예의

송기손[1]에게 답하다

答宋基孫

문 대부(大夫)는 삼묘(三廟), 적사(適士)[2]는 이묘(二廟), 관사(官師)[3]는 일묘(一廟)를 세우고, 서인(庶人)은 단지 고비(考妣)만을 제사 지냅니다. 설령 부친이 서인(庶人)이고 그 아들이 대부(大夫)라면, 그 부친이 살아계실 적에는 단지 고비(考妣)만을 제사 지내고 증조(曾祖)의 신주(神主)는 사리상 응당 땅속에 묻어야 하니, 장차 어떻게 세수(世數)를 갖출 수 있습니까? 비단 부자의 신분이 같지 않은 경우뿐만 아니라, 혹 한 사람이 처음에는 사(士)의 신분으로 단지 2대만 제사 지냈다면 만년에 비록 대부(大夫)가 되더라도 어떻게 3대의 세수(世數)를 갖출 수 있습니까?

1 송기손(宋基孫) : 1695~1736. 본관은 진천(鎭川), 자는 긍숙(肯叔), 호는 회와(悔窩)이다.

2 적사(適士) : 고대 관계(官階)의 하나로 상사(上士)를 가리키며 하대부(下大夫) 다음의 지위이다.

3 관사(官師) : 고대 관계(官階)의 하나로 중사(中士)와 하사(下士)를 가리킨다.

답 이 예법(禮法)은 과연 의심할 만하다. 내가 함부로 생각건대 부자간의 신분이 다른 경우로 말하면 태공(太公 한 고조의 부친)이 살아 있을 때 한 고조(漢高祖)가 황제가 되었으니 반드시 칠묘(七廟)를 세웠을 것이다. 한 사람의 신분이 달라진 경우로 말하자면 상부(尙父 여상(呂尙))는 처음에는 어부였다가 훗날에 제(齊)나라에 봉해졌으니 반드시 오묘(五廟)를 세웠을 것이다. 이것을 가지고 미루어 보면, 부친이 신분이 낮고 아들이 신분이 높은 경우와 처음에는 신분이 낮았다가 훗날에 신분이 높아진 경우도 모두 이처럼 해야 할 것이다. 삼가 생각건대, 정자(程子)는 "고조(高祖)에 대해서는 복(服)을 입으니 제사를 지내지 않을 수 없다. 부친에게만 제사 지내고 조부에게 제사 지내지 않는 것은 인정(人情)이 아니다."라고 하였다. 주자(朱子)는 정자의 이 말을 두고 효도하고 공경하며 정성을 다해 추모하는 의리라고 하였다. 《가례(家禮)》의 사당장(祠堂章)에 "사감(四龕)을 만들어서 4대의 신주(神主)를 모시고, 시제(時祭) 또한 고조(高祖) 이하를 지낸다."라고 하였다. 지금 사(士)와 서인(庶人)을 막론하고 모두 정자와 주자의 이 예법을 사용한다면 절로 막히는 곳이 그다지 없을 것이다. 옛날의 세수(世數)에 대한 설은 감히 억지로 해설할 수 없다.

어떤 이에게 답하다
答或人

문 지난달 25일에 가묘(家廟)에 귀매(鬼魅)의 변고가 생겨서 갑자기 신주(神主)를 잃어버렸습니다. 생각건대 이미 잃은 것은 찾기 어렵고 또한 하루라도 신주가 없으면 정리(情理)가 망극한지라 26일에 신주를 고쳐서 만들었습니다. 27일에 담벼락 위에서 잃어버렸던 예전의 신주를 찾았는데, 혹자는 이미 잃어버렸던 예전의 신주를 찾았다면 새로운 신주는 응당 땅에 묻어야 한다고 말하고, 혹자는 새로운 신주를 이미 만들었으니 예전의 신주는 응당 땅에 묻어야 한다고 합니다.

답 이 일은 실로 민가(民家)에서 그보다 큰 것이 없는 변례(變禮)이지만, 고금의 예문(禮文)에는 상고할 것이 없으니 감히 경솔하게 함부로 말할 수 없습니다. 우선 저의 의견을 말하자면, 예전의 신주(神主)가 만약 더럽혀지거나 손상을 입지 않았다면 응당 곧장 예전의 신주를 봉안하고 새로운 신주는 땅에 묻어야 할 듯합니다.-예전의 신주에 향을 피워 제사를 받든 지 이미 수십 년의 오랜 시간이 흘렀는데, 지금 다행히 찾았고 또한 더럽혀지거나 손상을 입지 않았다면 인정과 도리에서 구해보건대 경솔하게 묻기는 어려울 듯합니다.- 예전의 신주가 만약 더럽혀지거나 손상을 입었다면 그 형세상 어쩔 수 없이 응당 그대로 새로운 신주를 봉안하고,-예전의 신주를 찾기 전에 아마도 새로운 신주를 이미 감실(龕室)에 봉안했을 것이기 때문입니다.- 예전의 신주는 땅에 묻어야 하니, 이것 외에는 다른 도리가 없을 듯합니다. 비록 그렇지만 한때 저의 의견으로 단정해서는 안 되니, 반드시 다시 예법을 잘 아는 자들에게 널리 자문하여 처리하신다면 매우 다행이겠습니다. 다만 새로운 신주와 예전의 신주를 봉안하거나 땅에 묻을 적에 모두 그 사실을 갖추어 별도로 고문(告文)을 지어 각기 그 연유를 고하는 것이 마땅할 듯한데, 어떻게 생각하는지 모르겠습니다.

이자후[4]에게 답하다
答李子厚

문 우리 종백형(從伯兄) 부부가 후사가 없이 일찍 세상을 떠났는데, 그 선친이 유명(遺命)하기를, 후사를 세우지 말고 형이 죽으면 아우가 잇는 예법을 사용하라고 하였습니다. 지금의 논의들이 종법(宗法)이 지엄하니 장자(長者)는 응당 후사를 세우고 선친의 유명은 따라서는 안 된다고 합니다. 유명과 예법 가운데 어느 것을 더 중시해야 합니까?

답 이 일에 대해 이미 선친의 유명이 있고, 형이 죽으면 아우가 잇는다는 예법이 또한 나라의 법전(法典)에 있으니, 차자(次子)에게 제사를 받들게 하는 것이 불가함이 없을 듯합니다. 다만 생각건대 종적(宗嫡)의 적통이 지엄하고 전중(傳重)의 의리가 또 중대하니, 장자가 죽고 그 아들이 없다면 따로 후사를 세워 그 적통을 잇는 것이 실로 올바른 예법이요 지극한 의리입니다. 그 사이에 다시 다른 논의를 용납하기는 어려울 듯합니다. 신독재(愼獨齋 김집(金集))가 어떤 이의

4 이자후(李子厚) : 이도재(李道載, ?~?)를 가리킨다. 그의 자가 자후(子厚)이다.

질문에 대답하기를 "종법(宗法)에 장자를 세우는 것은 바꿀 수 없는 예법이니, 비록 선친의 유언(遺言)이 있더라도 결코 따를 수 없다." 라고 하였습니다. 이로써 살펴보자면 유언이 비록 중대하지만 따라서는 안 되는 곳이 있습니다. 또 고례(古禮)에는 오직 대종(大宗)[5]만이 후사를 세웠지만 정자(程子), 장자(張子), 주자(朱子) 세 선생에 이르러선 비록 지자(支子)라도 후사를 세우게 하였습니다. 그러므로 근래 사대부 집안에서 모두 이를 따르고 있습니다. 지금 상(喪)을 당한 집이 비록 부친을 계승한 소종(小宗)이지만 선현(先賢)이 이미 허락한 예법에 근거하여 행한다면 무슨 문제가 있겠습니까.

5 대종(大宗) : 종가(宗家)를 대종(大宗)이라 하고, 종가에서 갈려나온 지손(支孫)이 따로 자기 조상을 제사 지내는 것을 소종(小宗)이라 한다.

족손 치복에게 답하다

答致福族孫

문 〈상복소기(喪服小記)〉에 "서자(庶子)가 조부를 제사 지내지 못하는 것은 그 종통(宗統)을 분명히 하기 위해서이다."라고 하고, 그 주(註)에 "형제 두 사람이 하나는 적자(適子)이고 하나는 서자(庶子)인데 모두 적사(適士)가 되었다면, 그 적자(適子)로서 적사(適士)가 된 자는 본디 조부와 부친에게 제사 지낼 수 있지만, 그 서자(庶子)는 비록 적사(適士)가 되었더라도 부친의 사당만 세울 수 있다."라고 하였습니다.

답 〈상복소기〉에 "서자(庶子)가 조부를 제사 지내지 못하는 것은 그 종통(宗統)을 분명히 하기 위해서이다."라고 하고, 또 "서자(庶子)가 부친을 제사 지내지 못하는 것은 그 종통(宗統)을 분명히 하기 위해서이다."라고 하였다. 이것은 조부와 부친의 사당이 종자(宗子)의 집에 있기 때문에 종자가 그 제사를 주관하고 서자는 제사 지내지 못함을 말한 것이니, 이는 종통이 종자에게 있고 서자에게 있지 않음이 분명하다. 지금 주(註)에서의 얘기는 본문(本文)에 없는 예법을 새로 만들어 이렇게 말한 것이니 본래의 뜻을 잃은 듯하다. 종자로서 적사(適士)가 된 자가 이미 부친 사당의 제사를 주관하고 있는데, 서자가 또 적사가 되었다는 이유로 다시 부친의 사당을 세워 제사 지낸다면 이것은 부친의 사당이 둘이 되는 것이니, 그 종통을 분명히 하는 뜻이 어디에 있겠는가.

이사수[6]에게 답하다

答李士秀

문 독자(獨子)가 백부(伯父)의 후사가 되었는데, 본생친(本生親)에게 후사로 세울 만한 사람이 없어서 출계(出繼)한 이의 차자(次子)를 후사로 삼으려고 한다면, 소목(昭穆)의 차례를 이루지 못합니다. 3년 상을 마치기 전에는 출계한 이의 아들이 별가(別家)에 궤연을 모시다가, 3년 상을 마치면 곧장 종가(宗家)에 반부(班祔)[7]하는 것 또한 차마 하지 못할 일이니, 모르겠습니다만 장차 어떻게 처리해야 합니까?

답 이 문제는 당연히 본생부모(本生父母)를 위해 후사를 세워야 하지만, 만약 후사로 세울 만한 사람이 없으면 한결같이 《의례문해(疑禮問解)》의 설을 따라 처리하는 것이 마땅할 듯하다.-사계(沙溪 김장생(金長生))가 말하기를 "본생친(本生親)에게 후사가 없으면 양가(兩家)의 부친이 서로 상의하여 파양(罷養)하고 본종(本宗)으로 돌아가게 하니, 옛날에도 그러한 사례가 있었다. 그런데 양가의 부친이 모두 죽었으면 아들은 제 마음대로 파양할 수 없으니, 응당 본생친을 반부(班祔)해야 한다."라고 하였다.-

6 이사수(李士秀) : 이정영(李挺英, 1655~1726)을 가리킨다. 본관은 전주(全州)이고, 자는 사수(士秀)이다.

7 반부(班祔) : 대를 이을 사람이 없는 사람의 신주를 조상의 사당에 함께 모시는 일이다.

이군보[8]에게 답하다
答李君輔

문 일전에 '첩의 아들로 적통을 계승한 자가 이미 적모(嫡母)에게 효자(孝子)라고 칭할 경우에 자신의 친어미를 어미로 삼지 않고 적모를 어미로 삼으며 자신의 친어미 부모를 외조부모로 삼지 않고 적모의 부모를 외조부모로 삼는다.'는 뜻에 관해 여쭈어 옳다는 말씀을 들었습니다. 다시 〈상복소기(喪服小記)〉를 고찰하니, "군모(君母)[9]의 후사가 된 자는 군모가 죽으면 군모의 친족을 위해 복(服)을 입지 않는다."라고 하였습니다. 이에 의거하면 응당 자신의 친어미 부모를 외조부모로 삼아야 합니다. 이미 자신의 친어미 부모를 외조부모로 삼았

8 이군보(李君輔) : 이세필(李世弼, 1642~1718)을 가리킨다. 본관은 경주(慶州), 자는 군보(君輔), 호는 구천(龜川), 시호는 문경(文敬)이다.

9 군모(君母) : 서자(庶子)가 부친의 정처(正妻)를 부를 때의 호칭이다. 《의례(儀禮)》〈상복(喪服)〉 소공장(小功章)에 "군모의 부모와 자매를 위해 입는 복이다.〔君母之父母從母〕"라고 하였는데, 정현(鄭玄)의 주(註)에 "군모는 부친의 적처이다.〔君母, 父之適妻也.〕"라고 하였다.

다면, 비록 적통을 계승했더라도 어찌 자신의 친어미를 어미로 부르지 않을 수 있겠습니까?

답 살펴보건대 《예기(禮記)》에 복(服)을 입는 방법에 여섯 가지가 있는데 그 중 하나가 도종(徒從)입니다.[10] 또 도종에는 네 가지가 있는데, 그 중 하나가 첩의 아들이 군모(君母)의 친족을 위해 입는 복입니다. 도(徒)는 공연히 입는다〔空〕는 뜻으로, 저 사람과는 친속이 아닌데 공연히 이 사람을 따라 저 사람을 위해 복을 입는 것을 말합니다. 그러므로 도종의 복은 따르는 자가 죽으면 복을 입지 않으니, 〈상복소기(喪服小記)〉의 이른바 '따라서 복을 입는 자는 따르는 자가 죽으면 그만둔다.'[11]는 것이 이것입니다. 이를 통해 보자면, 군모가 죽으면 군모의 친족을 위해 복을 입지 않는 것은 그 뜻이 군모가 이미 죽었다면 다시 따라서 복을 입을 자가 없기 때문에 다시 군모의 친족을 위해 복을 입지 않는다는 것에 불과합니다. 군모가 죽으면 다시 소생모(所生母)의 친족을 위해 복을 입는다는 설이 별도로 없으니, 지금 형님의 이른바 '자신의 친어미 부모를 외조부모로 삼아야 한다.'는 말은 그것이 옳은지 잘 모르겠습니다.

살펴보건대 《의례(儀禮)》시마조(緦麻條)의 '서자(庶子)로 아비의 후사가 된 자가 자신의 친어미를 위해 입는 상복 조항'의 전(傳)에 "어찌하여 시마복을 입는가? 서자가 아비와 일체가 되었기 때문에 감히

10 복(服)을……도종(徒從)입니다 : 복을 입는 여섯 가지 방법 가운데 그 중에 하나가 종복(從服)이고, 그 종복에 또 여섯 가지가 있는데 그 중의 하나가 도종(徒從)이다.

11 따라서……그만둔다 : 《예기(禮記)》 〈상복소기(喪服小記)〉에 "따라서 복을 입는 자는 따르는 자가 죽으면 그만두고, 친속 관계인 자는 따르는 자가 죽었더라도 그대로 복을 입는다.〔從服者, 所從亡則已, 屬從者, 所從雖沒也服.〕"라고 하였다.

사친(私親)을 위해 복을 입지 못하는 것이다."라'고 하였습니다. 서자가 이미 아비와 일체가 되었다면, 비록 소생모(所生母)일지라도 또한 감히 모복(母服)으로 복상(服喪)하지 못합니다. 더군다나 소생모(所生母)의 부모에 대해 어찌 감히 외조부모의 복으로 복상할 수 있겠습니까.

○또 살펴보건대 《가례(家禮)》 시마조(緦麻條)에 이르기를 "서자로 아비의 후사가 된 자는 자신의 친어미를 위해 시마복을 입지만, 친어미의 부모와 형제자매를 위해서는 복을 입지 않는다."라고 하였습니다. 이를 통해 보자면, 승중(承重)한 첩의 아들이 소생모(所生母)의 친족을 위해 복을 입지 않는 것이 매우 분명하지 않겠습니까.

이군보에게 답하다

答李君輔

첩의 아들로 승중(承重)한 자가 이미 적통의 외조부모(外祖父母)를 위해 복(服)을 입지 않는데, 또 본생(本生)의 외조부모를 위해 복을 입지 않는다면, 이는 외조부모를 위해서는 영원히 복을 입을 경우가 없습니다. 그러나 다시 생각해 보면, 딸이 이미 시집갔으면 친부모를 위해 기년복(朞年服)을 입고, 옛날의 예법으로 말하자면 시부모를 위해서도 기년복을 입습니다. 그렇다면 출가한 딸이 친부모와 시부모에 대해서 모두 삼년복(三年服)을 입지 않으니, 옛날 예법의 뜻이 본래 이와 같습니다. 지금 첩의 아들로 승중한 자가 적통의 외조부모와 본생의 외조부모에 대해서 모두 소공복(小功服)을 입지 않는 것 또한 아마도 예법의 뜻이 본래 이와 같은 듯합니다.

이군보에게 답하다

答李君輔

문 서자(庶子)가 비록 아비의 후사가 되었더라도 끝내는 소생모(所生母)의 비천한 신분을 따릅니다. 이른바 아비와 일체가 된다는 것은 승중(承重)하여 제사를 받는다는 것에 불과할 뿐이지, 남의 후사가 된 자가 소후자(所後者)[12]의 아내, 아내의 부모 및 자식과 마찬가지로 일체가 된다는 것은 아닙니다. 그렇다면 서자가 본생(本生) 쪽에 대하여 비록 감히 소생모를 친모(親母)로 삼고[13] 본생의 외조(外祖)를 외조로 삼아 복(服)을 입지는 못하지만, 그 적통을 계승하여 후사가 되었다고 해서 바뀌는 것은 없었습니다.

답 말씀하신 바는 과연 그러한 것 같습니다. 다만 고금의 수많은 예서(禮書)에는 이에 대해선 한 마디의 말도 없으니, 이는 알지 못하겠습니다.

12 소후자(所後者) : 자신을 후사로 삼은 아비로, 소후부(所後父)라고도 한다.

13 소생모를 친모(親母)로 삼고 : 서자(庶子)가 적통을 계승하는 후사가 되기 전에는, 적모(嫡母)를 정모(正母)라고 부르고, 생모(生母)를 친모(親母)라고 불렀다.

한사백[14]에게 답하다

答韓師伯

공거(公擧)[15]의 이른바 '서자(庶子)로서 군모(君母)의 후사가 된 자는 군모의 생존과 관계없이 군모의 부모를 위한 복(服)을 입는다.'는 말이 어떤 책에 나오는지 모르겠습니다. 과연 공거의 설과 같다면, 주자(朱子)가 필시 《가례(家禮)》 소공(小功)의 조목[16]에 첨가했을 것인데, 《가례》에 보이지 않을 뿐 아니라 또한 고금의 예서(禮書) 어디에도 언급하지 않았습니다. 지금 이 〈상복소기(喪服小記)〉에서 말한 것[17]이 이미 이처럼 명백하니, 어찌 〈상복소기〉의 명백한 설을 내버려두고 고금에 있지도 않는 예법을 사용해서야 되겠습니까. 공거가 반드시 고금에 의거할 만한 설을 찾아서 증거로 삼았다면야 따를 수 있지만, 그렇지 않고 다만 "두 계통이 없다〔無二統〕"[18]는 세 글자를 가

14 한사백(韓師伯) : 한사조(韓師朝, ?~?)를 가리킨다. 사백(師伯)은 그의 자이다.

15 공거(公擧) : 조사석(趙師錫, 1632~1693)을 가리킨다. 본관은 양주(楊州), 자는 공거(公擧), 호는 나계(蘿溪), 시호는 충헌(忠憲)이다.

16 소공(小功)의 조목 : 군모(君母)의 부모를 위해서 입는 상복(喪服)은 소공복(小功服)이다. 《의례(儀禮)》 〈상복(喪服)〉 소공장(小功章)에 "소공복(小功服)은 군모의 부모와 종모를 위해 입는 복이다.〔君母之父母從母〕"라고 하였다.

17 상복소기(喪服小記)에서 말한 것 : 《예기(禮記)》 〈상복소기(喪服小記)〉에 "서자로 군모(君母)의 후사가 된 자는 군모가 죽으면 군모의 친족을 위하여 복을 입지 않는다."라고 한 것을 가리킨다.

18 두 계통이 없다 : "외친은 두 계통이 없다.〔外親無二統〕"라는 정현(鄭玄)의 설을 말한다. 본생(本生) 모친의 친족을 위한 상복은 《의례(儀禮)》에 분명한 조문이 없는데,

지고 의기(義起)[19]하고자 한다면 쉽게 따르기 어려울 듯합니다.

《개원례(開元禮)》를 만들 적에 정현의 이 주(註)를 근거로 해서 한 등급 강복(降服)하는 제도를 만들었다.

19 의기(義起) : 예문(禮文)에 없더라도 의리를 참작하여 새로운 예(禮)를 만든다는 뜻이다. 《예기(禮記)》 〈예운(禮運)〉에 "의리에 맞추어서 맞으면 예는 비록 선왕(先王) 때 없는 것일지라도 의리로써 새로 만들 수 있다.〔協諸義而協, 則禮雖先王未之有, 可以義起.〕"라고 한 데서 나온 말이다.

신명윤[20]에게 답하다

答申明允

서자(庶子)가 이미 승중(承重)하여 제사를 받든다면, 소생모(所生母)의 상(喪)에 대해서 비록 제사를 주관할 만한 다른 아들이 없더라도 승중하지 않은 아들과 똑같이 예법을 따라 제사를 받들어서는 안 될 듯합니다. 3개월 이전에는 다만 응당 시마복(緦麻服)을 입고 별실에 궤전(饋奠)을 진설하고, 3개월 이후에는 또 심상(心喪)의 복제(服制)로 그대로 궤전을 행하여 삼년상을 마치는 것이 옳을 듯합니다.

축문(祝文)에 '아들 아무개'라고 칭하는 것은 예경(禮經)에 보이지 않아 어떻게 해야 옳을지 모르겠지만, 축문에 단순히 '아들 아무개'라고만 칭하는 것은 온당하지 않을 듯합니다. 만약 '적통을 계승한 아들 아무개'라는 식으로 칭한다면 혹 괜찮을 듯합니다. 제주(題主)에 방주(旁註)[21]를 쓰지 않는 것에 대해선 말씀하신 것이 옳을 듯합니다. 이른바 '손자 이하가 세대에 따라 개제(改題)하여 망조모(亡祖母), 망증조모(亡曾祖母), 망고조모(亡高祖母)라고 칭한다.'는 것은 이러한 예법이 어디서 보이는지 모르겠습니다. 지금 승중한 자손으로 소생모(所生母)에 대해서 세대에 따라 개제(改題)하여 조모, 증조모, 고조모라고

20 신명윤(申明允) : 신경(申暻, 1696~?)을 가리킨다. 본관은 평산(平山), 자는 명윤(明允), 호는 직암(直菴)이다.

21 방주(旁註) : 신주(神主)의 아랫부분 왼쪽에 제사를 받드는 사람의 이름을 쓰는 것으로, 방제(旁題)와 같은 말이다.

칭한다면, 이것과 승중하지 않은 자와 무슨 구별이 있겠습니까?

두문경(竇文卿 두종주(竇從周))이 묻기를 "《예기(禮記)》에 '첩모(妾母 첩인 어미)를 위해서는 대대로 제사를 지내지 않는다. 아들의 대에서만 제사를 지내고 손자 대에서는 그친다.'라고 하였고, 또 《예기》에 '첩은 첩조고(妾祖姑 첩인 시할머니)에게 합부(合祔)한다.'라고 하였습니다. 이미 대대로 제사를 지내지 않았는데, 첩모에게 어찌 합부할 만한 첩조고가 있겠습니까. 합제(合祭)하는 것은 몇 세대까지 이르러 그치는지 모르겠습니다."라고 하니, 주자(朱子)가 답하기를 "이 조목은 모르겠습니다. 옛날에 《예기》를 읽을 때에도 매번 이를 의심하였습니다."라고 하였습니다.[22] 또 묻기를 "첩모를 만약 대대로 제사 지낸다면 그 손자가 훗날 첩조모(妾祖母)를 제사 지낼 때 어떻게 칭해야 하고 자신에 대해서는 누구라고 칭해야 합니까?"라고 하니, 주자가 답하기를 "대대로 제사를 지내는지 아닌지는 알 수 없습니다. 만약 대대로 제사를 지낸다면 조모(祖母)라고 칭하고 자신은 손자(孫子)라고 칭해야 할 것입니다."라고 하였습니다.

지금 "만약 대대로 제사를 지낸다면〔若祭則〕"이라는 세 글자를 가지고 살펴보건대, 이는 의심하여 결단을 내리지 않은 말입니다. 이른바 '대대로 제사를 지내는지 아닌지를 알 수 없다.'는 것은 또한 아직 정해지지 않은 논의입니다. 비록 그렇지만 이것은 승중하지 않은 자의 경우로 말한 것입니다. 만약 승중한 사람이라면 그 사체(事體)와 예절(禮節)은 또한 응당 이것과는 완전히 구별됩니다. 승중하지 않은 사람이

22 두문경(竇文卿)이……하였습니다 : 《주자대전(朱子大全)》 권59 〈답두문경(答竇文卿)〉에 보인다. 아래의 문답도 마찬가지다.

대대로 제사를 지내는지 아닌지에 대해서도 주자가 오히려 의심하였는데, 더군다나 승중한 사람으로서 세대에 따라 개제(改題)하여 조모, 증조모, 고조모라고 칭하는 것은 이것이 예법의 뜻에 어떠할지 모르겠습니다. 지금은 '아들의 대에서만 제사를 지내고 손자 대에서는 그친다.'는 예경(禮經)의 설에 의거하여, 손자 이하는 제사를 지내지 않는 것이 옳은 듯합니다.

홍순보[23] 계희 에게 답하다
答洪純甫 啓禧

문 제 형님이 중부(仲父)의 후사가 되어 진외증조(眞外曾祖)의 제사를 받들었습니다. 형님이 죽은 뒤에 저의 어린 아이가 그 후사가 되어야 하는데, 그 아이가 조금 자라기를 기다려 개제(改題)의 예를 행하고자 합니다. 그 칭호는 응당 어떻게 써야 합니까?

답 외손(外孫)이 제사를 받드는 것은 고금의 예서(禮書)에서 한번도 본 적이 없지만, 세속에서는 그렇게 행하는 경우가 많습니다. 율곡(栗谷 이이(李珥))과 우계(牛溪 성혼(成渾)) 두 선생의 집안 또한 모두 그렇게 행하였습니다만, 그 당시 제주(題主)의 속칭(屬稱)[24]이 과연 어떠했는지는 모르겠습니다. 일찍이 우재 선생(尤齋先生)과 돌아가신 스승의 설을 들으니, "본종(本宗)의 제사가 고조(高祖)에 그치니, 외가

23 홍순보(洪純甫) : 홍계희(洪啓禧, 1703~1711)를 가리킨다. 본관은 남양(南陽), 자는 순보(純甫), 호는 담와(澹窩)이다.

24 속칭(屬稱) : 신주(神主)에 쓰는 친속 관계의 호칭으로, 속(屬)은 고조(高祖), 증조(曾祖), 조(祖), 고(考) 등과 같은 친속 관계의 호칭이고, 칭(稱)은 관직이나 호(號) 등이다.

의 제사는 응당 증조(曾祖)에 그쳐야 할 듯하다."라고 하였습니다. 이것은 두 선생이 의기(義起)한 설입니다. 과연 제사를 증조에서 그쳐야 한다면 지금 그대 집의 경우엔 그대 아이의 대에서 응당 제사를 폐해야 하니, 어떻게 생각하실지 모르겠습니다.

족질 재로[25]에게 답하다
答在魯族姪

상제(殤祭)[26]는 응당 '부모의 대(代)에서 끝내고, 형제의 대에서 끝내고, 형제의 아들 대에서 끝내고, 형제의 손자 대에서 끝낸다.'[27]는 것으로 기준을 삼아야 하니, 제사를 지내고 지내지 않는 문제는 애초에 정위(正位)를 옮기고 옮기지 않는 것과는 관계가 없다. 5대조가 비록 백세 불천위(百世不遷位)일지라도 오직 부위(祔位)[28]는 응당 '형제의

25 족질 재로(在魯) : 김재로(金在魯, 1682~1759)를 가리킨다. 그의 자는 중례(仲禮), 호는 청사(淸沙), 시호는 충정(忠靖)이다.

26 상제(殤祭) : 미성년자의 상제(喪祭)를 말한다. 나이 16~19세에 죽은 것을 장상(長殤), 12~15세에 죽은 것을 중상(中殤), 8~11세에 죽은 것을 하상(下殤)이라 한다.

27 부모의……끝낸다 : 《가례》 〈사당(祠堂)〉 반부(班祔) 조목에 정자(程子)가 말하기를, "무복(無服)의 상(殤)은 제사하지 않는다. 하상(下殤)의 제사는 부모 대에서 끝내고, 중상(中殤)의 제사는 형제 대에서 끝내고, 장상(長殤)의 제사는 형제의 아들 대에서 끝낸다. 성인으로서 후사가 없이 죽은 자는 그 제사를 형제의 손자 대에서 끝낸다."라고 하였다.

28 부위(祔位) : 정위(正位)에 상대되는 말로, 방친(旁親) 가운데 후사가 없거나 항렬이 낮고 나이가 어린 자로서 먼저 죽은 자의 신위(神位)를 말한다. 정위는 고조·증조

손자 대에서 마친다.'는 것으로 제한해야 하니, 어찌 똑같이 불천(不遷)할 이치가 있겠는가.

· 조부 · 부친의 4대 신위를 말한다.

구계훈에게 답하다

答具啓勳

반부(班祔)하는 일은 응당 애초에 이미 한 세대를 건너뛰어 올리는 예법[29]을 사용하였습니다. 지금 조부가 죽고 상기(喪期)가 장차 끝나려고 한다면, 조부의 신주(神主)가 사당에 들어간 이후를 기다려 글을 지어 고유(告由)하고 응당 반부해야 하는 정위(正位)에 반부하는 것이 아마도 문제가 없을 듯합니다.

29 한……예법 : 《가례》〈상례(喪禮)〉 반부(班祔) 조목에 "존자는 낮은 자에게 부(祔)할 수 있지만 낮은 자는 존자에게 부할 수 없으며, 부할 곳이 없으면 한 세대를 건너뛰어 올려서 부한다."라고 하였으며, 《예기》〈상복소기(喪服小記)〉에 "사(士) 또는 대부는 제후에게 부할 수 없고 여러 할아버지 중에 사 또는 대부인 자에게 부한다. 그 처는 여러 조고(祖姑)에게 부하고, 그 첩은 첩조고(妾祖姑)에게 부한다. 없으면 한 세대를 건너뛰어 올려서 부하되 부는 반드시 그 소목을 따른다."라고 하였다.

족질 약로에게 답하다

答若魯族姪

이 조목은 변통하는 예법이 매우 많고, 또한 근거할 만한 예서(禮書)도 없다. 오직 한강(寒岡 정구(鄭逑))이 말하기를, "사당에 들어갈 수 없는 부위(祔位)는 어쩔 수 없이 임시로 아비의 사당에 반부한다. 본래 부위(祔位)에는 축문(祝文)을 쓰지 않지만, 만약 조고(祖考)에게 반부한다면 '아무개를 부식(祔食)한다.'라고 쓰라고 《가례(家禮)》에 분명한 글이 있다. 다만 부친의 사당에 임시로 반부할 경우엔 어떻게 축문을 써야 할지 모르겠으니, 감히 억지로 말할 수 없다."[30]라고 하였다. 한강(寒岡)이 감히 억지로 말할 수 없다고 했으니, 어리석은 나의 견해로 어찌 감히 경솔하게 대답하겠느냐. 삼가 생각건대 조부의 사당에 반부하는 것이 지극히 엄중한 예인 만큼 애초에 부친의 사당에 반부한 것이 이미 예를 잃은 것이니, 축문은 필요가 없을 듯하다.

30 부위(祔位)가……없다. 정구(鄭逑)의 〈답최계승(答崔季昇)〉에 "정자(程子)가 말하기를, '성인으로서 후사가 없는 자는 그를 위한 제사가 형제의 손자 대에서 끝난다.'라고 하였으니, 고조나 증조의 방친으로서 후사가 없는 자는 사당에 들어갈 수 없을 듯하다. 부식(祔食)할 신주가 조부의 자리에 들어가 제향을 받을 수 없다면 아버지의 자리에 임시로 반부하지 않을 수 없다."라고 한 내용이 보인다.

송기손[31]에게 답하다
答宋基孫

문 서얼(庶孽)이 비록 신분은 낮지만 소목(昭穆)은 어지럽힐 수는 없을 듯하니, 서숙부(庶叔父) 또한 종자(宗子) 앞에 서야 할 듯합니다.

답 서얼(庶孽)의 위차(位次)는 예서(禮書)에 보이는 곳이 없기에 감히 단언할 수 없습니다. 한 혜제(漢惠帝)의 서형(庶兄) 유비(劉肥)가 형의 자리를 꺼리지 않았지만,[32] 다만 이것은 궁중(宮中)의 사사로운 예입니다. 만약 엄중하고 공경해야 하는 제사의 자리에서 이와 같이 한다면, 적자(適子)와 서자(庶子)의 구분이 크게 없어질 것입니다. 혹 비첩(婢妾)의 예를 방조(傍照)[33]하여 다른 줄에 서되 종자의 위차보다 조금 앞에 선다면 괜찮지 않겠습니까.

31 송기손(宋基孫) : 1695～1736. 본관은 진천(鎭川), 자는 긍숙(肯叔), 호는 회와(悔窩)이다.

32 한 혜제(漢惠帝)의……않았지만 : 한 혜제(漢惠帝)는 한 고조(漢高祖)의 적자인 유영(劉盈)이고, 유비(劉肥)는 한 고조의 서장자(庶長子)이다. 혜제 즉위 2년에 유비가 입조(入朝)하자 혜제가 함께 술을 마셨는데, 군신 간의 예법을 쓰지 않고 일반인의 예법으로 대하여 서형(庶兄)인 유비를 상좌(上座)에 앉혔다.《史記 卷52 齊悼惠王世家》

33 방조(傍照) : 적용할 만한 조문이 없을 때 비슷한 조문을 참조하는 것을 말한다.

한사백에게 답하다

答韓師伯

문 출계(出繼)한 아들이 상중(喪中)에 복차(服次)대로 설 경우에는 응당 그 아우의 아래에 서야 합니다. 그러나 상기(喪期)를 마치고 나서 제사에 참여할 적에는 꼭 그 아우의 아래에 설 필요가 없을 듯합니다.

답 응당 아우의 아래에 서야 하니, 아우가 제사를 주관하는 사람이기 때입니다.

신명윤에게 답하다
答申明允

《가례(家禮)》에 없는 세속 명절을 돌아가신 스승께서 추가한 것이 《제의정본(祭儀正本) 》에 상세히 실려 있으니, 살펴보는 것이 어떠하겠습니까? 납절(臘節)[34]은 《제의정본》에 들어있지 않고 저희 집안에서도 전부터 행하지 않고 있습니다. 유두(流頭)[35]와 삼일(三日)[36]은 이전에는 행하던 명절인데, 지금은 《제의정본》에 의거하여 모두 행하지 않습니다.

문 신(神)을 위해 제사 지내는 예가 정지삭망(正至朔望)[37]에만 유독

34 납절(臘節) : 동지부터 세 번째 술일(戌日)인 납일(臘日)에 한 해 동안 지은 농사와 그 밖의 일에 대해 여러 신에게 고하는 제사를 말한다.

35 유두(流頭) : 음력 6월 15일에 일가나 친지들끼리 서로 어울려 물 맑은 계곡에 가서 머리를 감고 몸을 씻어서 액(厄)을 떨어버리고, 유두면(流頭麪), 밀전병 등의 음식을 만들어 먹고 노닐던 세속 명절이다.

36 삼일(三日) : 음력 3월 3일에 선조의 사당에 제사를 올리고 물가에서 재액을 막는 제사를 올리던 세속 명절이다.

없는데, 어떤 이유가 있습니까?

답 신(神)을 위해 제사 지내는 예는 반드시 삼헌(三獻)의 예를 갖춘 뒤에 행하기 때문입니다.[38]

문 제찬(祭饌) 가운데 적(炙)은 큰 제사의 삼헌(三獻)에 사용하니, 삭망(朔望)과 세속의 명절에는 진설하지 않는 것이 옳은 듯합니다.

답 그대가 말한 것이 옳은 듯합니다.

37 정지삭망(正至朔望) : 정월 초하루, 동지, 매월 초하루와 보름에 사당에 참배하는 것을 말한다.

38 신(神)을…… 때문입니다 : 정지삭망(正至朔望)의 제사는 단헌(單獻)의 예를 행하기 때문에 이렇게 말한 것이다.

족질 재로에게 답하다
答在魯族姪

선조(先祖)의 사당에 고유(告由)할 때에는 비록 높은 항렬이라도 압존(壓尊)하여 이름을 부르는 것이 불가할 게 없을 듯하다. 강 박사(姜博士 강석기(姜碩期))가 묻기를, "남편이 아내의 제사를 지내는데 다른 집사(執事)가 없을 경우에 그 아들이 축(祝)을 읽어 아버지의 이름을 부르며 어머니에게 제사지내는 것은 불가하지 않겠습니까."라고 하니, 사계(沙溪)가 답하기를 "아들로서 아버지의 이름을 부르며 어머니에게 제사지내는 것은 진실로 온당치 못하지만, 선조에게 제사를 지낼 경우에는 압존하기 때문에 오히려 괜찮다."라고 하였네. 만약 압존을 행한다면 아버지의 이름도 오히려 부를 수 있는데, 하물며 높은 항렬이야 당연하지 않겠는가.

한사백에게 답하다
答韓師伯

문 조주(祧主)[39]를 최장방(最長房)으로 옮긴 뒤에 최장방이 죽으면 사리상 그 신주를 땅에 묻어야 합니다. 그러나 만약 서숙(庶叔)과 서조(庶祖)가 살아있다면 인정상 차마 땅에 묻을 수 없고, 또 옮기기 어려운 사정이 있다면 최장방의 아들이 우선 제사를 받들고서 서숙과 서조가 죽을 때까지 기다려야 할 듯합니다.
답 과연 몹시 옮기기 어려운 사정이 있다면 이는 별도리가 없으니, 어쩔 수 없이 최장방의 아들이 우선 별실(別室)에 봉안하여 서숙과 서조가 죽을 때가지 기다리는 것이 옳을 듯합니다.

39 조주(祧主) : 체천(遞遷)한 신주를 말한다. 체천은 봉사손이 친진(親盡)한 5대조의 신주를 아직 친진(親盡)하지 않은 최장방(最長房)의 집으로 옮기는 것이다. 최장방이 죽으면 또 다음 최장방의 집으로 옮기는데, 현손 항렬이 다 죽어 다시 옮길 곳이 없으면 그 신주를 땅에 묻는다.

최태제에게 답하다

答崔泰濟

최장방(最長房)이 몹시 가난하여 제사를 받들 수가 없다면, 체천(遞遷)된 신위(神位)의 자손들이 각기 제수(祭需)를 돕는 것이 옳습니다. 종가(宗家)에서 대신 제사지낸다는 설은 옳은지 모르겠습니다.

박상보[40]에게 답하다
答朴尙甫

저희 집에서도 이러한 일이 있었는데, 문중(門中)의 논의가 일치하지 않아 오랫동안 결정되지 않았었기 때문에 들은 바가 대략 있습니다. 살펴보건대 《의례문해(疑禮問解)》의 사옹(沙翁 김장생(金長生))의 설은 "고조(高祖)의 신위(神位)는 별도로 하나의 사당을 세워 그리로 옮겨 봉안하는 것이 마땅하다."라고 하였습니다. 우장(尤丈 송시열(宋時烈))에게 여쭈었더니, "불천위(不遷位)는 《가례(家禮)》의 설에 의거하여 묘소에 별도로 사당을 만드는 것이 마땅하다."고 하였고, 돌아가신 스승께 여쭈었더니, "고례(古禮)의 '관사(官師)는 1묘(廟)이니 조부와 부친을 함께 제사 지낸다.'는 설에 의거하여 행하는 것이 마땅하다."라고 하였습니다. 세 분 선정(先正)의 설은 모두 5대까지 제사를 지내는 것을 혐의하였기 때문입니다.

사옹(沙翁)의 설을 따르자니, 여러 논의가 "정자(程子)는 '고조에

40 박상보(朴尙甫) : 박필부(朴弼周, 1680~1748)를 가리킨다. 본관은 반남(潘南), 자는 상보(尙甫), 호는 여호(黎湖)·요계(蓼溪), 시호는 문경(文敬)이다.

대해서는 복(服)을 입으니 제사를 지내지 않을 수 없다.'라고 하였고, 주자(朱子)는 이것을 《가례(家禮)》에 넣었으니, 모든 사대부 집안에서 준용하지 않음이 없다. 그렇다면 지금 대(代)가 다하지 않은 고조를 별도의 사당에 체천(遞遷)하는 것은 정리(情理)에 있어서 차마 하지 못할 일입니다. 더군다나 고조를 승중(承重)한 자는 참최복(斬衰服) 3년을 입어야하므로 사체(事體)의 무거움이 또한 이와 같으니 더욱 더 지레 체천해서는 안 된다. 게다가 삭망(朔望)과 명절의 참례(參禮) 및 기제(忌祭)와 시제(時祭)를 가묘(家廟)와 똑같이 행한다면, 이름만 별묘(別廟)이지 기실 5대에 제사를 지내는 것이다."라고 하였습니다.

우장(尤丈)의 설을 따르자니, 여러 논의가 "불천위(不遷位)는 《가례》의 이른바 '시조(始祖)가 친진(親盡)하게 되면 신주를 묘소에 묻고 1년에 한번 제사지낸다.'는 것과 그 예가 똑같지 않다. 게다가 묘소와 별묘는 멀리 떨어져 있으니 삭망과 명절의 참례 및 기제와 시제를 왕래하며 지내는 것은 형세상 구애됨이 많고 묘소를 지키는 일도 매우 어렵다."라고 하였습니다.

돌아가신 스승의 설을 따르자니, 여러 논의가 "이것은 《예기》 〈제법(祭法)〉의 주(註)에 명확한 설이 있으니, 수용하기에 가장 적합하다. 다만 조부와 부친의 신위를 하나의 감실(龕室)에 함께 모신다면, 삭망의 참례(參禮)와 명절 제사 때에 감실 앞 하나의 탁자 위에 제수를 배열하는데 필시 구차하고 힘들 우려가 있다. 게다가 시제(時祭)를 지낼 때 하나의 탁자에 함께 마련한다면 제수를 배열하는 어려움이 감실 앞에 진설하는 것보다 심하다. 만약 각기 의탁(倚卓 신위를 두는 탁자)에 진설한다면 이는 또 5대까지 제사를 지내는 것이다."라고 하였습니다.

'종(宗)은 그 숫자 안에 포함되지 않는다.'[41]는 유흠(劉歆)의 설을 주자(朱子)가 옳다고 하였습니다. 게다가 우리 조정의 《국조오례의(國朝五禮儀)》와 《경국대전(經國大典)》에도 "만약 친진(親盡)한 선조로서 처음 공신(功臣)이 되어 백 대 동안 신위를 옮기지 않게 된 자가 있다면, 대수(代數)와 관계없이 별도로 하나의 감실(龕室)을 세워서 제사를 지낸다."[42]라고 하였습니다. 숫자 안에 포함되지 않는다는 설을 주자가 이미 옳다고 인정하였고, 《경국대전》의 '대수(代數)와 관계없이 별도로 하나의 감실을 세운다.'는 것은 또 시왕(時王 현재의 왕)의 제도입니다. 의심스럽고 문제될 게 많은 예를 따르기보다는 유흠과 주자의 설 및 《경국대전》에 있는 시왕(時王)의 제도를 따르는 것이 훨씬 낫습니다. 그 득실은 알지 못하겠지만, 저희 집에서는 이전부터 이미 행한 예입니다.

또한 훗날에 제가 다시 유흠과 《경국대전》의 설을 돌아가신 스승께 여쭈었더니, "그대의 집에서 한 일도 근거한 바가 있다."라고 하였습니다. 그러므로 지금까지 인순(因循)하고 감히 갑자기 바꾸지 않았습니다. 이 예법은 옛날에는 유흠과 주자의 설이 있고, 우리 조정에서는

41 종(宗)은……않는다 : 묘제(廟制)를 두고 위현성(韋玄成)과 유흠(劉歆)의 주장이 달랐는데, 유흠은 "위에서 아래로 두 개씩 줄어드는 것이 예이다. 7묘(廟)는 바른 법도의 숫자로 항상 일정한 것이다. 종(宗)은 그 숫자 안에 포함되지 않으니, 종은 변하기 때문이다. 만약 공덕(功德)이 있다면 종으로 삼을 수 있으니 미리 숫자를 정할 수 없다."라고 하였다. 《漢書 卷73 韋賢傳》

42 만약……지낸다 : 《경국대전》 〈예전(禮典) 봉사(奉祀)〉에 "처음 공신이 된 자는 대수가 비록 다했다 하더라도 체천하지 않고 별도로 하나의 감실을 세운다.〔始爲功臣者, 代雖盡不遷, 別立一室.〕"라고 하였다. 같은 내용이 《국조오례의(國朝五禮儀)》 대상(大祥) 조항에도 보인다.

시왕(時王)의 제도가 있으며, 근세에는 세 분 선정(先正)의 설이 있으니, 이외에 따로 고찰할 바가 없습니다. 지금 이 예를 행하고자 하는 자는 그 가운데서 좋은 것을 따라 행하는 것에 불과할 뿐입니다. 그대가 다시 널리 물어보아 온당하게 처리한 뒤에 알려주는 게 어떻겠습니까? 저는 이 문제에 대해 몹시 알고 싶습니다.

족질 재로에게 답하다
答在魯族姪

문 중자(衆子)[43]가 주인이 되어 자신의 집에서 장자(長者)의 관례(冠禮)를 행한다면, 관례를 치르는 자는 응당 조계(阼階)[44]의 자리에 있어야 할 듯합니다. 조부가 장손(長孫)이나 승중(承重)한 자의 관례를 행한다면 응당 조계에서 관례를 행해야 하지만, 그 아버지가 살아있다면 《예기(禮記)》에 '적자(適子)가 있으면 적손(適孫)이 없다.'[45]고 하였으니, 응당 중자(衆子)의 예(例)에 따라 남쪽을 향한 자리에서 관례를 행해야 할 듯합니다.

답 그대의 설이 그럴듯하다.

43 중자(衆子) : 적장자(嫡長子) 이외의 모든 아들을 말한다.

44 조계(阼階) : 당(堂) 앞의 동쪽 계단으로 관혼상제(冠婚喪祭) 때 주인이 손님을 맞는 섬돌을 말한다.

45 적자(適子)가……없다 : 《예기》 〈상복(喪服)〉에 나오는 내용이다. 그 주(註)에 "주(周)나라의 도는 적자가 죽으면 적손을 세웠다. 적손은 장차 위로 할아버지의 후사가 될 자이지만, 적자가 있으면 모두 서손일 따름이다."라고 하였다.

문 관례(冠禮)의 재가(再加)[46]를 행할 적에 《가례(家禮)》에는 '축사(祝辭)를 마치면 찬자(贊者)[47]가 치포관(緇布冠)과 복건(幅巾)을 벗긴다.'는 글이 없는데, 구준(丘濬)의 《가례의절(家禮儀節)》에는 있습니다. '삼가(三加)를 행할 적에 사모(紗帽)를 벗긴다.'는 글을 가지고 보건대, 가까이 있는 글에서 유독 여기에만 빠뜨렸을 리가 없으니, 치포관과 복건을 벗기지 않고 그 위에 사모를 덧씌워서 지금 복건(幅巾) 위에 갓을 부착하는 것처럼 하는 것이 아니겠습니까.

답 삼가(三加)의 예는 엄격하게 세 차례의 절차가 있고 사용하는 관복(冠服)도 절로 구별이 있으니, 치포관과 복건 위에 그대로 사모를 덧씌우는 일은 없을 듯하다. 더군다나 사모를 치포관과 복건 위에 덧씌우는 것도 몹시 불편하다. 일찍이 《가례집람(家禮輯覽)》과 돌아가신 스승의 《관례홀기(冠禮笏記)》를 보았는데, 모두 재가(再加) 아래에 '치포관과 복건을 벗긴다.〔徹冠巾〕'라는 세 글자를 추가하여 넣었으니 아마도 구준(丘濬)의 《가례의절(家禮儀節)》이 옳은 듯하다.

46 재가(再加) : 관례(冠禮) 때 세 번 관(冠)을 갈아 씌우는 의식을 삼가(三加) 혹은 삼가례(三加禮)라고 한다. 삼가는 초가(初加 시가(始加)라고도 함), 재가(再加), 삼가(三加)로 나뉘는데, 초가에는 단령(團領)·조아(絛兒) 차림에 갓을 씌우고, 재가에는 단령 각대(角帶) 차림에 사모(紗帽)를 씌우고, 삼가에는 공복(公服) 차림에 복두(幞頭)를 쓴다.

47 찬자(贊者) : 찬관자(贊冠者) 혹은 빈찬자(賓贊者)라고도 하는데, 관례(冠禮) 때 빈(賓 관례를 주관하는 사람)을 보좌하여 관례를 돕는 사람이다.

신명윤에게 답하다
答申明允

문 관례를 치르는 자가 장자(長子)라면, 그가 비록 소종(小宗)의 장자라도 조계(阼階) 위에서 관례를 행합니까?

답 살펴보건대, 《예기(禮記)》 〈관의(冠義)〉의 '조계(阼階)에서 관례를 행하는 것은 대신함을 드러낸 것이다.' 주석에 "조계에서 관례를 행하는 자는 적자(適子)이다. 부친이 연로하면 아들에게 전하니, 이는 전해준다는 뜻을 드러낸 것이다."라고 하였다.[48] 이로써 미루어 본다면, 비록 소종의 장자라도 조계에서 관례를 행하는 것이 불가하지는 않을 듯하다.

48 조계(阼階)에서……하였다 : 해당 조목의 여씨(呂氏) 주(註)에서 "부친이 연로하면 아들에게 전하니, 이는 전해준다는 뜻을 드러낸 것이다.〔父老則傳之子, 所以著其傳付之意也.〕"라고 하였고, "조계에서 관례를 행하고 빈의 자리에서 초례(醮禮)를 행하는 자는 적자이다.〔冠於阼, 醮於客位者, 適子也.〕"라고 하였다.

족질 김치복에게 답하다

答致福族孫

문 《예기》〈관의(冠義)〉에 "모친을 뵈면 모친이 그에게 절을 한다." 라고 하였고, 《가례》에는 "관례(冠禮)를 치르는 자가 부모에게 절을 하면 부모가 그를 위해 일어난다."라고 하였습니다. 《예기》에는 부친은 말하지 않고 단지 모친만 말하여 이처럼 같지 않으니, 의심이 없을 수 없습니다.

답 《가례》와 《예기》는 모친과 부모라는 차이만 있을 뿐만 아니라, 절을 하는 것과 일어서는 것도 차이가 있다. 이것은 아마도 주자(朱子)가 고금의 예를 참작하여 정한 듯하다.

박필부[49]에게 답하다

答朴弼傅

문 부모 및 동성(同姓)의 8, 9촌 되는 사람도 없는 경우엔, 혼서(昏書)를 이성(異姓)의 친족이 주관합니까?

답 이미 부모가 안 계시고 또 8, 9촌 되는 친족도 없다면, 이것은 실로 일이 궁색하여 처리하기 어려운 문제다. 예법의 모든 관혼상제(冠婚喪祭)에는 원래 이성(異姓)이 주인이 되는 경우가 없다. 만약 부득이하다면 '종자(宗子) 자신이 혼인할 때에는 자신이 고한다.'[50]라는 예에 의거하여, 혼인 당사자가 혼서를 쓰는 것이 혹여 무방할 듯하다. ○살펴보건대, 《의례(儀禮)》 〈사혼례(士昏禮)〉 기(記)의 '종자(宗子)에게 부모가 없고 명(命)할 친족이 모두 죽었다면 자신이 직접 명한다.'라는 부분 주(註)에 "명한다는 것은 사자(使者)에게 명하는 것

49 박필부(朴弼傅) : 1687~1752. 본관은 반남(潘南), 자는 경뢰(景賚), 호는 성암(省菴)이다.

50 종자(宗子)……고한다 : 《가례》 〈혼례(婚禮)〉의 납채(納采) 조목에 "받들고 가서 사당에 고한다.〔奉以告於祠堂〕"는 내용이 보이는데, 그 주(註)에 "만약 종자(宗子) 자신이 혼인할 경우에는 자신이 고한다.〔若宗子自昏則自告.〕"라고 하였다.

이다."라고 하였고, 《춘추공양전(春秋公羊傳)》의 '송공(宋公)이 공손수(公孫壽)를 시켜서 납폐(納幣)하러 왔는데, 주인(主人)이라고 일컬은 것은 어째서인가? 말이 궁해서이다. 말이 궁한 것은 어째서인가? 모친이 없어서이다.'라는 부분 주(註)에 "송공은 모친이 없어 사명할 수 없어서[51] 말이 궁하였다. 이 때문에 스스로 명한 것이니, 즉 〈사혼례〉 기(記)의 이른바 '친족이 모두 죽었다면 자신이 직접 명한다.'라는 것이 이것이다."[52]라고 하였다. 이로써 보자면, 혼인 당사자가 직접 혼서를 쓰는 것을 의심할 바가 없을 듯하다. 어떻게 생각하는가?

51 송공(宋公)은……없어서 : 대본에는 '公無母使命之'로 되어 있는데, 《춘추공양전》 주석에 의거하여 '宋公無母, 莫使命之'로 바로잡아 번역하였다.

52 춘추공양전(春秋公羊傳)에……이것이다 : 은공(隱公) 2년 9월에 '기(紀)나라의 열수(裂繻)가 임금을 위해 와서 여자를 맞이하였다〔紀裂繻來逆〕'는 기사에 대한 《춘추공양전(春秋公羊傳)》의 내용은 다음과 같다. "열수(裂繻)는 기(紀)나라 대부이다. 혼례(婚禮)에는 주인을 일컫지 않는다. 그렇다면 어떻게 일컫는가? 제부형(諸父兄)이나 사우(師友)를 일컫는다. 송공(宋公)이 공손수(公孫壽)를 시켜서 납폐(納幣)하러 왔는데, 주인을 일컬은 것은 무슨 이유인가? 말이 궁해서이다. 말이 궁한 것은 무슨 이유인가? 모친이 없어서이다." 또한 이에 대한 하휴(何休)의 주(註)는 다음과 같다. "예법에는 모친이 살아계시면 모친이 제부형이나 사우들에게 명하여 행하게 함이 마땅하다고 했다. 송공은 모친이 없어서 사명(使命)할 수가 없었다. 그래서 말이 궁했기 때문에 스스로 명(命)한 것이다. 스스로 명하면 어쩔 수 없이 '사(使)'라고 일컬을 수밖에 없다.〔宋公無母, 莫使命之, 辭窮, 故自命之. 自命之, 則不得不稱使.〕" 하휴(何休)는 해(解)에서 또 "이는 곧 〈사혼례〉 기(記)에서 말한 '친족이 모두 세상을 떠나면 자신이 직접 명한다.'라는 것이 이것이다."라고 하였다.

신명윤에게 답하다

答申明允

문 친영(親迎)[53]에서 축사(祝辭)를 고할 적에 모군(某郡)과 성명(姓名)은 말하지 않고 다만 모씨(某氏)만을 말합니다. 위에 납채(納采)[54]에서 축사를 고할 적에 이미 성명을 말하였기 때문에 여기서는 다만 모관(某官) 모군(某郡) 모씨(某氏)만 말하는 것입니까?

답 성명(姓名)과 모씨(某氏)는 상호 참작해서 보는 것이 또한 옳을 듯하다.

문 신부가 축사(祝辭)를 고할 적에 "모관(某官) 모군(某郡) 모(某) 성명에게 시집갑니다."라고 하는데, 여기서 이른바 성명이라는 것은 모르겠습니다만 신랑을 말하는 것입니까? 아니면 신랑의 부친을 말하는 것입니까?

답 주자(朱子)가 "부인(婦人)이 시집가는 것을 '귀(歸)'라고 한다."라고 하였으니, 지금 '귀'라는 한 글자를 가지고 보면 필시 신랑을 가리켜 말한 것이다. 위의 납채(納采) 조목에서 신부가 축사를 고하여 "이미 모관(某官) 모군(某郡) 모(某) 성명의 아들에게 시집가는 것을 허

53 친영(親迎) : 혼례(婚禮)의 6가지 예식 가운데 여섯 번째로, 부친이 아들에게 신부를 맞이하라고 명(命)하면 아들이 직접 여자의 집으로 가서 신부를 맞이해 오는 것이다.

54 납채(納采) : 혼례(婚禮)의 6가지 예식 가운데 첫 번째로, 신랑 집에서 혼인을 하고자 예를 갖추어 청하면 신부 집에서 이를 받아들이는 것을 말한다.

락받았습니다."라고 하고, 여기에 이르러 "모관 모군 모 성명에게 시집갑니다."라고 하니, 위와 아래의 문세(文勢)가 서로 조응한다. 게다가 '모군(某郡) 성명(姓名)'은 구준(丘濬)의 《가례의절(家禮儀節)》에 '모군(某郡) 모씨(某氏)'로 고쳐 적었으니, 그 뜻이 더욱 더 분명한 듯하다.

족질 재로에게 답하다
答在魯族姪

혼례(婚禮) 때에 의자를 사용하는 것은 《의례(儀禮)》와 《의례도(儀禮圖)》 모두 실려 있지 않으니, 아마도 이것은 《서의(書儀)》[55]에서 나온 듯하다. 아래의 명기(明器) 조목에도 "평소의 모습을 생각하여 의자와 탁자를 사용한다."라고 하였으니, 의자는 필시 평상시에 사용하는 물건일 것이다.-듣자니 중국 사람들이 손님과 주인이 서로 마주할 때에도 모두 의자를 사용한다고 한다.- 합근(合巹)[56]할 때에 신랑과 신부를 위해 의자를 진설하는 것은 아마도 당시의 예가 그러한 듯하다.

문 초자(醮子)[57]할 때 신랑은 부친이 앉은 자리 앞에 나아가 동쪽을 향해 무릎을 꿇고 부친이 명(命)하며, 초녀(醮女)할 때 신랑의 예와 같이 술로 초례(醮禮)를 하고 보모가 딸을 인도하여 모친의 좌측으로

55 서의(書儀) : 송(宋)나라 사마광(司馬光)이 고례(古禮)에 근본하고 당시의 행할 만한 것을 참작하여 만든 것인데, 표주(表奏)·공문(公文)·사서(私書)·가서(家書)의 서식(書式) 1권, 관의(冠儀) 1권, 혼의(婚儀) 2권, 상의(喪儀) 6권 등 도합 10권이다.

56 합근(合巹) : 작은 박을 갈라 두 개로 만들어 신랑과 신부의 술잔으로 사용함을 이른다. 이는 부부가 한 몸임을 의미하는 것으로 이것을 초례잔이라 하며, 이 때문에 혼례를 지칭하는 말로 쓰이기도 한다.

57 초자(醮子) : 혼례(昏禮)에서 신부의 부모가 신부를 보내면서 당부의 말을 하는 의식을 초녀(醮女)라고 하고, 신랑의 부모가 신랑이 친영하러 갈 때 전송하면서 당부의 말을 하는 의식을 초자(醮子)라고 한다.

나오며 부친이 일어나 명한다고 했습니다. 초자(醮子)할 때에는 부친이 앉아서 명하고, 초녀(醮女)할 때에는 부친이 일어나서 명하는 것은 무슨 뜻입니까? 신부는 나아가 무릎을 꿇는 의절(儀節)이 없어서 부친이 앉아서 명하면 서 있는 사람이 불편하기 때문에 일어나서 명하는 것이 아니겠습니까.

답 그대가 말한 '신부는 나아가 무릎을 꿇는 의절(儀節)이 없다.'는 것이 맞는 듯하다.

윤은수[58]에게 답하다

答尹殷叟

문 친영(親迎) 때의 초녀(醮女) 및 신부를 시부모에게 보이거나 시부모가 음식을 받는 등의 일에 그 부친이 계시지 않는다면 모친이 감히 혼자 행할 수 없다고 혹자가 말하는데, 어떠한지요?

답 이계선(李繼善)이 묻기를 "살펴보건대 예법에 신랑이 친영(親迎)할 때 그 부친이 초례(醮禮)를 하고 명(命)한다고 하였습니다. 지금 저의 부형(父兄)이 모두 세상을 떠나 위로는 노모(老母)만 계시고 방친(傍親)의 어른으로 숙부가 계시니, 모르겠습니다만 가서 맞이할 때에 노모의 명을 받아야 합니까? 아니면 다시 숙부의 명을 받아야 합니까?"라고 하니, 주자(朱子)가 답하기를 "응당 모친께 명을 받아야 한다."라고 하였습니다.[59] 여기에 의거하면 모친이 비록 혼자 남았더라도 예를 행하는 것이 안 되기야 하겠는가. 시부모가 음식을 받는 한 가지 일에 있어서는 혹 폐하여도 괜찮지 않을까 싶네.

58 윤은수(尹殷叟) : 윤형로(尹衡老, ?~?)를 가리킨다. 그의 자가 은수(殷叟)이다.

59 이계선(李繼善)이……하였습니다 : 《주자대전속집(朱子大全續集)》 권10 〈답이효술계선문목(答李孝述繼善問目)〉에 보인다.

윤은수에게 답하다

答尹殷叟

《가례(家禮)》〈혼례(昏禮)〉의 주(註)에 "혼례를 주관하는 것은 관례(冠禮) 때 주인의 법도와 같다."라고 하였으니, 이로써 보건대 종자(宗子)에게 변고가 있으면 그 다음의 종자에게 명하는 것[60]은 관례와 혼례에 차이가 없을 듯하다. 게다가 〈관례(冠禮)〉에서 "반드시 부모에게 기년복(朞年服) 이상의 상(喪)이 없어야 한다."라고 하였고, 〈혼례〉에서 "자신과 혼례를 주관하는 자가 기년복 이상의 상(喪)이 없어야 한다."라고 하였다. 우장(尤丈 송시열)은 "부모와 혼례를 주관하는 자는 응당 같은 의미로 보아야 한다."라고 하였고, 돌아가신 스승께서는 "부모와 혼례를 주관하는 자는 그 뜻에 각각 차이가 있다."라고 하였다. 어떤 곳에서는 부모라고 하고, 어떤 곳에서는 혼례를 주관하는 자라고 하였으니, 분별한 바에 어찌 그 뜻이 없겠는가. 지금 혼기(婚期)를 넘은 자녀가 자신은 이미 변고가 없고 혼례를 주관하는 자도 변고가 없다면, 예법에 의거하여 혼례를 행하는 것에 불가한 점이 없을 듯하다. 돌아가신 스승이 일찍이 말하기를 "어떤 사대부 집이 연달아 중복(重服)의 상(喪)을 당했는데, 그 집에 나이가 삼십을 넘기고도 아직 시집을 가지 않은 딸이 있다면 이는 응당 변통

60 종자(宗子)에게……것 : 《가례(家禮)》〈관례(冠禮)〉의 고사당(告祠堂) 조목에 "종자(宗子)에게 변고가 있으면 그 다음의 종자나 그 아버지에게 명하여 직접 주관하게 한다.〔宗子有故, 則命次宗子若其父自主之.〕"라고 하였다.

을 해야 한다. 〈혼례〉에서 반드시 혼례를 주관하는 자〔主昏〕라고 말한 것은 아마도 이 때문일 것이다."라고 하였다. 또 말하기를 "《주례(周禮)》에 '흉년을 만나면 제례(祭禮)를 모두 줄여서 행한다.'고 하였으니, 혼기를 넘긴 혼례 또한 줄여서 행하는 것이 옳은 듯하다."라고 하였다. 그렇다면 줄인다는 것은 초례(醮禮)나 수폐(受幣) 등과 같은 일일 것이다. 그러나 고찰할 만한 예서(禮書)가 없어 감히 단언할 수는 없다.

문 전처(前妻)의 종부자매(從父姊妹)를 후처(後妻)로 들이고, 매부(妹夫)의 전처 아들에게 딸을 시집보내는 것은 어떻습니까.

답 여헌공(呂獻公 여공저(呂公著))의 아들과 장대제(張待制 장온지(張昷之))의 딸은 이종사촌 형제로서 부부가 된 경우[61]이고, 주자(朱子) 아들의 딸과 주자 딸의 아들은 내외형제로서 부부가 된 경우입니다. 이는 예법에서 금기하는 바가 아닙니다. 이종사촌 형제, 내외형제도 오히려 부부가 되는데, 더군다나 아내의 종자매(從姊妹)는 어떻겠습니까. 다만 종형제(從兄弟) 사이로 부부가 되는 것은 듣자니 명(明)나라 태조(太祖) 때부터 금했다고 합니다. 이는 종형제 사이는 유복지친(有服之親)이기 때문입니다. 아내의 종자매에 대해서 금한다는 것은 듣지 못했으니, 이는 아내의 친자매도 오히려 부부가 될 수 있기 때문입니다.-여동래(呂東萊 여조겸(呂祖謙))는 다시 한남간(韓南澗 한원길(韓元吉))의

61 여헌공(呂獻公)의…… 경우 : 여공저(呂公著)와 장온지(張昷之)는 모두 노종도(魯宗道)의 딸들과 혼인을 맺었고, 여공저의 아들 여희철(呂希哲)과 장온지(張昷之)의 딸이 서로 혼인을 맺었다.

사위가 되었습니다.[62]- 그러나 우리나라의 풍속은 중국과는 같지 않으니, 널리 물어보고 처리하는 게 어떻겠습니까. 매부의 전처 아들에게 딸을 시집보내는 것은 또한 혐의될 게 없을 듯합니다.

문 《가례》〈혼례(昏禮)〉의 예빈(禮賓) 조목 보주(補註)에 "빈(賓)은 곧 종자(從者)이다."라고 하였습니다. 이것으로 보면 예빈(禮賓)은 신부의 종자(從者)를 대접하는 것입니다. 그런데 동춘(同春 송준길)은 "예가(禮家)에는 예빈(禮賓)의 의절(儀節)이 있으니 향당(鄕黨)의 벗들을 본디 초청해야 한다."[63]라고 하였으니, 이것은 보주(補註)의 설과 다릅니다. 삼가 생각건대 이 예법을 행하려는 경우에는 응당 보주의 설에 의거하는 것이 옳을 듯합니다. 어떻게 생각하시는지요?
답 본문(本文)으로 보자면, 보주(補註)의 설이 옳은 듯하다.

62 여동래(呂東萊)는……되었습니다 : 여조겸(呂祖謙)은 한원길(韓元吉)의 두 딸들과 혼인을 맺었다.

63 예에는……한다 : 송준길(宋浚吉)의 〈나우천에게 답하다〔答羅于天〕〉에 "만약 친영(親迎)을 행한다면 진실로 사람들이 빙 둘러서는 일은 없지만, 예가(禮家)에도 예빈(禮賓)의 의절(儀節)은 있으니 향당(鄕黨)의 벗들을 본디 초청해야 합니다."라고 하였다.

한영숙[64]에게 답하다

答韓永叔

병이 위중하면 정침(正寢)으로 옮겨서 거처하는 것[65]은 죽는 사람은 반드시 정처(正處)에서 숨을 거둔다는 뜻에서 기인한 것이니, 이는 남녀가 다르지 않을 듯합니다. 《의례(儀禮)》 〈사상례(士喪禮)〉의 '적실(適室)에서 숨을 거둔다.'는 조목 소(疏)에 "제후의 경우는 노침(路寢)이라고 하고, 경대부와 사(士)의 경우는 적실(適室)이라고 하고 또한 적침(適寢)이라고 하니, 총괄해서 말하자면 모두 정침을 말한다."라고 하였습니다. 《예기(禮記)》 〈상대기(喪大記)〉의 '군(君)의 부인(夫人)은 노침(路寢)에서 죽고, 대부(大夫)의 세부(世婦 대부의 부인)는 적침(適寢)에서 죽고, 사(士)의 부인은 모두 침(寢)에서 죽는다.'는 부분 소(疏)에 "제후의 부인, 대부의 아내, 그리고 사의 아

64 한영숙(韓永叔) : 한홍조(韓弘祚, ?~?)를 가리킨다. 그의 자가 영숙(永叔)이다.

65 병이……것 : 《가례》 〈상례(喪禮) · 초종(初終)〉에 정침으로 옮겨 거처한다〔遷居正寢〕는 조목이 나오고, 그 본주(本註)에 "병이 위중하면 정침(正寢)으로 옮겨서 거처한다〔凡疾病, 遷居正寢.〕"라고 하였다.

내는 모두 남편의 정침(正寢)에서 죽는다."라고 하였습니다. 지금 〈사상례〉와 〈상대기〉의 설로 보자면, 남녀가 모두 정침(正寢)에서 죽는다는 것을 알 수 있습니다. 방씨(方氏 방각(方慤))가 말하기를, "사의 부인은 모두 침(寢)에서 죽는다는 내용에서 침은 곧 정침이다."라고 하였습니다. 그렇다면 다만 존귀한 자만 정침으로 옮기는 것뿐 아니라 비천한 자도 정침으로 옮기는 것입니다. 이는 신분이 비천하지만 그 죽음은 정처(正處)에서 하지 않을 수 없어서입니다. 생각건대 〈사상례〉와 〈상대기〉에서는 존귀를 구별하여 나누어 말하였고, 《가례》에는 남녀를 통괄해서 말하였습니다. 죽음을 앞두고 옮기는 침소는 귀천에 따라 비록 다르지만, 그 죽음은 반드시 정처에서 해야 함은 남녀의 차이가 없습니다.

문 '남편은 부인의 손에서 죽지 않고, 부인은 남편의 손에서 죽지 않는다.……'[66]에 관하여

답 이것은 남편과 부인을 일반적으로 말한 듯하고, 부녀(父女)나 모자(母子) 관계를 가리켜 말한 것은 아닌 듯합니다.

66 남자는……않는다 : 《예기(禮記)》 〈상대기(喪大記)〉에 보인다.

신명윤에게 답하다

答申明允

문 사망한 뒤에는 '상(床)을 진설한다.'는 글이 없는데, 시신을 옮기는〔遷尸〕 조목에 이르러 욕상(浴床 시신을 목욕시킬 상)을 진설하면서 '대자리를 펴고 볏짚자리를 걷는다.〔施簀去薦〕'라고 하였습니다. 볏짚자리를 펼친 일이 없는데 여기에 이르러 걷는다고 한 것은 어째서입니까? '볏짚자리를 걷는다.'는 뜻을 잘 모르겠습니다.

답 살펴보건대 《예기(禮記)》 〈상대기(喪大記)〉에 "병이 위중하면 침상(寢床)을 치운다."고 하였고, 또 "처음에 죽었을 때 시신을 침상으로 옮긴다."라고 하였는데, 그 주(註)에 "시신을 처음에 땅에 눕히는 것은 생기(生氣)가 회복하기를 바라는 것이고, 이미 소생하지 못하기 때문에 다시 침상으로 시신을 옮기는 것이다."라고 하였습니다.-병이 위중할 때에 침상을 치우고 땅에 눕히기 때문에 처음 죽었을 때 다시 침상으로 옮기는 것입니다.- 《가례(家禮)》의 해당 조목 아래 주(註)에도 이르기를, "시상(尸床) 앞에 상을 진설한다."라고 하였으니, 그렇다면 욕상(浴床)을 진설하기 전에 이미 시상(尸床)이 있다는 것을 알 수 있습니다. '볏짚자리를 걷는다.〔去薦〕'는 두 글자는 과연 내력(來歷)이 없는 듯합니다. 다만 〈상대기〉 목욕조(沐浴條)의 소(疏)에 "자거나 눕는 자리에 또한 위에는 왕골자리를 아래에는 대자리를 깐다."라고 하였으니, 이로써 보건대 상(床)을 진설하는 도구에 원래부터 대자리와 볏짚자리가 있었기 때문에 목욕시킬 적에 그것들을 걷는 듯합니다. '천(薦)'은 운서(韻書)에 고(稿 볏짚)를 천(薦)이라 하고, 완(莞 왕골)을 석(席)이라고 하였습니다.

이군보에게 답하다

答李君輔

문 《예기(禮記)》〈상복소기(喪服小記)〉에는 "부인의 상(喪)을 치를 때에 우제(虞祭)와 졸곡제(卒哭祭)는 그 남편이나 아들이 주관한다." 라고 하였고, 〈분상(奔喪)〉에는 "모든 상(喪)은 부친이 살아있으면 그 부친이 주관한다."라고 하였으니, 두 곳의 말이 실로 크게 어긋납니다. 저의 견해는 상(喪)과 제(祭)는 본래 절로 구별되니 장사를 지내기 전에는 한결같이 '부친이 살아있으면 부친이 주관한다.'는 〈분상〉의 설을 따라서 반함(飯含), 삭전(朔奠), 증현훈(贈玄纁) 등의 예법을 모두 부친이 주관하며, 장사를 지낸 후에는 한결같이〈상복소기〉 및《속해(續解)》의 주(註)를 따라서 우제, 졸곡제, 대상(大祥), 소상(小祥)을 그 남편이나 아들이 주관하는 것입니다. 이와 같이 하면 두 설이 모두 근거하는 바가 있습니다. 우재(尤齋 송시열)는 '부친이 살아있으면 부친이 주관한다.'는 설을 한결같이 주장하였습니다.

답 〈분상〉 및 〈상복소기〉에 모두 분명한 글이 있으니 어떤 것이 옳은지 모르겠습니다. 다만 '삭제(朔祭)는 아들이 주관한다.'는 것과 관련한 진명중(陳明仲 진돈(陳焞))의 질문에, 주자(朱子)는 〈분상〉의 설을 인용하여 대답하였습니다.[67] 《주자어류(朱子語類)》에도 "아내의 상(喪)을 당항 경우, 목주(木主 신주)에 아내의 이름을 써야지 모친의 이름을 써서는 안 된다. 만약 며느리가 죽었다면 반드시 며느리의 이름을 쓰고 시아버지가 주관한다."[68]라고 하였습니다. 《가례집설(家禮集說)》에도 "아들에게 처자(妻子)의 상(喪)이 있으면 그 부친이 주관하니, 존장자에게 통솔을 받기 때문이다."라고 하였습니다. 우장(尤丈)이 〈분상〉의 설을 가지고 주장한 것은 바로 이 때문일 것입니다. 지금 그대는 장사 지내기 이전과 이후를 구분하여 장사를 지내기 전에는 〈분상〉의 설을 행하고, 장사를 지낸 후에는 〈상복소기〉의 설을 행한다고 하니 그 말도 좋습니다. 다만 나누어 소속시키는 설은 분명한 근거가 없으니 감히 단언하지 못하겠습니다.

67 삭제(朔祭)를……대답하였습니다 : 주희(朱熹)의 〈진명중에게 답함〔答陳明仲〕〉 편지글에 이에 대한 문답이 보인다. 진돈(陳焞)이 "부인의 삭제(朔祭) 때 그 아들이 제주(祭主)가 되어야 합니까?"라고 물었는데, 주희가 대답하기를 "모든 상(喪)은 그 부친이 살아있으면 그 부친이 주관한다고 하였으니, 부친이 살아있는데 그 아들이 상주가 되는 예(禮)는 없다. …… 아내의 상에는 남편이 스스로 상주가 되니, 지금 아들을 상주로 삼는 것은 적절하지 못한 것 같다."라고 하였다.

68 아내의……주관한다 : 《주자어류(朱子語類)》 권89에 보인다.

최사손[69]에게 답하다
答崔士遜

문 어떤 사람이 독자(獨子)의 독손(獨孫) 상(喪)을 당하였는데 다만 손자의 아내만 남아있어서 족손(族孫)을 데려와 후사로 삼았습니다. 죽은 손자의 아내가 응당 총부(冢婦)가 되고 후사로 들어온 손자는 응당 차손(次孫)이 됩니다. 지금 후사로 들어온 집의 조부 상(喪) 때 후사로 들어온 손자가 우선 제주(題主)하고, 죽은 손자의 아내가 후사를 세우기를 기다렸다가 그를 세워 종자(宗子)로 삼아서 개제(改題)하도록 하는 것이 어떻겠습니까?

답 그대의 말이 옳은 듯합니다. 다만 제주(題主)의 방주(旁註)에 '효(孝)' 자를 써서는 안 됩니다. 훗날에 적손(嫡孫)의 아내가 후사를 세우면 전후의 곡절을 갖추어 조부의 사당에 고하고서 개제(改題)할 때에야 비로소 '효' 자를 쓰는 것이 어떨지 모르겠습니다.

69 최사손(崔士遜) : 최민학(崔敏學, 1661~1711)을 가리킨다. 그의 본관은 전주(全州), 자는 사손(士遜)이다.

오임도에게 답하다
答吳任道

문 지금 어떤 사람이 죽었는데 장자(長子)가 먼저 죽어서 적손(嫡孫)이 승중(承重)하였지만 지금 갓난아기입니다. 중자(仲子)가 응당 제사를 대신 주관하고 축사(祝辭)에는 응당 "효손(孝孫) 아무개가 중부(仲父) 아무개를 대신 시킵니다.……"라고 해야 합니까? 아니면 아들이 부친뻘 되는 이의 이름을 부르는 것은 온당하지 않으니 다만 중부로만 칭하고 이름은 부르지 않습니까?

답 이것은 응당 아이의 이름으로 제사를 대신 주관하는 자가 고하는 예를 써서, 축사에 "고애손(孤哀孫) 아무개가 어려서 예를 행하지 못하기에 고애자(孤哀子) 아무개가 제사를 대신 행하여 감히 밝게 고합니다.……"라고 해야 할 듯합니다. 우제(虞祭)부터 이에 의거하여 행하는 것이 어떠할지 모르겠습니다.

족제 사직[70]에게 답하다

答士直族弟

문 부친이 살아있는데 모친의 상(喪)을 당한 경우에 우제(虞祭)와 졸곡제(卒哭祭) 같은 제사는 응당 누가 주관합니까? 그 부친이 응당 주관해야 하는데, 다만 《상례비요(喪禮備要)》에는 고애자(孤哀子)와 애자(哀子)의 구별[71]이 있습니다. 애자(哀子)라는 칭호로 살펴보면 아내의 상(喪)을 남편이 주관하는 뜻과 같지 않은데, 어떻게 생각하시는지 모르겠습니다.

답 부친이 살아있는데 모친의 상을 당한 경우에 그 부친이 상주(喪主)가 되는 것은 이미 주자(朱子)의 정론(定論)이 있다. 《상례비요》의 〈축사(祝辭)〉 주(註)에서 말한 것은 어떤 뜻인지 모르겠다. 《가례》 〈서소(書疏)[72]〉의 '고자(孤子)' 아래의 주(註)에 "모친의 상(喪)에는 애자(哀子)라 칭하며, 부모가 모두 죽었을 경우엔 고애자(孤哀子)라 칭하며, 승중(承重)한 자는 고손(孤孫)·애손(哀孫)·고애손(孤哀孫)이라고 칭한다."라고 하였다. 지금 《상례비요》 〈축사〉의 주(註)

70 사직(士直) : 김유(金楺, 1653~1719)이다. 본관은 청풍(淸風), 자는 사직(士直), 호는 검재(儉齋), 시호는 문경(文敬)이다.

71 고애자(孤哀子)와 애자(哀子)의 구별 : 《상례비요》 〈축사(祝辭)〉 주(註)에서 "모친의 상(喪)에는 애자(哀子)라 칭하며, 부모가 모두 죽었을 경우엔 고애자(孤哀子)라 칭하며, 승중(承重)한 자는 고손(孤孫)·애손(哀孫)·고애손(孤哀孫)이라고 칭한다."라고 하였다.

72 서소(書疏) : 거상(居喪) 중에 작성하는 서한(書翰)을 말한다.

는 이 주(註)의 내용을 전적으로 인용하고 있으니, 이로 인해 잘못이 생긴 듯하다. 〈서소〉와 〈축사〉는 상주(喪主)가 같지 않으니, 뒤섞어 칭하는 것은 불가할 듯하다. 어떻게 생각하는가?

신명윤에게 답하다

答申明允

문 모든 상(喪)에 부친이 살아있으면 부친이 상주(喪主)가 된다는 것에 대해서, 우옹(尤翁)은 "적부(嫡婦)와 서부(庶婦), 함께 살든 따로 살든 관계없이 공히 시아버지가 상주가 된다."[73]라고 하였고, 외조부[74]께서도 실제 이를 따랐습니다. 그런데 이장(李丈)은 "어떤 사람이 아내의 상(喪)을 당했을 경우 그 시아버지가 주관하여 제주(題主)는 응당 망부(亡婦)라고 써야 하며, 우제(虞祭)와 졸곡제(卒哭祭)에 이르러선 그 시아버지가 직접 행할 수 없기에 응당 그 남편으로 하여금 행하게 한다."라고 하였습니다. 다만 생각건대 시아버지가 이미 상주가 되었으니, 우제와 졸곡제도 응당 시아버지가 직접 행해야지, 어째서 그 남편을 빌려주어 부친을 대신하여 제사를 주관하게 합니까?

답 《예기(禮記)》〈분상(奔喪)〉에 "모든 상(喪)에 부친이 살아있으면 부친이 상주가 된다."라고 하였고, 그 주(註)에 "부친이 살아있는데

73 적부(嫡婦)와……상주가 된다. : 《송자대전(宋子大全)》 권123 〈상중씨(上仲氏)〉에 이와 관련한 내용이 보인다. "모든 상(喪)에 부친이 살아있으면 부친이 상주(喪主)가 된다는 것은 〈분상(奔喪)〉 편의 글이고, 부인의 상(喪)에 우제와 졸곡제는 그 남편이나 아들이 주관하고, 부제(祔祭)는 시아버지가 주관한다는 것은 〈상복소기(喪服小記)〉의 글입니다. 이 두 설이 같지 않으니, 참으로 의심스럽습니다.……만약 명사(命士) 이상이 아니고 아버지와 아들이 거처를 함께할 경우라면 우제·졸곡제·부제와 기제(忌祭)를 막론하고 시아버지가 모두 이를 주관하는 것입니다."

74 제 외조부 : 박세채(朴世采)를 가리킨다. 신경(申暻)의 모친이 박세채의 차녀이다.

아들이 처자(妻子)의 상(喪)을 당하면 그 부친이 주관하니, 존장자에게 통솔을 받기 때문이다."라고 하였다. 《예기》 〈상복소기(喪服小記)〉에 "며느리의 상(喪)에 우제(虞祭)와 졸곡제(卒哭祭)는 그 남편이나 아들이 주관하고, 부제(祔祭)는 시아버지가 주관한다."라고 하였고, 정현(鄭玄)의 주(註)에 "며느리는 적부(適婦)와 서부(庶婦)를 모두 말한 것이다. 며느리를 위해 우제와 졸곡제를 지내는 것은 시아버지의 일이 아니다. 조묘(祖廟)에 부제하는 것은 존장자가 응당 주관해야 한다."라고 하였으며, 공영달(孔穎達)의 소(疏)에 "우제와 졸곡제는 정침(正寢)에서 지내기 때문에 그 남편이나 아들이 주관한다. 조묘에 부제하는 것은 그 일이 중하기 때문에 시아버지가 주관한다."라고 하였으며, 진호(陳澔)의 주(註)에 "우제와 졸곡제는 정침에서 며느리를 제사 지내는 것이고, 사당에 부제하는 것은 시아버지의 모친에게 제사 지내는 것이다. 높고 낮은 차이가 있기 때문에 주관하는 사람이 같지 않다."라고 하였다. 〈분상〉과 〈상복소기〉의 설이 다르기 때문에 우장(尤丈)은 '존장자의 통솔을 받는다.'는〈분상〉의 설을 주장한 것이고 돌아가신 스승께서도 일찍이 이를 따랐던 것이다.

정해에게 답하다

答鄭瀣

상(喪)을 당한 집안에 이미 첩의 아들이 있고 나이 또한 열 네 살이니, 상례(喪禮)를 주관할 수 있습니다. 그대 집안의 경우는 비록 본생가(本生家)라고 하지만 독자(獨子)가 이미 대종(大宗)의 백부 집으로 출계(出繼)하였고, 또한 양 쪽에 부모가 안 계시니 결코 본종(本宗)으로 돌아갈 수 없습니다. 그대의 아들은 죽은 사람에게는 종손(從孫)이 되니, 종손으로서 부친 자리가 없이 곧장 종조(從祖)의 뒤를 잇는 것 또한 온당하지 않은 듯합니다. 내 생각으로는 종중(宗中)의 조카 항렬 가운데서 합당한 이를 구하여 세우고 상주(喪主)로 삼는 것만 못합니다. 그렇지 않다면 첩의 아들로 상례를 주관하게 해야 사리(事理)에 순하여 구애될 곳이 없을 것입니다.

족질 상로에게 답하다
答尙魯族姪

문 어떤 사람에게 두 아들이 있는데, 장자(長子)가 시력을 잃어 폐인이 된지라 장가를 못가 후사가 없어 어쩔 수 없이 차자(次子)에게 전중(傳重)하였습니다. 그런데 차자가 먼저 세상을 떠나고 계모(繼母)의 상(喪)을 당했다면 장자와 차자의 아들 가운데 누가 상(喪)을 주관합니까? 갑(甲)은 말하기를, "비록 시력을 잃었더라도 이미 적장(嫡長)이 있으니, 차자의 아들이 상을 주관해서는 안 된다."라고 하고, 을(乙)은 말하기를, "승중(承重)한 자가 상을 주관하지 않을 수 없다."라고 하니, 어떤 설을 따라야 할지 모르겠습니다. 제 생각으로는, 〈상복(喪服)〉 소(疏)의 사종(四種) 조목[75]에 "정(正)·체(體)이기는 하나 전중(傳重)을 하지 못한 경우로, 적자(嫡子)에게 폐질(廢疾)이 있어서 감히 종묘(宗廟)를 주관할 수 없는 것을 말한다."라고 했으니 이

75 사종(四種) 조목 : 사종(四種)은 가통(家統)을 이은 아들이라도 부모가 그를 위해 삼년복을 입지 않는 네 가지 경우를 말한다. 《의례주소(儀禮註疏)》 권29 〈상복(喪服)〉 가공언(賈公彦)의 소(疏)에 다음과 같이 말했다. "비록 승중(承重)을 했어도 삼년복을 입지 않는 네 가지 종류가 있다. 첫째는 정(正)·체(體)이기는 하나 전중을 하지 못한〔正體不得傳重〕 경우로 적자(嫡子)에게 폐질이 있어서 종묘를 주관할 수 없는 것을 말하고, 둘째는 전중은 했으나 정·체가 아닌〔傳重非正體〕 경우로 서손(庶孫)이 뒤를 이은 것을 말하고, 셋째는 체이기는 하지만 정이 아닌〔體而不正〕 경우로 서자(庶子)를 세워 후사로 삼은 것을 말하고, 넷째는 정이기는 하지만 체가 아닌〔正而不體〕 경우로 적손(嫡孫)을 세워 후사로 삼은 것을 말한다." 여기에서 정(正)은 적장(嫡長)을 의미하고, 체(體)는 그 몸이 부조(父祖)를 계승한 것을 의미한다.

설이 두루 인용하기에 충분하니, 차자의 아들이 상을 주관해야 할 듯합니다. 어떻게 생각하시는지요?

답 다만 사종(四種)의 설 뿐만 아니라 《의례(儀禮)》〈상복편(喪服篇)〉 대공(大功) 조목의 '적부(適婦)' 아래 기(記)에 "적부(適婦)로서 시아버지의 후사가 되지 못한 자는 시어머니가 그를 위해 소공복(小功服)을 입는다."라고 하였고, 그 주(註)에 "남편에게 폐질(廢疾)이 있거나 후사가 없이 죽어서 수중(受重)하지 못한 경우이다. 소공복은 서부(庶婦)에 대한 상복(喪服)이다."라고 하였다. 지금 예법의 뜻으로 보자면, 폐질이 있는 것과 일찍 죽어 아들이 없는 것은 똑같다. 더군다나 이것은 또한 이미 부친의 명이 있었으니, 을(乙)의 설이 옳은 듯하다.

한영숙에게 답하다

答韓永叔

문 상의의 앞섶을 띠에 끼우는 것[77]에 대해서, 혹자는 여기서의 이 띠는 옷의 작은 띠를 가리킨다고 하는데, 그렇지 않은 듯합니다. 옛날에는 심의(深衣)에 작은 띠를 달지 않았고 허리 가운데에 큰 띠를 묶었을 뿐이니, 이 띠는 응당 큰 띠로 보아야 할 것 같습니다.

답 《예기(禮記)》〈문상(問喪)〉의 "옷의 앞섶을 꽂는다〔扱上衽〕"에 대한 주(註)에서 "상임(上衽)은 심의(深衣)의 앞섶이다."라고 하였습니다. 이미 상임을 심의의 앞섶으로 여겼고, 〈곡례(曲禮)〉와 〈상대기(喪大記)〉의 주(註)에서 모두 '심의의 앞섶을 띠에 꽂는다.'[78]라고 하

76 역복(易服) : 거상(居喪)이나 탈상(脫喪) 때에 옷을 갈아입는 것을 말한다.

77 옷의……것 : 《가례》〈상례(喪禮) · 초종(初終)〉의 역복(易服) 조목에서 "남자는 상임(上衽)을 끼운다.〔男子扱上衽〕"라고 하였는데, 그 주(註)에서 "옷의 앞섶을 띠에 끼우는 것을 말한다."라고 하였다.

78 곡례(曲禮)와……꽂는다 : 《예기》〈곡례 상(曲禮上)〉에 "자최(齊衰) 신을 신고 섶을 꽂는다.〔苞屨扱衽〕"라고 하였는데, 그 주(註)에서 "섶을 꽂는다는 것은 심의의 앞섶을 띠에 꽂는 것이다."라고 하였으며, 《예기》〈상대기(喪大記)〉에 "무릇 주인이

였으니, 그 띠는 큰 띠를 가리킨다는 그대의 말씀이 옳은 듯합니다. 다만 지금은 심의를 입는 사람이 적은데 앞섶을 꽂는 예법 또한 폐할 수 없으니, 옷의 작은 띠에 꽂는 것이 부득이합니다.

나갈 때에 신을 신지 않고 옷의 섶을 꽂고 가슴을 치면서 서쪽 계단으로 내려간다.〔凡主人之出也, 徒跣, 扱衽, 拊心, 降自西階.〕라고 하였는데, 그 주(註)에서 "섶을 꽂는다는 것은 심의의 앞섶을 띠에 꽂는 것이다."라고 하였다.

한영숙에게 답하다
答韓永叔

문 《가례(家禮)》〈습(襲)〉 조목에 있는 '병들었을 때 입었던 옷과 복의(復衣)[79]를 모두 제거하는〔悉去病時衣及復衣〕'는 절차를 《상례비요(喪禮備要)》에서는 목욕(沐浴)의 조목에 옮겨놓고 〈상대기(喪大記)〉의 주(註)를 인용하여 그 증거로 삼았습니다. 《가례집람(家禮輯覽)》에서는 또 제가(諸家)의 주설(註說)을 인용하여 변론하였는데,[80] 이 말의 뜻을 자세히 살펴보면, 사계 선생(沙溪先生)은 '실거(悉去)'의 '거' 자를 철거(撤去)한다는 의미의 '거' 자로 간주하여 '습(襲)할

79 복의(復衣) : 초혼(招魂)할 때에 쓰는 죽은 사람의 옷을 말한다.

80 가례집람(家禮輯覽)에서는……변론하였는데 : 《가례집람》〈상례(喪禮)·습(襲)〉 조목에서 김장생(金長生)은 《의례》〈사상례(士喪禮)〉, 《예기》〈상대기(喪大記)〉, 《개원례(開元禮)》 등에 보이는 각종 주설(註說)을 인용한 다음 변론하기를 "이미 심의(深衣), 포오(袍襖) 같은 따위의 옷을 침상 위에 놓고서 그 위에 시신을 옮겨 놓는데 또다시 '새 옷으로 바꾸어 입힌다.'고 한다면, 글이 도치되고 중첩된 듯하니 의심스럽다. 그리고 목욕시킬 때에 어찌 병들었을 적에 입고 있던 옷을 벗기지 않을 리가 있겠는가. 이러한 조문은 어째서 이렇게 된 것인지 모르겠다."라고 하였다.

때에 비로소 철거하고 갈아입힌다.'라는 《가례》의 말을 의심한 것인데, 이를 감히 이해할 수 없습니다. 예법에서 사의(死衣)[81]와 복의(復衣)를 습(襲)할 때 사용하지 않기 때문에 《가례》에 또한 "병들었을 때 입었던 옷과 복의를 모두 제거한다."고 말한 것입니다. 여기서의 '실거(悉去)' 두 자는 단지 사용하지 않는다는 것을 드러내어 말한 것이지, 이때에 이르러 비로소 철거한다는 말이 아닙니다. 또 '새 옷으로 갈아입힌다.〔易以新衣〕'[82]라는 말은 심의(深衣), 포오(袍襖) 이하를 하나하나 나열한 말이니, '병들었을 때 입었던 옷과 복의를 습(襲)할 때에 모두 사용하지 않고 이 심의(深衣)·포오(袍襖) 등의 새 옷을 모두 사용한다.'고 말하는 것과 같을 뿐입니다. 이렇게 보는 것이 어떻습니까?

답 말씀하신 '심의·포오 등의 새 옷을 사용한다.'는 내용은 옳은 듯합니다. 다만 옷을 제거하는 절차에 대해서는 저의 견해와 조금 다릅니다. 《예기(禮記)》 〈상대기(喪大記)〉에 "병이 심해지면 입고 있던 평상복을 벗기고 새 옷을 입힌다."[83]라고 하였고, 그 주(註)에서 "존귀

81 사의(死衣) : 죽음에 임박하여 새로 입혔던 옷을 말한다.

82 새 옷으로 갈아입힌다 : 《가례》 〈습(襲)〉에 "습상(襲牀)을 진설하고 습의(襲衣)를 늘어놓고 시신을 옮긴다.〔設襲牀鋪衣遷尸〕"라고 하였는데, 그 본주(本註)에 "시자(侍者)가 습상(襲牀)을 휘장 밖에 진설한다. 거적자리와 돗자리와 요와 베개를 놓고 먼저 큰 띠, 심의(深衣), 포오(袍襖), 한삼(汗衫), 바지, 버선, 늑백(勒帛), 과두(裹肚) 따위를 그 위에 놓는다. 그대로 들고 들어가 욕상(浴牀) 서쪽에 놓는다. 시신을 그 위로 옮긴다. 병이 났을 때 입었던 옷과 복의를 모두 제거하고 새 옷으로 갈아입힌다. 다만 복건과 심의와 신발은 아직 착용하지 않는다."라고 하였다.

83 병이……입힌다 : 《예기》 〈상대기(喪大記)〉에서 "병이 심해지면 집안의 안과 밖을 모두 소제하며, 군주와 대부는 매달아 놓은 악기를 철거하고 사는 금(琴)과 슬(瑟)을

한 자는 조복(朝服)을 입히고 일반인은 심의(深衣)를 입힌다."라고 하였습니다. 또 "막 죽었을 때에는 대렴할 이불을 사용하고 사의(死衣)를 제거한다."[84]라고 하였고, 그 주(註)에 "이보다 앞서 입고 있던 평상복을 벗기고 새 옷을 입혀서 죽음을 맞이하였고, 이제는 대렴할 이불을 덮고 죽을 때 입혔던 새 옷을 제거하는 것이다."라고 하였습니다. 이로써 보건대, 병이 들었을 때는 입고 있던 평상복을 벗기고 막 죽었을 때에는 죽음에 임박하여 새로 입혔던 사의(死衣)를 제거하는 것이니, 이것은 옛 예법이 그러합니다. 주자(朱子)가 어찌 이것을 몰랐겠습니까. 그러나 《가례》에 '질병(疾病)' 조목부터 '목욕(沐浴)' 조목에 이르기까지 모두 이러한 절목을 말하지 않다가 습(襲)의 조목 아래에 이르러 비로소 말하였으니, 이것은 필시 간략함을 따르려는 뜻에서 나온 듯합니다.

철거한다. 북유(北牖) 아래에서 병자의 머리를 동쪽으로 향하게 하고 침상을 치우고 바닥에 눕히며, 입고 있던 평상복을 벗기고 새 옷을 입힌다〔疾病, 外內皆埽, 君大夫徹縣, 士去琴瑟. 寢東首於北牖下廢牀, 徹褻衣, 加新衣.〕"라고 하였다.

84 막……제거한다 : 《예기》 〈상대기(喪大記)〉에서 "막 죽었을 때에, 위중할 때 바닥으로 내려놓았던 시신을 상(牀)으로 옮겨놓고, 시신을 덮되 대렴할 이불을 사용하고 사의(死衣)를 제거한다.〔始死, 遷尸于牀, 幠用斂衾, 去死衣.〕"라고 하였다.

한영숙에게 답하다

答韓永叔

습(襲)하는 도구는 대체로 남녀의 차이가 거의 없습니다. 충이(充耳)·멱목(幎目)·악수(握手)·포오(袍襖)·삼말(衫襪) 등과 같은 부류는 모두 동일하니, 구별하여 말하지 않은 것은 이 때문일 것입니다. 또한 남자를 위주로 말한 만큼 내상(內喪)은 절로 미루어 알 수 있으니, 아래의 명정(銘旌) 조목 같은 데서도 알 수 있습니다. 우장(尤丈)이 여자의 상(喪)에 심의(深衣)와 복건(幅巾)을 통용했다는 것은 일찍이 듣지 못했습니다. 다만 《가례(家禮)》로 고찰하건대, 부인(婦人)이 살아있을 적에 입었던 옷과 남자가 입는 심의와 복건은 다른데, 유독 죽은 이후에 심의와 복건을 통용하는 것이 어떠한지 모르겠습니다.

신명윤에게 답하다

答申明允

문 엄(掩)[85]은 누인 비단[練帛]을 사용합니다. 누인 비단은 흰색이고 엄은 머리를 덮는 물건인데, 어찌하여 시신의 머리를 덮는 물건에 백색을 사용하는 것입니까?

답 살펴보건대《의례(儀禮)》〈사상례(士喪禮)〉의 습(襲) 조목에 "엄(掩)은 누인 비단[練帛]을 사용하고 진(瑱)[86]은 흰 솜을 사용한다."고 하였으니, 누인 비단을 사용하고 흰 솜을 사용하는 것은 옛날의 예법이 그러해서이다.

85 엄(掩) : 습(襲)할 때 시신의 머리를 감싸는 비단이다.

86 진(瑱) : 습(襲)할 때 시신의 귀를 막는 솜이다.

신명윤에게 답하다
答申明允

옷에 홑옷과 겹옷이 갖추어진 것을 벌〔稱〕이라 한다. 그렇다면 세 벌은 홑옷과 겹옷이 갖추어진 것이 세 개이고, 삼십 벌[87]은 홑옷과 겹옷이 갖추어진 것이 삼십 개다. 삼십 벌은 그 숫자가 많으니, 아마도 거꾸로 놓는 산의(散衣)[88]도 그 숫자 안에 포함된 듯하다.

문 '시신을 받들어 당에 옮긴다〔奉尸侇于堂〕'에서 '이(侇)' 자의 뜻을 잘 모르겠습니다.

답 《예기(禮記)》〈상대기(喪大記)〉에 '시신을 받들어 당에 옮긴다.'라고 하였는데, 운서(韻書)를 보면 이(侇)라는 말은 '옮기다〔移〕'는 뜻이다. 《주례(周禮)》의 '이반(侇盤)' 주(註)에 "'이(侇)'는 시신〔尸〕을 말한다. 대야〔槃〕를 이반(夷槃)이라 하고, 상(牀)을 이상(夷牀)이라 하고, 이불〔衾〕을 이금(夷衾)이라 하고, 시신을 옮기는 것〔移尸〕을 이

87 삼십 벌 : 《가례》〈상례(喪禮)〉에 "소렴에는 존비에 상관없이 모두 19벌이다."라고 하였고, "대렴에는 사(士)가 30벌, 대부(大夫)가 50벌, 군(君)이 100벌이다."라고 하였다.

88 거꾸로 놓는 산의(散衣) : 소렴(小斂)과 대렴(大斂) 때 사용하는 의복으로, 조복(朝服)이나 제복(祭服) 이외의 다른 잡다한 의복들을 말한다. 《예기》〈상대기(喪大記)〉에 "소렴 때의 옷 가운데 제복은 거꾸로 놓지 않는다.〔小斂之衣, 祭服不倒.〕"라고 하였는데, 그 주(註)에서 "염(斂)이라는 것은 반듯하게 하고자 하는 것이다. 산의(散衣)는 거꾸로 놓는다.〔斂者要方, 散衣有倒.〕"라고 하였다.

우당(夷于堂)이라 하니, 모두 시신과 관련해서 말한 것들이다."라고 하였으니, 이를 살펴보면 '이(侇)' 자의 뜻을 알 수 있다.

이후이[89]에게 답하다

答李厚而

문 내상(內喪)에 사용하는 큰 띠와 남자가 평상시 착용하는 큰 띠의 제도에 차이가 없습니까?

답 〈심의편(深衣篇)〉 주(註)에 "남녀가 같이 입는 것을 꺼리지 않는다."[90]라고 하였습니다. 이미 같이 입는다고 했으니, 띠의 제도 또한 아마도 남자의 것과 같은 듯합니다.

89 이후이(李厚而) : 이민곤(李敏坤, ?~?)을 가리킨다. 그의 자가 후이(厚而)이다.

90 남녀가……않는다 : 《가례》 〈통례(通例) · 심의제도(深衣制度)〉에서 남전 여씨(藍田呂氏)의 주(註)에 "심의(深衣)의 용도는 상하가 같은 이름을 쓰는 것을 꺼리지 않고, 길흉에 같은 제도를 쓰는 것을 꺼리지 않고, 남녀가 같이 입는 것을 꺼리지 않는다.〔深衣之用, 上下不嫌同名, 吉凶不嫌同制, 男女不嫌同服.〕"라고 하였다.

이여회[92]에게 답하다
答李汝恢

문 《가례(家禮)》〈반함(飯含)〉 조목에는 버드나무로 만든 숟가락을 사용한다는 글이 없는데, 모르겠습니다만 이것이 다른 예서(禮書)에 보입니까?

답 버드나무로 만든 숟가락은 어떠한 예경(禮經)에도 나오는 글이 없으니, 이것은 필시 세속의 예법입니다.

91 반함(飯含) : 죽은 사람을 염습(殮襲)할 때에 입에다 구슬과 쌀을 물리는 일을 말한다.

92 이여회(李汝恢) : 이곽(李廓, ?~?)을 가리킨다. 그의 자가 여회(汝恢)이다.

이후이에게 답하다

答李厚而

문 일가(一家)에서 내상(內喪)을 당하여 반함(飯含)할 적에, 어떤 사람이 '부친이 상주(喪主)가 된다.'[93]는 예에 의거하여 그 부친에게 반함을 행하게 하고자 하였습니다. 그런데 저는 어떤 책에서 부친이 비록 살아있더라도 아들이 반드시 반함을 한다는 글을 본 것 같았습니다. 또한 '이 일은 평상시의 제사와는 다른 점이 있다. 효자(孝子)가 행하는 것이 혹 예법에는 어긋나지만 이는 지극한 정리에 가려져서 한 것에 불과하다. 이와 같이 효자가 응당 해야 할 일을 하지 못한다면, 종신토록 한을 남길까 두렵다.'라고 생각하여 마침내 효자에게 반함하도록 시켰습니다. 이미 지난 잘못은 어쩔 수 없지만, 참고하여 근거로 삼을 바를 분명하게 알려주시어 끝내 미혹되지 않도록 해주신다면 몹시 다행이겠습니다.

답 반함(飯含)은 효자(孝子)가 차마 어버이의 입을 텅 비게 하지 못하는 예법이지만, 《가례(家禮)》의 '상제(喪祭)를 주관하는 사람이 행한다.'는 설을 그대로 따르는 것이 옳을 듯합니다. 만약 부친이 살아있을 때 모친상을 당했다면 제주(題主)와 제사의 축문(祝文)은 부친이 모두 주관하니, 반함 또한 부친이 주관하는 것을 실로 또한 여기서 알 수 있습니다. 삼가 예서(禮書)를 고찰하건대, 붕우도 반함을 하고,

93 부친이 상주(喪主)가 된다 : 《예기》 〈분상(奔喪)〉에 "모든 상(喪)은 부친이 살아있으면 부친이 상주(喪主)가 된다."라고 하였다.

천자(天子)의 상(喪)에는 대종백(大宗伯)이 반함을 하고, 대부(大夫)의 상(喪)에는 가신(家臣)의 우두머리가 반함을 합니다. 《좌전(左傳)》을 보면 제후의 상(喪)에 이웃나라의 군주가 사신을 보내 반함을 하고, 본국(本國) 군주의 상(喪)에는 환관이 반함을 하였으니, 이와 같은 일을 통해 보자면 효자가 반드시 직접 반함을 행할 필요가 없음을 미루어 알 수 있습니다.

신명윤에게 답하다
答申明允

문 '영좌(靈座)[94]를 설치한다.'는 조목의 주(註)에 '주전자, 술, 과일을 진설한다.'[95]고 하였습니다. 윗글에는 습전(襲奠)을 철거한다는 글이 없고 소렴(小斂)할 때에 이르러야 습전을 철거하는데, 여기 주전자, 술, 과일을 진설하는 것은 결국 중첩하여 진설함을 면치 못하니 의심스럽습니다. 만약 이것을 '염전(斂奠)을 갖춘다.'는 글이라고 한다면 이 아래에 또 '전(奠)을 진설한다.'는 글이 있으니, 이 또한 이해할 수 없습니다.

94 영좌(靈座) : 염습(殮襲)이 끝난 뒤에 죽은 이의 혼백(魂帛)을 임시로 모셔 두는 장소이다. 참고로 혼백(魂帛)은 신주(神主)를 만들기 전에 신주를 대신하기 위해 만든 것으로, 흰 명주를 접어서 왼쪽에 죽은 사람의 생년월일시(生年月日時)를, 오른쪽에 졸년의 월일시(月日時)를 써 놓은 물건을 말한다.

95 주전자……진설한다 : 《가례》 〈상례(喪禮) · 습(襲)〉의 '영좌를 설치함〔置靈座〕' 조목 아래 본주(本註)에 "교의(交椅)와 탁자를 그 앞에 두고, 흰 명주를 묶어 혼백(魂帛)을 만들어 교의 위에 둔다. 향로, 향합, 술잔, 주전자, 술, 과일 등을 탁자 위에 진설한다."라고 하였다.

답 영좌(靈座)의 조목의 이른바 '주전자, 술, 과일을 탁자 위에 진설한다.'는 것은 이것을 진설하여 장차 소렴(小斂)할 때에 사용하려는 것이다. 이 때문에 장차 소렴을 하게 되면 이 전(奠)을 조계(阼階)의 동남쪽에 옮겨서 설치하고, 소렴할 때에 이르러 습전(襲奠)을 철거하고 이 전(奠)을 행하는 것이다. 이에 대해서 이전에 돌아가신 스승께 들은 것이 이와 같다.

한영숙에게 답하다

答韓永叔

빗질하고 세수하는 도구는 여기서 비록 진설하는 곳을 말하지 않았지만, 아래에 조곡전(朝哭奠)의 조목에 “손을 씻고 빗질하는 도구를 영상(靈牀)의 옆에 진설한다.”[96]라고 하였습니다. 이른바 손을 씻고 빗질하는 것이 곧 빗질하고 세수하는 것이고, 영상의 옆이 곧 이것들을 진설하는 장소입니다.

96 손을……진설한다 : 《가례》 〈상례(喪禮) · 조석곡(朝夕哭)〉의 본주(本註)에 “시자(侍者)는 손을 씻고 빗질할 도구를 영상 옆에 진설하고 혼백을 받들어 영좌에 나아간다.〔侍者設盥櫛之具于靈牀側, 奉魂帛出就靈座.〕”라고 하였다. 참고로 영상(靈牀)은 염을 마치고 입관하기 전까지 시신을 모셔 놓은 곳을 말한다.

한영숙에게 답하다

答韓永叔

문 《가례(家禮)》는 《서의(書儀)》의 '성복(成服)하지 않은 주인(主人)은 나가지 않는다.'는 글에 근거하였기 때문에 단지 "마침내 주인에게 조문하여 서로 마주하여 슬픔을 다하여 곡한다."[97]라고 한 것입니다. 이로써 보자면, 주인이 나가지 않는다는 것이 분명합니다. 그런데 사계 선생(沙溪先生)은 구준(丘濬)의 《가례의절(家禮儀節)》의 '서쪽 계단 아래에 서고 또한 곡하고 절한다.'는 글을 인용하여 이미 《상례비요(喪禮備要)》에 실어놓았고 또 그림[98]으로도 제시하였으니, 더더욱 감히 알지 못하겠습니다.

97 마침내……곡한다 : 《가례》 〈상례(喪禮) · 습(襲)〉의 '친구 및 친분이 두터웠던 사람은 이때에 이르러 들어가 곡함〔執友親厚之人至是入哭〕' 조목 아래 본주(本註)에 "주인이 성복하기 전에 와서 곡하는 자는 응당 심의를 입어야 한다. 시신에 다가가 슬픔을 다해 곡하고, 나와서 영좌에 절하고 향을 올려 재배한다. 마침내 주인에게 조문하여 서로 마주하여 슬픔을 다하여 곡한다.〔主人未成服, 而來哭者, 當服深衣. 臨尸哭盡哀, 出拜靈座, 上香再拜. 遂弔主人, 相向哭盡哀.〕"라고 하였다.

98 그림 : 〈상례비요도(喪禮備要圖)〉를 가리킨다.

답 '마침내 주인에게 조문한다.'는 것은 조문객이 들어와 시신에게 곡을 하고 나가서 영좌(靈座)에 절을 한 뒤에 마침내 주인에게 조문하는 것을 말합니다. 구준(丘濬)의 《가례의절》에 있는 설은 의심할 만합니다. 〈상대기(喪大記)〉에 "대부(大夫)의 상(喪)에는 소렴(小斂)하기 이전에는 군주의 명(命)을 위해 주인이 나가서 맞이하고, 사(士)의 상에는 대부(大夫)에 대하여 염을 하는 때가 아니면 나가서 맞이한다. 나갈 때는 신을 신지 않고 옷의 앞자락을 띠에 꽂고 가슴을 치면서 서쪽 계단으로 내려간다."라고 하였습니다. 《의례(儀禮)》 〈사상례(士喪禮)〉에 "조문객 가운데 대부(大夫)가 있으면 특별히 절을 하는데 서쪽 계단 아래에 자리하여 동쪽을 향하되 발을 구르지 않는다."라고 하였습니다. 구준의 설은 대개 여기에 근거한 것인데, 다만 이 예법은 오직 대부가 군주에 대해서, 사(士)가 대부에 대해서 사용하는 것입니다. 지금 만약 범칭해서 뒤섞어 시행한다면 그 본뜻을 잃게 될 듯합니다. 더군다나 《가례》는 이에 대해서 다만 "서로 마주하여 슬픔을 다하여 곡한다.〔相向哭盡哀〕"라고만 하였을 뿐 달리 조문하고 곡하는 의절(儀節)이 없고, 아래의 '조전(弔奠)' 조목에서 이르러서야 비로소 상세하기 말하였으니, 이 어찌 분별하는 바가 없겠습니까.

이여회에게 답하다
答李汝恢

살펴보건대 《예기(禮記)》 〈문상(問喪)〉에 "효자(孝子)는 어버이가 죽으면 슬프고 애통하고 마음이 답답하기 때문에 엎드려 기면서 곡을 하며 다시 살아날 것만 같이 여기는데, 어찌 시신을 빼앗아서 염을 할 수 있겠는가. 그러므로 사흘이 지난 뒤에 염한다고 한 것은 살아나기를 기다리기 때문이다. 사흘이 되어도 살아나지 않으면 또한 살아나지 못한다. 이 때문에 성인이 이를 위해 결단하여 사흘을 예제(禮制)로 삼았다."라고 하였습니다. 이로써 보건대, 사흘이 되기 전에 효(絞)를 묶고 얼굴을 덮는 것은 예법의 뜻이 아닌 듯합니다. 사계(沙溪)의 설은 임기응변의 방법이니, 응당 함께 행하더라도 서로 문제될 게 없을 듯합니다.

신명윤에게 답하다
答申明允

문 두수(頭繻)의 절차에 대해서 부인은 《가례(家禮)》 〈성복(成服)〉에 시행하는 글이 명백하게 있고,[100] 남자의 두수는 비록 진설하고 구비하는 글이 실려 있지만[101] 염(斂)을 한 뒤에는 다만 괄발(括髮 머리를 묶음) 등의 절차만 말하고 두수는 말하지 않았으니, 이 또한 의심할 만합니다.

99 괄발문좌(括髮免髽) : 상중(喪中)의 복식으로, 괄발(括髮)은 끈으로 머리를 묶는 것이고, 문(免)은 묶은 머리에 찢어진 베나 기운 비단으로 두르는 것이고, 좌(髽)는 부인이 머리를 묶는 것이다.

100 부인은……있고 : 《가례》 〈성복(成服)〉의 '부인의 상복제도〔婦人喪服制度〕' 조목 아래 본주(本註)에 "참최(斬衰)에 부인은 매우 거친 생포(生布)를 사용하여 대수(大袖)와 장군(長裙)과 개두(蓋頭)를 만드는데 모두 꿰매지 않는다. 포두수(布頭繻 베로 된 머리싸개)와 죽차(竹釵 대나무로 만든 비녀), 삼신〔麻屨〕을 착용한다."라고 하였다.

101 남자의……있지만 : 《가례》 〈상례(喪禮) · 소렴(小斂)〉의 '괄발할 삼, 문(免)할 베, 복머리 할 삼을 구비한다.〔具括髮麻免布髽麻〕' 조목 아래 본주(本註)에 "괄발(括髮 머리를 묶음)은 삼끈으로 상투를 묶거나, 베로 두수(頭繻)를 만드는 것을 말한다."라고 하였다.

답 '염을 한 뒤에 괄발한다.〔斂後括髮〕'의 주(註)에서 비록 두수(頭纏)를 재차 말하지 않았지만, 두수는 이미 괄발하는 물건이니 '괄발' 두 글자 가운데 포함되어 있는 듯하다. 더군다나 여기에서는 다만 '괄발'만 말하고-별실(別室)에서 단(袒)하고 괄발(括髮)하고 문(免)하고 복머리한다.- '괄발할 삼〔括髮麻〕'을 말하지 않았으니, 이 '괄발' 두 글자는 삼과 베를 겸하여 말한 것을 알 수 있다.

문 두수(頭纏)라는 것은 곧 총(總 머리를 묶는 끈)이니, 남녀가 통용하는 것입니다. 그러나 관례(冠禮) 때의 '두수'를 가지고 살펴보면, 남자의 두수는 곧 머리 뿌리를 묶는 작은 끈〔小繫〕입니다.《가례》〈소렴(小斂)〉에서 남자가 괄발(括髮)할 적에 두수는 베로 만든다고 했으니 그 제도는 아마도 이것과 똑같을 듯합니다.《가례》〈성복(成服)〉에서 드리운 길이가 몇 촌이라고 말한 것[102]은 곧 부인의 두수입니다. 그 이름이 비록 똑같지만 그 제도는 남자와는 다릅니다. 이전부터 이를 의심했던 것은 매번 두수라는 명칭에만 의혹을 가지고 남녀의 두수 모양이 다른 것을 실제로 살피지 않아서입니다. 만약 소렴(小斂)에서 남자가 괄발할 때에 베를 찢어서 작은 끈을 만들고 머리를 묶어서 상투를 이루며, 부인의 성복(成服)에 이르러 척촌(尺寸)의 제도를 사용하여 베로 두수를 만들고 머리를 묶어서 뒤로 드리운다면, 이는 예법의 뜻을 잃지 않을 듯합니다. 어떻게 생각하시는지요?

102 드리운……것 :《가례》〈성복(成服)〉의 '부인의 상복제도〔婦人喪服制度〕'에서 "총(總)이 6승(升)이고 길이가 6촌(寸)이며, 전계(前笄)는 길이가 한 자이다."라고 하였고, 총의 길이가 6촌이라는 것은 계(紒) 뒤로 내어 드리운 것을 말한다고 설명하였다.

답 ‘《가례》〈성복(成服)〉에서 드리운 길이가 몇 촌이라고 말한 것은 곧 부인의 두수이다.’라는 그대의 말이 본디 맞다. 소렴(小斂)할 때의 작은 끈과 성복(成服)할 때의 두수에 대한 설도 그대의 견해가 좋은 듯하다. 다만 이에 대해 상고할 곳이 없으니 또한 어떠할지 모르겠다. 대체로 두수의 뜻은 많이 분별할 필요 없이 단지 ‘머리를 묶는다.〔束髮〕’는 두 글자만 가지고 뜻을 구한다면 또한 알기 어렵지 않을 듯하다. 사마공(司馬公 사마광(司馬光))의 《거가잡의(居家雜儀)》에 ‘머리를 빗어 묶는다.〔櫛總〕’[103]의 ‘총(總)’ 아래 주(註)에 “머리를 묶는 것이니 지금의 두수(頭繻)이다.”라고 하였으니, 이 또한 증거로 삼을 만하다.

103 머리를 빗어 묶는다 : 《거가잡의(居家雜儀)》에 “무릇 자식이 부모를 섬기고 며느리가 시부모를 섬김에 있어서, 날이 밝으려고 할 때 모두 일어나 세수하고 양치질하고 머리를 빗어 묶으며 관대(冠帶)를 갖춘다.〔凡子事父母, 婦事舅姑, 天欲明, 咸起盥漱櫛總, 具冠帶.〕”라고 하였다.

이사근[104] 원배 에게 답하다

答李士根 元培

문 '이에 전(奠)을 올린다〔乃奠〕'는 조목에서 "항렬이 낮거나 나이가 어린 사람은 모두 재배하고 효자(孝子)는 절을 하지 않는다."[105]라고 하였습니다. 조석(朝夕)의 상식(上食) 때에 효자가 이미 재배를 하니, 그렇다면 전(奠)을 올릴 때 절하지 않는다는 것은 의의(意義)가 없는 듯합니다.

답 '항렬이 낮거나 나이가 어린 사람이 모두 재배한다.'에 대해서 《의례문해(疑禮問解)》에서는 "항렬이 낮거나 나이가 어리다고 말하였으니 효자(孝子)도 그 가운데 있는 듯하다."라고 하였습니다. 오직 구준(丘濬)의 《가례의절(家禮儀節)》에서만 "효자는 절을 하지 않는다."라고 한 것은 그 뜻을 모르겠습니다. 혹시 효자가 소렴(小斂)할 때에 슬픔에 몸이 상하고 정신이 혼미해서 미처 예를 갖추지 못해서가 아니겠습니까.

104 이사근(李士根) : 이원배(李元培, ?~?)를 가리킨다. 그의 자가 사근(士根)이다.

105 이에……않는다 : 《가례》 〈소렴(小斂)〉의 '이에 전(奠)을 올린다〔乃奠〕'는 조목 아래 본주(本註)에서는 "축(祝)이 집사자(執事者)를 거느리고, 손을 씻고 음식을 들고 조계(阼階)로 올라가 영좌(靈座) 앞에 이른다. 축이 분향하고 잔을 씻어 술을 따라 올린다. 항렬이 낮거나 나이가 어린 사람은 모두 재배한다.〔卑幼者皆再拜〕 시자(侍者)가 보로 덮는다."라고 하였고, 이에 대해 구준(丘濬)의 《가례의절(家禮儀節)》에서는 "항렬이 낮거나 나이가 어린 사람은 모두 재배하고 효자(孝子)는 절을 하지 않는다.〔卑幼皆拜, 而孝子不拜.〕"라고 하였다.

족질 대로[106]에게 답하다
答在魯族姪

문 〈대렴(大廉)〉 조목 가운데 《의례(儀禮)》 〈사상례(士喪禮)〉에 "관(棺)이 들어오면 주인은 곡하지 않는다."라고 하였는데, 무슨 뜻입니까?

답 지금 《의례》 〈사상례(士喪禮)〉의 본문(本文)으로 보건대, "임(衽)이 보이도록 구덩이〔肂〕를 판다."는 것을 먼저 말하고, 그 아래에 "관(棺)이 들어오면 곡을 하지 않는다."고 말하고, 아래의 〈빈(殯)〉 조목에 이르러서야 "주인이 시신을 받들어 관에 염(斂)하고, 처음과 같이 발을 구른다."[107]라고 말하였다. 그 소(疏)에 "먼저 관을 구덩이

106 대로(在魯) : 김대로(金在魯, 1682~1759)를 가리킨다. 본관은 청풍(淸風), 자는 중례(仲禮), 호는 청사(淸沙), 시호는 충정(忠靖)이다.

107 임(衽)이……구른다 : 《의례》 〈사상례(士喪禮)〉의 〈위빈구(爲殯具)〉 조목에서 "임(衽)이 보이도록 구덩이〔肂〕를 판다.", "관(棺)이 들어오면 주인은 곡을 하지 않는다."라고 하였고, 그 이후로 차례대로〈진정(陳鼎)〉, 〈철소렴전(徹小斂奠)〉, 〈대렴(大斂)〉 조목이 나오고, 〈빈(賓)〉 조목에서 "주인은 시신을 받들어 관에 염(斂)하고 처음과 같이 발을 구르고 이에 덮는다."라고 하였다. 임(衽)은 관의 뚜껑을 결합시키기

속에 들이고 이어 시신을 받들어 관 속에 들이는 것을 보이고자 함이다.[108]"라고 하였다. 이로써 미루어 보건대 여기의 이른바 '관이 들어온다.〔棺入〕'는 것은 시신을 받들어 관에서 염(斂)을 하고 들이는 것을 말하는 것이 아니라, 다만 관을 먼저 구덩이 속에 넣으려고 들이는 것이다. 그러므로 곡하지 않는 듯하다.

위해 관과 뚜껑 사이를 연결하는 작은 나무 조각을 말한다.

108 먼저……함이다 : 《의례(儀禮)》〈사상례(士喪禮)〉의 〈빈(殯)〉 조목에서 "주인은 시신을 받들어 관에서 염(斂)하고 처음과 같이 발을 구르고 이에 덮는다."라고 하였는데, 그 주(注)에서 "관이 구덩이 속에 있으면 시신을 염한다.〔棺在肂中, 斂尸焉.〕"라고 하였으며, 또한 그 소(疏)에서 "먼저 관을 구덩이 속에 들이고 이어 시신을 받들어 관 속에 들이는 것을 보이고자 함이다.〔欲見先以棺入肂中, 乃奉尸入棺中.〕"라고 하였다.

한영숙에게 답하다

答韓永叔

문 〈대렴(大斂)〉 조목에서 "영좌(靈座)를 예전의 장소에 설치하고 부인 두 사람을 머물게 하여 지키게 한다."라고 하였는데, 부인으로 하여금 지키게 하는 것은 무슨 뜻입니까? 내상(內喪)이라면 괜찮지만, 외상(外喪)의 경우도 또한 반드시 부인으로 하여금 지키게 해야 합니까?

답 부인을 머물게 하여 지키게 하는 것은 남자는 중문(中門) 밖의 여막으로 돌아가고 부인 또한 별실에 거하게 되면 빈청(殯廳)에는 장차 머물러 지킬 사람이 없기 때문에 이러한 제도를 만든 것입니다. 아래에 '각각 상차(喪次)로 돌아간다.〔各歸喪次〕' 라는 조목에서 이른바 "부인은 빈소 옆에 거처하기도 한다."[109]라는 것은 바로 이것을 가리킵니다. 지금 사람들이 돌아가며 숙직하는 규례와 비슷한데, 부인의 자리는 본디 당상(堂上)에 있기 때문입니다. 부인이 외상(外喪)에도 지키는 것에 대해서는 감히 알지 못하지만, 아래의 '발인(發引)' 조목에서 "머물 때마다 친척들이 모두 지키고 보호한다."[110]라고 하였습니

109 부인은……한다 : 《가례》 〈상례(喪禮) · 대렴(大斂)〉의 '주인 이하는 각각 상차(喪次)로 돌아간다〔主人以下各歸喪次〕'는 조목 아래 본주(本註)에서 "부인은 중문(中門) 안의 별실에 상차(喪次)를 만들거나 빈소 옆에 거처하기도 하되, 화려한 휘장 · 이불 · 요 따위를 치운다."라고 하였다.

110 머물……보호한다 : 《가례》 〈상례(喪禮) · 발인(發引)〉의 '하룻밤 이상 머물 경우에는 조전 · 석전 · 상식을 차린다.〔經宿以上設朝夕奠及上食〕'는 조목 아래 본주(本

다. 친척들이 지키고 보호하는 것은 비록 내상(內喪)이라도 그렇게 하니, 부인이 머물러 지키는 것은 비록 외상이라도 불가할 게 없을 듯합니다.

註)에 "만약 묘소가 멀면 머물 때마다 영구(靈柩) 앞에 영좌(靈座)를 설치하고 아침저녁으로 곡하고 전(奠)을 올린다. 식사 때에는 상식(上食)을 올린다. 밤에는 주인과 형제가 모두 영구 옆에서 자고, 친척들이 모두 지키고 보호한다."라고 하였다.

이사근에게 답하다

答李士根

지금의 토롱(土籠)은 곧 옛날의 도빈(塗殯)[111]의 예법입니다. 널이 실(壙室) 안에 있으면 응당 광실 안에서 발라야 하고, 널이 외청(外廳)에 있으면 응당 외청에서 발라야 합니다. 광실 밖에서 토롱하고 광실 안에서 전(奠)을 올린다는 설은 어리석은 저로선 감히 알지 못하겠습니다. 영침(靈寢)은 본디 시신을 위해 설치하는 것이니, 또한 응당 널이 있는 곳에 따라서 설치해야 합니다.

111 도빈(塗殯) : 소렴(小斂)과 대렴(大斂)을 거쳐 시신을 관에 넣은 다음 구덩이를 파서 관을 안치하고, 장사를 치를 때까지 안전하게 보관하기 위하여 관을 안치한 구덩이 위를 덮고 그 위에 빈틈없이 흙을 발라 밀봉하는 것이다.

영상[112] 靈牀

이군보에게 답하다
答李君輔

《가례(家禮)》〈대렴(大斂)〉에서 영상(靈牀)을 설치한 뒤에 다시 영상을 철거하는 조문이 없습니다. 이 때문에 박잠야(朴潛冶 박지계(朴知誡))와 권만회(權晩悔 권득기(權得己)) 집에서는 모두 삼년상을 마칠 때까지 행하였다고 합니다. 다만 영상은 본디 시신을 위해 설치하는 것이기 때문에 시신이 궤연(几筵)에 있을 때는 침상, 휘장, 거적, 돗자리, 병풍, 베개, 옷, 이불 등의 등속을 모두 살아 있을 때와 같이 설치하고, 시신을 안장한 다음에는 영상을 신주(神主) 가까이 두지 못하여 사용할 데가 없기 때문에 그대로 철거하는 것입니다. 제가 예전에 들은 것이 이와 같습니다. 아래의 '하장(下帳)' 조목의 이른바 침상, 휘장, 깔개, 돗자리, 의자, 탁자 등의 부류[113]가 영상의 도구들과

112 영상(靈牀) : 대렴(大斂)을 마치고 나서 입관(入棺)하기 전까지 시신을 안치한 곳을 말한다.

113 하장(下帳)……부류 : 《가례》〈상례(喪禮)·치장(治葬)〉의 '하장(下帳)' 조목 아래 본주(本註)에서 "침상, 휘장, 깔개, 돗자리, 의자, 탁자 등의 부류이니, 이 또한 평상시의 것을 형상하되 작게 한다."라고 하였다.

대략 비슷하니, 이 또한 시신이 있는 곳을 따라서 사용하기 때문이 아니겠습니까.

대저 《가례》는 미처 수정(修正)하지 못한 책이기 때문에 왕왕 소략한 부분이 있습니다. 예컨대 〈치장(治葬)〉 조목에서 삽(翣)[114]을 말하고 그 뒤에는 삽을 두는 곳을 말하지 않고, '조석(朝夕)으로 곡을 하고 전(奠)을 올린다.〔朝夕哭奠〕' 조목에서 상식(上食)을 말하고 그 뒤에는 상식을 거두는 때를 말하지 않은 것입니다. 그러나 이미 삽을 말했다면 응당 장사 지낼 때 광중(壙中)에 안치해야 하고, 이미 상식을 말했다면 응당 대상(大祥)을 지내고 영좌(靈座)를 거둘 때에 거두어야 합니다. 지금 이 영상을 비록 다만 설치하는 것만 말하고 철거하는 때를 말하지 않았지만, 응당 시신을 안장한 뒤에 철거해야 함이 분명합니다. 모르겠습니다만 어떻게 생각하시는지요?

114 삽(翣) : 발인(發靷) 때 상여의 앞뒤에 세우고 가는 장례 도구로, 죽은 사람의 영혼을 좋은 곳으로 인도해 달라는 염원을 담고 있다. 보삽(黼翣), 불삽(黻翣), 운삽(雲翣) 등 세 종류가 있다.

한영숙에게 답하다
答韓永叔

문 《가례(家禮)》〈상례(喪禮)·대렴(大斂)〉의 '주인 이하는 각기 상차(喪次)로 돌아간다.〔主人以下各歸喪次〕'는 조목에서, "대공복(大功服) 이하로서 다른 곳에 사는 사람은 빈(殯)을 마친 뒤에 자신들의 집으로 돌아가 외실(外室)에서 잠을 자고 삼 개월만에 평소 침소로 돌아간다."라고 하였습니다. 이러한 문세(文勢)로 보자면 소공복(小功服)과 시마복(緦麻服)을 입는 사람들 또한 삼 개월이 지나서 평소의 침소로 돌아가는 것입니다. 그런데 〈성복(成服)〉 조목에서는 "오월복(五月服 소공복)과 삼월복(三月服 시마복)을 입는 자는 술을 마시고 고기를 먹는다."라고 하였고, 〈관혼(冠婚)〉 조목에서도 "대공복을 입는 사람은 장사를 지내기 전에는 관혼(冠婚)의 예를 행할 수 없다."라고 하였으니, 소공복과 시마복을 입는 사람이 장사를 지내기 전에 관혼의 예를 행할 수 있다는 것을 알 수 있습니다. 이미 술을 마시고 고기를 먹을 수 있으며, 또 혼례도 관례도 치를 수 있으니, 어찌 평소의 침소로 돌아가지 못할 이치가 있겠습니까. 여기에는 필시 문장에 미비한 부분이 있으니 융통성 있게 보아야 합니까?

답 《예기(禮記)》〈상대기(喪大記)〉에 이르기를 "기년복(期年服)을 입는 사람이 여막에 거처하며 상기(喪期)를 마칠 때까지 내실(內室)로 가지 않는 것은, 부친이 살아계실 적에 모친을 위하거나 처를 위한 복을 입었을 경우이다. 자최(齊衰)의 기년복과 대공포(大功布)의 최복(衰服)으로 9개월의 복을 입는 경우에는 모두 3개월 동안 내실로 가지 않는다."라고 하였습니다. 그런데 소공복(小功服) 이하에 대해서는 말하지 않았고, 또한 섭미도(葉味道)가 시마복과 소공복을 입는 사람으로서 내실로 가지 않는 것에 대해선 분명한 글이 없으니 응당 어찌해야 하는지를 물었는데, 주자(朱子)가 대답하기를 "예서(禮文)이 이미 없다면 평상시대로 하는 것이 마땅하니 이는 상복(喪服)이 가볍기 때문이다."라고 하였습니다. 이를 보건대 시마복과 소공복을 입는 사람이 내실로 가는 것을 알 수 있습니다. 문장이 미비하다고 말씀하신 것이 옳은 듯합니다.

한영숙에게 답하다

答韓永叔

문 《주자대전(朱子大全)》〈호백량(胡伯量)에게 답한 편지〉의 "질대(絰帶)[115]의 두 끝을 모두 풀어서 늘어뜨려 대대(大帶)를 본떴다."[116]라는 문구로 보건대, 《가례(家禮)》〈상례(喪禮)·성복(成服)〉의 '3척을 풀어서 늘어뜨린다.'는 것은 대대(大帶)를 늘어뜨린 것이 또한 3척인 것을 본떴기 때문입니다. 이에 의거하여 말하자면 《가례》에서 늘어뜨리기만 하고 꼬지 않는 뜻이 또한 명백한 듯하니, 반드시 고례(古禮)에 집착하여 꼴 필요는 없을 듯합니다. 어떻게 생각하시는지요?

답 주자(朱子)가 호백량(胡伯量)에게 답한 편지는 질대(絰帶)의 제도가 애초에 대대(大帶)를 본뜬 데서 나왔음을 말한 것에 불과한 듯합니다. 《가례》에는 왕왕 소략한 부분이 있고, 《의례(儀禮)》에는 풀고

115 질대(絰帶) : 상복(喪服)에 착용하는 수질(首絰)과 요대(腰帶)를 말하는데, 수질은 머리에 두르는 띠이고 요대는 허리에 두르는 띠이다.

116 질대(絰帶)의……본떴다 : 《주자대전(朱子大全)》 권63 〈호백량에게 답함〔答胡伯量〕〉에 보인다.

꼬는 것에 매우 순서가 있으니, 그렇다면 《상례비요(喪禮備要)》의 설을 따라야 할 듯합니다.

한영숙에게 답하다

答韓永叔

《가례(家禮)》에는 부인의 상복(喪服)에 과연 질대(絰帶)가 없고, 참(參) 조목의 부인 의복에서도 대(帶)를 말하지 않았으니, 이것은 《서의(書儀)》의 글로 인하여 혹 당시 시속의 예를 사용한 것이 아니겠습니까. 양씨(楊氏)가 옛날의 예법을 참고하여 보충하였는데, 근래에 예법을 좋아하는 자들도 이를 사용한다고 들었습니다.

족질 재로에게 답하다
答在魯族姪

문 《의례(儀禮)》〈상복(喪服)〉의 관구(菅屨)[117]에 대한 소(疏)[118]와 《운회(韻會)》를 가지고 살펴보건대, 비(菲)는 신발의 일종입니다. 그런데 《가례(家禮)》 참최(斬衰) 조목의 소주(小註)와 《의례》의 주(註)에서 "관구(菅屨)는 비구(菲屨)이다."라고 하였으니, '비구(菲屨)' 두 글자는 혹시 '관비(菅菲)'의 오류입니까? 《가례언해(家禮諺解)》의 지두주(紙頭註 책장 윗부분의 주(註))에서 '비초(菲草)'라고 한 것 또한 '관(菅)' 글자를 '비(菲)'라고 잘못 쓴 것입니까?
답 《가례언해(家禮諺解)》의 '비초(菲草)'의 '비(菲)'는 '관(菅)' 글자의 오류인 듯하다. 비구(菲屨)는 의심할 만하다.

문 개두(蓋頭)[119]의 제도에 대해서 잘 모르겠습니다.
답 왕씨(王氏)가 이르기를 "《당회요(唐會要)》에 '당(唐)나라 초기에 궁인(宮人)이 멱라(冪羅 너울)를 착용하여 전신(全身)을 가렸다. 비록 융이(戎夷)의 제도에서 나왔지만 왕공(王公)의 집에서도 이를 사용하

117 관구(菅屨) : 골풀로 만든 신발이다.

118 관구(菅屨)에 대한 소(疏) : 《의례》 〈상복(喪服)〉의 관구(菅屨)에 대한 소(疏)에서 "관구(菅屨)라는 것은 관비(菅菲)이니 외납(外納)으로 마무리한다."라고 하였다.

119 개두(蓋頭) : 여인들이 머리에 쓰던 쓰개의 한 가지로, 여립모(女笠帽)라고도 한다.

였으니, 이것이 곧 지금의 개두(蓋頭)이다.'라고 하였다." 하였다. 왕씨의 이 설과 《가례집람(家禮輯覽)》의 그림을 살펴보면, 개두(蓋頭)의 제도를 대략 알 수 있다.

신명윤에게 답하다

答申明允

문 벽령(辟領)[120]의 주(註)에 관한 질문

답 양씨(楊氏)의 설과 《가례(家禮)》의 본주(本註)가 다르다는 것을 저도 본래 이미 알고 있습니다. 다만 양씨는 주문(朱門)에서 예를 익힌 자이다. 주자(朱子)는 상제(喪祭) 등의 예에 대해서 초년과 만년이 다른 설이 많이 있는데, 양씨는 모두 직접 보고 들어서 일일이 보주(補註)에 첨가하였으니 지금 이렇게 말한 것은 이끌어 와서 증거로 삼은 것이 또한 이처럼 분명하다. 그렇다면 이것이 어찌 근거한 바가 없이 그렇게 말한 것이겠는가. 게다가 〈의례도(儀禮圖)〉와 〈의례상복도식(儀禮喪服圖式)〉과 그 아래의 주소(註疏), 그리고 《가례》와 《상례비요(喪禮備要)》와 《가례집람(家禮輯覽)》의 여러 그림들에 이르기까지 살펴보건대, 그 말이 모두 똑같으니 그 제도를 또한 알 수 있다. 다만 《가례》의 본주(本註)와는 합치되지 않으니, 본주의 이른바 "각각 방형(方形)의 베 8촌을 써서 그 양 끝부분을 접어 서로 붙인다."[121]는 것은 말의 흠결이 명백하여 후인들의 의심을 초래하였다. 이

120 벽령(辟領) : 상복 저고리의 목깃에서 좌우 어깨 쪽을 향하여 젖혀 놓은 베 조각을 말한다.

121 각각……붙인다 : 《가례(家禮)》 〈상례(喪禮)·성복(成服)〉의 벽령(辟領) 조목 아래 본주(本註)에서 "왼쪽과 오른쪽에는 벽령(辟領)이 있다. 각각 방형(方形)의 베 8촌을 써서 그 양 끝부분을 접어 서로 붙이면 너비 4촌이 된다. 깃 아래에 기워 붙이고 부판(負版) 양쪽에서 각각 부판 속으로 1촌씩 집어넣는다.〔左右有辟領, 各用布方八寸,

것은 《가례》가 미처 수정(修正)하지 못한 책이기 때문에 그 글이 미비하여 그런 것이 아니겠는가.

이른바 "부판(負版)[122]의 양쪽 옆에"라는 것은, 살펴보건대 《의례(儀禮)》 〈상복기(喪服記)〉에 "부판(負版)의 넓이는 적(適 벽령(辟領))에서 1촌(寸) 바깥으로 나온다."라고 하였는데, 그 주(註)에 "부판(負版)은 등 위에 있는 것이고, 적(適)은 벽령(辟領)이다. 부판이 벽령 바깥쪽으로 1촌 나온다."라고 하였으며, 그 소(疏)에 "방형(方形)의 베 하나를 등 위에 얹는데, 위쪽은 목깃에 꿰매어 붙이고 아래쪽은 아래로 늘어뜨리되 벽령 바깥쪽으로 1촌 나오게 한다."라고 하였다. 부판이 벽령 바깥쪽으로 1촌이 되는 곳에 있으니, 벽령이 부판의 바깥쪽에서 안으로 1촌이 되는 곳에 있는 것을 알 수 있다. 그렇다면 《가례》의 주(註)에서 말한 '부판 양쪽 옆에 각각 부판 속으로 1촌씩 집어넣는다.'는 것이 이것과 꼭 부합하니, 의심할 바가 없을 듯하다. 게다가 좌우의 적(適)을 각각 양 어깨 위에 올리니, 좌우의 양 어깨는 목깃의 아래가 아니겠는가.

○살펴보건대 양복(楊復)의 《가례부주(家禮附註)》에서 이르기를, "삼가 선생이 평소 취사하고 절충한 말을 취하여 《가례》의 뜻을 발명(發明)한 것이 있으니, 〈심의(深衣)〉 가운데 속임구변(續衽鉤邊)[123]

屈其兩頭, 相著爲廣四寸, 綴於領下, 在負版兩旁, 各攙負版一寸.]"라고 하였다.

122 부판(負版) : 최복(衰服) 등의 뒷부분 아래쪽 한가운데에 붙여서 늘어뜨리는 베 조각을 말한다.

123 속임구변(續衽鉤邊) : 심의(深衣)의 제도에서 '임(衽)'은 위쪽은 좁고 아래는 넓게 재단하여 경사진 옷감을 말하는데, 이것을 직각의 폭으로 된 치마폭의 각 사이에 이어댐으로써 심의를 입고 걸어갈 때 그 부분이 접혀졌다 펴졌다 하여 걸음을 용이하게

의 부류, 〈상복(喪服)〉 가운데 벽령(辟領)의 부류가 바로 이것이다." 라고 하였다. 이로써 보건대 〈성복〉의 참최(斬衰) 조목 아래 부주(附註)의 벽령에 대한 설은 양씨가 선생의 말을 삼가 취하여 《가례》의 뜻을 발명한데서 나온 것임을 알 수 있다.

문 요질(腰絰)에 쓰이는 삼의 밑동의 좌우에 대해서 참최복(斬衰服)과 자최복(齊衰服)에는 논한 바가 없으니 어째서입니까?

답 요질(腰絰)에 쓰이는 삼의 밑동의 좌우에 대해서는 고금의 예서(禮書)에 보이지 않는다. 아마도 이것은 본디 좌우에 대해 논할 만한 것이 없기 때문일 듯하다. 이것은 바로 주자(朱子)의 이른바 '예문(禮文)이 이미 없다면 평상시대로 하는 것이 마땅하다.'라는 것이다.

문 교대(絞帶)[124]의 삼중사고(三重四股)[125]는 과연 어디서 뜻을 취한 것입니까?

답 교대(絞帶)는 요질(腰絰)에 비해 조금 가벼우니 삼중사고(三重四股)로 하는 것은 대략 강쇄(降殺)의 뜻인 듯하다. 연제(練祭) 때에 요질(腰絰)을 강쇄하여 삼중사고로 하는 제도를 보면 알 수 있다.

만들어 준다. '속(續)'은 이어대어 넉넉하게 한다는 뜻이고 '구변(鉤邊)'은 옷을 입었을 때 치마의 앞뒤가 서로 접혀지게 한다는 뜻이다. 그러나 이것의 해석에 대해 옛날부터 학자들의 견해가 분분하였다.

124 교대(絞帶) : 상복(喪服)의 제도에 있어서 참최복을 입는 자가 매는 허리띠로, 삼을 꼬아서 만든 것이다.

125 삼중사고(三重四股) : 네 가닥의 삼으로 꼰 끈을 다시 세 겹으로 꼬는 것을 말한다.

한사백에게 답하다

答韓師伯

대공포(大功布)에 대해서 이미 "다듬는 공(功)을 거칠게 한 것이다."[126] 라고 하였으니, 대공복(大功服) 이하가 연포(練布)를 쓰는 것은 의심할 바가 없다. 그러므로 《가례(家禮)》에서 "대공복은 조금 거친 숙포(熟布)를 쓰고, 소공복(小功服)은 조금 가는 숙포를 쓰고, 시마복(緦麻服)은 아주 가는 숙포를 쓴다."라고 하였으니, 이른바 '익히다〔熟〕'라는 것이 바로 '누이다〔練〕'는 뜻이다. 생포(生布)를 쓰는 것은 근세의 말류의 잘못이다.

126 다듬는……것이다 : 《의례(儀禮)》 〈상복(喪服)〉에서 "대공포(大功布)라는 것은 다듬는 공(功)을 거칠게 한 것이다."라고 하였다.

윤은수에게 답하다

答尹殷叟

문 상구(喪屨)의 제도에 대해서 주자(朱子)가 말하기를, "관구(菅屨)와 소구(疏屨)는 고찰할 수 없다. 지금 대략 경중을 가지고 말하자면, 참최(斬衰)는 초혜(草鞋)를 사용하고, 자최(齊衰)는 마혜(麻鞋)를 사용하는 것이 옳다. 마혜는 지금의 병졸들이 착용하는 것이다."[127]라고 하였습니다. 삼가 생각건대 주자가 이미 이처럼 말하였으니, 상구(喪屨)의 제도는 본디 알기 어렵고 이른바 초혜와 마혜라는 것도 고찰할 수 없습니다. 모르겠습니다만, 초혜는 지금 시속(時俗)의 상인(喪人)이 착용하는 것이고 마혜는 곧 승려들이 만든 것입니까?

답 말씀하신 설이 옳은 듯합니다.

127 관구(菅屨)와……것이다 : 《주자대전(朱子大全)》 권54 〈주숙근에게 답함〔答周叔謹〕〉에 보인다.

지은이 **김간(金幹)**

본관은 청풍(淸風), 자는 직경(直卿), 호는 후재(厚齋)이다. 송시열(宋時烈)과 박세채(朴世采)의 문인이다. 1646년(인조24)에 경기도 광주 사천촌(沙川村)에서 출생하였다. 생부는 김도(金濤)이며, 출생 직후 후사가 없었던 백부 김수(金洙)의 양자로 들어갔다. 1664년(현종5) 공도회(公都會) 초시(初試)에 급제하였고, 1668년에는 증광감시(增廣監試) 초시와 대과(大科) 초시에 급제했지만, 회시(會試)에는 합격하지 못했다. 이후 과거를 포기하고 평생을 학문 연구와 저술에 집중하였다. 1694년(숙종20)에 학행(學行)으로 천거되어 전설사 별검에 임명된 이후 계속해서 관직에 제수되었으나 1701년(숙종27) 예산 현감(禮山縣監)과 1708년(숙종34) 연산 현감(連山縣監) 두 차례 지방 수령 직에만 나아가고, 나머지 관직은 거의 다 사양하였다. 일생의 거의 전 시기를 재야의 학자로 살다 1732년(영조8) 7월 26일에 87세로 세상을 떠났다. 시호는 문경(文敬)이다.

옮긴이

최예심(崔禮心)

1967년 충북 제천 출생. 민족문화추진회 국역연수원 연수부 및 상임연구부를 졸업하였다. 민족문화추진회를 거쳐 단국대학교 동양학연구원 연구교수로 재직 중이다. 《승정원일기》(공역), 《월정집》(공역), 《용주유고》(공역), 《어우집》(공역) 등을 번역하였다.

장유승(張裕昇)

1976년 서울 출생. 성균관대학교 한문학과를 졸업하고, 한국학중앙연구원 한국학대학원을 거쳐 서울대학교 국어국문학과에서 〈조선후기 서북지역 문인 연구〉로 박사학위를 받았다. 한국고전번역원 고전번역교육원 전문과정을 마치고 한국고전번역원 번역위원, 단국대학교 동양학연구원 연구교수를 거쳐 현재 성균관대학교 한문학과 조교수로 재직 중이다. 《정조어찰첩》(공역), 《영조 승정원일기》(공역), 《동국세시기》, 《현고기》, 《한국산문선》(공역) 등을 번역하였다.

권진옥(權津鈺)

1979년 경북 영천 출생. 고려대학교 한문학과를 졸업하고, 동 대학교 국어국문학과에서 〈택당 이식의 변문·고문 연찬과 산문 창작의 실제〉로 석사학위를 받고 〈귤산 이유원의 학문 성향과 유서·필기 편찬에 관한 연구〉로 박사학위를 받았다. 고려대학교 민족문화연구원과 단국대학교 동양학연구원 연구원을 거쳐, 현재 단국대학교 국어국문학과 조교수로 재직 중이다. 《낙전당집》(공역), 《어우집》(공역), 《한비자집해》(공역), 《오천집》 등을 번역하였다.

권역별거점연구소협동번역사업 연구진

연구책임자 **김문식**(단국대학교 사학과)
공동연구원 **윤재환**(단국대학교 국어국문학과)
김우정(단국대학교 한문교육과)
책임연구원 **허호구**(단국대학교 동양학연구원)
최예심(단국대학교 동양학연구원)
이라나(단국대학교 동양학연구원)
선임연구원 **이승용**(단국대학교 동양학연구원)
연구원 **김종하**(단국대학교 동양학연구원)
연구보조원 **유명석**(단국대학교 동양학연구원)

후재집 2

김간 지음 | 최예심 · 장유승 · 권진옥 옮김
2023년 12월 31일 초판 1쇄 발행
편집 · 발행 학자원
등록 2011.4.6 제2011-14호
주소 (05355) 서울시 강동구 천호대로 1121
전화 02-6403-1000 | 팩스 02-6338-1001 | 이메일 hakjaone@daum.net

값 40,000원
ISBN 979-11-6247-318-4 94810
979-11-6247-316-0 (세트)